KB120201

생활민주주의의 시대

새로운 정치 패러다임의 모색

나남
nanam

조 대 엽

고려대 사회학과 및 동대학원 사회학 박사,

고려대 대학원 부원장, 고려대 문과대학 연구소협의회 의장,

한국정치사회학회 부회장, 한국 NGO학회 부회장, 한국비교사회학회 부회장,

현 고려대 문과대학 사회학과 교수, 고려대 한국사회연구소 소장, 한국비교사회학회 회장.

주요 저서 《한국의 시민운동 - 저항과 참여의 동학》(1999),

《현대 한국인의 세대경험과 세대문화》(공저, 2005),

《한국사회 어디로 가나?》(공저, 2005), 《한국 시민운동의 구조와 동학》(공저, 2007)

《한국의 기업과 시민사회》(공저, 2007),

《한국의 사회운동과 NGO: 새로운 운동주기의 도래》(2007),

《시민참여와 거버넌스》(공저, 2009),

《작은 민주주의, 친환경 무상급식》(공저, 2011),

《한반도 통일론의 재구상》(공편, 2012), 《한국사회의 사회운동》(공저, 2013),

《감시자를 감시한다》(공편, 2014), 《현대문명의 위기》(공저, 2014)

《갈등사회의 도전과 미시민주주의의 시대》(2014)

나남신서 1797

생활민주주의의 시대
새로운 정치 패러다임의 모색

2015년 3월 1일 발행
2015년 3월 1일 1쇄

지은이 • 趙大燁
발행자 • 趙相浩
발행처 • (주) 나남
주소 • 413-120 경기도 파주시 회동길 193
전화 • (031) 955-4601(代)
FAX • (031) 955-4555
등록 • 제 1-71호(1979.5.12)
홈페이지 • http://www.nanam.net
전자우편 • post@nanam.net

ISBN 978-89-300-8797-1
ISBN 978-89-300-8001-9 (세트)
책값은 뒤표지에 있습니다.

나남신서 1797

생활민주주의의 시대
새로운 정치 패러다임의 모색

조 대 엽 지음

The Era of Life Democracy

Seeking a New Political Paradigm

by

Dae-Yop Cho

nanam

정치와 삶의 분리에 관한 성찰

1. 방향 없는 시대를 절감한다. 꿈을 잃은 시대이기도 하다.

한 사회가 공동의 시대적 과제를 공감하고 이를 추구하는 정신적 지향을 흔히 시대정신이라고 한다. 저자의 스승이신 임희섭 선생님은 일찍이 사회변동의 맥락에서 이를 '발전가치'라고 표현했고, 저자는 '역사프레임'이라는 표현을 즐겨 쓰기도 했다. 시대정신과 발전가치와 역사프레임은 어떤 표현이든 당대의 사회가 치열하게 부딪쳐야 할 시대적 과제를 포함하고 이러한 과제를 해결한 후에 이룰 수 있는 시대의 꿈을 담고 있다. 역사는 꿈꾸는 자의 몫이라고도 하고, 함께 꾸는 꿈은 현실이 된다고도 한다. 그러나 우리는 그 꿈을 빼앗긴 시대, 방향 없는 시대를 살고 있다.

벌써 20년도 훌쩍 넘은 그 언젠가 후기 구조주의를 포함한 포스트모더니즘의 담론들이 해체의 논리를 말할 때 그것은 오지 않을 미래이거나 현실과 멀리 떨어져 있는 학자들의 추상에 머물 것 같았다. 그러나 어느덧 성찰사회, 해체사회, 균열사회, 탈중심사회, 투명사회, 유연사회, 위험사회, 액체사회 등 이념과 가치, 조직의 질서가 해체되는 경향을 반영하는 담론들이 우리 시대의 현실을 담은 가장 뚜렷한 표현이 되고 말았다. 근대의 꿈은 해체되었다. 그리고 새로운 꿈, 새로운 시대정신, 새로운 발전가치는 이제 생산을 멈추었다. 우리 시대, 우리 사회에서 꿈을 잃은 현실은 거대한 구조변동이 드러내는 해체적 징후와 동시에 우리 자신의 '정치적 선택'이 맞물려 독특한 기형성을 드러내고 있다.

꿈을 잃어버린 현실은 스크린에서나마 꿈이 있었던 시대, 시대정신이 세상을 이끌던 때를 그리며 열광한다. 영화 〈국제시장〉이 관객 수 1,300만 명을 넘길

기세다. 영화는 70대 노인이 된 주인공 '덕수'가 일상에서 손자세대들의 아무 생각 없는 행동들과 사사건건 충돌하면서 긴 인생의 지점들을 회고하는 것으로 시작된다. 6·25 전쟁의 흥남철수 때 월남해서 부산 국제시장에 정착한 주인공 덕수의 치열한 일생을 참 잘 그린 영화다. 저발전 국가의 정치적 선택이 만든 격동의 시대에 오로지 가족을 건사하기 위해 파독광부로, 베트남 파견근로자로 그리고 마침내 이산가족 상봉까지 우리 현대사의 우여곡절이 덕수의 삶으로 재현되는 장면마다 관객의 눈물샘을 자극하는 감독의 재주가 좋다. 게다가 국제시장을 스쳐 지나가는 행인쯤으로 묘사되는 정주영, 앙드레 김, 월남참전 용사로 나오는 가수 남진, 이만기 등의 역할이 흥미롭다. 특히 이 인물들의 배치가 영화적 재미에 그치는 것이 아니라 기업인, 패션디자이너, 스포츠맨, 가수 등 온갖 직업군이 혼란과 격동의 시대에 뒤섞여 새로운 가능성과 기회를 열어가는 산업화 시대의 역동성을 구성하고 있다는 사실을 알려준다.

영화가 개봉된 후 가장 빨리 나타난 반응은 정치적 해석이었다. 산업화 시대의 국가주의와 개인의 희생적 삶이 잘 결합되었기에 이른바 '우파'의 향수를 자극할 만했고, 박근혜 정권의 집권세력을 비롯한 보수진영을 흥분시킬 만도 했다. 군부독재의 시기에 반공영화나 관변 홍보용 영화를 제외하고는 사실 작품성과 재미를 갖는 산업화 시대 배경의 영화가 드물던 차에 이른바 산업화 세력, 보수세력으로서는 여간 반가운 일이 아닐 수 없었을 것이다. 영화가 과도하게 정치적으로 해석되자 영화를 만든 윤제균 감독 자신은 이 영화를 우리 부모 세대의 희생과 헌신에 대한 헌사로 만든 것이라고 말했고, 그렇게 이해해달라고 호소하기까지 했다. 지나치다 싶었던지 정치권부터 정정 해석하기 시작했다. 부모세대의 고난과 아픔을 이해시킨 영화, 세대 간의 벽을 허문 영화, 산업화 세대에 대한 이해를 도운 영화 등 영화는 어느새 화합과 소통의 메신저가 되어 있었다.

나는 영화 '국제시장'을 꿈을 잃은 시대가 더듬는 지나간 꿈에 대한 추억으로 보았다. 국제시장의 시대는 꿈과 희망, 미래라는 것이 있었던 시대였다. 잘 살아보자는 개인의 꿈은 조국 근대화라는 산업화의 시대정신과 결합되어 대한민국 공동체의 시대적 과제를 향해 치열하게 내달렸다. 개인의 삶과 국가나 민족의 길이 하나로 뒤엉켜 돌진하던 '열망의 시대'였다. 가난과 굴종이 삶을 버겁게 짓눌렸지만 자식 교육만은 놓치지 않았던 것은 더 나은 미래에 대한 꿈이 있었기 때문이다. 세계적인 기업인도, 패션디자이너도, 대중을 열광시키며 한 시대를 풍미한 가수나 운동선수도 그 힘겨웠던 시절의 혼란 속에서 잉태된 미래였고 가능성이었다. 비전을 가진 시대였다.

꿈이 없는 시대가 회상하는 꿈이 있던 시대에 대한 갈증은 역시 1천만 관객을 넘긴 영화 〈변호인〉에서도 재현되었다. 1981년 '부림사건'을 배경으로 만든 변호인은 속물 변호사였던 주인공 송우석이 인권변호사로 변해가는 과정을 고(故) 노무현 대통령의 삶을 떠오르게 해 더 많은 호응을 얻었다. 영화의 마지막은 송우석의 재판에 부산지역 변호사 대부분이라고 할 수 있는 99명의 변호사가 변호인으로 나서면서 출석확인을 할 때마다 한 명씩 방청석에서 대답하며 일어서는 감동적 장면으로 막을 내렸다. 이 장면 역시 영화적 감동만이 아니라 부산지역의 거의 모든 변호사들이 송우석의 변호에 동참함으로써 무엇보다도 민주주의가 마침내 돌이킬 수 없는 시대정신으로 확산되었다는 사실을 떠올리게 한다. 학벌에 밀리고 연줄에 밀리는 힘없는 변호사, 돈 많이 벌어서 평수 넓은 아파트에 사는 것만 생각하는 평범하다 못해 속물적인 한 변호사가 민주화라는 사회적 가치를 수용하고 그 대열에 앞장서는 과정은 영화 〈변호인〉의 시대가 숨 막힐 듯 고통스런 독재와 억압의 시대였지만 자유와 민주주의를 향한 꿈이 살아 꿈틀대던 또 하나의 시대였다는 점을 말해준다.

국제시장의 시대든 변호인의 시대든 산업화와 민주화의 서사가 있었다. 시민들은 국가공동체의 그 서사에 합류함으로써 꿈을 실현했던 시기였다. 산업화 시대와 민주화 시대의 치열했던 꿈을 스크린에서 찾는 지금, 우리는 아니 우리의 젊은이들은 꿈을 빼앗기고 미래가 차단된 '미생'의 시대를 살고 있다.

2010년 '오늘 나는 대학을 그만 둔다'라고 선언하며 고려대 경영대를 자퇴한 김예슬은 말했다.

"G세대로 '빛나거나' 88만원 세대로 '빛내거나' 그 양극화의 틈새에서 불안한 줄다리기를 하는 20대, 무언가 잘못된 것 같지만 어쩔 수 없다는 불안에 앞만 보고 달려야 하는 20대, 나는 25년간 긴 트랙을 질주해왔다. 친구들을 넘어뜨린 것을 기뻐하면서, 나를 앞질러 가는 친구들에 불안해하면서, 그렇게 '명문대 입학'이라는 첫 관문을 통과했다. 그런데 이상하다. 더 거세게 채찍질해 봐도 다리 힘이 빠지고 심장이 뛰지 않는다. 지금 나는 멈춰 서서 이 트랙을 바라보고 있다. 저 끝에는 무엇이 있을까? 취업이라는 두 번째 관문을 통과시켜 줄 자격증 꾸러미가 보인다. 다시 새로운 자격증을 향한 경쟁이 시작될 것이다. 이제야 나는 알아차렸다. 내가 달리고 있는 곳이 끝이 없는 트랙임을."

2013년 대학가에 붙은 '안녕들 하십니까'라는 대자보는 미생조차 되지 못한 이른바 '88만원 세대' 대학생들의 자탄과 자성이 끝없는 릴레이로 이어졌다. "철도 민영화에 반대한다며 수천 명이 직위 해제되고, 불법 대선개입, 밀양 주민이 음독자살하는 하 수상한 시절에 어찌 모두들 안녕하신지 모르겠다. 안녕들 하십니까"라고 운을 뗀 첫 대자보에서는 "수차례 불거진 부정선거 의혹과 국가기관의 선거개입이라는 초유의 사태에도 대통령의 탄핵 소추권을 가진 국회의 국회의원이 사퇴하라 말 한마디 한 죄로 제명이 운운되는 지금이 과연 21세기가 맞는지 의문"을 제기한다. "88만원 세대라는 우리를 두고 세상은 가난도 모르고 자란 풍족한 세대, 정치도 경제도 세상물정도 모르는 세대라고 합니다. 하지만 IMF 이후 영문도 모른 채 빈집을 지키고 매 수능을 전후하여 자살하는 적잖은 학생들에 대해 침묵하길, 무관심하길 강요당한 게 우리 세대 아니었나요?"라고 묻는다. 세상에 대해 생각도 관심도 갖지 말고 침묵하길 강요당한 세대, 그래서 꿈도 미래도 갖지 못하는 세대가 된 자신들에게 '그래서 안녕들 하냐'는 비애에 찬 안부를 물었다. 그리고 이제 자신들의 꿈도 미래도 빼앗아간 바로 그 세상과 사회에 좀 관심을 가져야 하지 않겠느냐는 자성의 메시지가 우리 시대 젊은이들의 뼈아픈 공감을 얻었다.

윤태호 원작의 〈미생〉은 학벌 없는 비정규직 사원인 주인공 '장그래'의 입사에서 퇴사까지의 숨 막히는 삶을 그리고 있다. 완생의 꿈을 박탈당한 미생의 몸부림을 웹툰과 드라마로 절절하게 담아낸 것이다. 주인공 장그래는 모질게 부딪히는 회사에서의 순간순간을 오랜 세월 몸에 밴 자신의 바둑판 위에 올려놓고 잡초 같은 생명력으로 끈질기게 버텨나간다. 하지만 장그래의 삶을 에워싼 우리 시대의 조건은 더 이상 평범한 직장인들이 꿈을 가질 수 없는 현실을 빨리 깨닫도록 재촉한다. 우리 시대의 젊은이들 가운데 미생으로 버티는 장그래류는 그래도 맷집이 좋은 편이다. 시대의 폭력 앞에 장그래의 맷집을 갖지 못한 또 다른 젊은이들은 반인륜적 집단행동을 가리지 않고 온라인과 오프라인에서 병리적으로 뭉치거나 이슬람 수니파의 테러단체 IS를 찾아 떠나기도 했다. 꿈을 빼앗긴 우리 시대의 젊은이들은 이처럼 고독하게 선언하거나, 성찰의 대자보를 이어가다 그 또한 길을 잃거나, 아니면 병리적 일탈과 극단의 도피를 선택한다.

우리 시대의 삶이 참으로 고단하고, 꿈을 갖는다는 것은 참으로 꿈에도 생각할 수 없는 일이 된 것은 세계 최고의 수준에 있는 여러 가지 지표에서 확인되기도 한다. 세계최고의 노동시간, 세계 최대의 여성 저임금 노동, 세계 제일의 남녀 정규직 임금격차가 우리 삶의 조건이고, 자살률, 이혼율, 낙태율, 저출산, 어린이 교통사고 사망률, 청소년 불행지수, 사교육비, 공교육비 민간부담률, 노인빈곤, 성형, 흡연, 음주 등에서 세계 최고에 이르는 현실은 하루하루를 힘겹게 버티는 우리 삶의 민낯이기도 하다.

나라 전체를 통곡의 바다로 밀어 넣은 4·16 세월호 참사는 더 이상 국가나 정부, 정치가 시민의 삶과 생명을 지켜주지 않는 '병든 국가'를 확인시켜 주었다. 송파에서의 세 모녀 자살, 윤 일병의 사망이 다르지 않았고, 실직과 주식투자 실패로 아내와 딸을 살해한 가장, 10대 소녀의 목숨을 빼앗은 최근의 인질극, 어린이집의 아동학대 등 자고 나면 터지는 사건들이 우리 사회가 보호되지 않는 무방비의 상태로 해체의 길로 돌진하고 있다는 사실을 알려준다.

2. 이제 우리 정치를 좀 돌아보자.

모든 사회질서의 정점에 정치질서가 있듯이, 사회구조가 만드는 모든 문제의 정점에 정치의 문제가 있다. 대학을 그만둘 수밖에 없는 대학생, '안녕들 하십니까'라고 외치는 학생과 시민, 완생이 되지 못하는 미생들이 꿈을 접어야 하고 꿈을 잃어버린 시대는 방향을 잃은 정치의 시대에 다름 아니다. 국가는 무엇이고 정부는 또 무엇인가? 그리고 정치는 왜 존재하는가? 특히 이명박 정부에서 박근혜 정부로 이어지는 두 번의 보수정권 동안 정치와 시민의 삶 사이의 거리는 극단적으로 멀어졌다. 이명박 정권의 미국산 쇠고기 수입정책, 친기업정책, G20 정상회담의 기억, 4대강 개발사업, 자원외교, 방위산업 등과 관련된 수십 조의 비리의혹, 그리고 가계부채 1천 조 시대 개막 등은 정치가 시민의 삶에는 전혀 무관심하다는 사실을 보여준다. 박근혜 정부는 이명박 정권의 기조를 이어

받고 있지만 이른바 문고리 3인방이니 십상시니 하는 비선의 국정농단 의혹은 그 폐쇄성이 한결 더 심각하다는 사실을 보여준다. 게다가 최근에는 연말정산 세금폭탄으로 봉급쟁이의 작은 기대마저 빼앗고 마는 무모함과 무능함을 드러내기도 해서 정치와 시민의 삶이 참으로 멀리 떨어져 있다는 사실을 새삼 깨닫게 한다. 정치가 시민의 고단한 삶을 치유하고 끌어안아 주는 것이 아니라 시민의 삶을 방치함으로써 오히려 고단한 삶의 현실을 생산하고 있는 것이다.

돌이켜 보면, 민주화 이후 한국의 국가와 정치와 민주주의는 시민의 삶과 지속적으로 멀어졌다. 산업화 시대, 민주화 시대 이후 우리 사회는 가혹한 '시장의 시대'를 거쳤다. 1997년 IMF 이후 지구적 시장경쟁의 거대한 맷돌 속으로 빨려든 우리 사회는 승자독식의 냉혹한 경쟁의 질서에서 소수의 승자를 제외한 대부분 국민의 삶이 산산이 부서지거나 위기로 내몰렸다. 공적 질서는 해체의 위기에 직면하고, 공정질서의 정상에 있는 제도정치는 시민의 삶과 더욱 분리되었다. 모든 것이 경쟁과 효율의 시장원리에 맡겨진 듯했다. 낙오된 자는 바닥에서 버둥거리고 살아남은 자는 다시 낙오되지 않기 위해 위에서 버둥거리는 형국이었다. 오로지 살아남는 데 몰두한 채 현재만이 존재하는 미래 없는 사회, 꿈을 빼앗긴 시대가 된 것이다.

이 각박한 생존의 시대를 더욱 힘겹게 뒤튼 것은 두 번의 보수정권 동안 시민을 지시와 통제의 대상으로만 여기는 오랜 권위주의 정치관행이 아주 자연스럽게 재림했다는 사실이다. 적어도 이명박 정부와 박근혜 정부에서 이 같은 정치관행으로의 회귀는 정치와 시민의 삶을 이중적으로 분리시키는 데 기여했다. 한 번은 시장의 손으로, 또 한 번은 정치 자신의 손으로 시민의 삶을 돌아오지 못할 어둠의 계곡으로 밀어 넣었던 것이다. 그래서 바로 정치와 삶의 이중적 분리의 극단에 박근혜 정부가 있다. 어쩌면 박근혜 정부를 국민이 선택한 것은 꿈을 잃은 시대에 산업화 시대의 꿈을 가져다줄 것만 같은 환상이 만든 결과일지 모른다. 모든 것이 잘못되었다. 최악의 비정상이 여기에서 비롯되었다. 내 삶을 책임져 줄 것 같은 환상이 뽑은 대통령은 곧바로 국민들에게 악몽을 안겨 주었다.

박근혜 정권은 갈수록 시민의 삶으로부터 정치를 점점 더 멀리 분리시키는 절망스러운 기형의 정치를 드러내고 있다. 국민을 둘로 갈라 적대와 증오를 생산하는 '두 국민 정치', 공공성의 수준이 가장 높아야 할 국정을 사익과 비선이

농단하는 '사욕의 정치', 대통령의 독단과 일방성이 국민의 소리에 귀를 막은 '불통의 정치', 대선 때의 공약, 말하자면 국민과의 약속을 헌신짝처럼 버려 결국 국민을 속이는 '기만의 정치' 등이 중첩되어 무능하고 나쁜 기형의 정치를 보이고 있다. 이 가운데 가장 나쁜 정치는 '두 국민 정치'다. 평범한 시민의 곤궁한 삶보다는 기업과 시장의 이익과 성장이 더 중요한 정치, 노동과 생명과 인권, 복지를 외치며 절망적 삶의 낭떠러지에서 절규하는 시민들보다는 국가와 민족과 반공의 이념으로 무장하고 어떤 경우에도 자신들을 위해 거리에 나서주는 사람들만을 안고 가는 1차원적 정치가 판치고 있다.

대통령과 여당은 국민으로부터 위임받은 권력이다. 그 위임에는 적어도 대한민국의 모든 국민에 대한 책임이 전제되어 있다. 대통령과 여당이 나라 안의 모든 일에 대해 무한책임의 '의식'을 가져야 한다는 것은 상식이다. 정부와 관련된 사태의 경우 더욱이 직접적 책임을 피할 수 없다. 그 책임을 회피하는 정치야말로 나쁜 정치이다. 그보다 더 질 나쁜 정치는 책임을 회피하려고 국민을 두 편으로 가르는 정치이다. 말하자면 '두 국민 정치'이다.

한진중공업 사태나 쌍용차 사태도 그러했지만 '세월호' 정국이 길어지면서도 정치가 국민들에게 증오와 적대를 심었다. 애초에 박근혜 대통령은 세월호의 진상이 곧 '유병언' 개인의 비리라고 이해한 듯하다. 책임을 물어야 할 유병언이 죽었으니 이제 진상은 더 캘 것이 없고, 나머지는 국회가 알아서 하라는 식의 매정함이 섬뜩했다. 게다가 세월호 특별법에 관한 여야의 2차 합의안을 언급하며 이른바 가이드라인을 대통령이 제시하는 형국을 만들었다. 절규하는 유족과 시민들은 더 이상 대통령의 국민이 아니었다. 유가족이 전례 없는 보상을 요구한다는 유언비어가 돌고 보수언론은 앞다투어 유족과 시민을 향해 '이제 그만 좀 하라'고 푸념했다. 정부와 여당과 보수언론이 뱉은 말과 자신들의 기분을 이름 지어 '세월호 피로증'이라고 불렀다. '대한민국이 당신들만의 것이냐'는 여론의 지탄이 유족들에게 이어졌고, 단식하는 유족과 시민 앞에서 '막 먹어대는' 퍼포먼스를 펼치는 막가파식 패악이 이어지기도 했다. 유가족과 대리운전기사의 폭력사건은 이 애끓는 참사의 본말을 더욱 더 기형적으로 뒤틀었다. 사태를 책임져야 할 대통령과 여당에게 가야 할 화살이 오히려 유족을 향하는 기이한 반이성적 야만의 질서가 만들어진 것이다.

해방 이후 분단의 세월 속에 우리는 증오와 적대의 역사를 누적시켰다. 아무리 냉전의 시대라 해도 극단의 분열과 갈등은 이념 그 자체로 만들어지는 것이 아니다. 역사의 고비마다 겪게 되는 가학적 국가폭력과 희생의 체험이 증오의 싹을 틔우고 적대의 전선을 만들어낸다. 1948년의 제주, 같은 해의 여수 순천, 80년의 광주는 증오와 적대를 생산하는 우리의 집합적 체험이었다. 이제 세월호 참사가 증오와 한으로 적대를 쌓는 또 하나의 현대사가 될 것 같아 두렵다. 국민을 둘로 나눈 후 위기의 정국을 벗어나는 전가의 보도는 늘 그랬듯이 '민생'이었다. 누구의 민생이고 어떤 민생인가? '세월호의 국민'에게 민생의 구호는 기만의 언어일 뿐이다. 대통령과 여당에게 저 팽목항에서 울부짖던 유족이나 시민은 더 이상 국민이 아니다. '촛불시민'과 '안녕들 하십니까'를 외친 청년들, '앵그리 맘', 쌍용차의 노동자들, 강정마을을 지키려는 사람들, 송전탑을 반대하는 밀양의 주민도 그들의 국민일 수 없다. 국민을 둘로 나누고 적대와 증오를 심는 참으로 나쁜 정치, 미래 없는 정치, 꿈을 빼앗는 정치가 아닐 수 없다.

반공이념의 이름으로, 안보의 이름으로, 법과 제도의 보호를 명분으로 자신의 국민을 죽이고, 배제하고, 버리는 정치가 반복되고 있다. 국가와 정치와 민주주의는 국민의 삶 저 멀리에서 박제처럼 웅크리고 있다. 바로 문제의 본질은 정치와 민주주의와 국가가 시민의 삶과 점점 더 분리되고 있다는 사실이다. 2014년 12월 19일 헌법재판소의 통합진보당 해산 선고가 내려진 후 박근혜 대통령은 '자유민주주의를 확고하게 지켜낸 역사적 결정'이라고 했다. 나는 우리 시대에 '자유민주주의'라는 것이 과연 확고하게 지켜야 할 정치질서인가라고 묻지 않을 수 없다. 주지하듯이 냉전이념의 두 축은 자유주의와 공산주의였다. 냉전의 해체, 냉전의 종말은 두 이념의 종언을 의미하는 것으로 해석될 수 있다. 그리고 이른바 '신자유주의'라는 냉혹한 시장의 시대가 이어졌다. 광기 어린 글로벌 금융자본이 지구화라는 이름으로 '사탄의 맷돌'을 돌리던 시대였다. 2008년 마침내 미국 4대 은행의 하나인 리먼 브러더스의 파산을 시작으로 월스트리트 발 금융위기가 세계경제위기로 이어졌다. 2011년 이른바 '월가를 점령하라'라는 구호로 시작된 시위는 10월 15일 하루에 유럽과 아시아 82개국 900여 개 도시에서 동시에 시위가 전개될 정도로 확산되었다. 1%의 부자에 대한 99% 시민의 저항이었다. 이 저항 이후 세계는 신자유주의를 넘어서는 새로운 질서, 즉 공공성을 강화하는 새로운 질서를 모색하고 있다. 이 새로운 질서가 어떤 모습으로 정착될지 알 수 없지만 적어도 신자유주의나 '자유민주주의'로의 회귀일 수 없다는 점은 분명하다.

자유민주주의는 냉전의 질서를 지탱했던 축으로 현재의 시각으로 보면 정치와 시민의 삶을 분리시킨 이념적 원조다. 자유민주주의를 우리 시대가 지켜야할 국가적 가치로 당연시하는 것은 국가의 미래에 대한 철학의 빈곤을 드러내는일이 아닐 수 없다. 우리 시대에 자유민주주의의 복고적 질서가 어떤 새로운 꿈을 줄 수 있는가? 새로운 시대를 개척할 새로운 담론, 분명한 대안의 질서, 뚜렷한 대안의 세력만이 제대로 된 정치의 가능성을 열 수 있고, 제대로 된 정치야말로 꿈을 갖는 시민, 꿈을 갖는 시대를 만들 수 있다.

시민 개인의 꿈과 시대의 꿈을 우리 시대에 다시 일구는 일은 시민 개인의 아주 구체적인 삶을 일으키는 데서 시작되어야 한다. 산업화와 민주화의 성과가 시장의 횡포 속에 고도로 위축되면서 시민의 삶이 해체되는 비극은 시작되었다. 1%의 부자가 살아남고 99%의 시민 삶이 나락으로 떨어지는 것은 모든 질서가 무너지는 것을 의미한다. 국가와 민족, 냉전 이념의 정치가 개인의 삶을 강제하고 억압하던 시대를 지나고, 시장의 탐욕이 개인의 삶을 해체한 시대를 거치면서 우리는 모든 사회질서의 궁극적 요소가 시민의 '생활'이라는 사실을 깨달아야한다. 당연한 이 사실을 외면해서는 안 된다. 정치와 경제와 사회의 궁극적 원천이 시민의 '생활'이며, 국가와 정치와 민주주의의 중심에 시민의 생활이 있어야 한다는 사실이 중요하다. 그것이 새로운 질서이며 거기서부터 새로운 시대의 서사가 시작될 수 있고 새로운 시대의 꿈이 생겨나는 것이다.

3. 국가와 정치와 민주주의가 추구하던 모든 형식과 장식을 내려놓고 나면 남는 알맹이는 '생활'이다.

개인의 생활이 해체되고 분리되어 공적 질서에서 내쳐지는 것이 아니라 시민 개인의 삶이 다시 공공적 질서로 재구성될 때 국가와 정치와 민주주의는 새로운 꿈으로 채워질 수 있다. 나는 산업화 시대와 민주화 시대 이후 시장의 시대에 빼앗긴 우리의 꿈이 이제 생활의 시대를 통해 부활해야 한다고 생각한다. 이제 우리는 '내 삶'을 살리는 정치를 제공하고 내 삶을 살리는 정치를 선택해야 하는 시대에 와 있다. 이를 위해서는 무엇보다도 국가와 정치와 민주주의가 개인의 구체적인 삶을 향해 있고, 시민 생활의 아주 구체적인 현장까지도 거시적인 제도에 결합할 수 있는 '미시정치', '미시민주주의'의 시대를 열어야 한다. 아주 구체적인 개인생활의 현장, 주민생활의 현장, 지역적 삶 속에 새로운 시대의 국가적 과제와 지구적 과제가 공존하고 있다. 그 삶 속에 국가가 있고 정치가 있고 민주주의가 있어야 한다. 새로운 시대의 국가가 디자인하는 정책과 제도는 시민의 생활과 맞닿아 있어야 하고 시민의 고통과 아픔을 직접 끌어안을 수 있어야 한다. 직접적이고 참여적이며 숙의적인 협치의 과정을 포함해야 한다. 이 같은 미시민주주의는 첫째, 시민사회의 다양한 영역, 즉 기업, 언론, 학교, 노조, 병원, 시민단체 그리고 일상의 다양한 조직과 집단의 실행과정에서 민주적 가치와 철학이 실현되는 다양한 하위정치의 확산을 포함한다. 둘째, 정부와 정당, 지자체를 포함하는 공적 영역에서 실행과 관행의 과정이 민주적 가치와 철학을 반영하는 하위정치의 확산을 포함한다. 셋째, 시민사회의 하위정치양식과 제도정치영역의 미시정치 양식들이 실행적 제도와 네트워크로 결합되는 협치의 정치를 포함한다.

저자는 2014년의 저서 《갈등사회의 도전과 미시민주주의의 시대》에서 미시민주주의가 우리시대의 갈등을 조정하고 관리하는 새로운 정치적 지향이 되어야 한다는 점을 강조한 바 있다. 이제 이 책에서 미시민주주의의 보다 실제적인 모델을 '생활민주주의 패러다임'으로 그려보고자 한다. 생활민주주의는 탈이념의 민주주의 모델이며 시민의 생활에 민주주의 정치양식을 구현하는 새로운 사회질서를 지향한다. 탈냉전과 탈근대의 거대 사회변동의 시대에 냉전의 이념을 뛰어넘는 새로운 정치 패러다임으로서의 생활민주주의를 구상하고자 하는 것이다. 생활민주주의는 정치이념으로서의 자유민주주의나 사회민주주의와 달리 수평적이고 네트워크적이며 참여적이고 숙의적인 정치양식 자체를 구현하는 새로운 정치질서다. 이념과 제도로 싸인 정치의 껍질을 벗긴 후 남게 되는 것은 시민의 실존적 삶이다. 시민의 생활을 민주적으로 재구성하는 핵심적 가치는 '자율'과 '책임'과 '협동'의 가치다. 자율은 생활민주주의를 구성하는 제1의 윤리인데, 시민이 스스로 자기 삶의 주인이 되는 실질적 시민주권으로서의 '생활주권주의'로 구체화된다. 책임은 생활민주주의의 제2의 윤리로 국가와 정부와 정당이 시민의 생활을 직접 책임지는 한편, 시민 자신도 생활주권을 갖는 만큼의 책임을 공유하는 '생활책임주의'를 지향한다. 협력은 생활민주주의의 제3의 윤리로 개별적 사회구성 요소들을 공공적 질서로 결합하기 위해 추구되는 핵심가치다. 이러한 가치는 자율적 연대를 기반으로 삶의 문제를 '함께' 해결하는 '생활협력주의'로 구현된다.

생활민주주의는 '모든 이를 위한 민주주의'이고 '모든 이를 위한 정치'다. 생활은 모든 이에게 부여된 실존이다. 서로 다른 삶을 가르는 계급과 계층, 지역 등은 더 이상 유용한 불평등의 잣대가 될 수 없다. 고도로 유연화된 노동시장과 훨씬 더 다양하고 복잡한 생활상의 욕구와 가치들이 새로운 균열을 만들고 있다. 생활은 수많은 차이를 반영하고 있고, 이러한 차이는 모든 이의 삶을 구성하고 있다. 모든 이에게 부여된 실존으로서의 생활이 정치화되는 것이 생활민주주의다. 오랫동안 민주진보진영의 정치는 좌와 우, 민주와 독재, 정의와 불의, 선과 악 등의 이분법에 기초해 있었다. 오늘날 이 같은 이분법의 정치는 자기진영의 대중적 기반을 고도로 제한하는 축소지향의 정치가 아닐 수 없다. 민주진보의 집권을 위태롭게 하는 곡예를 자초하는 것이다. 생활민주주의의 시대는 모든 이의 생활을 혁신하는 민주주의의 시대가 되어야 한다. 모든 이를 위한 정치는 우리 사회의 비주류층을 끌어안고 주류층으로 나아가는 정치이며, 민주진보진영이 취약했던 유권자층을 향해 외연을 확장하는 정치이고, 민주진영을 지지하지 않았던 유권자를 포용하는 정치다. 이런 점에서 생활민주주의를 지향하는 모든 이를 위한 정치는 사회구성원 누구도 배제하지 않는 '비배제적 포괄성'과 다양한 영역의 사회적 약자를 끌어안는 '다원적 진보성'을 동시에 갖는다.

생활민주주의를 지향하는 정부와 그 연관된 제도적 총체를 '생활국가'라고 말할 수 있다. 생활국가는 정치, 경제, 복지, 노동, 국방, 외교, 문화 등 국가운영의 모든 영역이 시민의 실질적 '생활'을 향해 재구성됨으로써 중앙집권적 국가주의를 넘어서는 새로운 국가모델이라고 할 수 있다. 생활국가의 제도와 정책들은 시민의 생활영역과 적극적으로 결합하여 생활민주주의의 자율과 협력, 책임의 가치를 체계화해야 한다. 생활국가를 구성하는 권력구조 및 권력운용 방식은 분권적 권력, 참여적 권력, 합의적 권력이라는 세 가지 원칙에 기초하고, 다양한 정책들은 생활민주주의를 지향하는 주요 정책비전을 가져야 한다. 이러한 정책비전들은 생활주권과 생활자치를 지향하는 분권자치주의, 생활가치를 추구하는 노동·복지주의, 포용과 상생의 경제를 지향하는 협력성장주의, 안전한 생태적 조건과 안전한 삶을 지향하는 생활·생태안전주의, 군사안보를 넘어서는 평화와 생활안보주의, 남북한의 화합을 지향하는 한반도 협업주의, 세계가치를 생산하는 문화포용주의 등을 들 수 있다. 이 같은 생활국가의 주요 정책비전들은 모든 정책의 중심에 시민의 '생활'을 두고, 시민의 구체적인 생활과 제도를 결합시키고자 하는 생활민주주의의 실현전략이라고도 할 수 있다.

정치와 시민생활을 결합하는 실질적 관건은 정당정치에 있다. 정당은 국가와 시민사회를 연결하는 일종의 가교이기 때문이다. 생활민주주의를 실현하는 새로운 정당모델을 '생활정당'이라고 할 수 있다. 생활정당은 정치와 국가와 민주주의의 중심에 시민의 삶을 두는 정치를 지향하고, 삶의 현장을 지향한다. 한국의 정당정치는 오랫동안 한국정치의 근본적 문제를 그대로 반영하고 있다. 말하자면 정당 국가주의, 정당 보수주의, 정당 지역주의, 정당 권위주의, 정당 파벌주의 등 우리 정당정치의 주요 특징들은 무엇보다도 정치와 시민생활을 분리시키는 핵심기제로 작동했다. 이 같은 왜곡되고 비정상적인 정당정치는 빠르게 변화하는 사회변동 속에서 시민의 삶과 욕구를 반영하지 못함으로써 정체성의 위기와 대중기반의 위기, 소통의 위기라는 3중의 위기를 맞고 말았다.

오늘날 정당정치의 3중 위기는 생활정당으로의 근본적 전환을 통해 대안을 마련해야 한다. 생활주권과 생활책임, 생활협력을 지향하는 생활민주주의를 기반으로 '모든 이를 위한 정치'의 정체성을 분명히 해야 한다. 이른바 '서민과 중산층을 위한 정당'이나 '중도개혁정당'의 구호는 모호하거나 여전히 냉전 이념의 궤도에 갇혀 있다. 모든 이를 위한 민주주의, 모든 이를 위한 정당이야말로 생활정당의 새로운 정체성이다. 나아가 생활정당은 분권정당, 합의정당, 참여정당으로의 변화를 통해 소통의 위기를 넘어설 뿐만 아니라 시민기반과 노동기반, 생태기반을 확장함으로써 대중기반의 위기를 해소해야 한다. 시민의 자발적 정치활동이 아니라 국가권력에 의해 정당이 주조되고 통제되던 '국가정당의 시대', 민주화 과정에서 지역적 세력과시를 위해 주민들을 동원하는 '동원정당의 시대'를 넘어 이제 새로운 정당정치는 정치와 시민생활을 긴밀하게 결합해서 정당이 삶의 문제를 해결하고, 생활을 책임지는 '생활정당의 시대'를 열어야 한다.

생활민주주의, 생활국가, 생활정당은 우리 시대 새로운 정치질서를 구성하는 핵심요소이다. 생활민주주의의 새로운 비전 속에서 시민의 삶에 새로운 변화의 가능성을 보일 수 있다면 바로 여기서 다시 꿈을 가질 수 있는 시대, 미래가 있는 시대를 열 수 있다.

4. 미시민주주의에 대한 관심과 함께 생활민주주의에 대한 구상을 시작한 지도 꽤 오랜 시간이 흘렀다.

그러나 이 구상이 감당할 수 없는 충격과 함께 서둘러 가속화된 것은 다른 무엇보다도 '세월호 참사'때문이었다. 2014년 4월 16일 300명이 넘는 생명과 함께 진도 앞바다에서 침몰한 세월호 참사는 온 국민을 충격과 비탄, 자괴감과 분노의 시간 속에 가두었다. 나는 이 통탄할 참사의 원인을 국가와 시민의 삶의 분리에서 찾았다. 세계가 주목한 충격에 대한 거대한 각성이 절실했고, 대통령을 비롯한 모든 정치인이 한입처럼 대한민국이 세월호 이전과 이후로 나뉠 것이라며 변화를 약속했다. 박근혜 대통령의 그 약속은 또 다시 기만의 정치로 확인되었지만, 생활민주주의와 생활국가, 생활정당의 구상은 국가를 바꿀 것이라는 약속에 대한 나름의 이론적 독촉이었다. 이 책의 첫 번째 장과 마지막 장은 그렇게 만들어졌다.

이 책의 전체내용은 3부 8장으로 구성되어 있다. 제1부는 생활과 민주주의, 제2부는 생활과 공공성, 제3부는 생활과 시민정치로 각 장들을 묶었다. 책의 내용을 안내하는 의미에서 각 장을 소개하면 다음과 같다.

제1장은 세월호 참사 이후 한국사회의 근본적 변화와 고장 난 국가를 정상화해야 한다는 인식을 바탕으로 새로운 정치 패러다임으로서의 '생활민주주의'에 주목한다. 생활민주주의는 생활 속에 정치와 민주주의가 살아서 작동하는 내재적 민주주의 모델이자, 참여민주주의와 숙의민주주의를 포괄함으로써 정치가 시민의 삶과 직접 대면하는 본원적인 민주주 모델이다. 생활민주주의적 혁신은 정치제도에 한정된 변화가 아니라 한 사회의 공적 질서를 새롭게 재편하는 공공성의 재구성과 관련되어 있다. 이러한 공적 질서를 '생활 공공성'이라고 개념화했다. 바로 생활 공공성의 핵심 축으로서의 생활민주주의는 대의민주주의

의 외재적이고 절차적인 성격을 넘어서는 내재성을 갖는데 본원성, 포괄성, 자아실현성, 지구적 확장성, 탈계급성 등을 주요 특징으로 한다. 생활민주주의의 이러한 성격은 자율과 책임과 협력이라는 핵심적 가치를 반영하며, 보다 구체적으로 이러한 가치는 생활민주주의의 제도적 총체로서의 생활국가 혹은 생활정부에 구현된다.

제2장은 최근의 정치사회 변동을 주도하는 두 개의 담론이라고 할 수 있는 생활정치담론과 복지담론에 주목하면서 생활정치 패러다임과 미시민주주의론을 강조한다. 특히 두 가지 담론이 체계정치 패러다임에 갇힌 한계를 넘어서서 '생활정치 패러다임과 공공성의 재구성'이라는 맥락에서 새롭게 추구되어야 한다는 점을 강조했다. 우리 시대의 복지담론은 어쩌면 가장 선진적인 정치담론으로 주목되었지만 실제로는 국가패러다임, 즉 국가중심적 체계정치 패러다임에 갇혀 복지의 과제를 경제와 재정의 논리나 분배의 논리로 간주하는 한계를 넘어서지 못하고 있다. 이제 우리 시대의 복지정치는 분배적 관점을 넘어 자아실현적이고 성찰적인 복지로 재구성되어야 한다. 다른 무엇보다도 성찰적 복지는 자아실현과 자기확장의 정치과정으로서의 복지의 생활정치적 재구성을 의미한다. 이 같은 복지정치의 재구성은 체계정치의 패러다임을 기반으로 한 공공성의 질서가 생활정치적 욕구에 의해 구조적 자기대면에 봉착한 것으로 이해할 수도 있다. 체계정치의 국가주의와 성장주의를 넘어 새로운 삶의 양식을 선택하는 방향으로 공적 질서가 재구성될 때 미시민주주의는 생활정치의 이상을 구현하는 진전된 민주주의의 유형으로 강조될 수 있다.

제3장은 우리 시대의 거대한 사회변동을 일종의 문명전환과정으로 봄으로써 그 실천과제를 '분산혁명의 정치'로 제시하고 있다. 분산혁명의 정치는 말하자면 인류문명의 오랜 집중화라는 서사와 분산화라는 새로운 서사가 중첩적으로 나타나는 이중서사의 시대를 넘어서기 위한 실천전략이라고 할 수 있다. 분산혁명의 정치는 수평권력정치 프로젝트, 자아실현정치 프로젝트, 사회생태정치 프로젝트로 구체화될 수 있고, 그 실천 이념으로는 집중문명이 고도화되었던 자유민주주의나 사회민주주의의 대의적 질서를 넘어서는 '생활민주주의'를 들 수 있다. 집중문명의 대의적 제도와 양극화된 사회질서에서 개인의 삶은 공공적인 것에서 배제되고 정치에서 분리되어 마침내 해체되고 마는 현실을 초래하게 되었다. 분산

혁명의 정치는 무엇보다도 조화, 협동, 공리, 공생, 공감 등의 가치가 실존적 삶의 본질이라는 점을 체득함으로써 개인의 '생활'을 국가 공공성의 질서가 아니라 자율적 공공의 윤리로 재구성하는 데 주목한다. 분산문명의 새로운 정치지향으로서의 생활민주주의는 개인의 삶에 공공적 질서가 내면화된 질서이며, 미시정치적 실천과 초거대 지구생태 담론의 결합지점이라는 점도 강조될 수 있다.

제2부는 생활과 공공성의 구조변동을 보다 분석적으로 개념화하고 이를 실제적인 공공성의 재구성과정에 적용하는 3개의 장으로 구성된다. 제4장은 공공성의 개념적 범주에 대해 보다 분석적으로 접근함으로써 공적 질서에 대한 사회과학적 분석력을 확장하고, 동시에 공공성의 해체적 현실을 공적 질서의 재구성과정으로 해석함으로써 그러한 재구성에서 대안적 질서를 모색한다. 공공성 개념을 구성하는 핵심적 요소는 공민성, 공익성, 공개성으로 구분할 수 있으며 이를 '사회구성적 공공성'이라는 개념으로 이해할 수 있다. 사회구성적 공공성의 질서는 사회체계요소, 사회구성영역, 사회적 범위, 공간적 범위, 역사시기, 강제성의 수준, 외재성의 수준 등에 따라 다양한 유형화가 가능하다. 나아가 공공성의 재구성을 추동하는 핵심적 지점은 거시적 제도와 미시적 욕망 사이에 존재하는 사회질서라고 할 수 있는데 이 새로운 공공성의 범주를 미시적 제도로 구성된 '미시 공공성'의 영역으로 설정했다. 생활정치가 추구하는 자아실현과 자기확장의 가치를 중심으로 규범, 제도, 행위들이 재구성된 미시 공공성의 질서를 '생활 공공성'이라고 규정하고, 새로운 사회통합의 가능성을 생활 공공성을 구성하는 생활민주주의, 생활국가, 생활시민사회 등에서 찾고 있다.

제5장은 역사적으로 구성된 세 가지 공공성 프레임에 주목했다. 당대의 가치와 이념, 제도와 규범, 나아가 구성원의 의식이 만드는 복합적인 의미체계로서의 '공공성 프레임'은 일정한 역사적 시간대에 걸쳐 있다. 국왕에 의한 인격적 지배의 시대, 헌법과 법률에 의한 국가 중심의 시대, 국가 중심 시대를 넘어선 새로운 공공성의 시대에 각각 조응하는 공공성의 프레임을 절대 공공성, 국가 공공성, 생활 공공성으로 유형화했다. 공공성 프레임의 역사적 유형은 공적 질서의 진화과정을 보여주고 있다. '절대 공공성'의 프레임은 전제적 공민성, 시혜적 공익성, 교시적 공개성의 질서로 구성되어 있다. '국가 공공성'의 프레임은 공식적으로는 대의적 공민성을 표방하지만 권력의 특성에 따라 전제적 공민성

을 포함하고, 잔여적 공익성이 일반적이지만 시혜적이거나 기여적 형태가 복합적으로 구성되어 있다. 국가 공공성 프레임에서 공개성 역시 절차적 공개성을 표방하지만 실질적으로는 교시적 공개성에 머문 경우가 많다. 최근의 사회변동 과정에서 시민사회와 지방정부의 수준에서 확산되고 있는 생활 공공성 프레임은, 공민성의 차원에서 대의적 공민성이 유지되는 가운데 참여적, 숙의적 공민성으로 진화하고 있으며 공익성의 차원은 잔여적이고 기여적인 공익성과 함께 보편적 공익의 질서가 새롭게 확대되고 있다. 공개성의 차원 또한 절차적 공개성과 아울러 소통적 공개성이 확대되고 있다.

제6장은 유엔의 장애정책조정기구 설립사업을 지구 공공성으로 개념화하고 이 같은 지구 공공성 사업이 개별 국가 차원에서 공공성을 재구성하는 과정을 분석한다. 여기서는 제도 공공성을 편성 공공성과 운영 공공성으로 구분한 후, 편성 공공성이 일국의 장애현상을 둘러싼 가치 공공성에 어떤 영향을 미치는지 그리고 운영 공공성에 어떤 영향을 미치는지를 살펴보았다. 보다 구체적으로는 장애정책 조정기구의 위상, 구성, 기능 등이 가치 공공성 및 운영 공공성과 어떤 관계에 있는가를 다양한 유형화를 통해 가설을 검증하는 방식으로 분석하고 있다. 분석결과는 장애정책 조정기구라는 제도를 통해 각국의 장애 공공성의 질서가 재편되는 요소들을 개괄적으로 보여주고 있다. 즉, 장애정책 조정기구의 위상이 정부기관들을 전체적으로 관할할 수 있는 기관과 연관된 소관부처 초월형인 경우, 그리고 장애인 당사자의 참여가 보장된 당사자 참여형의 구성인 경우, 또 그 권한의 행사가 보다 넓고 실질적인 분야까지 포괄하는 실질확장 기능형인 경우 일국의 장애 공공성을 바람직한 방향으로 재구성하는 데 유리한 것으로 보았다.

제3부는 생활과 시민정치에 관한 2개의 장으로 구성되어 있다. 제7장은 분단 한국에서 필연적으로 사회과학의 과제가 될 수밖에 없는 통일의 문제를 '시민사회통일론'이라는 새로운 시각으로 접근하고 있다. 시민사회통일론은 통일을 생활과 삶의 문제로 접근하는 새로운 관점이라고 할 수 있다. 아울러 시민사회통일론은 탈냉전·시장주의 역사국면의 지구적 사회변동과 한국의 정치민주화에 따른 시민사회의 변화를 반영하는 통일패러다임의 하나이다. 국가주의 통일패러다임은 역사적 국면의 전환과 함께 이제 실효적 통일담론으로서는 뚜렷한

한계를 가진다. 새로운 역사국면에서 확장된 비정치적 민간교류와 평화운동, 시민사회주도의 통일운동, 시민참여적 통일 거버넌스 운동 등의 흐름은 시민사회 통일론의 지평을 넓히는 새로운 실천이다. 오늘날 시민사회의 새로운 규범과 가치는 냉전적 민족주의를 넘어서는 '시민민족주의'를 통해 구현됨으로써 시민사회의 통일지향적 조건을 넓힐 수 있다. 시민민족주의는 인종적, 혈통적 민족주의를 넘어 시민적 권리와 민주주의의 정치적 절차를 공유하는 시민적 존재 그 자체를 민족으로 보는 확장된 민족관이다. 시민민족주의는 지구 공공성을 지향하는 시민사회의 다양한 가치들을 민족정체성과 결합함으로써 보편주의와 민족적 특수주의를 동시에 내재하고 있다. 제7장에서는 이 같은 '시민민족'의 정체성이 통일과정에서 생성될 수 있는 가능성으로서의 '한반도 정체성'을 전망하는 한편, 시민민족주의 이념의 실천적 형태로서의 '화해'의 통일프레임에 주목했다.

이 책의 마지막 장인 제8장은 생활민주주의 시대의 새로운 정당모델로서의 생활정당론을 제시하고 있다. 생활정당모델은 시민정치의 욕구를 담아내고 시민사회영역으로 정당정치의 외연을 확장함으로써 오늘날 정당정치의 위기를 넘어설 수 있는 대안일 수 있다. 산업화 시대의 국가정당모델, 민주화 시대의 동원정당모델을 넘어 이제 생활의 시대에 새로운 정당모델은 생활민주주의를 지향하는 생활정당모델이 강조된다. 나아가 분단의 조건에서 국가주의 정치 패러다임에 갇힌 한국 정당정치의 특징을 정당 국가주의, 정당 보수주의, 정당 지역주의, 정당 권위주의, 정당 파벌주의 등으로 규정하고 이러한 정당질서가 드러내는 위기의 유형을 정체성의 위기, 소통의 위기, 대중기반의 위기라는 3중 위기로 분석했다. 이 같은 3중 위기를 넘어서기 위해 생활정당은 생활민주주의를 새로운 비전으로 하는 '모든 이를 위한 정당'으로서의 정체성을 가져야 한다. 소통의 위기는 분권정당, 합의정당, 참여정당으로의 구조전환을 통해 극복되어야 하는데, 이러한 소통정당은 무엇보다도 디지털 네트워크를 기반으로 하는 스마트 정당으로의 전환이 시급한 과제다. 스마트 정당은 광범한 새로운 대중기반을 구축함으로써 정당의 외연을 전폭적으로 확장하는 데 필수적이다. 디지털 네트워크를 기반으로 모든 이를 위한 정치를 지향하는 생활정당은 '시민기반의 정당'이며 '노동기반의 정당'이고 '생태기반의 정당'이다. 따라서 생활정당의 시민지지 기반은 '생활시민'과 '노동시민'과 '생태시민'이라고 말할 수 있다.

5. 2014년 여름, 《갈등사회의 도전과 미시민주주의의 시대》(2014, 나남)를 마무리하기 위해 제주대학에 머물렀던 10일은 참으로 소중한 시간이었다.

한라산 중산간의 울창한 수림에 안겨 잠시나마 세속을 잊고 집필에 몰두할 수 있었던 시간은 실속 없이 분주히 겉도는 50대에게 주어진 아주 귀한 선물 같은 것이었다. 이제 새로운 책 《생활민주주의의 시대》의 마지막 정리를 위해 다시 찾은 한라의 겨울이 어느새 고향처럼 푸근하다. 제주를 찾는 발걸음이 으레 해변으로 향했던 것과 달리, 역시 한라의 기운은 중산간의 울창한 수림과 광활한 초지 속에서 느낄 수 있다는 개명에 고마워하며 흰 눈을 이고 선뜻 가까이 다가온 한라의 유난히 듬직한 봉우리를 올려다보며 집필의 고단함을 달랜다. 이 책의 작은 성과라도 있다면 다시 선물 같기만 한, 마치 훌쩍 바다 건너 백두로 이어지는 듯한 저 한라의 기운 덕이리라.

책을 마무리하는 과정에서 연구실에 박사과정 홍성태와 박정민의 도움이 있었다. 고마운 마음을 전한다. 일상을 떨치고 떠나오며 입시생 아들과 씨름할 아내의 복닥대는 마음이 머릿속 한켠을 채우고 있다. 아들 또한 한구석을 채우긴 마찬가지다. 늘 빚으로 산다. 이웃에 함께 살면서 늘 내 가족의 일상을 형제처럼 살펴주는 인기, 수길에게 고마운 마음을 전한다. 미덥잖은 후배의 책을 연속으로 간행하는 '모험'을 즐기는 것만 같은 나남출판 조상호 회장님의 배려에 늘 감사한 마음이다. 기대를 채워드리지 못하는 것 또한 언제나 빚이다. 나남출판사 편집의 예술가 방순영 선생님과, 표지에 대한 까다로운 요구에 응해주신 이필숙 선생님, 그리고 이제는 엉성한 내 표현의 진의를 나보다 더 잘 알고 정확한 표현으로 바꾸어주는 김민경 선생님께도 감사의 말씀을 드린다.

끝으로 이 책이 정치와 생활이 분리된 우리 시대의 맹목적 정치질서와 꿈을 잃은 시대의 현실을 성찰하는 데 아주 작은 도움이라도 되었으면 하는 바람을 감히 갖는다. 적어도 국가와 민주주의, 그리고 정당정치의 새로운 비전을 고민하는 생각 있는 정치인들에게 작은 속삭임이라도 된다면 더 이상의 바람이 없겠다.

2015. 2. 5
다시 찾은 한라산 아라 언덕에서 조대엽

이 책의 출전

이 책의 8개 장들은 이 책을 위해 새로 쓴 것도 있지만 대부분은 학술 저널
이나 단행본에 포함된 논문들을 수정하고 보완한 것이다. 몇 개의 장은 기존 논
문의 문맥을 다듬거나 소제목과 구성을 새롭게 해서 재정리하는 수준이지만 또
몇 개의 장은 전폭적인 보완과 수정을 보태기도 했다. 제 8장은 완전히 새로 쓴
내용이다. 다른 장들은 원논문과 그 출전을 다음과 같이 밝힌다.

제 1장 '참여민주주의 이후의 민주주의: 생활민주주의와 생활 공공성 운동'
(조대엽 · 박영선 공편, 2014, 《감시자를 감시한다: 고장 난 나라의
감시자 참여연대를 말한다》, 이매진, 제 4부 1장)

제 2장 '생활정치 패러다임과 공공성의 재구성'(〈현상과 인식〉 38권 4호,
2014년 겨울호),

제 3장 '분산혁명의 시대: 생활민주주의와 사회생태주의 정치의 실천과제'(대
안문명연구회, 2014, 《현대문명의 위기: 공생의 대안문명을 찾아
서》, 나남, 제 10장),

제 4장 '현대성의 전환과 사회구성적 공공성의 재구성: 사회구성적 공공성의
논리와 미시 공공성의 구조'(《한국사회》, 2012년 제 13집 1호)

제 5장 '공공성의 사회적 구성과 공공성 프레임의 역사적 유형'(조대엽 · 홍성
태 공저의 논문, 〈아세아연구〉, 2013년 제 56권 2호)

제 6장 '장애정책조정기구의 특성과 공공성의 재구성'(남찬섭 · 조대엽 공저
의 논문, 〈한국사회〉, 2013년 제 14집 1호)

제 7장 "Outlooks on a Civil Society-Initiated Unification of the Korean
Peninsula"〔*Korea Journal*, Vol.51(No.2), Summer, 2011〕을 원전으
로 수정, 보완했다.

나남신서 1797

생활민주주의의 시대
새로운 정치 패러다임의 모색

차 례

생활과
민주주의

1

가만히 있으라, 시키는 대로 해라. 지시를 기다려라.

가만히 기다린 봄이 얼어붙은 시신으로 올라오고 있다.
욕되고 부끄럽다, 이 참담한 땅의 어른이라는 것이.
만족을 모르는 자본과 가식에 찌든 권력,
가슴의 소리를 듣지 못하는 무능과 오만이 참혹하다.
미안하다, 반성 없이 미쳐가는 얼음의 나라

김선우, 〈이 봄의 이름을 찾지 못하고 있다〉 중에서

생활민주주의 패러다임과 생활 공공성의 논리

01

1. 서론: 1987년의 정치와 1997년의 사회

1980년 5월, 광주에 자신의 국민을 총칼로 무참히 도륙하는 광기어린 폭력의 국가가 있었다면, 2014년 4월, 진도 앞바다에는 구조를 절규하는 생명 앞에서도 심신이 마비되어 움직이지 않는 중증의 식물국가가 있었다. 거짓과 무능과 무책임을 대통령의 '우아한' 드레스 코드와 여당의 선동정치로 가렸던 정치권력은 이미 영혼과 육신에 병이 깊은 기만의 국가였다. 미친 폭력의 국가든 병든 기만의 국가든 자신의 국민을 가학하는 패륜의 정부이긴 마찬가지이다.

돌이켜 보면, 광주로부터 7년 후 한국사회는 6월 항쟁이라는 거대한 분노를 분출함으로써 이른바 '87년 체제'(김종엽 편, 2009)라는 정치질서를 갖추었다. 당시 집권 신군부의 후계였던 노태우와 야권의 김대중, 김영삼, 김종필 등 3김 씨가 합의한 개헌의 핵심은 5년 단임의 대통령제, 대통령직선제, 소선거구제의 권력구조였다. 시민들은 자신들이 직접 대통령을 선출할 수 있다는 사실 하나만으로도 군부독재를 무너뜨린 민주화에 감격했다. 좀더 분석적으로는 '정치'의 민주화, 절차적 민주주의를 확보한 것으로 이해하기도 했다. 한국의 권력구조는 딱 거기서 멈추었다. 한국의 민주주의는 더 이상 진화하지 않았다. 거칠게 말하자면, 박정희와 전두환을 잇는 오랜 군부독재에 대한 엄청난 저항과 희생을 치르고 얻어낸 1987년의 민주주의는 시민들로서는 대통령을 직접 선출하기 위해 손에 쥔 한 장의 투표권으로 남은 것일 수 있다. 한 장의 투표권을 더한 것 이외에 민주주의로 불리든 민주주의의 후퇴로 불리든 한국 정치는 중앙집권적 국가주의나 중앙집권적 대의정치의 본질을 크게 넘어서지 못했다.

1990년대 들어 지구적 질서는 '냉전·국가주의' 역사국면에서 '탈냉전·시장주의' 역사국면으로의 전환기를 맞았다(조대엽, 2010). 이 새로운 역사국면에서 한국사회는 IMF 환란을 겪었고, 신자유주의 시장화라는 지구적 거대경향으로 빨려 들었다. 전대미문의 국가부도사태 위기를 겪으면서 한국사회는 선택의 여지없이 이른바 '구조조정'을 통해 시장질서가 재편되었고, 경쟁과 효율의 가치를 중심으로 해체되고 개인화되었다. 분단·국가주의 정치체제의 껍질이 견고하고 민주주의는 여전히 형식적으로 가동되는 상태에서 신자유주의가 한국사회를 급습했다. 한국의 시민사회는 반공국가주의의 규율을 걷어내고 공존의 민주주의를 미처 내면화하기 전에 경쟁과 효율의 살벌한 '시장'으로 해체되기 시작했다. 민주주의는 참으로 늦게 왔고 그 진화는 더딘 것이었지만 사회의 해체와 개인화는 급작스럽게 왔다.

2014년 4월, 진도 앞바다에 침몰한 '세월호'의 대한민국은 역사국면이 바뀐 지구적 전환의 시대에도 변함없이 응고된 중앙집권적 국가주의의 외피와 해체된 개인의 시민사회가 결합된 기형적 질서를 백일하에 드러냈다. 말하자면 민주화 이후 한국사회는 '87년 정치'와 '97년 사회'가 모순적으로 결합된 비정상성이 근간을 이루었던 것이다. 이 같은 비정상성은 다른 무엇보다도 한국의 정치사회가 오랜 대통령 중심의 중앙집권적 국가주의의 덫에서 탈출하지 못한 상태에서 다시 신자유주의의 늪에 빠진 탓이 크다. 그 결과 시민의 삶은 정치에서 철저하게 배제되고 말았다. 87년의 정치와 97년의 사회는 시민의 '생활'과 '정치'를 분리시키는 이중적 과정이었다. 정치에서 배제된 '생활', 정치와 '생활'의 분리야말로 우리 시대 비정상의 뿌리라고 할 수 있다.

이러한 비정상성의 질서 속에서 정부와 정당은 공공적 책임의 윤리보다는 점점 더 소수권력을 중심으로 운영됨으로써 시민의 실질적 삶의 욕구와는 멀어져 갔다. 아울러 시민의 생활은 경쟁에서 살아남은 자는 승자가 되고 살아남지 못한 자의 삶은 파괴되고 마는 정글의 질서 속에서 점점 더 '개인화'의 경향을 드러냈다. 시민의 생활과 분리된 정치는 아무리 '대의'나 '보호'의 수식어가 붙는 민주주의일지라도 중앙집권적으로 폐쇄된 구조 속에서 소수의 정치권력과 시장권력의 흉측한 무대로 썩어가기 마련이다. 안전하고 행복한 시민의 생활이 국가의 본원적 기능이자 존재이유라고 한다면 우리 시대의 국가나 정부는 박제된 장식이 되어가고 있다. 대통령 중심의 중앙집권적 대의정치에 오랜 권위주의의 뿌리가 남아 시민의 '생활'을 정치에서 배제하는 국가주의 정치질서는 민주화 이후 우리 시대에 역주행하는 한국 정치의 근본적 문제이다.

'생활'의 정치적 복원, 정치와 생활의 결합은 박제된 국가의 구조와 기능, 운영방식을 전면적으로 전환시키는 시대정신이자 핵심적 정치과제이다. 물론 이러한 과제를 추구하는 정치적 실천이 민주화 이후에 없었던 것은 아니다. 무엇보다도 지방자치와 참여민주주의의 가치가 제도영역과 시민운동영역에서 실천된 것은 생활과 정치의 결합을 추구하는 의미 있는 진전이라고 할 수 있다. 1995년에 시작된 현행 지방자치제도는 한국 민주주의의 획기적 전환을 가져온 것은 분명하다. 그러나 실질적 분권과 자치는 여전히 제한적이어서 자치행정과 재정의 비중이 중앙정부에 비해 극히 불균형한 '2할 자치'에 머물고 있다. 중앙집권적 국가주의의 그늘 아래 지방자치는 여전히 미약한 분권의 현실을 드러내고 있다.

한국에서 참여민주주의 혹은 참여사회의 개념은 1994년 참여연대의 출범과 함께 대중적으로 알려졌고, 노무현 정부를 참여정부로 지칭하면서 참여민주적 가치가 가장 적극적으로 추구되었다. 참여연대는 무엇보다도 기존의 자유민주주의와는 다른 '참여민주사회'라는 민주주의의 진화된 개념에 시민사회가 주목하게 했다. 아울러 시민운동에 '참여'하는 것이 민주주의를 진전시킨다는 시민의식을 독려함으로써 적어도 운동과 참여의 가치를 확산시키는 데 중요한 기여를 했다. 실제로 참여민주주의를 적극적으로 제도화한 것은 참여정부였다. 참여정부는 입법, 사법, 행정의 영역에서 공론조사, 시민배심원제, 주민 참여의 협치제도(*governance*)를 실험함으로써 참여민주주의를 실질적으로 진전시키는 데 기여했다.

참여민주주의는 지역과 직장의 생활현장에서의 광범한 참여 기회를 통해 대의적으로 구축된 중앙정치의 환경을 근본적으로 변화시키는 것을 겨냥하기 때문에 원론적으로 생활현장 지향적 민주주의이다. 따라서 참여민주주의의 본질적 의의는 바로 생활영역의 정치적 복원이자 정치의 생활화에 있다고 하겠다. 이러한 전형은 무엇보다도 2000년대 이후 지역공동체에서 빠르게 확산되는 다양한 생활정치운동들에서 포착된다. 그러나 가장 직접적인 생활현장에서 운동으로 구현되는 참여민주주의는 더 높은 수준으로 확산성을 갖기 어렵거나 제도영역으로 확대되더라도 실험적으로 분절된 정치 절차로 존재하기 쉽다. 특히 강력한 중앙집권적 국가주의 질서가 온존하는 속에서 참여민주주의는 그 자체로 제도화되기 어렵기 때문에 참여적 제도를 확장시킬 수 있는 새로운 민주주의에 대해 훨씬 더 구조적이고 본질적인 접근이 필요하다.

생활과 정치의 결합 혹은 생활의 정치적 복원은 참여 민주적 정치절차와 제도만으로는 실험에 그치기 쉽다. 아무리 좋은 참여 민주적 절차를 도입하더라도 실제로 시민들이 참여할 수 있는 삶의 여건이 갖추어지지 않으면 그야말로 '참여 없는 참여제도'에 그칠 수 있다. '저녁이 없는 삶'에서 참여민주주의는 구호에 머물 뿐이다. 따라서 민주주의는 정치참여의 절차에 국한된 문제가 아니라 사회경제적 영역의 문제와 분리될 수 없는 과제가 된다. 생활과 정치를 결합시키는 정치적 과제는 단순히 하나의 절차를 더하는 문제가 아니다. 그것은 정치 패러다임의 전환을 의미하며 국가주의에 경도된 국가운영의 근본적 방향을 바꾸는 문제라고 할 수 있다. 저자는 참여민주주의의 실현이 중앙집권적 국가주의 정치의 두꺼운 벽 안에서 한계적 수준에 있다는 사실을 전제로 참여 민주적 절차와 제도를 보장할 수 있는 새로운 정치 패러다임으로 '생활민주주의'에 주목하고자 한다.

생활민주주의는 참여민주적 제도를 포함하는 새로운 민주주의에 대한 포괄적 구상이라고 할 수 있다. 저자는 이 글에서 생활과 정치의 결합, 생활의 정치적 복원이라는 시대적 과제를 담은, 그리하여 87년의 민주주의 이후 새롭게 진화된 정치 패러다임으로 생활민주주의 모델을 강조하고자 한다.

2. '생활'과 민주주의: 국가주의 프레임을 넘어

'생활'은 개인의 실존적 삶이 구성되는 사회적 장(場)이다. 생활은 가장 높은 수준의 공적 질서로서의 정치와는 다른 사회적 차원이라는 통념이 오랜 국가주의 정치프레임 속에서 상식화되었다. 정치와 생활을 분리하는 관념은 인류 대부분의 공동체적 삶에서 보편화된 공과 사를 구분하는 이른바 '거대한 이분법'(great dichotomy)에 기원을 둔다 (Bobbio, 1989: 1~2; Fay, 1975: 78; Pesch, 2005: 23; Benn and Gaus, 1983: 7). 의사소통적 행위이론에 바탕을 두고 이른바 '체계'와 '생활세계'를 구분한 하버마스의 논리(위르겐 하버마스, 2006) 또한 근대 부르주아 사회의 국가주의를 체계에 의한 '생활세계의 식민화'의 한 측면으로 풀어낸 정교한 사회이론이라고 할 수 있다. 실제로 국가주의는 근대 민족주의와 냉전이념, 제3세계의 군부독재 등과 결합되어 다양한 방식으로 강화되었다.

국가주의 정치 패러다임에서 정치의 행위자는 정부, 의회, 정당, 거대 이익집단 등 중앙집권적 대의정치를 구성하고 중앙정부의 권력을 공유하는 주요 집단들이다. 이들은 민족주의와 냉전이념, 성장주의, 군사안보주의 등의 이념과 가치를 추구함으로써 시민의 실질적 생활과 정치의 분리를 가속화했다. 이 같은 국가주의 프레임이 오랜 기간 내면화됨으로써 국가주의가 지향하는 가치들은 공적인 것으로 우선시된 반면, 생활영역의 가치는 개인의 실존적인 것으로 공적 영역에서 배제됨으로써 국가지향의 가치와는 다른 차원의 요소로 간주되곤 했다. 나아가 최근 들어 신자유주의 시장화의 거대경향은 공공적 삶의 해체와 개인화를 추동함으로써 생활영역의 정치적 배제는 더욱 강화되었다.

생활의 정치적 복원이야말로 우리 시대의 가장 근원적인 정치사회적 과제이다. 분산문명으로의 문명전환, 탈영토화된 협업정치, 네트워크 기반의 사회경제 등 우리 시대의 거대전환의 징후들[1]은 공·사 구분의 원리에 바탕을 둔 오랜 공공성의 질서를 새롭게 재구성하고 있다. 그럼에도 불구하고 생활의 정치적 복원이 어려운 근원에는 무엇보다도 강고한 국가주의 프레임이 자리 잡고 있기 때문이다.

탈근대, 탈냉전의 사회변동 속에서도 여전히 만연한 국가주의 프레임은 정치와 생활, 혹은 민주주의와 생활은 서로 다른 차원이기 때문에 일원적으로 결합할 수 없는 요소들이라는 입장에 있다. 이러한 시각에는 진보와 보수가 구분되지 않는다. 대부분의 민주화운동세대 혹은 민주운동진영은 독재와 민주, 보수와 진보의 이분법적 구도를 넘어서지 못함으로써 '국가주의 진보'의 틀을 벗지 못하고 있다. 적어도 국가주의 진보의 프레임에서 한국 민주주의의 과제는 분단체제가 배태한 국가보안법 같은 악법의 폐지라고 생각하는 경향이 있다. 물론 국가보안법 폐지는 민주주의의 진전과 관련된 것으로 재론의 여지가 없지만 이것이 우리 시대 민주주의의 본질적 과제가 될 수는 없다. 이러한 입장은 87년 정치체제의 완성을 위한 연속적 노력으로 간주할 수는 있으나 87년의 민주주의에서 한 발짝도 나아가지 못하는 한계를 가진다고 말할 수 있다. 이것은 독재적 국가주의의 잔재를 민주적 국가주의로 바꾸고자 하는 것인데 어느 것이든 중앙집권적 국가주의의 벽에 갇혀 우리 시대의 정치적 욕구와는 여전히 멀리 떨어져 있다는 점은 마찬가지이다.

국가주의 프레임 가운데 다소 진전된 입장은 개헌으로 87년 체제를

---

1 이러한 징후를 설명하는 새로운 관점들로는 3차 산업혁명(*third industrial revolution*)과 분산자본주의(*distributed capitalism*)(제레미 리프킨, 2012), 자연자본주의(*natural capitalism*)(폴 호큰 외, 2011), 영성자본주의(*conscious capitalism*)(Aburdene, 2007), 생명자본주의(이어령, 2012) 등이 있다.

극복해야 한다는 입장이 있다. 대통령중심제, 5년 단임제, 소선거구제도 등의 권력구조를 바꾸는 개헌에 대한 주장은 불합리한 대의적 정치질서를 합리적으로 개편한다는 점에서는 역시 재론의 여지가 없다. 그러나 정치권에서 필요에 따라 언급되는 개헌은 중앙정치 권력구조를 대체하자는 것으로 엘리트정치와 대의적 정당정치의 효율을 높이는 데 초점이 맞추어져 있다. 개헌이 권력구조 개편을 넘어 국가주의 정치질서의 전환으로 이어지기에는 그 한계가 뚜렷하다. 개헌은 한국 정치의 의미 있는 변화를 가져올 수 있지만 이 또한 87년 정치질서라는 낡고 오랜 외피를 다른 모양으로 바꾸는 데만 그쳐서 87년의 정치와 97년의 사회가 만든 모순에는 큰 변화를 줄 수 없을 수도 있다. 문제는 정치로부터 배제된 시민의 '생활'이다. 국가주의를 뛰어넘는 새로운 정치과제는 다른 무엇보다도 생활과 정치의 결합에 있다.

국가주의 진보의 프레임 가운데는 절차적 민주주의도 제대로 되지 않는데 생활과 민주주의의 결합이 가능하겠느냐는 문제의식도 있다. 대의정치가 제대로 작동하지 않는 요인은 한국사회의 굴절된 정치문화에도 문제가 있지만, 폭증하는 시민사회의 정치적 욕구를 대의적 정치양식으로 담아낼 수 없는 한계적 상황이 문제의 핵심이다. 이 점에서 오늘날 대의민주주의의 문제는 한국 사회만의 문제가 아니다. 따라서 절차적 민주주의의 완성과 생활과 정치의 결합은 선후의 문제가 아니라 동시적인 문제일 수 있으며 선택의 문제이기도 하다.

이와 아울러 국가주의 프레임에는 거시적 제도와 미시적 삶을 분리하는 다양한 관점, 성장(개발) 가치와 생활가치를 서로 다른 차원으로 구분하는 관점, 정부혁신이나 정당혁신의 과제와 생활영역의 과제를 분리하는 관점 등도 포함될 수 있다. 이러한 입장들은 대부분 생활과 정치, 생활과 국가를 구분함으로써 시민의 실존적 삶을 정치에서 배제시키는 오랜 국가주의 정치프레임의 효과라고 할 수 있다.

정치로부터 생활을 배제시키는 논리가 국가주의 프레임에 국한된 것은 아니다. 국가주의보다 훨씬 더 복고적이고 퇴행적인 '신민주의'(臣民主義) 프레임에도 주목할 수 있다. 대부분의 정치인들이 입버릇처럼 달고 다니는 '민생'과 '서민'의 프레임이 그것이다. 민생의 개념은 '시민의 생활'을 '백성'의 삶으로 치환함으로써 시민을 정당한 주권과 시민권의 주체로 보는 것이 아니라 늘 보살피고 베풀어줘야 할 '어리석은 백성'으로 대상화하는 것일 수 있다. 게다가 '서민'도 평등한 시민의 프레임이 아니라 사회 계층적 지위에서 가장 아래에 있는 존재, 보살펴야 할 '무지렁이'의 의미가 개입되어 있다. 이처럼 전통적 신민사상에 뿌리를 둔 민생과 서민의 프레임은 수동성, 위계성, 시혜성을 내재함으로써 자율적 시민의 '생활'을 정치로부터 배제하고 축소시키는 장치로 작동할 수 있다. 결국 신민주의적 민생의 프레임은 생활의 의미를 축소시킴으로써 생활이 저 높은 수준의 정치와 분리되어 있는 것을 상식으로 만드는 셈이다.

정치와 생활을 분리시키는 또 다른 원천은 생활정치(life politics) 개념이 갖는 제약을 들 수 있다. 생활정치는 주지하듯이 후기현대사회에서 자아정체성을 실현시키는 생활양식과 관련된 정치이다(Giddens, 1991). 착취와 불평등, 억압을 제거하기 위해 권력과 자원의 불평등한 체계에 저항하는 전통적 사회운동을 '해방의 정치'(emancipatory politics)라고 지칭하고, 후기 현대에서 등장하는 여성, 평화, 환경과 같은 새로운 이슈의 '신사회운동'을 자아실현의 정치로서의 '생활정치'라고 부른 것이다. 이런 점에서 생활정치는 지향하는 가치의 범위가 어떻든 간에 제도정치와는 다른 차원의 하위정치(sub-politics) (울리히 벡, 1998), 혹은 사회운동의 정치를 의미하게 된다. 따라서 사회운동으로의 생활정치와 국가수준의 제도정치는 서로 다른 차원에서 논의될 수밖에 없다.

최근에 한국의 진보진영이나 제도정당에서도 '생활정치' 개념을 도입해서 정치적으로 활용하고 있다. 여기에는 적어도 두 가지 오류가 발견된다. 하나는 운동정치로서의 생활정치를 제도정당에서 개념의 가공 없이 활용함으로써 생활정치와 제도정치의 이론적 접합과정이 생략되어 새로운 정치 전망을 생산하지 못하게 한다는 점이다. 다른 하나는 '생활정치' 개념을 아주 단순하게 현실정치에서 흔히 사용하는 민생정치의 새로운 표현이나 세련된 표현 정도로 간주하고 있다는 점이다. 따라서 '생활정치'의 의미는 그 본래적 개념의 한계와 현실정치권의 단순한 사용에 따라 개념적 확장이 일종의 딜레마에 빠져 있으며 이러한 딜레마가 생활과 정치의 분리, 정치로부터 생활의 배제에 의도하지 않게 기여한 셈이 되고 말았다.

생활의 정치적 복원을 추구하는 가장 주목할 만한 정치적 지향은 '참여민주주의'라고 할 수 있다. 일반적으로 신좌파의 사상은 자유주의정치와 사회주의정치를 변화시키는 두 가지 핵심적 과제로, ① 의회, 국가관료제, 정당 등을 더욱 공개적이고 책임성 있게 만듦으로써 국가를 민주화해야 하며, ② 각 부문에서의 새로운 형태의 투쟁을 통해 국가뿐 아니라 사회도 책임성을 보장하는 절차를 따라야 한다는 점을 들었다(데이비드 헬드, 2010: 399~400).

이 같은 전제의 연장에서 자유와 개인의 발전은 사회와 국가를 통제하는 데 시민이 직접적이고 지속적으로 관여해서 충분히 성취될 수 있다는 생각이 보다 급진적으로 변형되었다. 이에 따라 참여민주주의는 경쟁적 정당과 직접민주주의 조직을 결합한 체제를 근간으로 사회와 정부를 변화시키려는 진화된 민주주의로 주목되었다(Macpherson, 1977).

한국에서 이 같은 참여민주주의는 시민단체 '참여연대'와 노무현 대통령의 '참여정부'를 통해 크게 부각되었는데, 운동과 제도라는 두 영역에서 새로운 정치 패러다임을 제시했으나 한계 또한 뚜렷했다. 무엇보다도 참여연대의 경우, 참여민주주의에 대한 분명한 이념적 접근 없이 비교적 단순한 '참여사회적 지향'만을 강조하는 경향이 있었다. 참여연대는 창립선언문에서 "우리가 추구하는 민주주의는 인간성의 존엄이 실현되고 인권보장을 으뜸의 가치로 삼는 정치이념입니다 … 새로운 사회의 지향점을 '참여'와 '인권'을 두 개의 축으로 하는 희망의 공동체 건설로 설정했습니다"라고 함으로써 '참여민주주의'에 대해 특별히 구체적인 언급이 없다. 나아가 '참여'적 시민을 강조하는데, 이 경우 '참여'는 시민운동에 참여하는 계몽된 시민을 강조하는 구호였다.

이와 아울러 참여연대의 실질적 운동방식은 참여민주주의의 실현이라기보다는 입법, 사법, 행정의 국가권력 감시와 시장권력을 감시하는 데 주력함으로써 국가주의의 프레임 내에서 권력운영을 감시하는 운동을 전개했다. 참여민주주의는 국가주의 프레임을 넘어 생활의 정치적 복원을 선도하는 절차와 제도의 실천이기 때문에 현장과 생활영역에서 우선적으로 작동해야 한다. 그러나 참여연대의 운동은 중앙정부 및 거시제도에 대한 감시와 주창에 몰입함으로써 여전히 국가주의 프레임 내에서 전개되는 운동의 한계를 가질 수밖에 없었다. 엄밀히 말하자면 참여연대가 추구하는 질서는 억압적 국가주의에서 민주적 국가주의로의 전환을 의미했기 때문에 국가주의의 프레임을 벗어나기 어려웠다. 이런 점에서 참여연대운동은 적어도 '참여민주주의'에 관한 한 새로운 민주주의의 전망에 주목시키는 효과만을 가졌다.

참여정부의 참여민주주의 또한 정부영역에서 참여와 숙의(熟議) 제도를 실천했지만 견고하게 보수화된 사회영역 혹은 생활영역의 현장에는 확산성을 갖기 어려웠다. 중앙집권적으로 구조화된 국가주의의 오랜 질서에서 분절적이고 실험적으로 시도되는 참여민주적 제도는 실제로 생활과 정치를 결합시키기에는 뚜렷한 한계를 가질 수밖에 없었다. 참여정부의 참여민주적 제도 확충을 위한 노력에도 불구하고 87년 정치와 97년 사회의 정치현실은 크게 변화되지 않았다. 게다가 참여정부를 뒤이은 이명박 정부와 박근혜 정부는 87년의 정치질서를 훨씬 더 복고적인 중앙집권적 국가주의 질서로 회귀시킴으로써 시민의 삶은 정치로부터 더욱 더 배제되었다.

오늘날 해체화, 개인화, 성찰성과 불확실성의 증대 등 탈근대의 거대경향은 확산되고, 신자유주의 시장화와 양극화 경향은 개인의 삶을 해체시키고 시민의 생활을 몰락시키고 있다. 파편적으로 등장하는 시민사회와 공동체의 참여민주적 욕구는 중앙집권적 국가주의의 빛바랜 정치질서에 막혀 한계를 보이고, 신자유주의의 급습과 개인화의 경향도 부가적으로 참여민주주의의 한계를 드러내고 있다.

적어도 우리 시대의 정치질서는 제도정치와 삶의 욕구의 이원적 질서, 국가 공공성과 시민적 삶의 분리가 드러내는 기형성으로 인해 정치질서의 위기를 가중시키고 있다. 말하자면 공공성의 위기와 실존적 생활의 위기를 동시에 드러내고 있다. 정치의 궁극적 목적은 시민의 안전하고 건강한 삶이어야 한다. 다양한 이념으로 장식된 국가주의의 베일이 걷힌다면 국가와 정치와 민주주의의 가장 뚜렷한 근본은 적나라하게 드러난 시민의 생활이다. 좌도 아니고 우도 아닌 모든 정치의 중심에 시민의 고단한 생활을 두는 그런 정치야말로 우리 시대의 중층적 위험사회에서 시민의 안전과 공공적 삶을 보장하는 근간이 될 수 있다. 생활이 국가와 정치와 민주주의의 가장 직접적이고 뚜렷한 목적이자 본질이 될 때 생활은 정치적으로 복원됨으로써 생활과 정치는 결합할 수 있는 것이다.

3. 공공성의 재구성과 '생활 공공성'

1) 생활 공공성과 내재적 공공성의 질서

1987년 민주화 이래 한국의 제도정치는 좀처럼 변화하지 않고 있다. 반면에 1997년 한국은 전대미문의 국가부도 위기를 겪으면서 이른바 시장화라는 '악마의 맷돌' 속으로 빨려 들었고(칼 폴라니, 2009), 무자비한 경쟁과 효율의 가치에 목을 매면서 사회는 해체되고 개인화되었다. 한국의 민주주의는 늦게 찾아왔고 그 정치적 진화는 더뎠지만 사회의 해체와 개인화는 급작스러웠다. 1997년 이후의 한국사회에서 시민의 생활영역은 경쟁에서 살아남은 자는 독점적 승자가 되고 살아남지 못한 자의 삶은 파괴되고 마는 정글의 질서로 변했다. 중앙집권적 국가주의 정치질서로 고착된 국가 공공성의 구조는 시민의 생활세계를 '억압'했던 역사를 넘어 이제 시민의 생활영역을 노골적으로 '배제'함으로써 공적 질서의 기형성을 가중시켰다. 변하지 않은 '정치'와 급격하게 변화하는 '사회'의 탈구는 무엇보다도 한국 사회구성체 전체의 공공성 위기를 빠르게 가중시켰다.

이제 시민의 실존적 '생활'을 정치적으로 복원시키는 과제는 단순히 정치영역이나 민주주의의 과제에 국한된 것이 아니라 우리 사회의 공적 질서를 전환시키는 '공공성의 재구성'과 결부되어 있다는 사실이 강조되어야 한다. 정치, 특히 제도정치는 한 사회의 공적 질서 가운데 가장 높은 수준에 있다. 정치의 범주를 확장해서 일상의 삶에 내재된 다양한 하위정치를 포괄한다면, 공공성 또한 국가와 정부의 공적 질서에서부터 시민사회의 다양한 수준에서 전개되는 공공적 요소를 포괄할 수 있다. 따라서 한 시대의 정치적 전망을 포괄하는 정치 패러다임은 공공성의 프레임과 직접적으로 결부되어 있다. 이 같은 공공성의 프레임은 거시적 역사과정에서 서로 다른 유형으로 나타났다.

전근대의 전제군주제의 경우 모든 사회질서가 왕권을 정점으로 신분적으로 구성되었다. 이 시대의 공적 질서는 국왕과 왕실에 절대적으로 일체화되었다. 근대 자본주의 사회구성방식에서 보편적으로 분화된 국가, 시장, 시민사회의 영역은 아직 미분화되었으며 정부의 영역에서 입법, 사법, 행정의 기능이 존재했으나 이 또한 왕정으로 통합되어 있었다. 조선조의 경우 모든 백성들은 국왕에게 복속되었고, 사대부계층을 제외하고는 공공적 지위에서 철저하게 배제되었다. 정치적 차원에서 종묘에 뿌리를 둔 왕권의 정통성을 기반으로 한(강문식 · 이현진, 2011: 21) 왕위의 세습, 사대부와 일반백성의 왕에 대한 신민적 관계 등은 국왕 1인에게 공적 권력이 집중된 전제성을 보여주고 있다. 모든 정치과정은 국왕과 조정(朝廷)의 범위에서 이루어졌다. 경제적 차원에서도 토지를 비롯한 주요 자원들은 왕명에 따라 배분되고 처분되었다. 사회적 소통의 차원에서도 공론의 질서를 규정하는 제례와 왕명의 전달체계가 과시적이거나 교시적으로 이루어졌다. 경연, 간언, 구언, 상소, 신문고 등 소통의 장치들이 있었으나 대부분 왕명하달의 기능이거나 형식적 소통의 장치에 그쳤다.

이 같은 점에서 전근대의 왕정은 모든 공적 질서가 국왕에게 집중되고 국왕 자체가 공공성과 일체화된 '절대 공공성'의 시대였다고 말할 수 있다(조대엽 · 홍성태, 2013: 28). 절대 공공성의 시대에 백성의 실존적 삶은 정치의 영역에서, 나아가 공공성의 영역에서 철저히 억압되고 배제되어 있었다.

근대국가는 폭력수단의 독점적 통제, 배타적 영토권, 국민주권, 입헌성, 법적 권위를 정당성의 원천으로 하는 비인격적 권력, 공공관료제, 시민권 등의 요소로 구성되어 있다(크리스토퍼 피어슨, 1998: 23). 절대왕정과 달리 근대국가는 입법으로만 변경할 수 있는 행정과 법질서를 갖추고 이 질서는 행정공무원들의 조직 활동을 통해 유지된다(Weber, 1978: 54). 따라서 무엇보다도 근대 국민국가의 핵심은 헌법적 질서로서의 국가체계이며 그 운영자들이 주권자로서 국민의 위임을 받아 통치하기 때문에 근대사회의 공공성은 국가행위에 집약된 '국가 공공성'을 근간으로 하고 있다(조대엽·홍성태, 2013: 30).

한국사회는 구한말 근대국가의 핵심요소가 형성되는 과정에서 일제 강점기를 경험했다. 2차 세계대전의 종결과 함께 한국사회는 정치적으로는 의회민주주의에 기반을 둔 대통령중심제, 경제적으로는 자본주의 생산체제, 이념적으로는 자유주의에 기초한 근대민족국가가 출범했다. 한국의 국가 공공성 시대는 냉전질서가 응축된 한반도의 분단과 함께 민족주의와 반공이념이 훨씬 더 견고하고 강력한 국가주의 프레임을 형성했고, 국가주의 프레임 내에서 오랜 기간 독재의 시기를 겪기도 했다. 정부수립 이후 국가 공공성의 시대에 한국의 정치질서는 비록 의회민주주의의 형식을 취했지만 대부분의 시기에 전제적이거나 독재적인 수준을 넘지 못했다. 강력한 국가 공공성의 질서에서 경제적 자원의 배분구조 또한 국가주의의 뚜렷한 특징을 보였다. 이승만 시기의 귀속재산 불하, 개발독재시기의 계획경제 속에서 특혜금융과 정부주도의 산업화 및 기업육성전략 등은 강력한 국가 공공성의 시스템 내에서 경제적 자원이 일방적으로 배분되었다는 것을 보여준다.

억압적 국가 공공성의 시대에 사회적 소통 역시 일방적이었다. 특히 이승만 정권, 박정희 정권, 전두환 정권 시기의 언론탄압과 국민교육헌장제정, 반상회제도, 이른바 땡전뉴스 등과 같이 대통령과 정부가 필요한 것을 하달하고 국민적 계도와 교화를 위한 '일방성'이 소통의 질서였다고 말할 수 있다(조대엽·홍성태, 2013: 30~31).

1987년 6월 민주항쟁은 한국 민주주의의 제도적 진전을 이루었다. 87년의 민주화는 오랜 권위주의 정치질서를 무너뜨리고 시민들이 대통령을 직접 선출할 수 있다는 사실 하나만으로도 민주적 절차의 엄청난 진전으로 생각되었다. 그러나 중앙집권적 국가주의에 기반을 둔 강력한 국가 공공성의 질서 속에서 정치로부터 배제된 시민의 생활은 변화하지 않았다. 정치와 시민의 실질적 삶의 거리는 좁혀지지 않았고, 시민의 참여와 개입을 통한 민주주의 역시 지체되었다.

한 사회의 공적 질서의 모든 구성요소들이 본질적으로는 시민이 만족하는 삶을 위해 기능해야 한다고 할 때 절대 공공성과 국가 공공성의 구조는 공적 질서가 시민의 실존적 삶 바깥에서 작동하는 '외재적 공공성'의 질서라고 말할 수 있다. 절대 공공성은 모든 공적 질서가 국왕을 축으로 구성되기 때문에 백성의 생활이라는 입장에서는 절대적으로 외재화된 공적 질서이며, 국가 공공성 또한 시민의 일상적 삶과는 분리되어 국가주의적으로 작동하기 때문에 시민의 삶에 외재적인 질서라고 할 수 있다.

서구에서 국가주의가 가장 진전된 국가형태는 '복지국가'라고 할 수 있다. 복지국가모델은 시민의 생활영역을 복지시혜를 위한 정책대상으로 포괄함으로써 시민의 일상적 삶을 국가 공공성의 질서로 편입하는 사회의 국가화 전략을 지향한다. 따라서 복지국가는 시민의 삶을 후원하고 보장하는 공적 기능이 크게 확대된 국가형태지만 근본적으로는 물적 자원의 관리와 배분에 국가기능이 편중된 재정국가의 한계를 넘어서기 어렵다. 이 점에서 서구 복지국가 또한 기본적으로는 국가주의에 기반을 둔 국가 공공성의 질서를 넘지 못하는 것이다.

오늘날 우리 시대의 해체된 시민생활을 형식적으로 지탱하는 오랜 국가주의의 제도와 정치관행은 국가 공공성의 절대위기 국면을 초래하고 있다. 이 점에서 우리 시대의 시대적 과제는 다른 무엇보다도 시민의 실존적 삶이 국가와 정치와 민주주의의 중심에 있고 시민의 구체적인 생활 속에 국가와 정치와 민주주의가 살아 숨 쉬게 하는 것이라고 말할 수 있다. 이를 위해서는 시민의 실질적 삶의 밖에서 작동하는 외재적 공공성의 질서를 시민의 생활 속에 공공성이 내면화되는 '내재적 공공성'의 질서로 바꾸는 공공성 패러다임의 전환이 절실하다.

　저자는 절대 공공성과 국가 공공성의 시대를 넘어서는 내재적 공공성의 패러다임을 '생활 공공성'의 질서라고 강조하고자 한다. 생활 공공성은 시민사회의 다양한 생활영역에서 자발적으로 만들어진 협력적 제도나 공동체 지향의 공공성이 참여, 공유, 개방, 합의의 과정을 통해 정부와 시장영역에서 작동하는 기존의 외재적 공공성의 구조와 결합된 새로운 공적 질서이다. 말하자면 생활 공공성은 시민사회의 자율적 공공성이 기존의 제도적 공공성과 결합된 새로운 공공성의 질서이다.

　생활 공공성의 질서는 생활과 정치의 결합을 통해 생활의 정치적 복원을 가능하게 하며 공공적 질서가 실존적 삶에 내재됨으로써 거시적 제도와 미시적 실천을 분리시키지 않는 공적 질서라고 말할 수 있다. 생활 공공성은 시민의 다양한 실존적 삶의 영역에서 자발적 실천과 외재적 공공성을 결합함으로써 시민적 자아실현의 수준을 전폭적으로 확장하는 내재적 공공성의 프로젝트이다.

2) 생활 공공성 운동의 구조와 지향

1997년 이후 한국사회의 해체화와 개인화는 기존의 시민 배제적 국가 공공성을 새로운 공적 질서로 전환할 수 있는 시민적 수혈의 기회를 박탈시켰다. 이제 한국사회에서 화석화된 국가주의는 점점 더 공적 질서로서의 기능이 위축되는 현실에 이르렀다. 이러한 조건에서 배제적 국가 공공성의 프레임을 생활 공공성의 프레임으로 전환하는 과제는 무엇보다도 다양한 '생활 공공성 운동'에서 그 가능성을 찾을 수 있다.

민주화 이후 1990년대 한국의 시민운동은 참여연대, 경실련, 환경운동연합 등 주요 시민운동단체들을 중심으로 한 조직운동이 주류를 이루었다. 주요 시민운동단체들은 서로 다른 운동이슈별로 조직화되었지만 이들이 주도하는 1990년대 시민운동은 정치제도와 경제제도의 개혁과 감시에 초점이 맞추어졌다(조대엽, 2007). 이 시기 시민운동은 억압적이고 배제적인 국가 공공성을 구성하는 정치권력과 이와 결탁된 시장권력을 향해 주창하고 저항하는 운동이었기 때문에 시민운동 또한 원칙적으로는 국가주의의 틀에서 벗어날 수 없었다. 말하자면 국가 공공성의 질서 내에서 억압적이고 배제적인 국가 공공성을 민주적 국가 공공성으로 변화시키고자 했다는 점에서 국가주의 프레임 내에서 작동하는 운동이었다.

2000년대 이후 한국의 시민운동은 생활정치운동이 주류화되는 경향을 보였다. 기존의 시민운동단체들은 환경, 여성, 평화, 인권 등 실질적인 생활정치의 이슈를 추구하는 경향을 보였고, 거대조직 중심의 운동보다는 네트워크를 중심으로 다양한 생활영역에서의 협력경제운동, 토착적 마을 만들기 운동, 다양한 생태공동체나 생활공동체 실험운동 등이 지역에 기반을 두고 점차 확산되었다. 이러한 '생활정치'의 흐름은 자아실현과 자기확장을 추구하는 새로운 사회운동이기 때문에 국가주의 프레임에서 작동하는 1990년대식 '권력지향'이나 '영향력 지향'의 시민운동과는 달리 '정체성 지향의 운동'이며(Cohen, 1984; Rucht, 1990; Cohen and Arato, 1992), 원칙적으로 시민사회 영역에서 전개되는 운동이기도 하다(Scott, 1990).

생활 공공성 운동은 시민사회에 국한되지 않고 제도영역으로도 확장 가능한 생활정치운동이라고 말할 수 있다. 생활 공공성 운동은 시민사회의 운동영역에서 새로운 삶의 방식을 실천하는 생활정치 '운동'의 한계를 넘어 제도영역으로 자율적 공공성의 질서를 확장하는 시민운동의 새로운 지향이라고 할 수 있다.

따라서 생활 공공성 운동은 첫째, 시민사회의 운동영역과 정부 및 정치영역을 비롯한 제도영역을 포괄함으로써 사회구성체 전체에 결부된 운동이라는 점이 강조되어야 한다. 둘째, 생활 공공성 운동은 중앙집권적 국가주의를 기반으로 하는 87년 정치지향의 운동을 넘어 생활에 내재하는 공공성을 추구함으로써 탈개인화된 삶을 추구하는 운동이라고 할 수 있다. 셋째, 생활 공공성 운동은 억압적 국가 공공성과 직접적 대립을 통한 투쟁, 저항, 감시, 해방의 운동보다는 새로운 제도와 새로운 삶의 '실현'을 추구하는 데 더 많은 가치를 두는 운동이다.

먼저, 생활 공공성의 구조에 주목할 필요가 있다. 생활 공공성은 공공성의 구조적 요소들이 생활영역으로 확장됨으로써 개인의 실존적 생활에 공공성의 질서가 내재화되는 것을 말한다. 공공성을 구성하는 요소들은 무엇보다도 ① 공민성, ② 공익성, ③ 공개성의 세 가지 핵심요소를 분석적 수준에서 구분해볼 수 있다(조대엽·홍성태, 2013).[2]

---

[2] 공공성의 세 가지 핵심요소의 분석적 지표에 관해서는 조대엽·홍성태(2013)의 논문에서 상세히 다루고 있다. 이 논문은 이 책의 제5장으로 구성되었는데 공민성, 공익성,

먼저 '공민성'은 공적 시민 혹은 자격 있는 사회구성원이 공공성의 주체로서 획득한 민주적 성취의 수준을 의미하는 것으로, 공공성이 근대적 질서이면서 동시에 민주주의질서라는 점을 함의한다(조대엽, 2012: 11). 공민성은 근대자본주의 사회구성체가 추구하는 정치질서의 근간이다. 말하자면 공민성은 주권자로서의 시민이 누리는 민주주의의 수준을 의미하는 것으로 공공성을 구성하는 정치적 차원이라고 할 수 있다. 이 점에서 공민성은 민주주의의 이념과 가치의 수준, 사회영역이나 제도 내에서 보장되는 민주적 결정과 민주적 참여의 수준, 사회영역의 구성원이나 제도의 운영자, 나아가 정책의 수혜자집단이 관련되는 삶의 영역에서 민주적 자아의 실현을 체감하는 수준 등을 주요 내용으로 할 수 있다.

둘째, '공익성'은 일반적으로 공공성 개념과 혼용해서 사용하는데, 여기서는 '물적 자원의 공유성'이라는 차원으로 협의적으로 정의하고자 한다. 하나의 사회구성체가 공동체적 삶과 생존을 유지하기 위해서는 물질적 자원 혹은 효용적 편익설비를 포괄하는 경제적 요소가 필수적이다. 공민성의 가치가 제도와 행위에 반영되어 나타나듯이 공익성 또한 자원을 배분하는 다양한 제도와 규범으로 현실화된다. 오늘날 대부분의 사회에서 경제적 자원과 편익설비는 공동체 구성원의 인간적 삶에 공통적으로 필요한 사회기반자원이 있는가 하면, 사회적 분배의 차원에서 공급되는 정책(복지)자원이 있고, 나아가 자연의 물리적 편익을 제공하는 자연자원도 있다. 이러한 자원들이 구성원들에게 실제로 제공되는 것은 공적 관리체계를 통해 구현되기 마련이다. 따라서 한 사회의 물적 자원이 어떤 수준에서 공유되고 있는가를 가리키는 공익성

공개성의 요소에 대한 여기서의 설명은 이 논문에서 발췌, 인용한 것임을 밝힌다.

은 물적 자원을 배분하는 다양한 제도와 법규범에 반영되어 있다.

셋째, '공개성'은 행위의 개방성과 관련되어 있다. 의사소통적 행위를 본질로 하는 이른바 공론장의 개방성이 공개성의 핵심이라고 할 수 있는 것이다. 특정의 조직이나 제도가 드러내는 대내적 소통과 아울러 대외적 소통의 수준이 바로 공개성의 수준을 말한다. 대부분의 사회조직과 공적 제도는 그 자체가 공론장으로서의 의의를 갖는다. 그러나 많은 경우 제도와 규범에는 개방과 소통을 지향하는 형식적, 법적 규정이 있으나 실제 운영방식과 행위양식에서는 반영되지 않는 경우가 대부분이다. 말하자면 형식적 개방성과 실질적 폐쇄성을 보여주는 것이다. 이런 점에서 공공성의 사회문화적 차원이라고도 할 수 있는 공개성의 범주는 형식적 개방에서 실질적 개방까지 다양한 수준으로 구체화할 수 있다.

이 같은 공민성, 공익성, 공개성의 요소는 한 사회의 공공성을 측정할 수 있고, 공공성의 수준을 알 수 있게 하는 지표라고 할 수 있다. 생활 공공성 운동은 다른 무엇보다도 개인의 실존적 삶이 작동하는 모든 생활영역에 이 같은 공민성, 공익성, 공개성의 범위와 수준을 확장시킴으로써 공민, 공익, 공개의 제도를 광범하게 실현하는 것을 목적으로 하는 운동이다. 우리 시대에 생활의 영역은 정치, 경제, 복지, 환경, 노동, 여성, 가족, 보건의료, 식품, 교육, 과학기술, 주택, 예술, 학술 등 대단히 다양하다. 이 모든 생활영역에 공민, 공익, 공개의 질서를 확장함으로써 모든 생활영역에서 공공성의 수준을 획기적으로 높이는 것이야말로 생활 공공성 운동의 목적이라고 할 수 있다.

요컨대, 생활 공공성 운동은 개인의 실존적 삶에 공공성의 요소를 내재화하는 것으로 생활의 정치적 복원을 실현하는 운동을 의미한다. 이러한 생활 공공성의 패러다임에서 제도정치의 영역은 개인의 실질적 삶과는 동떨어져서 작동하는 대의적 권력의 정치가 아니다. 생활 공공성의 질서에서 '정치는 내 삶에 필요한 것을 제공하는 제도'이고 '정치는 내 삶의 문제를 해결해주는 제도'로 재구성되어야 한다. 나아가 생활 공공성의 질서에서 정치는 참여와 숙의, 분권과 자율의 정치과정을 통해 삶을 '나의 것'으로 실현하는 과정이기도 하다.

다른 한편 생활 공공성의 질서에서는 물질적 자원을 복지의 차원에서 공유하거나 협업 관리함으로서 '내 삶을 살 만한 것으로 만드는 것'이 정치이다. 아울러 공개성의 수준에서도 '내 삶을 표현할 수 있고 공감할 수 있는 개방적이고 투명한 정치'야말로 개인의 실존적 삶에 공공성을 내재화하는 실천적 과제라고 할 수 있다. 이런 점에서 생활 공공성 운동은 시민사회의 영역에서, 나아가 국가와 정부의 제도영역에서 자아실현적이고 참여적인 공공성의 질서를 구축하는 '실현운동'이라고 말할 수 있다.

4. 공공성의 재구성과 '생활민주주의'

1) 외재적 민주주의와 내재적 민주주의

생활 공공성은 한편으로는 국가 공공성이 드러내는 억압과 배제의 위기와 다른 한편으로는 신자유주의 시장화에 따른 공공성 해체의 위기를 동시에 넘어서는 새로운 공공성의 질서이다. 따라서 생활 공공성 운동은 모든 사회구성영역에서 개인의 실존적 삶에 공공적 요소를 내재화함으로써 자율성과 공공성을 결합한 생활의 정치적 복원을 지향하는 운동이다. 이제 생활 공공성 운동은 시민의 삶에 내재하는 공공성을 더 높은 수준의 공적 질서로 실현하는 데 운동의 자원이 모아짐으로써 단순히 생활의 정치적 복원이 아니라 생활의 '민주주의적 복원'을 지향하게 된다. 여기에서 '생활민주주의'야말로 생활 공공성 운동의 핵심적 이념으로 강조된다. 생활민주주의를 이념적 기반으로 하는 생활 공공성 운동은 이제 시민적 삶의 다양한 영역을 민주주의의 가치와 제도로 재구성하는 과정을 의미하게 됐다.

생활 공공성의 구조에서 살펴보았듯이 사실 생활 공공성의 질서에는 이미 공민성의 요소가 내재되어 있다. 생활민주주의는 이런 점에서 이론구성의 중첩적 요소로 해석될 수도 있다. 그러나 생활 공공성 운동의 이념으로서의 생활민주주의는 생활 공공성을 구성하는 제1요소이기도 하지만 생활 공공성 시대를 선도하는 보편적 민주주의의 원리이자 나아가 생활 공공성 시대 사회구성 원리로서의 가능성을 함의한다는 점에서 정치, 경제, 사회문화적 삶을 아우르는 새로운 질서를 지칭하는 것일 수 있다.

주지하듯이 역사상 존재했던 민주주의의 유형은 대단히 다양하며, 유사한 유형이라고 하더라도 국가마다 독특한 차이를 갖기 마련이다. 대체로 보더라도 민주주의의 유형들은 아테네 고전민주주의, 이태리 도시공화정과 근대 초기의 공화제 민주주의, 근대의 자유민주주의, 마르크스주의적 직접민주주의, 경쟁적 엘리트민주주의, 다원민주주의, 신자유주의 법치민주주의(*legal democracy*), 참여민주주의(*participatory democracy*), 숙의민주주의(*deliberative democracy*) 등을 들 수 있다. [3]

이러한 민주주의의 유형들은 공화주의, 자유주의, 사회주의의 사상적 전통에 다양한 방식으로 결부됨으로써 정당한 권위의 문제, 정치적 평등의 문제, 자유의 문제, 도덕적 자기 발전의 문제, 공익의 문제, 공정한 도덕적 절충의 문제, 욕구충족의 문제, 효과적 결정의 문제 등에 대한 입장들을 발전시켰다(데이비드 헬드, 2010: 19).

이러한 입장들은 현대민주주의론의 몇 가지 핵심적 쟁점에 관해서는 크게 대별되는 지점들을 보이고 있다.

첫째, 시민이 정치과정에 관여하는 수준이 어느 정도까지인가라는 문제에 관해 대별되는 입장이 있다. 민주주의를 시민이 공적 정치과정에 직접 관여하는 시민권력으로 이해하는 입장과 시민의 정치관여는 대표의 선출에 국한하고 선출된 대표들이 권한과 책임을 갖는 체제를 민주주의로 이해하는 입장이 구분될 수 있다. 직접민주주의나 참여민주주의는 전자에 해당하고 대의민주주의나 자유민주주의는 후자의 입장이라고 할 수 있다.

둘째, 민주주의의 적용범위에 관해서도 근본적으로 대별되는 입장들이 있다. 말하자면 사회구성영역을 국가와 시민사회로 구분할 때,

---

3 헬드는 역사적으로 등장한 민주주의의 주요 모델을 네 개의 고전모델과 다섯 개의 현대모델로 정리하고 있다(데이비드 헬드, 2010, 20~21).

시민사회와 개인의 자유를 보장하기 위해 민주주의는 국가영역에 국한되어야 한다는 입장과 민주주의는 시민사회 영역까지 확대되어야 한다는 입장이 대별된다. 자유주의나 신자유주의, 엘리트주의 이론에 기반을 둔 민주주의 유형은 전자에 해당하고 사회주의, 신좌파 사상에 기초한 마르크스주의적 직접민주주의, 참여민주주의, 숙의민주주의 모델 등은 후자의 입장이라고 말할 수 있다.

셋째, 민주주의의 목적, 혹은 정치참여의 성격에 대해서도 서로 다른 입장이 구별된다. 즉, 민주주의를 시민의 근본적인 자기실현의 방식으로 이해하는 입장과 민주주의를 개인적 자유를 보호하기 위한 수단으로 간주하는 입장이 대별될 수 있다. 앞의 입장은 시민이 인간적 존재로 발전하는 데 정치참여가 갖는 본질적 가치가 강조됨으로써 민주주의를 시민적 덕성을 갖추는 과정으로 보는 것이다. 뒤의 입장에서 민주주의는 자의적 권력으로부터 개인의 자유와 이익을 보호하기 위해 작동하는 제도적 장치로 이해하는 것이다. 직접민주주의, 참여민주주의, 숙의민주주의 등은 전자의 입장에 있고, 자유주의에 기초한 민주주의 유형이라고 할 수 있는 경쟁적 엘리트민주주의, 다원민주주의, 신자유주의적 법치민주주의 등의 흐름은 후자에 해당한다고 할 수 있을 것이다.[4]

이제, 시민의 실존적 삶으로서의 '생활'과 민주주의의 관계라는 점에

---

4 민주주의의 다양한 모델들을 헬드는 민주주의의 목적이나 정치참여의 성격이라는 측면에서 '개발주의'(*Developmental Democracy*)와 '보호주의'(*Protective Democracy*)로 구분한다. 참여를 통한 시민의 자아실현을 지향하는 직접, 참여, 숙의민주주의 등은 개발주의적 요소가 강조되고, 민주주의가 국가영역에서 오로지 개인의 자유와 이익을 보호하기 위해 작동해야 한다는 대의민주주의 및 자유민주주의의 다양한 유형은 보호주의 요소가 강조되는 것으로 평가한다. 물론 공화제적 민주주의나 자유민주주의도 개발민주주의와 보호민주주의 측면이 공존하고 있으며 이러한 특성이 다시 민주주의 모델의 분화 경향을 드러내는 것으로 보기도 한다(데이비드 헬드, 2010: 22).

서 볼 때 민주주의의 다양한 유형들은 시민의 구체적인 삶 속에 민주주의와 국가와 정치가 깊이 결합되어 있는 '내재적 민주주의'와, 다른 한 편으로는 민주주의와 국가와 정치의 영역에서 시민의 생활이 배제됨으로써 민주주의와 국가와 정치가 시민의 삶 밖에 존재하는 '외재적 민주주의'를 구분해낼 수 있다. 민주주의와 관련된 세 가지 핵심쟁점에 관해 대별되는 입장 가운데 직접민주주의, 신좌파적 시민사회 민주주의, 그리고 개발민주주의 등은 내재적 민주주의를 '지향'하고, 대의민주주의, 자유주의 및 신자유주의 민주주의, 보호민주주의 등은 외재적 민주주의를 지향한다고 말할 수 있다.

2차 세계대전 이후 등장한 민주주의 모델 가운데 신자유민주주의(혹은 법치민주주의), 참여민주주의, 숙의민주주의 등의 모델에 주목하면 민주주의의 내재성과 외재성 문제에 관해 보다 엄밀하게 살필 필요가 있다. 근대의 자유민주주의가 분화된 다양한 민주주의의 형태들 가운데 신자유민주주의 모델은 서구 복지국가의 개입주의적 경향에 명시적으로 반대함으로써 자유주의를 재강화하는 신우파의 민주주의 모델이라고 할 수 있다. 이 모델은 개인 이외에 다른 어떤 사회적 실체나 정치적 실체도 존재할 수 없다는 전제에서 출발해 사회에 대해 우선순위나 분배유형을 명확히 제시하는 어떤 일반원칙도 정당화될 수 없다고 강조한다(Nozick, 1974: 33; Hayek, 1976). 이 모델에서 강조되는 유일한 권리는 사회와 무관한 그리고 무엇보다 다른 사람의 권리를 침해하지 않는 한 자신의 목적을 추구할 수 있는 권리를 포함하는 양도할 수 없는 개인의 권리이다(데이비드 헬드, 2010: 383).

따라서 신자유주의적 민주주의는 개인 권리의 보호에 부응하는 최소개입의 정치권력을 의미하며, 여기서 개인의 권리는 재산과 자원 축적의 권리와 관련되고, 개인은 정치적, 사회적 실체가 아니라 시장적, 경제적 존재인 셈이다. 이런 점에서 하이예크에게 민주주의는 목적이 아니라 하나의 수단이다. 말하자면 최고의 정치적 목표라고 할 수 있는 자유를 보호하는 수단이자 실용적 장치이다(Hayek, 1976: 62).

자유시장사회와 최소국가를 지향하는 신자유주의 민주주의모델에서 시민의 생활은 정치과정으로부터 배제되어 있을뿐더러 시민은 고도의 경쟁과 효율의 가치가 만연한 시장사회에서 자유로운 권리의 존재가 아니라 고단한 삶이 해체되고 파편화되어 마침내 삶이 파괴되고 마는 개인으로 몰락하게 된다. 일반적인 대의민주주의에서 제도정치영역은 위임권력이 작동하는 영역으로 다른 사회영역과 구분됨으로써 시민의 구체적 생활영역은 정치에서 분리되고 배제되는 경향을 갖는다. 어쩌면 오늘날 신자유주의적 법치민주주의는 대의민주주의의 극단적 형태라고도 할 수 있다. 여기에 한국과 같은 중앙집권적 국가주의의 오랜 정치관행이 결합되면 시민의 삶은 더욱더 정치와 멀어지거나 해체되고 만다. 이러한 형식 민주주의의 질서는 아무리 정당정치와 선거제도를 갖고 있다고 하더라도 시민의 실질적인 삶과 분리되어 시민의 생활 바깥에서 작동하는 절차와 제도로 존재하는 외재적 민주주의라고 말할 수 있다.

신자유주의적 법치민주주의가 신우파의 가장 선명한 정치이념이라면 이에 직접적으로 대응하는 신좌파의 정치이념으로는 '참여민주주의'와 '숙의민주주의'가 있다. 참여민주주의는 국가영역을 공개적이고 책임 있게 만들어 민주화시키는 한편, 사회도 책임성을 보장하는 절차를 갖추어야 한다는 관점에 있다. 이러한 참여적 절차들을 갖춘 참여사회는 인간의 계발을 촉진하고 정치적 효능감을 제고하며 권력 중심으로부터의 소외감을 감소시키고 집단문제에 대한 관심을 키울 뿐만 아니라 정부의 일에 좀더 민감하게 관심을 가질 수 있는 적극적이고 식견 있는 시민 형성에 기여하는 사회라는 점이 강조된다(Pateman, 1970).

무엇보다도 참여민주주의가 대의민주주의의 대안의 정치질서가 아니라 대의적 질서를 수용하는 체제라는 점이 강조되어야 한다(Pateman, 1970; 1985). 즉, 경쟁적 정당, 정치적 대표, 정기적 선거 등 자유민주주의의 핵심제도 대부분은 참여사회의 불가피한 요소이며, 참여민주주의의 가장 현실적인 진전은 정부를 둘러싼 정당과 이익집단의 경쟁에 의해 보완되는 직장이나 지역현장에 대한 직접 참여와 통제라고 할 수 있다.

페이트먼은 대의제로 보완되는 참여민주주의의 의의에 대해 다음과 같이 강조한다(Pateman, 1970: 110). ① 개인이 현장수준의 의사결정에 직접 참여의 기회를 가질 경우에만 일상생활에 대한 실질적 통제가 이루어질 수 있다. ② 현장영역의 광범한 참여기회는 전국적 정치의 대의적 환경을 근본적으로 변화시킬 것이다. ③ 지역적 수준과 전국적 수준 모두에 적합한 참여사회의 구조는 개방적이고 유동적이어야 하며 사람들이 새로운 정치형태를 실험하고 배울 수 있어야 한다. 따라서 참여사회는 반드시 실험사회가 되어야 한다. 이런 점에서 참여민주주의는 생활현장의 정치화를 지향한다.

참여민주주의가 지향하는 목적은 원칙적으로 식견 있는 시민의 성장을 통한 자아실현과 자기계발이라고 할 수 있다. 이러한 목적은 민주주의의 내재성을 보여주는 참여민주주의의 지향점이라고 할 수 있지만 실제로 참여민주주의 이론과 현실은 외재적 민주주의를 넘어서지 못하는 한계를 보이고 있다.

첫째, 참여민주주의는 대의민주주의 제도와 직접민주주의 제도의 체계적 결합방식에 대해 언급하지 않음으로써 행정조직과 권력이 직접민주주의에 의해 어떻게 견제되는지를 살피지 않고 있다. 따라서 참여민주적 제도와 절차들은 대의제의 외곽에서 분절적이고 일시적으로 작동함으로써 내재적 민주주의로 기능하기 어렵다.

둘째, 참여민주주의는 시민들이 참여적 정당을 비롯한 다양한 참여제도에 실제로 참여할 수 있기 위해서는 경제적 조건이나 문화적 조건을 비롯한 생활영역의 포괄적 조건이 갖추어져야 한다는 사실을 간과하고 있다. 참여민주주의는 정치적 절차뿐만 아니라 새로운 삶의 양식에 이르는 민주주의이론이기 때문에 경제를 비롯한 생활영역이 실제로 어떻게 조직되고 정치과정과 어떻게 연관되는지에 대해 설명해야 하지만 여기에 취약하다. 따라서 참여민주주의는 여전히 생활과 구분되는 정치영역의 참여적 절차와 제도에 방점을 둠으로써 민주주의의 외재성을 넘어서기 어렵게 한다.

참여민주주의의 질적 개선을 추구하는 새로운 민주주의 모델은 '숙의민주주의'(Bessette, 1980; 1994)이다. 숙의민주주의는 참여 자체를 위해 정치참여를 증대시키는 것이 아니라 참여의 본질과 방식을 제고하는 데 초점을 맞춘다. 말하자면 참여와 합리성 간에는 비례적 관계가 존재하지 않기 때문에, 계몽된 논쟁, 이성의 공적 사용, 진리의 불편부당한 추구 등이 지지되는 것이다. 따라서 현대민주주의론의 도전과제는 "숙고를 거친, 일관된, 상황에 얽매이지 않는 절차의 도입"(Offe and Preuss, 1991: 167)에 있다.

이 같은 숙의민주주의에는 직접민주주의나 참여민주주의의 한계에 대한 뚜렷한 자각이 있다. 직접민주주의나 참여민주주의에 대한 회의는 ① 가장 일반적인 이유로 고도로 분화되고 복잡한 현대사회에서 직접민주주의의 이상은 실현될 수 없다는 점에서 비롯된다. ② 소규모 공동체에서 대면적 의사결정을 이상적인 것으로 간주하는 것 자체가 문제다. 소규모 민주주의는 선동에 훨씬 더 취약하기 때문이다. ③ 참여의 확대만으로는 참여의 '질' 문제를 해결할 수 없다. 특히 참여민주주의론은 숙의의 결여에 관심을 갖지 않았다(Fishkin, 1991: 21~50).

참여민주주의에 대한 성찰을 토대로 숙의민주주의는 자유주의 이론과 민주주의 사상의 공통된 시각을 근본적으로 바꿀 필요가 있다는 점을 강조한다. 따라서 무엇보다도 민주주의적 정통성의 근원을 이미 결정된 개인의 의사가 아니라 오히려 그것의 형성과정, 즉 숙의 그 자체에서 찾고자 하며 숙의의 절차를 핵심적 정치과정으로 간주하는 것이다. 숙의민주주의는 시민들의 고정된 선택을 열린 학습과정으로서의 정치로 대체하고자 한다. 여기에는 공공적 수준에서는 의사결정의 질을 논쟁의 핵심과제로 삼아야 한다는 점과 개인의 선호는 고정된 것이 아니라 변화 가능한 것이라는 점을 전제로 하는 공론장의 출현이 필요하다는 인식이 자리 잡고 있다. [5]

이런 점에서 숙의민주주의는 '자유롭고 평등한 시민들의 공적 숙의가 정당한 정치적 의사결정이나 자치의 핵심요소'가 되는 민주주의의 새로운 유형이라고 할 수 있다. 이 민주주의 모델에서 정치적 정통성은 투표함이나 다수결 자체보다는 공적 결정에 대해 옹호 가능한 이유와 설명을 제시하는 데 달려 있다(Manin, 1987; Dryzek, 1990; Bohman, 1998; Saward, 2003).

숙의민주주의의 절차와 제도는 숙의적 여론조사(*deliberative polls*), 숙의일(*deliberative days*), 시민배심원제, 유권자 반응 메커니즘과 시민 의사소통의 확대 등으로 다양하게 나타난다. [6] 이러한 제도들은 오늘날

---

5 이러한 공론장에서 선호나 이해의 타당성을 검토하는 것은 무엇보다도 '타인의 입장에서 생각하는 것'을 의미하는데(Benhabib, 1992, 9~10), 롤즈의 '원초적 상태', 하버마스의 '이상적 담화 상황', 배리의 '불편부당주의적 논증' 등에 공유된 핵심내용이다 (Rawls, 1971; Habermas, 1996; Barry, 1989; 1995).

6 이 같은 숙의민주주의 제도에 대한 제안과 설명은 Fishkin(1991). Ackerman and Fishkin(2003), Beetham(2005), Adonis and Mulgan(1994), Hacker and Dijik (2001) 등의 저술을 참고할 수 있다.

인터넷이나 텔레비전, 라디오 네트워크 참여, 전자정부 및 전자민주주의의 다양한 실천적 정치양식을 통해 공적 토론의 범위와 질을 확대시킴으로써 훨씬 더 활발하게 구현되고 있다. 이 같은 숙의민주주의의 제도들은 민주적 생활의 질을 발전시키고 민주적 결과물을 강화하는 데 목적이 있으며 이러한 숙의적 요소를 포함함으로써 민주적 절차와 제도의 정통성을 강화할 수 있게 된다(데이비드 헬드, 2010: 451).

이처럼 공적 숙의의 과정을 통해 이해관계를 이성적 토론의 제도로 바꾸고자 하는 숙의민주주의는 무엇보다도 사회적 관계에 부착된 권력, 계급, 위세와 관련된 일체의 지위를 내려놓은 불편부당한 상태, 즉 오로지 논증의 권위만이 작동하는 이상적 담화 상황(위르겐 하버마스, 2001)을 전제로 하기 때문에 추상적이고 비현실적이라는 원천적 비판에서 자유롭지 못하다(Gutmann and Thompson, 1996). 이와 아울러 숙의민주주의는 비록 공적 숙의의 과정을 통해 정제되고 사려 깊은 선호를 계발함으로써 시민의 실존적 삶과 정치의 거리를 획기적으로 좁힐 수 있는 정치적 기획일 수 있지만 실제로는 참여민주주의가 갖는 외재성의 한계를 넘어설 수 없는 것으로 보인다.

첫째로 숙의의 과정은 대의제를 보완하는 절차이자 대의제의 정당성을 보증하는 장치로 작동함으로써 여전히 정치영역의 절차와 제도로 포섭되기 때문에 숙의민주적 과정이 시민의 일상과 실존적 삶의 영역으로 내재화되기 어렵다.

둘째로 공적 숙의가 활발하게 되어 대의민주적 질서를 포위할 수준이 되기 위해서는 숙의적 참여가 보편적으로 수월할 수 있는 사회경제적 조건이 동시적으로 갖추어져야 한다. 말하자면 숙의민주주의의 문제는 정치의 문제를 넘어서는 생활의 문제와 결부되어 있다. 따라서 숙의적 절차가 생활영역의 현실적 조건의 변화 없이 분절적으로 실천되는 것은 숙의민주주의가 여전히 시민의 생활 밖에서 작동하는 외재적 민주주의에 머무르고 있다는 점을 말해준다.

2) 생활민주주의의 가치와 내재적 민주주의

참여민주주의와 숙의민주주의는 비록 참여와 숙의의 절차를 통해 자아실현의 가치를 추구함으로써 민주주의의 내재성을 지향하지만 논리와 주장의 현실은 여전히 절차와 제도에 갇혀 시민의 실질적 삶과 결합되지 않고 있다. 그럼에도 불구하고 참여민주주의와 숙의민주주의의 절차는 민주주의의 내재성을 확대하는 데 없어서는 안 될 요소들이라고 할 수 있다. 따라서 시민의 생활을 국가와 정치, 민주주의의 질서에 결합시킴으로써 생활을 정치적으로 재구성하기 위해서는 참여민주주의와 숙의민주주의를 포괄하면서도 이를 넘어서는 내재적 민주주의가 추구되어야 한다.

자유민주주의가 중앙집권적 국가주의로 강화된 대의정치질서에서 시민은 정치의 도구이고 시민의 삶은 정치의 장식으로 전락함으로써 민주주의는 생활의 외재적 요소가 되었다. 민주주의의 궁극적 목적이 개인의 자유를 보장하고 보호하는 데 있다는 입장에서 민주주의는 하나의 제도적 수단으로 간주되고 정치적 절차와 과정에 국한된 분석적 개념이 되고 만다. 민주주의가 정치적 수단과 과정으로 규정될 때 시민의 삶은 정치와 분리되고 정치과정에서 배제되는 것이다. 생활민주주의는 무엇보다도 민주주의를 절차와 수단이 아니라 목적이자 결과로 전환시킨다. 말하자면 민주주의가 삶과 결합됨으로써 민주주의 자체가 정치의 궁극적 목적과 결과가 되는 것이다. 시민의 생활이 민주주의이고, 국가이며, 정치로 구성됨으로써 민주주의가 절차와 수단에 머무는 것이 아니라 목적으로서의 생활과 일치하는 것이야말로 생활민주주의의 핵심 논리라고 말할 수 있다.

생활민주주의는 민주주의와 국가와 정치는 곧 생활이라는 점에서 가장 적극적인 내재적 민주주의라고 할 수 있다. 생활민주주의는 우리 시대의 탈냉전, 탈근대의 지구적 사회변동을 반영하는 다음과 같은 다섯 가지 내재적 민주주의의 특징을 강조할 수 있다.

첫째, 생활민주주의는 민주주의의 궁극적이고 본원적인 목적이라고 할 수 있는 시민의 생활에 민주주의를 내재적으로 구현하는 '본원적 민주주의'이다. 정치의 본질을 '권력'으로 보는 일반적 시각은 정치와 민주주의를 다른 사회영역으로부터 분리시킴으로써 과정과 수단으로서의 정치를 강조하는 경향이 있다. 수단으로서의 정치, 절차로서의 민주주의는 중앙집중적 대의정치의 질서에서 필연적으로 '제도정치'라는 고유의 영역을 구축함으로써 시민의 생활을 정치로부터 분리시키고 배제시킨다. 정치와 민주주의와 국가의 원천은 시민의 삶이다. 시민의 생활은 정치와 민주주의와 국가의 본질이자 존재이유이기도 하다. 따라서 대부분의 민주주의 모델들은 수단과 절차, 과정의 측면만을 강조함으로써 비본질적 민주주의론이라고도 말할 수 있다.

근본주의적 시각의 생활민주주의는 민주주의를 제도적 절차나 수단을 넘어 실현해야 할 공공의 가치이자 생활양식으로 간주한다. 가치와 생활양식으로서의 생활민주주의는 개인의 실존적 삶을 정치적으로 재구성한다. 말하자면 생활의 정치적 재구성은 개인의 실존적 삶에 내재된 소외, 고립, 고통, 가난, 불안, 우울, 분열, 해체와 같은 불안정한 측면들을 공감, 소통, 협력, 공존, 자아의 공적 실현 등과 같은 생활 공공성의 질서로 재구성하는 것을 의미한다.

둘째, 생활민주주의는 정치와 민주주의의 작동범주를 확장시킴으로써 다양한 생활영역을 정치적으로 포괄하는 '포괄적 민주주의'라고 할 수 있다. 대의민주주의의 질서에서 정치영역은 대체로 정부와 의회, 정당의 영역이 포함됨으로써 시장영역이나 시민사회영역과 구분되는 질서로 간주된다. 생활민주주의는 정치영역뿐만 아니라 시장영역과 시민사회영역을 포괄적으로 정치화하는 것을 과제로 삼는다. 생활민주주의는 공적 영역과 사적 영역의 구분을 넘어서는 생활 공공성의 질서를 추구하는데, 생활 공공성의 질서는 다른 무엇보다도 다양한 생활영역에서 구축된 참여, 소통, 공감, 합의의 질서를 의미한다. 이러한 질서를 생활영역에 내재화하기 위해서는 정치적 절차와 제도만 갖추어서는 안 된다. 제도와 절차가 실효성을 가지려면 생활영역 일반의 고른 민주적 성장이 필요하며 특히 시장영역의 보편적 성장을 통해 경제민주주의 혹은 시장 공공성이 확장되어야만 정치적 참여와 합의의 가능성이 그만큼 확장된다. 고도로 양극화된 신자유주의적 경쟁사회에서 생계자체가 버거운 시민들로는 자율에 바탕을 둔 정치참여 자체가 무망한 일이 될 수 있다. 따라서 생활민주주의는 비정치적 영역의 민주주의를 포괄하는 정치전망이라고 말할 수 있다.

셋째, 생활민주주의는 근대성의 제도에 갇혀 정치적 동원의 대상이 된 수동적 '국민'을 능동적 시민으로 정치화시키는 '자아실현적 민주주의'이다. 근대성의 핵심제도로 구축된 국민국가와 중앙집권적 대의정치가 권위주의와 억압적 통치로 전환되었을 때 민주주의는 정치적 억압에 대한 해방과 탈출의 이념이었고 민주화운동의 신념체계였다. 그러나 생활민주주의는 시민의 실존적 삶 속에 내재화된 민주주의를 지향하기 때문에 시민사회의 운동영역에서 전개되는 자아실현적인 생활 공공성 운동의 가치지향일 뿐만 아니라 정부정책이나 정당과 같은 제도영역을 생활 공공성의 질서로 재구성하는 새로운 이념이기도 하다.

자아실현의 민주주의로서의 생활민주주의는 민족, 냉전이념, 성장, 개발, 군사안보 등 국가주의를 이끄는 거대담론의 정책이슈들보다는 공동체, 평화, 인권, 평등, 생태, 안전 등 개인의 실존을 공공적으로 재구성하는 이슈를 지향한다. 이러한 협력과 공존의 이슈를 실현하기 위해 생활영역을 민주적이고 공공적으로 재구성하는 우선적 과제는 무엇보다도 참여와 숙의의 절차를 갖추는 일이다. 따라서 자아실현적 민주주의로서의 생활민주주의는 참여민주주의와 숙의민주주의의 가치와 제도들을 포함하며 이를 확장하는 민주주의모델이라고 말할 수 있다.

　넷째, 생활민주주의는 지구적 민주주의로의 확장성을 갖는다. 근대 국민국가는 민족, 이념, 종교의 외피와 형식으로 포장된 일국적 국가 공동체에 기반을 둠으로써 서로 다른 민족, 이념, 종교, 이익의 외피를 가진 다른 국가와 끊임없는 긴장과 충돌 나아가 전쟁의 위기에 직면해 있다. 이 같은 국가 간 긴장과 위기의 현실은 각국 시민의 삶과는 무관하게 작동하는 외교와 안보정치의 결과일 수 있다. 국가와 정치는 폭력과 전쟁을 추구하지만 시민과 생활은 안전과 평화를 원한다. 일국적 단위에서 시민의 생활에 정치와 민주주의가 내재된다면, 그리하여 만국의 시민들이 정치와 국가와 민주주의의 중심에 생활을 두고 생활 속에 민주주의를 내재화하는 생활민주주의를 지향한다면 지구적 정의와 지구적 민주주의는 훨씬 더 보편적 질서로 자리 잡을 수 있다. 이런 점에서 생활민주주의는 외교와 안보의 새로운 지향이 될 수 있고 나아가 국제관계를 평화와 공존의 질서로 전환할 수 있는 새로운 이념적 원천이 될 수 있다.

　오늘날 동아시아는 영토문제와 역사문제, 미국의 방위전략이 중첩되어 국가 간 긴장이 확대되고 있다. 적어도 동아시아 시민사회의 생활민주주의 세력들이 생활민주주의 네트워크를 구축하고 이를 통해 각국의 국가권력을 생활민주주의로 재구성할 수 있다면 동아시아 시민의 안전과 평화는 훨씬 더 빠르게 현실화될 수 있을 것이다. 동아시아 생활민주주의 네트워크는 지구적 생활민주주의 네트워크로 확산될 수도 있을 것이다. 아울러 남북관계에서도 민족적 상처와 냉전이념의 외피를 벗고 남북한 시민의 실존적 삶을 모든 정치의 근본적 요소로 삼을 때 남북 간의 한반도 협업정치는 크게 진전될 수 있을 것이다. 생활민주주의는 통일을 향한 새로운 전망일 수도 있다.

다섯째, 생활민주주의는 탈냉전, 탈계급의 내재적 민주주의라고 할 수 있다. 자유민주적 대의정치든 사회민주적 대의정치든 계급기반 민주주의의 유산이라는 점은 다르지 않다. 계급기반이 빠르게 해체된 탈냉전, 탈근대의 소비사회구성체에서 계급기반 대의민주주의는 한계를 보일뿐더러 대의민주주의 질서 자체도 시민사회의 새로운 욕구를 담아내지 못하고 있다. 더구나 중앙집권적 국가주의가 대의정치와 결합되면 정치와 시민사회, 국가와 시민의 생활은 더욱 더 분리된다. 생활민주주의는 국가주의 진보와 국가주의 보수를 넘어 탈냉전적이고 탈계급적인 생활지향 진보의 지형을 열어준다. 생활민주주의를 지향하는 생활 공공성의 구축은 새로운 진보의 과제일 수 있다. 여기에서 새로운 진보의 생활민주주의는 탈산업적 생태민주주의를 포괄하게 된다.

이상과 같이 생활민주주의는 본원성, 포괄성, 실현성, 지구적 확장성, 탈계급성 등을 특징으로 하는 내재적 민주주의라고 할 수 있다. 내재적 민주주의로서의 생활민주주의는 무엇보다도 시민들의 실존적 생활영역 안에 공공성을 갖추는 것을 의미하는데 이것이 국가 공공성을 넘어선 생활 공공성의 질서이다. 이러한 생활민주주의의 다섯 가지 특징 속에는 생활민주주의가 지향하는 몇 가지 원천적이고 핵심적인 가치가 작동하고 있다.

첫째, 생활 공공성은 외재적이고 타율적인 국가 공공성과 달리 자율성을 기반으로 한다. 자율적으로 출현한 공적 질서가 정부중심의 국가 공공성과 결합될 때 책임성의 영역이 훨씬 더 광범하게 작동한다. 생활 민주주의는 이런 점에서 공적 질서에 자율성과 책임성을 보다 넓게 확보하려는 실험이라고도 할 수 있다. '자율'의 가치가 구현되기 위해서는 형식적이고 정치적인 권리의 확보도 중요하지만 사회질서의 본원적 요소로서의 생활의 기반이 갖추어져야 한다. 특히 생활을 운영할 수 있는 사회경제적 필수요건이 충족되어야만 한다. 이러한 생활의 조건은 참여적이고 숙의적인 자아실현의 민주주의가 가능할 수 있는 전제이며 공동체의 자치를 위한 기초이기도 하다. 이 점에서 '자율'은 중앙집권적 국가주의로 억압되었던 민주주의의 본원성과 포괄성에 근거해서 자아실현적이고 지구적이며 탈계급적 민주주의를 가능하게 하는 생활민주주의의 핵심가치이다.

둘째, 생활민주주의의 핵심가치는 '협력'의 가치를 들 수 있다. 중앙집권적 국가주의의 정치적 형식과 이념적 갈등, 억압적 제도의 외피를 벗은 시민의 실존적 삶이 생활민주주의로 재구성되는 것은 무엇보다도 억압적이고 수동적인 개인의 실존이 해방적이고 적극적 실존으로 전환하는 것을 의미한다. 여기에서 시민의 실존적 삶은 경쟁과 갈등, 분열의 장이 아니라 자율에 바탕을 둔 '협력'의 가치가 작동하는 장이어야 한다. 어쩌면 생활민주주의의 본원성과 포괄성은 민족, 이념, 이익, 종교, 인종, 계급으로 균열되어 대결과 폭력, 투쟁과 전쟁으로 얼룩지고 가려졌던 인류문명 속에 원천적으로 내재되었던 '협력'의 유전자를 찾아냄으로써 대안적 사회구성의 질서를 모색하고자 하는 새로운 민주주의의 뿌리를 함의하는 것일 수 있다. 협력의 가치는 현실적으로 협치의 정치와 협력의 경제를 모색함으로써 지구적이고 탈계급적인 민주주의를 실현하는 원천적 동력일 수 있다. 나아가 협력의 윤리는 우리 사회의 공공성을 새롭게 재구성하는 핵심원리이기도 하다. 적어도 새로운 생활 공공성의 질서는 자율과 협력의 윤리로 구축되어야만 자아실현성을 높이는 공적 질서로서의 의미를 가질 수 있다. 자아실현의 민주주의는 개별화되고 해체된 경쟁과 분열의 현실에서 확보될 수 없다. 개인의 자아는 함께하는 협동적 삶 속에서만 진정한 정체성을 확인할 수 있고 또한 만족할 수도 있는 것이다.

셋째, 생활민주주의의 가치는 '책임'의 가치이다. 무엇보다도 생활민주주의는 중앙집권적 국가주의와 대의정치에 내재된 집중적 권력의 질서를 분산적 과정을 통해 재구성한다. 권력의 분산은 책임의 분산적 공유를 의미한다. 생활영역의 민주화는 시민사회의 민주화를 의미한다. 생활민주주의는 시민의 삶에 대한 국가영역의 책임을 강화함으로써 민주주의의 폭을 넓히는 반면 시민사회의 생활영역도 정치적 기능을 공유함으로써 민주적 참여와 책임 또한 공유하는 새로운 질서라고 할 수 있다. 권력의 분산은 책임의 분산과정이기도 하다. 자율의 가치와 협력의 가치는 책임의 가치를 수반함으로써 생활민주적 질서를 보장할 수 있게 된다. 생활민주주의는 시민의 삶과 직접적으로 결부된 생태적 조건과도 연관된다. 생태적 현실은 생활의 선택에 따라 결정되기 때문에 생태민주주의는 생활민주주의에 종속적이다. 따라서 생활민주주의의 핵심가치로서 책임의 윤리는 생태적 책임도 수반하게 된다.

이처럼 자율과 협력과 책임의 가치는 생활민주주의를 지탱하는 세 가지 핵심축이라고 할 수 있다. 내재적 민주주의로서의 생활민주주의의 특징을 보여주는 본원성, 포괄성, 실현성, 지구적 확장성, 탈계급성의 다섯 가지 성격 속에는 이러한 세 가지 핵심가치가 내재되어 있다. 이제 자율과 협력과 책임이라는 핵심가치는 '생활국가' 혹은 '생활정부'의 제도로 구체화됨으로써 다양한 정책적 비전을 가능하게 한다.

3) 생활민주주의의 제도화와 생활국가

생활민주주의의 본원성은 정치와 국가와 민주주의 운영의 중심에 시민의 생활을 두는 것에 있다. 본원적 민주주의로서의 생활민주주의를 지향하는 새로운 국가모델을 '생활국가'라고 할 때, 생활국가는 정치, 경제, 복지, 노동, 국방, 외교, 문화 등 국가운영의 모든 영역이 시민의 실질적 '생활'을 향해 통합적으로 재구성됨으로서 중앙집권적 국가주의를 넘어서는 새로운 국가모델이라고 할 수 있다. 앞에서 생활민주주의의 주요 성격을 본원성, 포괄성, 실현성, 탈계급성, 지구적 확장성 등으로 설명했고, 이러한 특성에 내재된 생활민주주의의 핵심가치로는 자율과 협력과 책임의 가치를 강조했다. 생활국가는 무엇보다도 이 같은 생활민주주의의 가치가 구현된 제도적 총체이다. 생활국가의 제도와 정책들은 시민의 생활영역과 적극적으로 결합함으로써 생활민주주의의 자율과 협력, 책임의 가치를 체계화한다.

우선, 자율, 협력, 책임을 핵심가치로 하는 생활민주주의는 정치권력구조 및 국가권력운용 방식의 절차와 제도의 수준에서는 분권, 참여, 합의라는 세 가지 구체적인 원칙을 반영한다.

첫째, 자율과 협력과 책임의 가치를 반영하는 '분권'의 원칙은 정치권력을 시민의 삶에 더욱 가깝게 나누는 것으로 생활국가의 정치권력구조를 구성하는 제1의 원리라고 할 수 있다. 무엇보다도 분권의 원칙은 현존하는 대통령 중심의 중앙집권적 국가주의 권력구조를 권력 간 균형과 견제를 가능하게 하는 훨씬 더 분산적 권력질서로 전환하는 핵심원리이다. 아울러 선거제도의 개편을 통해 행정 권력을 견제할 수 있는 의회의 기능을 강화하고 시민의 대표성을 보다 충실하게 반영하는 것도 분권의 원리이다. 나아가 지방 분권적 자치 권력을 실질적으로 강화함으로써 지역적 삶을 정치의 중심에 두는 것을 포괄한다.

둘째, 생활민주주의의 가치를 구현하는 국가권력 운용의 제2원리는 '참여'의 원칙이다. 입법, 사법, 행정의 모든 절차를 시민참여적으로 운영하는 것은 제도의 개방과 공개의 원리에 상응한다. 생활민주주의가 참여민주주의를 포괄하듯이 생활국가의 절차와 제도는 참여의 절차와 제도를 원칙으로 한다. 참여의 원칙이 대의적 질서를 완전히 직접민주적 방식으로 전면 전환하는 것을 의미하는 것은 아니다. 참여의 원칙은 현장과 지역의 자치적 입법, 사법, 행정의 영역에서 적극적으로 실현되어야 하며 중앙정부의 영역에도 더욱 적극적인 참여의 실험이 이루어져야 한다. 참여의 원칙은 무엇보다도 생활국가의 절차와 제도가 다양한 참여적 실험에 개방되어 있어야 한다는 점을 강조한다. 참여의 절차가 대의적 영역을 포위하고 대의적 과정을 압박하며 감시할 때 대의적 영역 그 자체로도 생활민주주의의 실험이 확대될 수 있다.

셋째, 생활민주주의를 추구하는 권력운용 절차의 제3원리는 '합의'의 원칙이다. 민주주의의 절차는 원칙적으로 합의의 과정이어야 한다. 오랜 군부독재와 권위주의 정치과정에서 한국의 정치는 이른바 '기울어진 운동장'에서 전개되는 게임에 비유되었다. 형식적이거나 일방적인 준강제적 합의의 절차는 갈등의 골을 깊게 함으로써 훨씬 더 큰 사회적 비용을 치를 뿐이다. 생활민주주의의 합의의 질서는 무엇보다도 시민의 참여와 숙의의 기회를 충분히 제공함으로써 비록 시간이 걸리더라도 이성적 숙의의 과정을 거치는 것이다. 숙의에 따른 합의의 절차는 소수의 권리를 보장하고 소수의 의견을 청취할 수 있는 기회를 가짐으로써 궁극적 합의를 지향하는 효과를 갖는다. 입법, 사법, 행정의 절차에 숙의적 합의의 절차를 갖추는 것이야말로 생활국가의 또 하나의 원칙이다.

 이제 자율과 협력, 책임 등 생활민주주의의 핵심가치가 제도적으로 구현된 생활국가의 권력운용 절차의 세 가지 원칙을 분권, 참여, 합의라고 한다면, 생활국가를 구성하는 정책과 제도의 비전에 주목해야 한다. 다음과 같은 생활국가의 정책비전들은 특정의 제도영역과 정책분야에 해당하는 것일 수도 있으나 동시에 생활국가의 다양한 정책들이 공유하는 비전이기도 하다.

 첫째, 생활국가의 정책비전은 생활주권과 생활자치를 실현하는 '분권자치주의'이다.

 생활민주주의를 본원적 민주주의라고 강조하는 것은 모든 정치와 국가, 민주주의의 중심에 시민의 삶이 있고, 시민의 생활이 정치의 본질이 되는 정치를 지향하기 때문이다. 중앙집권적 국가주의의 일방적 정치질서가 이 같이 시민의 생활중심으로 재구성되는 것은 우선 국가권력의 분산화 과정을 의미한다. 국가기능의 분산이 폭넓게 추진되고 실질적 권력이 지방에 이양되는 강력한 분권자치의 실현은 생활국가의 행정원리일 뿐 아니라 생활국가운영방식의 보편적 원리이기도 하다.

 적어도 분권자치주의의 원리에는 자율과 협력, 책임이라는 생활민주주의의 핵심가치가 충실히 반영된다. 먼저 실질적 분권과 자치는 지역 생활공동체의 자율성이 보장되어야 가능하다는 점에서 자율의 가치가 강조된다. 실질적 분권과 자치를 위한 자율의 기반은 다른 무엇보다도 현재 극히 불균형한 국세와 지방세의 비율을 균형적으로 조정함으로써 재정분권을 실현하는 데서부터 출발해야 한다. 다른 한편 분권자치주의는 단순히 지역분산의 자치를 지향하기보다는 '협력'에 바탕을 둔 분산화가 강조된다. 흔히 인프라로 표현되는 지역적 기반자원과 국가적 기반자원은 상생과 협력의 기초가 될뿐더러 지역에 산재한 국가적 자연자원들도 협력적 자치의 매개적 요소가 될 수 있다. 생활민주주의의 핵심가치인 책임의 가치 또한 분권자치주의의 중심적 가치라고 할 수 있다. 분권자치주의는 자율의 확대와 함께 책임의 확대를 동반한다. 분권적 자치주의를 구성하는 자율자치, 협력자치, 책임자치의 요소들은 지역주민의 실질적 삶이 지역에서 온전하게 뿌리내릴 수 있는 생활자치가 실현된다는 점을 의미한다. 나아가 행정과 제도의 분산화를 통한 분권자치주의가 보다 실질적이고 강력하게 실현된다면 연방적이거나 준연방적인 국가운영모델을 고려할 수도 있다.

무엇보다 중요한 분권자치의 방향은 중앙집권적 국가주의의 강력한 국가 공공성의 질서를 생활 공공성의 질서로 전환함으로써 지역 주민들이 자기 삶의 실질적 주권을 갖게 되는 생활주권과 생활자치의 새롭고도 다른 삶을 선택할 수 있게 해야 한다. 이른바 '2할 자치'로 불리는 실질적 분권 없는 명목적 자치의 현실을 적어도 '5할 행정'으로 바꾸어 국가행정의 지방화와 실질적 재정분권을 실현하는 것이야말로 분권자치주의가 당면한 정책목표가 되어야 한다. 생활주권과 생활자치를 실현하는 실질적 분권자치주의는 생활국가의 필연적이고 당면한 과제이다.

둘째, 생활국가의 정책비전은 생활가치를 실현하는 '노동·복지주의'라고 할 수 있다.

'일'과 노동은 자기자신의 가치를 실현하고 현실의 조건을 개선하는 인간 존재의 가장 근본적 활동이다. 산업사회의 대량생산체제에서 억압된 노동은 격렬하고도 오랜 계급투쟁을 통해 적어도 서구에서는 사회민주주의에 기초한 계급 타협을 이루었다. 그러나 오늘날 후기 근대의 탈산업적 사회변동과 신자유주의적으로 해체된 노동, 나아가 구심을 잃은 계급동력은 비정규직의 양산과 일자리의 감소와 함께 점점 더 일과 노동의 가치를 주변화시켰다. 그러나 모든 시민들에게 변함없는 사실은 일과 노동이 삶의 가장 본원적 요소라는 점이다. 따라서 해체된 노동과 사라진 일자리는 삶 자체를 파괴하는 결과를 갖기 마련이다. 정치의 본질을 시민의 '생활'이라고 할 때, 생활의 원천은 일과 노동이다. 무엇보다도 일과 노동의 복원을 통해 자기실현적 삶을 제공하는 과제야말로 본원적 민주주의로서의 생활민주주의의 핵심이다. 이런 점에서 생활민주주의를 지향하는 일과 노동의 패러다임은 계급가치가 아니라 생활의 가치를 기반으로 하는 '노동하는 시민'의 관점에 있다.

노동의 복원과 동시에 생활국가는 자격 있는 사회구성원 전체의 안정적 생활을 보장하는 보편적 복지를 추구해야 한다. 보편적 복지는 생활민주주의의 본원성을 가시화하는 가장 핵심적인 과제이며 자율과 협력, 책임의 가치를 구현하는 가장 의미 있는 정책비전이다. 생활국가의 보편적 복지는 국가주의 프레임에 갇힌 구래의 '복지국가' 패러다임에서 벗어나는 것이 관건이다. 시민사회의 자율적 공공성과 국가 공공성을 재구성하는 생활국가의 복지패러다임은 복지비용에 초점을 두는 '재정국가'적 지향이 아니라 복지제도 자체를 '생활 공공성'의 체계로 재구성하는 방향성을 가져야 한다. 노동과 복지는 생활국가가 추구해야 할 자율과 협력적 삶의 가장 본원적 요소이다.

셋째, 생활국가의 정책비전은 포용과 상생의 '협력성장주의'이다.

일반적으로 진보진영의 경제운영 기조를 '반(反)성장주의'라고 기계적으로 보는 것은 오류일 수 있다. 일과 노동 없이 생활이 가능할 수 없듯이 부의 생산과 성장 없이 사회의 발전은 무망한 일일 수 있다. 문제는 어떤 성장이냐는 것이다. 생활민주주의의 자율, 협력, 책임의 핵심 가치는 생활국가의 보편적 운영원칙이지만 특히 오늘날 국가주의 정치

질서와 시장주의 사회질서가 기형적으로 맞물린 한국사회에서는 경제 영역에서 직접적으로 요구되는 원리라고 할 수 있다. 한국사회는 오랜 중앙집권적 국가주의의 억압적 정치질서에서 정치 유착적으로 성장한 재벌기업과 신자유주의적 시장조건에서 팽창한 대기업이 불공정하고 불균등한 시장구조를 주도함으로써 양극적 사회경제 현실을 확대시키고 있다. 중소기업과 골목 자영상권을 죽이는 대기업 중심의 경제구조, 지방을 죽이는 수도권 중심의 경제구조에 대한 범국가적 우려는 경제민주화, 지속가능한 성장, 동반성장, 포용적 성장, 나아가 사회적 경제의 확대 등에 대한 공적 관심으로 나타난 지 오래되었다.

생활민주주의에 내재된 협력과 책임의 핵심가치는 협력성장주의로 정책화됨으로써 양극적 경제구조를 협업적이고 사회책임적으로 전환시킬 수 있다. 대기업과 중소기업, 대규모 유통업체와 재래 골목상권, 수도권경제와 지방경제 간의 선순환을 통한 성장만이 생활민주주의를 실현하는 생활국가의 경제적 기반이 될 것이다. 특히 협력성장주의의 지향은 시장경제를 주도하는 기존의 기업들이 다양하고도 폭넓은 사회공헌 활동이나 협동조합과 같은 사회적 경제활동에 대한 지원 등을 통해 '시장 공공성'을 확대시킬 수 있다는 점에 주목해야 한다. 아울러 시민사회영역에서 협동조합, 사회적 기업, 마을공동체, 생태도시 등 연대와 협력, 상생과 공생의 원리를 지향하는 사회적 경제는 협력적 성장주의를 확산하는 또 하나의 축이다.

넷째, 생활국가의 정책비전은 '생활·생태안전주의'를 들 수 있다.

생활국가에서 정치의 중심에는 시민의 생활이 있고 시민의 생활은 곧 시민의 안전한 삶을 의미한다. 시민의 안전한 삶은 생활민주주의가 추구하는 자율과 협력과 책임의 가치를 통해 가장 근본적으로 실현되는데, 이러한 가치들은 무엇보다도 '사람'의 가치를 지향하고 있다. 사람의 가치를 중심에 두는 시민의 안전한 삶은 그 토대로서의 생태적 조건과 직접적으로 결부된다. 지구온난화, 기후변화, 자원고갈, 환경오염, 생물종의 멸종 등 생태위험이 이미 지구적 재앙으로 다가오는 현실에서 생태의 위험과 생활의 위험은 분리될 수 없는 요소가 되었다. 오늘날 예고되는 생태적 재앙은 인류의 집중화된 문명과 화석에너지에 의존하는 생활양식이 만든 효과라고 할 때, 무엇보다도 생태의 위기를 관리하는 일은 어떤 생활양식을 선택할 것인가에 달려 있다. 결국 생태의 문제는 생활의 문제이다. 생태의 문제를 포괄하는 생활 공공성은 생활국가를 구성하는 보편적 질서이다.

국왕 일인 중심의 공적 질서가 구축되었던 절대 공공성의 시대는 군주의 나라, 군주의 신민, 군주의 백성만이 존재하는 시대였다. 이 같은 시대에 모든 것은 국왕과 왕실을 위한 수단적 가치를 가질 뿐이었다. 사람의 가치 또한 마찬가지였다. 비록 전통사회에서 '민본주의'가 유교적 윤리로 강조되지만 사농공상의 엄격한 신분적 질서에서 '민본'의 원리는 한 번도 실현된 적이 없었다. 근대 국민국가가 모습을 드러낸 국가 공공성의 시대에 국민은 민족과 이념의 포로가 되었다. 특히 분단한국의 조건에서 형성된 안보국가의 윤리는 모든 가치의 우선순위에 민족적 과제와 국가적 과제, 반공의 이념적 과제를 둠으로써 사람과 삶은 여전히 부차적인 것이 되었다. 이제 생활민주주의를 지향하는 생활국가의 시대는 정치와 생활이 분리되지 않고 생활과 생태 또한 분리되지 않는 질서의 시대라고 할 수 있다. 정치와 생활과 생태의 질서가 오로지 사람을 살리고, 사람과 공생하는 생태를 살림으로써 보다 안전한 삶을 보장하는 새로운 질서를 실현하는 시대라고 할 수 있다. 생태와 생활의 자율, 생태와 생활의 협력, 책임의 최종영역이라고도 할 수 있는 생태적 책임 등을 추구하는 생활민주주의의 실현이야말로 가장 적극적인 삶의 안전을 확보하는 생활국가의 비전이라고 말할 수 있다. '세월호' 사태는 이런 점에서 중앙집권적 국가주의의 패러다임을 생활국가로 전환할 것을 요구하는 가장 심각하고도 강력한 메시지라고 할 수 있다.

다섯째, 생활국가의 정책비전은 '평화와 생활안보주의'이다.

중앙집권적 국가주의 정치질서가 반공이념과 억압적 권위주의의 시대를 거치면서 무엇보다도 강력한 정책비전은 '군사안보주의'로 자리잡았다. 외교, 국방, 안보 정책이 군사력에 기초하고, 국가 간 관계 또한 군비경쟁을 통한 군사안보에 토대를 두었다. 한미 군사협정은 한반도 분단상황을 통제하는 장치로 작동하며, 한중일 3국의 외교, 국방, 안보정책은 냉전이념에 바탕을 둔 군사적 봉쇄전략이 만들어낸 이른바 샌프란시스코 체제에 구속됨으로써 기본적으로 미국과의 군사적 관계에 얽매여 있다. 군사안보주의의 비전은 정치와 외교와 안보의 본질을 시민의 '생활'에 두는 것이 아니라 군사력과 경제력이라는 하드파워의 성장에 둔다. 이러한 하드파워가 시민의 욕구, 시민의 삶과는 무관하게 작동하는 것은 당연한 이치다.

생활국가는 종속적, 대결적, 집중적 권력의 '군사안보국가'가 아니라 자율과 협력, 책임의 가치를 지향하는 '평화국가'이다. 따라서 평화국가는 시민의 '안전한 삶'을 가장 본질적으로 추구할 뿐만 아니라, 시민의 '평화로운 삶'을 가장 보편적 조건으로 삼아야 한다. 이 점에서 생활국가의 외교, 국방, 안보정책은 생활민주주의에 내재된 평화주의를 근간으로 하는 평화안보주의, 생활안보주의를 지향해야 한다. 일반적으로 외교, 안보, 국방정책의 결정과정은 군사기밀과 국방안보의 명목으로 가장 폐쇄적으로 운영되고 있다. 그러나 생활민주주의의 질서에서 이러한 정책과정은 훨씬 더 시민참여적이고 숙의적인 절차와 제도로 재구성되어야 한다. 자율, 협력, 책임의 가치에 기초한 생활민주주의가 외교, 안보, 국방영역의 정책과정을 변화시킬 수 있다면 생활국가를 추구하는 정치세력과 시민사회세력들은 한반도 차원에서, 나아가 동아시아, 지구적 차원에서 평화안보 네트워크와 생활안보 네트워크를 훨씬 더 광범하고 강력하게 확산시킬 수 있을 것이다.

여섯째, 생활국가의 정책비전은 '문화포용주의'이다.

성장과 개발을 지향하는 국가주의와 시장효율성을 지향하는 개인화의 경향이 결합되어 문화는 점점 더 산업화되고 독점화되는 경향을 갖는다. 생활국가의 문화적 지향은 무엇보다도 문화의 객체화를 넘어 자아와 공동체를 실현하는 문화를 지향해야 한다. 문화는 생활에 내면화됨으로써 모든 계층과 모든 세대를 포용해야 하는 것이다. 문화의 탈독점화를 통한 문화의 공공성을 생활 속에서 실현시켜야 한다. 적어도 문화를 삶 속에서 즐기고 누리는 생활민주적 문화프레임을 개발해야 한다. 나아가 문화의 자율성과 다양성을 기반으로 세계가치를 생산하는 문화자원을 실험함으로써 문화의 포용성과 자존성을 확대시켜야 한다.

일곱째, 생활국가의 정책비전은 남북한의 화합을 지향하는 '한반도 협업주의'의 시대를 여는 일이다.

평화와 생활안보주의에 기초한 생활국가의 외교안보 패러다임은 남북한의 관계에도 적극적으로 반영되어야 한다. 생활국가의 남북관계는 기존의 '통일'의 관점이나 '통합'의 관점이 아니라 남북한의 각 사회 분야별로 느리지만 실질적 교류와 합의를 이루어냄으로써 화해를 바탕으로 하는 화합을 지향해야 한다. 이 같은 화합적 남북관계는 사회구성 영역별, 분야별로 서로 간의 장점은 공유하고 단점은 보완하는 기능적 협업의 관계를 확장시키는 방식으로 나아가야 한다. 이 책의 제7장에서 다루게 될 '시민사회통일론'은 무엇보다도 화해와 화합을 지향하는 한반도 협업주의를 추구하는 논리로 의미가 있다. 한반도 협업주의는 평화와 생활안보주의뿐만 아니라 실제로 분권자치주의, 노동·복지주의, 협력성장주의, 생활·생태안전주의, 문화포용주의 등의 생활국가 비전이 남북관계를 실질적 화합의 과정으로 전환하는 데 복합적으로 기여한 한반도적 효과라고 할 수도 있다.

위에서 말한 ① 분권자치주의, ② 노동·복지주의, ③ 협력성장주의, ④ 생활·생태안전주의, ⑤ 평화안보주의, ⑥ 문화포용주의, ⑦ 한반도 협업주의 등과 같은 생활국가의 정책비전은 모든 정책의 중심에 시민의 '생활'을 두고, 생활과 제도를 결합시키고자 하는 생활민주주의의 실현전략이라고 할 수 있다. 이 같은 정책비전은 생활국가의 보편적 실천전략이기도 하지만 주요 정책영역별 실천전략이기도하다.

5. 결론: 생활민주주의와 '생활국가'의 전망

2014년 진도 앞바다에 침몰한 세월호 사태는 국가의 존재 이유에 대한 근본적 성찰을 요구하고 있다. 시민의 삶과 생명을 위해 우리 시대의 '국가', 한국의 '국가'는 도대체 어떤 존재인가에 대한 통렬한 질문의 시간이 주어진 것이다. 나는 이 처참한 비극의 씨앗이 우리에게 너무도 오래 익숙해진 정치의 왜곡된 질서에 있다고 보았다. 정치와 국가와 민주주의의 본질이 자유로운 시민이라는 것은 구호에 그칠 뿐, 언제나 시민은 정치의 수단이 되었고, 시민의 삶은 정치의 장식에 불과했다. 공적 질서와 민주주의는 너무 오랫동안 시민의 생활과 분리되었기 때문에 시민의 구체적인 삶 밖에서 작동하는 외재적 질서로 형식화되었다. 정치와 국가와 민주주의가 시민의 삶 밖에서 작동하는 외재적 질서가 될 때 시민의 삶과 생명은 정치의 수단이자 나아가 자본의 수단으로 내몰릴 수밖에 없다.

세월호 이후의 한국사회가 보다 근본적으로 바뀜으로써 고장 난 국가를 정상화해야 한다는 인식은 새로운 정치 패러다임에 관한 구상과 결부되었다. 1990년대 한국의 시민사회에서 참여연대가 활동한 이래 참여민주사회의 이념은 새로운 민주주의의 지평을 열었고, 2003년 출범한 노무현 정부에서 참여민주주의의 제도적 실험이 추구되었다. 그러나 운동으로서든 제도로서든 이 시기까지의 참여민주주의는 오랜 중앙집권적 국가주의 정치 패러다임의 프레임 속에서 확장성을 갖기 어려웠다. 이제 한국사회가 '세월호 이전'과 '세월호 이후'로 구분되어야 한다면, 한국사회의 근본적 전환은 무엇보다도 정치 패러다임의 전환에 달려 있고, 그것은 현재의 기형적 국가주의 정치를 적극적으로 떨쳐내고 모든 정치질서의 중심에 시민의 '생활'을 두는 새로운 민주주의 패러다임을 모색하는 데서 출발해야 한다. '생활민주주의'는 바로 이 점에서 시민의 생활 속에서 정치와 민주주의가 살아서 작동하는 내재적 민주주의 모델이자, 참여민주주의와 숙의민주주의를 포괄함으로써 정치가 시민의 삶과 직접 대면하는 본원적인 민주주의 모델이다.

생활민주적 혁신은 무엇보다도 정치제도에 한정된 변화가 아니라 한 사회의 공적 질서를 새롭게 재편하는 공공성의 재구성과 관련된다. 따라서 중앙집권적 국가주의 정치 패러다임의 구심이 되었던 오랜 국가 공공성의 질서는 생활 공공성의 질서로 재편되어야 한다. 시민사회에서 자율적으로 구성된 공적 질서가 국가영역의 제도적 공공성과 결합된 새로운 공적 질서로서의 생활 공공성은 시민의 실존적 삶의 영역 속에 공공성의 요소를 내면화하는 내재적 공공성의 질서라고 말할 수 있다. 이제 중앙집권적 국가주의 프레임 내에서 전개되었던 시민운동 영역은 국가권력을 감시하고 견제하는 기능에서 생활 공공성을 실현하는 운동으로 전환해야 한다. 시민사회에서 모든 생활영역에 공적 질서를 구축하는 생활 공공성 운동과 함께 시민사회의 제도영역과 국가영역의 제도와 정책이 다른 무엇보다도 시민의 실질적인 삶의 안녕을 위해 작동하도록 영향력을 미치는 생활 공공성 실현 운동이 추구되어야 할 것이다. 이제 생활 공공성 운동은 시민사회의 운동영역에 머무는 것이 아니라 생활민주주의를 이념으로 시민사회와 국가영역을 포괄하는 새로운 공공성 프로젝트로 기획되어야 한다.

생활 공공성은 국가 공공성의 외재성을 넘어서는 내재적 공공성의 질서이듯이 생활민주주의 또한 대의적 민주주의를 넘어서는 내재적 민주주의의 모델이라고 할 수 있다. 내재적 민주주의로서의 생활민주주의는 본원성, 포괄성, 자아실현성, 지구적 확장성, 탈계급성 등이 중요한 특징으로 강조되었다. 생활민주주의의 이러한 성격은 무엇보다도 자율과 협력과 분산이라는 핵심적 가치를 반영하고 있다. 생활민주주의의 제도적 총체는 생활국가 혹은 생활정부라고 할 수 있다. 생활국가의 절차와 제도를 운용하는 근간이 되는 국가권력 운용의 핵심적 원칙으로는 분권의 원칙, 참여의 원칙, 합의의 원칙을 강조할 수 있다. 이러한 권력구성의 원칙을 근간으로 한 생활국가의 정책지향은 노동·복지주의, 협력성장주의, 분권자치주의, 생활·생태안전주의, 평화안보주의, 문화포용주의 등이 강조된다.

생활민주주의가 지향하는 가치와 생활국가의 정책비전들은 다른 무엇보다도 최근 한국사회와 한반도 상황에서 절실하게 요구되는 현실적 과제를 극복할 수 있는 생활국가 효과를 열어놓고 있다.

첫째, 생활국가는 세월호 사태에서 드러났듯이 국가가 방치한 위험사회적 현실을 국가운영방식을 바꿈으로써 보다 원천적으로 관리할 수 있는 생활 및 생태 안전사회 효과를 얻을 수 있다. 우리 시대의 생태파괴적 삶의 방식이 드러내는 자연재해, 원전 재앙, 철도, 해운, 항공 교통수단의 대형사고 등 모든 위험사회 요소들로 인한 생태, 생활재난을 가장 근본적으로 관리할 수 있는 방법은 국가와 정부가 시민의 생활 속에서 상시적인 안전시스템의 공공성을 작동시키는 생활국가로의 패러다임전환이라고 말할 수 있다.

둘째, 생활국가는 자율과 협력, 책임의 가치를 추구하는 정책비전을 가짐으로써 오늘날 동아시아 국가 간 역사적, 이념적, 군사적 매듭을 풀고 새로운 협업정치의 가능성을 여는 효과를 가질 수 있다. 생활국가는 민족과 이념에 바탕을 둔 군사안보국가의 대결과 긴장을 넘어 자율과 협력, 평화주의를 지향하는 탈영토적 연대의 가능성을 크게 열어놓는 탈냉전의 국가모델이라고 할 수 있다. 동아시아 지역 시민사회 연대운동의 가장 큰 장애는 각국의 국가주의프레임이라고 할 수 있다. 생활국가모델은 지역협업정치의 문을 보다 적극적으로 여는 효과를 갖는다.

셋째, 생활국가는 한반도 통일에 실질적으로 다가가는 국가모델이라고 할 수 있다. 남북한의 통합을 제약하는 요인 역시 전쟁의 역사와 이념대결의 역사, 군사적 대결의 구조 등을 누적시킨 냉전 국가주의에 있다. 지구적이고 탈계급적 생활국가는 대립적 국가주의의 틀을 넘어 시민의 실질적 생활이 남북 간 실질적 교류의 축을 만들어 한반도 협업 정치를 확장시킬 수 있게 한다. 생활국가가 지향하는 생활민주주의적 인 한반도 북방정책은 통일에 다가서는 가장 근본적인 접근일 수 있는 것이다.

민주주의는 정치적 절차와 제도의 문제에 국한된 것이 아니다. 민주주의의 주체로서의 능동적 시민이 주체적으로 구축하는 정치과정과 함께 시민들의 능동적 정치참여를 가능하게 하는 사회경제적, 문화적 조건을 갖추는 총체적 과정이 민주주의의 내용에 포함되어야 한다. 그래서 정치와 민주주의와 국가는 그 원천으로서의 사람이 중심이 되는 질서, 사람이 먼저인 질서가 되어야 한다. 본원적 민주주의이자 포괄적 민주주의론으로서의 생활민주주의는 바로 '사람'의 가치를 생활국가의 제도로 보장하고자 하는 정치 패러다임인 것이다.

요컨대, 생활민주주의론은 정치영역의 변화에 국한된 전망이 아니라 한국사회의 새로운 사회구성을 위한 공공성 재구성 프로젝트의 이념적 기초라고 말할 수 있다. 따라서 한편으로는 시민사회영역에서 기존의 시민운동에 대한 성찰과 새로운 도전의 과제로서 생활민주주의 지향의 생활 공공성 운동이 적극적으로 모색되어야 한다. 다른 한편으로 국가영역에서도 중앙집권적 국가주의 권력구조를 생활민주주의를 지향하는 생활국가로 재편하는 적극적 정치과정을 현실화시킴으로써 새로운 정치 패러다임으로서의 생활민주주의 시대를 열어야 할 것이다.

생활정치와
미시민주주의 패러다임

02

1. 서론: 두 개의 담론, 생활정치와 복지정치

2010년 6·2 지방선거에서 무상급식의 문제가 선거쟁점으로 등장한
이후 복지담론이 크게 확장되었다. 복지의 문제가 이처럼 전면적으로
제기된 것은 역사적으로도 처음 있는 일이라고 할 수 있다. 2012년의
총선과 대선을 거치면서 복지담론은 더욱 확산되었고, 이제 복지에 대
한 관심은 우리 사회에 보편적인 것이 되었다. 복지담론과 아울러 최근
우리 사회의 공론장에서 주목되는 또 하나의 새로운 담론은 시민의 일
상적 삶의 문제를 정치화하는 것과 관련된 '생활정치담론'이라고 할 수
있다. 복지담론과 생활정치담론이라는 공론의 두 가지 유형은 우리 사
회를 오랫동안 짓눌러온 성장주의와 이념정치의 틀을 깨고 사회발전의
새로운 지향을 드러냈다는 점에서 주목될 뿐만 아니라 더 많은 논의가
필요한 지점이라고 말할 수 있다.

무엇보다도 생활정치 및 복지정치의 담론은 논의 자체는 크게 확대되었으나 이론과 실천을 포괄하는 담론의 정교화는 유보되고 있다. 우선 생활정치담론은 2000년대 이후 시민운동의 영역에서 주류화되는 경향을 보이고 있다. 생활정치운동은 원래 새로운 사회운동의 주요 내용으로 구성되어 있기 때문에 시민사회의 영역에 위치하지만 새로운 정치질서를 지향한다는 점에서는 언제든지 시민사회 영역을 넘어설 수 있는 가능성을 내재하고 있다. 따라서 생활정치운동이 새로운 정치 패러다임으로 체계화되기 위해서는 제도정치영역으로의 확장이 요구된다. 그러나 한국에서 생활정치운동은 2000년대 이후 시민운동으로서의 탄력이 제도정치영역으로의 원활한 진입에는 이르지 못하고 있는데, 특히 이명박 정부 이래 보수정권의 시민사회 배제적 정치행태는 생활정치의 제도적 확장을 뚜렷이 제약하고 있다.

그럼에도 불구하고 생활정치운동은 2010년 6월 지방선거에서 야권의 압승에 따라 지역에서 새로운 확장의 기회구조를 갖게 되었다. 말하자면 풀뿌리 수준에서의 다양한 생활정치 이슈들이 지역 시민사회와 지자체의 협조적 관계 속에서 제도정치영역으로의 확장을 실험하게 된 것이다. 나아가 생활정치는 진보적 지향을 갖는 제도정당의 새로운 정치지향으로 설정되기도 해서 제도정치영역으로의 확장가능성을 기대하게 만들기도 했다. 그러나 야권의 이러한 모색도 여전히 구호적 수준에 머물러 생활정치가 새로운 정치 패러다임으로서의 설득력을 확보하는 수준에 이르지는 못하고 있다.

생활정치의 제도적 확장이 이처럼 지체되는 가운데 최근 일련의 선거정국을 거치면서 복지담론이 빠르게 확산되었다. 선별적 복지론과 보편적 복지론이 충돌하는 가운데 무상급식이 전면 시행되기에 이르렀고, 무상보육과 무상의료의 문제가 제기되는가 하면, 대학생들의 반값

등록금 문제도 동반적으로 제기되었다. 그러나 복지담론이 다양하고 풍성하게 제기되었지만 가장 진전된 보편복지론의 경우에도 실제로는 복지수혜의 범위만이 강조될 뿐 여전히 복지는 분배의 논리에 치중되어 있다. 복지의 문제가 분배의 정치로 설명될 때 복지는 가장 근원적인 시민적 삶의 문제임에도 불구하고 생활세계의 실존적 삶의 내용과는 연결되지 못하는 한계를 드러내게 된다. 말하자면 복지정치는 제도정치의 영역에 갇혀 성장과 안정 가치의 부수적인 효과로 간주되고 주요 행위자는 행정적 집행의 정부영역과 의회, 정당 등 제도정치영역에 제한된다. 복지정치의 행위양식이나 갈등방식 또한 재정적 수급과 관련된 경제영역과의 문제로 제한되는 경향이 있다.

복지정치는 우리 시대의 가장 대표적인 선진적 정치담론이다. 그러나 이러한 복지담론조차 '복지국가 패러다임' 내에서 국가와 경제의 논리에 갇혀 있다는 한계가 있다. 이제 우리 시대 복지정치는 무엇보다도 국가주의적인 '분배적 복지'를 넘어설 수 있는 정치질서의 전환을 통해 보다 성찰적이고 자아실현적 복지정치로 재구성될 필요가 있다. 우리 시대의 복지담론은 생활정치론적 확장이 요구되고, 생활정치는 더 확장된 제도화과정을 필요로 한다.

이 글은 생활정치의 패러다임이 우리 사회의 공공성을 재구성하는 새로운 사회구성방식이라는 점을 설명하고자 하는 데 목적이 있다. 따라서 무엇보다도 생활정치가 새로운 정치 패러다임으로 확장된 조건 속에서 작동하는 공적 질서의 재구성현상에 주목하고자 한다. 이러한 공공성의 재구성은 운동정치와 민주적 절차의 정치, 나아가 복지정치의 재구성과 맞물려 새로운 정치 패러다임의 지평을 확대시키는 가장 의미 있는 사회변동의 지점이라고 할 수 있다. 우리는 군부독재가 드러낸 고도의 억압적 정치현실을 겪으며 국가의 '극단적 타자화' 현상을 경험했고, 최근에는 반복되는 세계금융위기의 과정에서 시장의 극단적 타자화 현상을 경험하고 있다. 이처럼 국가권력과 시장권력의 유례없는 객체화 현상을 넘어설 수 있는 새로운 정치 패러다임은 무엇보다도 사람과 삶의 문제를 질서의 중심에 두는 데 초점이 맞추어져야 한다. 자아실현의 정치로서의 생활정치 패러다임이 강조되는 이유가 여기에 있다.

2. 체계정치 패러다임과 생활정치 패러다임

정치란 무엇인가에 답하는 포괄적 모델을 '정치 패러다임'이라고 할 때, 정치 패러다임은 집합적 행동의 주요 가치와 이슈, 행위자와 집합적 행위양식, 갈등해결의 절차와 전술 그리고 제도적 형태 등과 같은 상호 연관된 문제들의 해명을 포괄할 수 있어야 한다(Offe, 1985).[1] 기존 정치질서의 한계를 넘어설 수 있는 새로운 정치질서로서의 '생활정치 패러다임'은 이러한 요소들이 기존정치 패러다임과 차이를 갖는다는 점을 강조할 수 있다. 생활정치 패러다임은 삶의 주체적 구성과 관련된 자아실현의 정치를 중심으로 구축된 질서라고 할 수 있다. 새로운 정치질서로서의 생활정치 패러다임은 생활정치운동의 제도적 확장을 보장하고, 공적 질서의 생활세계적 확장을 모색할 수 있는 가능성을 제공해준다는 점에서 주목할 만하다.

생활정치는 일차적으로 일상적 삶의 영역에서 작동한다는 점에서 '생활세계'를 그 기반으로 한다. 이와 달리 기존의 제도정치는 정치권력이 매개하는 정치행정영역과 화폐가 매개하는 경제 혹은 시장영역을 기반으로 작동한다는 점에서 이른바 '체계정치'라고도 말할 수 있다(하버마스, 2006). 이처럼 정치질서의 구성방식을 체계정치 패러다임과 생활정치 패러다임으로 구분할 때 오늘날 거대전환의 사회변동은 일종의 구패러다임으로서의 체계정치를 넘어 생활정치의 새로운 패러다임에 주목할 것을 요구하고 있다.

---

1 오페(Claus Offe)는 서구 신사회운동(*New Social Movement*)을 '새로운 정치'로 설명하는 데 있어서 정치 패러다임이라는 용어를 라슈케(J. Raschke)로부터 차용하여 재정의하고 있다.

생활정치는 후기 근대성의 체계에서 작동하는 삶의 양식(*life style*)과 관련된 정치이다. 그것은 성찰적으로 질서지어지고, 성찰적으로 동원된 환경 속에서 전개되는 자기실현(*self-actualization*)과 자기정체성의 정치라고 할 수 있다. 후기 근대의 성찰적으로 동원된 질서는 개인이나 집합적 수준의 사회적 행위에 내재된 실존적 특성을 급격하게 변화시켰다. 후기 근대의 성찰성은 다른 무엇보다도 근대성의 핵심제도 ── 국가, 시장, 계급, 정당정치 등 - 에 의해 억압된 도덕적, 실존적 문제들을 전면에 등장시킨다는 점에서 생활정치를 삶의 결정에 관한 정치, 정체성에 영향을 주는 선택의 정치로 만드는 경향이 있다(Giddens, 1991: 210~231).

이 같은 생활정치의 핵심적 성격을 축으로 하는 새로운 정치 패러다임과 근대성의 정치적 중심에 있었던 체계정치의 패러다임을 몇 가지 기준에 따라 비교하면 〈표 2-1〉과 같다.

〈표 2-1〉 체계정치 패러다임과 생활정치 패러다임

패러다임 항목	체계정치 패러다임	생활정치 패러다임
행위자	정부, 정당, 주요계급 이익단체	시민단체, 지역주민, 유연 자발집단 등 다양한 생활 및 운동의 주체
이념 및 가치	냉전이념, 지역주의, 성장주의, 안정지향성, 권력지향의 가치	자아실현과 자기확장 지향의 공존, 공생의 가치, 정체성지향의 가치
이슈	경제성장, 분배, 군사안보, 사회통제	환경, 평화, 여성, 인권 등
운동정치	민주화운동, 정치경제개혁운동	생활정치운동 (환경, 평화, 여성, 인권운동 등)
공공성	국가 공공성	생활 공공성, 시민사회의 다층적 공공성, 시장 공공성
민주적 정치과정	거시민주주의, 대의민주주의	미시민주주의, 참여민주주의, 숙의민주주의
복지정치	분배적 복지	성찰적 복지, 자아실현적 복지

첫째, 체계정치의 주요 행위자는 제도적으로 구성된 정치행정체계와 시장체계의 주체들로 정부, 의회, 정당, 기업, 나아가 주요 계급의 이익을 반영하는 거대 이익단체들이라고 할 수 있다. 반면에 생활정치의 주요 행위자는 삶의 양식과 관련된 이슈의 다양한 주체들로서 좌와 우의 구분이나 자유주의와 보수주의의 구분과 같이 전통적 정치 분류, 혹은 계급 및 지역과 같은 사회경제적 분류로도 포괄하기 어려운 새로운 범주들이라고 할 수 있다. 여기에는 시민단체, 지역주민단체, 온라인 기반의 유연 자발집단 등 다양한 주체들이 등장한다.

둘째, 체계정치가 추구하는 가치나 이념은 구래의 냉전적 이념정치로 드러나거나 이와 결합된 국가주의 정치질서에서 전개되는 성장주의와 안정지향의 논리 등이 강조될 수 있다. 생활정치 패러다임은 정체성의 정치를 추구함으로써 시민적 자아의 실현과 확장을 지향하는 다양한 가치를 갖는다. 대체로 자아실현과 자아확장을 가능하게 하는 다양한 공존의 가치, 공생의 가치를 추구하는 경향이 있다. 여기에서도 진보와 보수의 구분은 유효하나 그 구분 기준은 냉전적 이념이 아니라 탈냉전 가치로서의 자아실현과 자기확장의 다양한 수준이 된다.

셋째, 체계정치의 패러다임에서 나타나는 주요 정치이슈는 경제성장, 분배, 군사안보, 사회통제 등과 같은 이른바 근대성의 억압적 질서와 관련된 이슈들이라고 할 수 있다. 반면에 생활정치 패러다임의 주요 이슈는 환경, 평화, 여성, 인권, 이웃, 도시 등 자기실현적 삶과 인류의 지속가능한 생존에 관련된 문제들이다.

넷째, 체계정치가 지배하는 근대성의 정치질서 내에서 운동정치는 민주화운동 이후 정치경제개혁운동이 주류화되는 경향을 보였다. 반면에 생활정치 패러다임은 환경, 평화, 여성, 인권 등을 포괄하는 정체성지향 운동이나 주민운동, 공동체운동 등 일상적 삶의 민주화와 관련된 운동정치에 기반을 두고 확장되는 경향을 갖는다.

다섯째, 사회구성체를 지탱하는 공적 질서로서의 공공성 구조의 특징을 보면, 체계정치 패러다임에서는 국가 공공성의 질서가 모든 공적 질서를 구속하고 있다. 그러나 생활정치 패러다임에서는 시민사회의 공공성과 시장 공공성이 국가 공공성의 경계를 허물어 공적 질서의 성찰성과 유연성을 높인다.

여섯째, 오늘날 지식정보사회적 변화와 네트워크사회로의 광범한 사회변동은 시민사회의 욕구를 증폭시킴으로써 대의민주주의의 뚜렷한 한계를 드러내고 있다. 이러한 점에서 체계정치가 지배하는 정치질서에서는 정치, 경제 등 거시제도 영역의 민주적 절차를 문제 삼는 '거시민주주의'에 주목한다면, 생활정치 패러다임에서는 민주주의제도의 실현과정에서 자아의 실현과 정체성을 얼마나 확보할 수 있는가를 문제 삼는 '미시민주주의'가 강조된다.

일곱째, 이 같은 공공성의 재구성과 미시민주주의의 실천은 무엇보다도 기존의 복지정치가 체계의 영역에서 작동하는 분배의 정치를 넘어 자아실현성과 성찰성을 고도화할 수 있는 복지체계로 재구성될 수 있는 가능성을 높여준다. 체계의 영역에 머무는 분배정치로서의 복지는 국가 공공성의 기제로 사회적 약자층에게 수혜를 베푸는 일방성과 수동성을 특징으로 하는 1차적 근대성을 반영하고 있다. 생활정치 패러다임으로 확장된 복지정치는 근대성의 제도영역 내에서 억압된 사회구성원의 도덕적이고 실존적인 문제를 동시에 반영하는 성찰적 자아실현의 정치라는 맥락에서 추구되어야 한다.

생활정치 패러다임은 이제 근대적 사회구성방식의 뚜렷한 한계를 드러내는 국가중심의 체계정치 패러다임을 넘어서는 새로운 사회구성방식으로 주목되어야 한다. 따라서 생활정치 패러다임은 운동영역과 제도영역을 포괄하는 새로운 사회구성방식을 추구함으로써 시민사회와 시민운동을 재구성하는 생활정치운동, 국가 공공성의 구조를 재구성하는 성찰적 공공성, 대의민주주의를 재구성하는 미시민주주의의 새로운 질서에 주목하게 한다.

3. 시민운동의 분화와 생활정치운동

2000년대 이후 한국의 시민사회는 다양한 분화현상을 보였다. 1990년대 시민사회의 운동 공론장(公論場)은 시민단체를 중심으로 하는 조직적 시민운동이 주도하는 경향을 보였다. 그러나 2000년대 들어서는 온라인 회원조직이나 전자적 네트워크에 기반을 둔 '탈조직적 시민행동'이 새로운 현상으로 등장하면서 운동 공론장을 분화시켰다. 조직적 시민운동의 영역은 특히 노무현 정부에서 제도화 수준이 높아짐으로써 정부영역이나 기업영역과의 파트너십이 늘어나 공공성의 질서를 재구성하는 효과를 만들었다. 다른 한편 온라인 네트워크의 확장은 이른바 네티즌으로 불리는 전자적 공중을 형성함으로써 이들이 2000년대 한국의 시민사회에서 다양한 공론장을 주도하는 가장 역동적 시민으로 등장하게 했다. 이 같은 전자적 공중과 탈조직적 시민행동은 다양한 생활세계의 이슈들을 공론으로 제기함으로써 생활이슈를 정치화하는 데 크게 기여했다.

공론장의 구조적 분화[2]와 함께 2000년대 이후 시민운동은 대략 세 가지 유형으로 분화되는 경향을 갖는다. 즉, 냉전적 이념에 기반을 둔 '이념정치운동'이 여전히 운동부문의 한 영역으로 남아있는 한편, 주로 시민운동부문이 선거정치에 직접 개입하는 '정치참여운동'이 특정 선거국면에서 분화되는 경향을 보였다. 이러한 운동유형보다 훨씬 더 광범하고 보편적 운동으로 삶의 양식과 관련된 자기실현의 정치로서의 '생활정치운동'이 주류화되는 경향을 보였다. 생활정치운동은 환경, 여

---

2 하버마스는 근대적 공론장의 구조변동을 부르주아 공론장의 형성으로 설명하고 있다(하버마스, 2001).

성, 평등, 인권, 반핵, 평화, 복지, 소수자 등 일상적 삶의 민주화와 관련된 이슈를 제기하는 가치지향운동, 정체성지향운동, 지역주민운동, 공동체운동 등의 형태로 전개되었다.

생활정치운동은 전술한 바와 같이 근대성의 핵심제도가 억압했던 도덕적이고 실존적 문제들을 제기하는 운동이기 때문에 후기 근대의 성찰성과 관련된 두 가지 핵심요소인 ① 운동주체의 '자기실현성', ② 이슈의 '자기확장성'을 내재하고 있다. 자기실현의 정치와 자기확장의 정치를 강조한다면 생활정치운동은 단순히 일상적 삶의 제한된 현장에서 작동하는 생활주변 운동에 머무는 것이 아니다. 현대의 지구적 사회구성의 질서에서 일상이나 개인의 수준에서 제기되는 개별적 이슈도 얼마든지 공적 이슈로 전환할 수 있고 나아가 지구적 공공성의 과제와 결합될 수 있기 때문에 생활정치운동은 지구적인 거시수준에서부터 미시적인 일상의 현장에 이르기까지 다양한 수준에서 전개될 수 있다.

생활정치운동은 이슈가 미치는 사회공간적 범위에 따라 구분해볼 수 있는데 이러한 범주들은 생활정치의 성찰성이 작동하는 자기확장의 범위라고도 할 수 있다(조대엽, 2012: 438~448).

첫째, 가장 낮은 수준에서 전개되는 '현장 생활정치운동'이다.

생활정치를 억압적 제도와 현실에 대한 실존적 문제제기라고 할 때 개인의 가장 구체적인 존재양식은 일상의 생활현장에서 구현된다. 따라서 학교, 작업장, 직장, 마을, 모임 등 개인이 소속되거나 관여하는 가장 작은 단위의 현장에서 전개되는 생활정치가 이 범주에 해당한다. 일상의 삶이 이루어지는 가장 구체적인 현장에서 전개되는 생활정치 이슈는 이슈의 자기확장성에 따라 지역수준이나 국가수준으로 확산될 가능성을 가진다. 예컨대 대학생들의 등록금투쟁은 학교현장에서 전개된 현장적 생활정치이슈이지만 정책적 해결을 요구하는 성찰성을 갖게 됨으로써 국가수준으로 확장되는 것이다.

둘째, '지역 생활정치운동'을 범주화할 수 있다.

지역 생활정치운동은 현장 생활정치운동과 중첩되는 경우도 있으나 무엇보다도 지역주민의 일상적 삶을 재구성하는 운동으로 주요 이슈들이 지방정부의 정책과제와 결부된 경우가 많다. 그러나 지역 생활정치운동 또한 이슈에 따라 중앙정부의 정책을 겨냥하는 운동으로 확장될 가능성을 내재하고 있다. 다양한 지역에서 전개되는 친환경 마을 만들기 운동, 로컬 푸드 운동, 에너지 자립공동체 운동 등은 전형적인 지역 생활정치운동이라고 할 수 있다. 이러한 운동 가운데 특정운동들은 전국적으로 확산되는 경우가 있다. 부안 방폐장 건설반대운동, 동강댐건설 반대운동, 제주 강정마을 해군기지건설 반대운동 등은 지역주민들의 지역 생활정치운동이지만 중앙정부의 정책적 결정이었기 때문에 전국적 수준의 생활정치운동으로 확장되기도 한 것이다.

셋째, '일국 혹은 국가 생활정치운동'의 범주에 주목할 수 있다.

이 범주는 일상적 삶을 위협하는 국가적 범주 혹은 중앙정부 수준의 정책에 대한 저항을 포괄한다. 국민의 기본적인 삶의 조건과 결부된 통신, 전력, 철도 등 이른바 국가기간산업의 민영화반대운동이나 의료 및 교육 부문의 공공성을 확보하기 위한 운동 등은 가장 핵심적인 국가수준의 생활정치운동이라고 할 수 있다. 또 한미 FTA반대운동, 미국산 쇠고기 수입반대운동, 이라크파병 반대운동 등 국민의 생명과 생존, 안정적 삶의 위협과 관련된 저항의 이슈도 여기에 포함될 수 있다. 아울러 호주제 폐지운동이나 천성산 터널 반대, 새만금 개발반대, 한반도 대운하 반대, 4대강 개발 반대 등 성적 정체성이나 생태공생적 존재로서의 정체성과 관련된 다양한 운동들도 국가수준의 생활정치운동으로 포괄할 수 있다. 국가정책 수준의 생활정치이슈들 역시 이슈의 성찰적 확장에 따라 개인의 자아실현과 결부되어 현장이나 지역수준의 생활정치운동과 결합될 뿐만 아니라 이슈에 따라서는 전지구적 수준의 생활정치운동으로 확장될 수도 있다.

넷째, '지구 생활정치운동'을 구분해볼 수 있다.

지구적 수준의 생활정치운동은 지구화된 우리 시대의 성찰성이 가장 확대된 운동 형태이다. 무엇보다도 이 범주의 생활정치운동은 신자유주의 경제 질서의 세계화현상 속에서 해체된 공동체와 정체성 위기, 나아가 생존의 위협으로부터 삶을 지키기 위한 다양한 저항운동들을 포함한다. WTO 반대운동과 같은 신자유주의 무역 반대운동 등 이른바 초국적 반세계화 운동들은 개방을 통해 희생되는 취약한 산업 종사자들의 삶의 문제가 결부되어 있다. 월스트리트 점령운동이 확산되어 최근 세계 각국에서 전개되었던 이른바 '점령(Occupy) 운동'은 처음에 월가의 부패한 금융자본에 대한 저항으로 시작되었으나 이 운동이 확산되면서 이민자 처우, 대학등록금 문제, 부자세 등 다양한 생활 정치적 이슈를 만들고 있다. 월가 시위도 이른바 상위 1%에게 희생되는 99%의 생존과 삶의 보장을 위한 운동이라고 할 수 있지만 신자유주의 금융 질서의 지구적 확산 속에서 억압되고 해체되어 가는 공동체와 집단정체성에 관련된 보다 다양하고도 구체적인 생활정치이슈를 양산했다.

이와 아울러 지구 환경보존을 위한 다양한 생태환경운동들은 지구적 생활정치운동의 대표적인 사례들이다. 지구온난화 방지를 위한 탄소 배출 줄이기와 여타 에너지 절약운동, 지구적 차원의 습지보전운동과 함께, 특히 최근의 원전사고에 따른 지구적 성찰의 과정에서 전개되는 원자력 반대운동은 위험사회적 조건에서 가장 심각한 생활정치적 이슈라고 할 수 있다. 다른 한편으로 국제적인 아동, 빈곤, 기아, 전쟁, 재난 등에 관련된 구호를 위한 다양한 운동들 또한 이 범주로 포괄할 수 있다. 지구적 차원의 생활정치운동은 초국가적 형태로 전개되는 경우도 있지만 각국 정부와 연계되어 전개되는 활동들도 적지 않다. 이러한 운동들이 생활정치운동으로 해석되기 위해서는 일차적으로는 민간부문의 자발적인 참여에 의한 활동이 우선적으로 고려될 필요가 있다.

자기확장성의 맥락에서 지구 생활정치운동은 가장 폭넓은 범위의 확장성을 가진다고 할 수 있다. 말하자면 이 범주는 후기 근대의 맥락에서 지구적 영향력이 자아의 성찰적 기획 속으로 깊숙이 들어오는 과정이며, 거꾸로 자아실현의 과정이 지구적 전략에 확장적 영향을 미치는 현상이라고 할 수 있다(Giddens, 1991: 210~231).

2000년대 이후 한국의 시민사회는 온라인 네트워크에 기반을 둔 전자적 공중과 유연 자발집단의 팽창에 따른 공론장의 큰 변화를 맞고 있다. 이러한 공론장의 구조변동은 체계정치의 방식과는 달리 시민사회의 새롭고 구체적인 욕구가 실질적으로 확산되는 사회적 조건을 마련했다. 이러한 여건이야말로 한국의 시민사회에서 이념정치운동을 주변화시키고 생활정치운동을 주류화하는 경향을 만드는 데 크게 기여했다. 2000년대 이후 시민운동 분화의 한 유형이라고 할 수 있는 정치참여운동을 보더라도 이념정치 기반의 정치참여운동보다는 생활정치 기반의 정치참여운동이 훨씬 더 폭넓은 지지기반과 활동영역을 갖는다는 점을 알 수 있다.

이 같은 생활정치운동의 주류화 경향은 체계정치의 경직성이 더 이상 시민사회의 팽창된 욕구를 충족시킬 수 없는 한계로 인한 '대의의 위기'를 반영하고 있다. 이러한 변화는 생활정치가 시민운동의 차원을 넘어선 제도적 확장을 통해 새로운 정치 패러다임으로 수용되어야 하는 현실적 요구를 보여준다.

4. 생활정치 패러다임과 성찰적 공공성

사회구성체는 공적 질서로 유지된다. 체계정치의 패러다임에서 공공성의 구조는 국가영역의 정치행정 권력에 의해 일원적으로 편성되어 '국가 공공성'이 공적 질서를 핵심적으로 구축하고 있다. 생활정치 패러다임에서는 생활정치에 내재된 자아실현과 자기확장의 동력이 객체화된 정치행정체계를 더욱 주체적으로 재구성하려는 경향성을 갖는다. 이러한 과정은 국가 공공성의 경계를 넘어 공적 질서의 성찰성을 크게 높이게 된다.

공공성의 구조는 서로 다른 사회구성 영역과 사회구성 요소에 따라 다양한 방식의 분석적 범주화가 가능하다.[3] 공공성은 사회구성의 특정 영역에 국한된 것이 아니라 현대 자본주의 사회구성의 주요 축이라고 할 수 있는 국가, 시민사회, 시장 영역에 포괄적으로 내재된 공동체 구성의 핵심질서이다. 따라서 공공성은 사회구성영역에 따라 국가 공공성, 시민사회 공공성, 그리고 시장 공공성으로 구분할 수 있다. 공공성 주체의 측면에서 국가 공공성은 정부가 주체이고 시장 공공성은 기업이 주체이며, 시민사회 공공성은 공적 존재로서의 시민이나 결사체가

---

3 사회과학에서 '공공성' 혹은 '공공적'이라는 용어는 개념의 추상성과 제한성에 따라 폭 넓은 학술적 분석이 제약되었다(조대엽, 2009: 4). 국내에서 공공성 연구 가운데는 분석적 차원을 ① 다수 사회구성원에 대한 영향 ② 만인의 필수생활조건 ③ 공동의 관심사 ④ 만인에게 드러남 ⑤ 세대를 넘어서는 영속성 등으로 제시하는가 하면(신진욱, 2007: 30~35), 공공성이 함의하는 의미를 ① 공중의 시선에 대한 개방성 ② 의사결정과정의 민주성 ③ 기본적 재화와 서비스에 대한 모든 구성원의 평등한 접근성 ④ 비시장적 원리에 따른 자원배분의 강화 ⑤ 국민적 자산과 사회경제적 의제들에 대한 국민적 통제 등으로 구분하여 명시적으로 제시하는 경우도 있다(신정완, 2007: 40~41). 그러나 이 같은 공공성의 차원이나 의미는 여전히 포괄적이어서 사회구성 요소의 특성에 따른 보다 분석적인 범주화에 이르지는 못하고 있다.

주체라고 할 수 있다.

일반적으로 한 사회에서 공공성의 구조는 사회통합을 가능하게 하는 핵심질서를 지칭한다. 따라서 사회통합을 가능하게 하는 기능에 따라서도 공공성은 '실행적 공공성'과 '규범적 공공성'으로 범주화할 수 있다(조대엽, 2009: 8).

실행적 공공성은 서로 다른 수준의 행위주체들이 추구하는 공적 실천을 의미하며, 규범적 공공성은 행위나 절차의 공적 정당성을 확보하기 위해 따르게 되는 법적 절차와 규정을 지칭한다. 규범적 공공성은 권리와 의무를 갖는 사회구성원이라면 누구에게나 적용되는 가장 보편적 공공성이라고 말할 수 있기 때문에 오히려 주목해야 할 지점은 실행적 공공성의 범주이다. 국가영역에서 실행적 공공성은 공공관리, 공공정책과 관련된 정부의 정책집행기능에 주목할 수 있다. 공공복지, 기간산업, 보건의료, 교육, 주택, 금융 등 다양한 분야의 정책적 실행이 여기에 해당한다.

다른 한편 시장영역은 본질적으로 사적 이익을 추구하기 때문에 시장거래와 관련된 법적 공공성 이외의 실행적 공공성을 갖는다고 보기 어렵다. 그러나 최근 시장영역에도 기업복지, 사회공헌 활동, 사회적 기업의 확대에 따라 시장 공공성이라고 부를 수 있는 실행적 공공성의 범주가 확대되었다. 시민사회는 공적 담론의 생산과 소통이 이루어지는 영역일 뿐만 아니라 결사와 연대를 기반으로 국가 및 시장과 상호작용하고 견제하며, 감시하는 기능을 갖는 영역이다. 따라서 시민사회는 공적 여론의 형성, 자발적 복지서비스, 사회운동이나 시민단체의 권력 감시활동 등의 실행적 공공성을 추구하고 있다(조대엽, 2009: 8~10).

이 같은 실행적 공공성은 공적 활동이 미치는 사회적 범위에 따라 '집단 공공성'과 '사회 공공성'을 구분해볼 수 있다(김상준, 2003).

집단 공공성은 이익단체나 연고집단, 동호인회 등 일상적으로는 자기집단 내 상호부조와 공동의 이익을 추구하는 집단지향적 공공성을 의미하며, 사회 공공성은 환경, 평화, 평등, 인권 등 집단경계를 넘어서는 더 보편적 공동체 지향의 공공성이라고 할 수 있다. 집단 공공성과 사회 공공성은 공적 이슈와 공적 활동의 범위에 따라 현장 공공성과 지역 공공성, 일국 공공성과 지구 공공성 등으로 구분할 수 있다.

이처럼 다양한 수준에서 구분되는 공공성의 구조는 체계정치의 패러다임에서는 국가영역의 실행적 공공성이 규범적 공공성과 함께 사회구성의 모든 영역에 전일화되어 있고, 집단 공공성과 사회 공공성, 나아가 공적 이슈의 범위에 따른 공공성의 질서가 뚜렷한 경계를 갖고 있었다. 특히 한국과 같이 체계정치가 오랜 군부독재의 성격을 드러낸 경우에는 시민적 합의 없는 강제가 공공성을 규정했다. 그러나 오늘날 지구적 사회변동을 반영하는 생활정치 패러다임에서 이러한 공공성의 질서는 다음과 같이 성찰적으로 재구성되는 경향이 있다.

첫째, 신자유주의 시장질서의 팽창과 함께 국가, 시민사회, 시장 등 '사회구성 영역별' 공공성이 재구성되는 경향이 있다.

이러한 공공성의 재구성 경향은 다음과 같이 요약될 수 있다. ① 공공부문으로서의 국가의 공적 기능이 민영화, 민간화, 시장화함으로써 정부주도의 실행적 공공성은 축소된다. ② 시장영역에는 실행적 공공성의 기능이 사기업 내부에 형성됨으로써 시장 공공성이 새로운 지평을 갖는다. ③ 시민사회 영역에는 자율적 공공성의 기능이 분화함으로써 사회운동의 공공성과 사회서비스의 공공성이 실행적 기능으로 체계화된다. ④ 국가, 시민사회, 시장 영역 간의 교호성이 증대함으로써 각 영역의 실행적 공공성이 협치관계를 맺는 경향이 늘어나고 이러한 경향은 국가, 시민사회, 시장의 전통적 경계를 불분명하게 하는 영역 간 상호침투를 통해 제도의 개방 효과를 초래한다(조대엽, 2009: 14). 특히 협치의 과정에서 시민사회의 공적 기능을 담당하는 생활정치운동 영역은 위축된 국가 공공성과 제한된 시장 공공성의 완충적 효력을 가짐으로써 핵심적으로 기능한다. 이러한 공공성의 재구성 현상은 세계시장주의의 확대로 인한 위기에 직면하여 사회구성 영역에 고유한 공적 기능이 다른 영역으로 할당되거나 실행적 공공성이 새롭게 구축됨으로써 각 영역과 조직의 공적 기능 간에 결합과 호환이 발생한다는 점에서 공공성 구조의 성찰적 자기조정으로 볼 수 있다(조대엽, 2007; 2009).

둘째, 생활정치 패러다임은 공공성 실천의 '행위자'를 재구성하는 경향이 있다.

사회구성영역의 재구성과 동일한 맥락에서 체계정치 패러다임의 행위자는 정부와 자본가단체, 노동단체 등으로 제한되었다. 그러나 생활정치 패러다임에서 행위자는 정부와 기업뿐만 아니라 다양한 생활정치운동의 행위자들이 포함될 수 있다. 이러한 행위자들은 대립과 투쟁으로 갈등하는 경우가 있으나 협치의 시스템으로 상호 파트너십을 갖는 경우도 많다. 이 같은 행위자 간의 협조와 연계에서 생활정치운동의 행위자들이 추구하는 자아실현과 자기확장의 정치는 객체화된 정치행정체계와 시장체계를 성찰적으로 재구성하는 데 핵심적 동력이 된다.

셋째, 새로운 정치 패러다임에서는 생활정치 '이슈'를 공적으로 재구성하는 경향이 있다.

보다 일반적으로 보면 공공성의 재구성은 사적인 것과 공적인 것의 경계의 해체를 반영하는데 이것은 제도의 개방만이 아니라 이슈의 개방을 포괄한다. 최근의 탈근대적 사회변동과정에서 사생활의 이슈가 시민사회의 생활정치적 이슈로 공공화되고, 이는 다시 제도정치의 공적 이슈로 전환하는 현상에 주목할 수 있다. 체계정치가 추구하는 경제성장, 군사안보, 분배, 사회통제 등의 이슈들은 공적인 것으로 간주되고 삶의 양식에 관련된 생활정치의 이슈들은 대체로 사적인 것으로 인식되었다. 이제 몸, 성, 환경, 평화, 인권 등 생활정치의 다양한 이슈들은 공적인 것으로 전환될뿐더러 이슈와 범위에 따라 삶의 구체적 현장에서 공유되는 현장 공공성의 이슈에서부터 지구적 공공성의 이슈로 확장하거나 순환함으로써 이슈의 재구성 현상을 드러내게 된다. 이와 아울러 체계정치의 주요 이슈였던 경제성장, 군사안보, 분배 등의 이슈는 시민의 실존적 생활과 결부된 이슈들로 재구성될 수 있다.

생활정치 패러다임에서 공공성의 재구성 과정은 후기 근대의 사회변동이 만드는 제도적 성찰성의 증대 효과라고 할 수 있다. 근대적 질서로서의 체계정치의 패러다임은 성찰적 과정, 즉 생활정치에 구현된 자아실현과 자기확장의 정치과정을 통해 기존의 제도를 끊임없이 재구성하는 과정을 거치게 된다. 이런 점에서 재구성되는 공공성의 새로운 질서는 '성찰적 공공성'이라고 말할 수 있다.

예컨대 시장영역에서 공공성의 재구성은 이 같은 성찰성을 잘 보여주고 있다. 체계정치의 영역에서 시장은 공정거래의 법적 규범이라는 보편적 공공성의 질서를 내재하고 있을 뿐이었다. 그러나 탈냉전 이후의 세계질서는 과도한 시장의 팽창으로 인해 공동체 해체의 위기적 현실과 대면할 수밖에 없고 현실의 공적 제도가 갖는 뚜렷한 한계에 대한 성찰로써 이른바 시장 공공성의 새로운 질서가 구축되는 효과를 만들게 됐다. 세계적으로는 1990년대 이후, 한국의 경우 2000년대 이후 기업의 다양한 사회공헌 활동은 박애주의에 바탕을 둔 시혜활동이라기보다는 신자유주의 경제의 무제한적이고도 난폭한 증식에 대한 제도적 성찰의 효과로 시장영역에 형성된 일종의 새로운 공공성의 질서라고 할 수 있다. 기업의 사회공헌 활동뿐만 아니라 기업복지부문의 확대나 사회적 경제의 확장 또한 시장영역에 실행적 공공성을 분점하는 제도적 성찰의 효과로 볼 수 있다.

우리 사회에서 지속적으로 뜨거운 정책이슈가 되는 복지정책 또한 이같은 공공성의 재구성 맥락에서 생활정치의 패러다임으로 재구성되어야 한다. 국가영역의 실행적 공공성의 요소 가운데 복지는 핵심적 영역이다. 그러나 우리 사회의 복지논의는 수혜의 범위를 선별적으로 할 것인지 보편적으로 할 것인지에 모아져 있고 그에 따라 이른바 '가진 자에게 퍼주는 공짜복지' 논란이 가중되고 있다. 오늘날 삶의 질이 문제되는 현실에서 복지의 관점은 얼마나 많은 사람에게 물질적 수혜를 단순히 베풀 것인가라는 분배의 관점을 넘어 시민들의 자아실현성과 자기확장성을 문제의 중심에 두는 생활정치 패러다임으로 전환되어야 한다.

말하자면 복지 공공성 또한 성찰적으로 재구성되어야 한다. 예컨대 무상급식이 단순히 모든 학생들에게 공짜로 밥을 준다는 개념이 되면 체제정치의 패러다임에 머물러 오로지 분배의 관점만이 적용될 뿐이다. 여기에 생활정치 패러다임의 맥락에서 자아실현적이고 자기확장적인 복지 공공성의 성찰적 재구성이 요구된다. 일례로 무상급식이 친환경적 성찰을 통해 친환경 무상급식으로 제도화되는 과정을 주목할 수 있다. 친환경 무상급식의 생활정치적 성찰은 단순히 친환경 식자재의 공급에 머무는 것이 아니라 학교와 학생, 학부모 스스로가 이 제도에 자아실현적이고 자기확장적으로 관여함으로써 공적 질서를 재구성한다는 데 의미가 있다(조대엽·김영배·이빈파, 2011: 85~95). 이러한 맥락에서 복지논쟁의 또 다른 이슈인 무상의료의 경우도 분배적 복지의 관점을 넘어서 성찰적 복지론으로 재구성될 필요가 있다. 예컨대 생명가치와 생태공생적 도덕률이 기존의 의료체계를 생명윤리적 무상의료체계로 재구성하는 방식 같은 것이 그러한 것이다. 생활정치 패러다임에서 성찰적 공공성은 생활 공공성으로 구현될 수 있다. 복지정책의 성찰적 재구성은 다른 무엇보다도 복지가 행정과 경체체계에서 일방적으로 실행되는 분배체계가 아니라 자아실현의 생활가치를 실현하는 생활 공공성의 질서로 재편되어야 한다는 점을 강조하는 것이다.

5. 생활정치 패러다임과 미시민주주의

국가와 시민사회, 시장의 공적 영역을 성찰적으로 재구성하는 문제는 곧바로 권력운영방식으로서의 민주주의의 문제에 직면한다. 체계정치의 패러다임에서 민주주의는 권력위임의 절차와 대의적 제도의 문제가 부각된다. 그러나 오늘날 위임권력과 대의제도는 민주주의의 형식적 요소로만 존재하는 뚜렷한 한계를 보이고 있다. 말하자면 정치행정 및 경제영역으로 구성된 체계의 정치가 생활세계의 변화와 욕구를 담아내지 못하고 있다. 체계의 작동방식과 시민적 삶의 자기실현적이고 자기확장적인 욕구가 조응하지 못하는 현실은 정치경제 영역의 거시적 제도에 시민적 삶의 미시적 욕구를 충실히 반영하지 못하는 제도적 한계를 보여주는 것이다.

앞에서 언급한 바와 같이 체계정치의 패러다임에서 주요 행위자는 정부기구와 정당 등 권력의 주요 구심으로 자리 잡은 거대조직이고, 이러한 거시조직들은 냉전이념과 국가주의, 성장주의의 가치 및 이념을 추구하며, 여기에서 파생된 거시적 통치전략으로 경제성장, 군사안보, 분배정책, 사회통제정책 등을 정치이슈화한다. 체계정치의 패러다임에서 이 같은 행위자, 이념, 이슈 등을 주요 축으로 위임권력이 추구하는 민주주의는 대의적 형태이며 체계영역의 거시제도적 요소를 중심으로 구성되었다는 점에서 '거시민주주의'라고 부를 수 있다. 체계정치의 패러다임에서 거시민주주의의 요소들은 이른바 '생활세계의 식민화'를 확대하는 제도적 장치로 작동함으로써 일상적 삶의 민주주의를 크게 제약하는 '형식민주주의', '관객민주주의'에 그치고 있다.

생활정치 패러다임에서 공공성의 성찰적 과정은 이처럼 객체화된 위임권력과 대의민주주의를 재구성한다. 대의민주주의의 제도와 절차는 오늘날 대표성뿐만 아니라 민주적 운영의 원리에서도 심각한 위기를 맞음으로써 민주주의의 실효성을 얻지 못하고 있다.

최근 들어 세계사회가 지구적 수준에서 동시성을 경험한다면 정치질서의 측면에서 대의민주주의의 위기와 한계는 가장 주목되는 동시적 과제 가운데 하나이다. 한국은 대의민주주의와 정당정치가 성숙되지 않았기 때문에 여전히 민주주의의 과제가 서구와 같은 대의민주주의와 정당정치의 정착에 있다는 논리는 지구화와 후기 근대의 현실에서 이제 허구일 수 있다. 유럽과 미국에서 대의민주주의가 봉착한 문제는 곧 이러한 제도를 수용한 한국에서도 동시적 과제가 된 것이다. 서구에서 이미 활발하게 실천되고 있는 참여민주주의 혹은 주창(*advocacy*) 민주주의, 숙의(*deliberative*) 민주주의, 결사체(*associative*) 민주주의 등의 내용은 후기 근대적 사회변동과 시민적 욕구를 반영함으로써 대의민주주의의 한계를 극복하려는 새로운 민주주의의 실천들이다.[4]

이 같은 새로운 민주주의의 모델들에는 무엇보다도 생활정치 패러다임에서 강조되는 시민사회와 생활세계의 정치화 현상이 반영되어 있다. 생활정치 패러다임에서 '정치화'는 삶의 주체들이 추구하는 자아실현과 자기확장의 과정을 '공공화'한다는 점을 함의한다. 시민단체나 지역주민, 온라인을 매개로 움직이는 유연자발 집단 등 다양한 운동의 행위자들이 생활세계와 일상의 문제들을 정치화하는 과정은 체계영역의

---

4 이와 관련해서 주요 민주주의의 유형에 관해서는 Dalton, R. · Scarrow, S. · Cain, B.(2004)를 참고할 수 있고, 참여민주주의에 관한 논의는 D. Kramer(1972), M. Kweit and R. Kweit(1981), A. Rosenthal(1998), 심의민주주의에 관한 논의는 J. Bessette(1980), J. Bohman and William Rehg eds.(2002), J. S. Dryzek (2000), J. Elster(1998) 그리고 결사체민주주의에 관한 논의는 Josua Cohen and Joel Rogers(1995), Paul Hirst(1994) 등을 참고할 수 있다.

거시정치와는 다른 다양한 '미시정치'를 구성한다. 따라서 민주주의의
문제 또한 대의민주주의를 넘어 미시정치에 구현된 자아실현과 확장의
실질적 민주주의를 내용으로 하는 '미시민주주의'를 강조할 수 있다.[5]
미시민주주의는 후기 근대적으로 진화된 민주주의의 유형화라고 할 수
있는데, 체계정치의 공공성 구조를 성찰적으로 재구성하는 에너지가
바로 미시민주주의의 다양한 실천적 형태에 내재되어 있다. 생활정치
패러다임에서 민주주의는 성찰성의 증대에 따라 생활정치의 미시적 욕
구가 확대된 미시민주주의로 진화하는 것이다.

생활정치 패러다임에서 주목되는 미시민주주의의 핵심원리는 참여
와 소통과 공감의 원칙이라고 할 수 있다.

첫째, 생활정치의 미시민주주의는 '참여'의 원리를 지향한다.

생활정치 패러다임에서 시민들은 수동적 존재가 아니라 능동적 시민
으로 전환하는데 다양한 참여방식을 통해 입법, 사법, 행정의 체계정치
과정에 시민참여를 확대할 뿐만 아니라 시민사회에서 운동의 형태로 참
여민주주의[6]를 실천하기도 한다. 무엇보다도 정부의 공공정책 과정에
시민단체와 기업이 참여하는 경우는 제도의 개방을 통한 공공성의 재구
성 과정으로 이른바 협치(*governance*)적 참여의 대표적 사례이다.

주민투표와 주민발의 등의 정치과정도 정책결정에 시민의 의견을 개

---

5 여기서 미시정치(*Micropolitics*)의 개념은 가타리(Felix Guattari)와 롤니크(Suely
   Rolnik)가 접근하는 욕망과 주체의 생산이라는 정신분석적 접근보다는 오히려 벡
   (Ulrich Beck)의 하위정치(*sub-politics*) 개념에 훨씬 더 가깝다(펠릭스 가타리·수에
   리 롤니크, 2010; 울리히 벡, 1998; 앤소니 기든스·울리히 벡·스콧 래쉬, 1998을
   참조).

6 학자에 따라 참여민주주의는 다양하게 해석되는데, 예를 들면 크레이머는 "공동체와 자
   치적 시민을 직접 결합함으로써 시민 스스로가 자신에게 관련되는 공동체의 규칙과 규
   제를 만드는 일에 관여하는 과정"으로 보며(Kramer, 1972: 36), 로젠달은 "대의민주
   주의의 틀에서 시민들이 스스로 선출한 대표들에게 상당한 접근과 영향력을 갖는 개방
   적 체제"라고 말한다(Rosenthal, 1998).

입시키는 참여의 방식이며 시민단체활동, 자원봉사, 서명, 시위, 성명 등의 시민정치 형태, 나아가 선거 국면에서 직접 선거과정에 개입하는 참여정치운동 등도 참여의 민주주의를 지향하는 행위양식들이라고 할 수 있다. 이 같은 시민정치운동의 행위양식들은 시민사회의 수준에서 제도화된 정치질서가 되기에 이르렀다. 이처럼 참여의 원리는 시민사회의 제도적 형태로 자리 잡거나 체제정치의 제도적 개방을 통해 정치과정에 결합한다는 측면에서 '미시구조'의 수준에서 작동하는 민주주의 원리라고 할 수 있다.

둘째, 생활정치의 미시민주주의는 '소통'의 민주주의를 지향한다.

소통의 원리는 참여민주주의의 질적 요소로 '미시 행위'의 수준에서 작용하는 민주주의적 지향이다. 소통원리의 원형은 하버마스의 이른바 '의사소통적 행위'에 근접한 것으로 토의 혹은 숙의적 민주주의의 핵심내용이라고도 할 수 있다. 숙의민주주의는 시민과 시민의 대표가 정책결정에 앞서 자신들의 이해와 논거를 이성적 토론을 통해 증명하는 것을 핵심으로 한다. 따라서 숙의의 과정은 공공선에 호소하거나 공공토론에서 모든 시민이 수용할 수 있는 논거를 주장함으로써 자신들의 결정과 견해를 정당화할 것을 요구한다(주성수·정상호 편, 2006: 44). 이런 점에서 숙의의 과정은 광범한 참여, 정보를 갖춘 참여, 심사숙고하는 참여, 신뢰할 만한 결론 등이 전제되어야 한다(Weeks, 2000: 361~362). 이 같은 숙의의 요소는 민주주의가 유권자의 표수를 넘어 참여의 이슈에 대한 지식과 타인의 이해에 대한 인식, 공공영역의 활동가들에 대한 신뢰와 평등하고 포용적인 관계에 기초한 토론을 포함해야 한다는 관점을 반영하고 있다(Saward, 2000: 5). 숙의민주주의의 제도적 형태로 간주되는 시민배심제, 공론조사, 합의회의뿐만 아니라 생활정치의 다양한 이슈와 생활정치의 현장에서 전개되는 미시정치의 과정은 무엇보다도 토의에 기반을 둔 소통을 근간으로 한다.

셋째, 미시구조의 수준에서 강조되는 참여의 원리와 미시행위의 수준에서 강조되는 소통의 원리는 보다 발전된 원리로 '미시통합'의 수준에서 '공감'의 민주주의를 지향한다.

생활정치의 이슈는 공동체 구성원의 가장 기본적인 삶의 요건과 관련되어 있고, 생활정치 패러다임은 그러한 요건을 질적으로 고양시키는 정치과정을 구성한다. 환경, 인권, 평화, 평등은 인간적이고 생태적 공감에 바탕을 둔 가장 본원적 요소이다. 생활정치가 내재하는 자아실현성과 확장성은 이러한 이슈들이 사회적 경계와 물리적 영역을 넘어선 본원적 공감의 질서라는 점을 말해준다. 체계정치 패러다임의 거시민주주의는 이 같은 공감의 확장을 제약하는 체제형태이다. 공감의 구조가 이러한 본원적 이슈에서 보다 현실적 이슈들로 확장된다면 사회통합의 문제는 미시민주주의에서 가장 적극적으로 실현될 수 있을 것이다. 따라서 오늘날 세대와 지역, 여성, 계층의 균열과 양극화에 희생되는 부분에 대한 공감의 구조를 확대하는 것은 참여와 소통의 민주주의를 훨씬 더 고양된 수준으로 성숙시키는 일이다. 아울러 우리 사회의 분단적 조건에서 남북관계의 역사적 공감구조를 생활정치적 지향 속에서 확대시키는 것도 이러한 과제로 포괄될 수 있을 것이다.

이 같은 참여, 소통, 공감의 민주주의적 지향은 미시민주주의에 공유된 세 가지 핵심원리이면서 동시에 미시민주주의의 내적 성장의 단계를 의미하는 것일 수도 있다. 이제 이러한 원리들은 생활정치 패러다임에서 전개되는 미시정치의 다양한 양상들에 반영되어 나타나고 있다. 최근 한국의 시민사회는 조직운동과 탈조직운동의 분화경향을 보이는데 이러한 분화는 제도정치의 성찰적 재구성을 자극하는 생활정치 패러다임의 미시민주주의를 확산하는 공론장의 주요 기제로 작용한다.

최근 우리 사회에서 여러 형태로 나타나는 미시민주주의의 다양한 하위정치(*sub-politics*)의 양식들은 다음과 같은 몇 가지 유형화가 가능하다.

첫째, 협치정치를 들 수 있다.

정부, 기업의 활동에 시민사회의 생활정치 행위주체들이 결합해서 이른바 협치의 과정을 형성하는 것이다. 일종의 참여적 정책네트워크를 구축하는 것으로 이명박 정부에 들어 뚜렷한 해체를 가져왔으나 참여정부 이후 중앙정부나 지자체의 수준에서 다양한 실험이 시도되고

〈그림 2-1〉 생활정치 패러다임과 미시민주주의

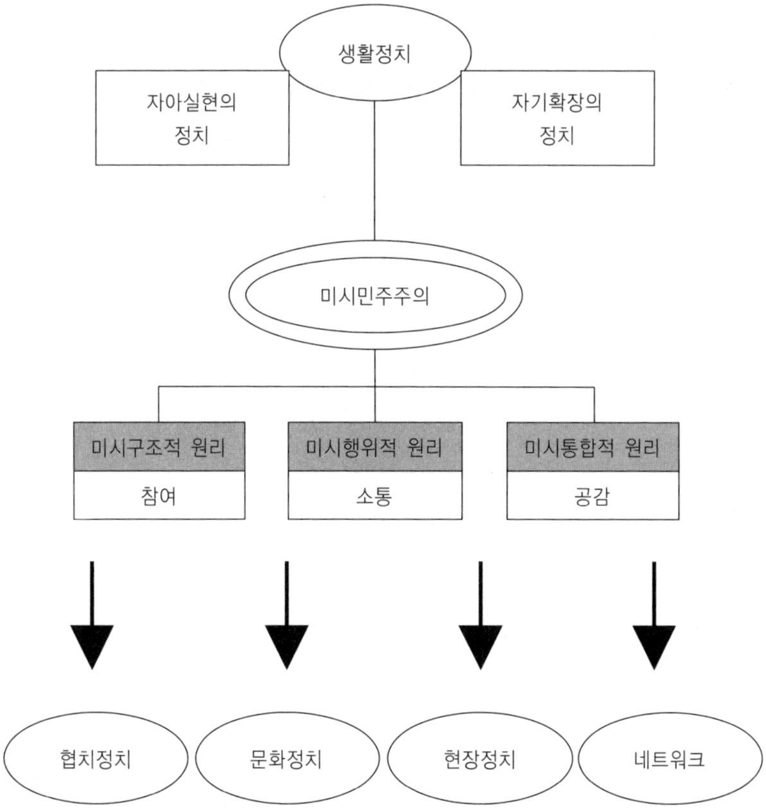

있다. 정책과정에서 나타나는 협치의 실천은 다른 무엇보다도 참여와 소통의 미시 민주적 원리를 지향하고 있다.

둘째, 문화정치의 유형이 있다.

최근 시민사회의 정치는 다양한 문화형식을 빌어 실천적으로 전개되는 특성을 보이고 있다. 다양한 문화제의 형식은 세대, 지역, 성별 특성에 따라 나타나기도 하고 지역주민들의 문화정치로 실천되기도 한다. 특히 최근에 주목되는 '청춘콘서트'를 비롯한 토크 콘서트의 형식이나 '나는 꼼수다'와 같이 인터넷을 통해 배포되는 라디오방송 형식 등은 참여와 소통, 공감의 원리를 내재한 미시민주주의의 문화정치 유형으로 간주할 수 있다.

셋째, 현장정치를 유형화할 수 있다.

체계정치의 패러다임에서 제도정치는 생활정치의 현장과 결합되기 어려웠다. 현장의 정치는 지역과 직능, 생계의 현장에서 이루어지는 소통의 정치라고 할 수 있다. 중앙정부나 지자체 단위에서의 협치의 과정은 제도영역을 개방해서 생활정치의 주체들을 참여시키는 방식이 주종을 이루었다. 반면에 현장의 정치는 제도영역의 주체들이 생활정치의 현장에서 직접 소통하는 방식을 의미한다. 최근 정치권에서 자주 언급되는 이른바 '경청정치'는 현장정치의 한 양상이라고 할 수 있다.

넷째, 네트워크 정치의 유형을 강조할 수 있다.

오늘날 온라인 네트워크의 비약적인 발달에 따라 인터넷 회원조직을 기반으로 하는 다양한 '유연 자발집단'은 생활정치의 새로운 주체로 뚜렷이 부각되고 있다.[7] 비교적 최근에 활동하는 이 같은 유연 자발집단

---

7 유연 자발집단은 자발성과 일시성, 자유로운 가입과 탈퇴, 제도와 운동의 양면성, 활동 영역과 규모의 무제약성 등 고도의 유연성을 특징으로 하기 때문에 우리 시대의 완전히 새로운 결사체의 한 형태로 규정될 필요가 있다. 특히 유연 자발집단은 전통적인 2차집단과는 다른 특징을 가진 제3의 결사체로서의 시민단체와도 전혀 다른 새로운 조직성격

으로 이른바 등록금당, 세금혁명당, 통신생협, 중소상인 네트워크, 등록금넷 등은 대의정치의 한계를 넘어서기 위한 생활정치 패러다임의 미시정치 형태라고 할 수 있다. 2000년대 이후 탈조직 정치현상으로 주목되는 네트워크 정치는 최근의 주요선거에서 가장 영향력 있는 정치현상으로 부각되면서 체계정치의 패러다임을 해체할 핵심적 동력으로 평가된다.

우리 사회에서 크게 확장되는 이 같은 미시정치의 다양한 유형들은 참여와 소통, 공감의 민주주의를 지향하는 새로운 정치로 등장했으며 체계정치를 성찰적으로 재구성하는 원동력으로 작동하고 있다. 이 점에서 미시민주주의는 생활정치 패러다임의 정치적 이상을 가장 잘 구현할 수 있는 권력운영의 방식이라고 할 수 있다. 아울러 미시민주주의가 지향하는 참여와 소통, 공감의 원리는 우리 시대 생활정치의 민주주의적 감수성을 극대화시키는 요소라고도 할 수 있다.

을 갖는다는 점에서 '제4의 결사체'라고도 말할 수 있다(조대엽, 2007: 262~263; 2010)

6. 결론: 생활정치와 성찰적 복지의 전망

1990년대 이후 가속된 신자유주의 시장화의 지구적 팽창과정에서 공공성의 위기에 대한 인식은 빠르게 확산되었다. 최근에는 미국의 월가에서 출발한 금융자본의 탐욕에 대한 저항운동이 시장주의 질서가 만들어내는 다양한 문제들을 동시적으로 제기하는 모습을 보이고 있다. 무엇보다도 이러한 저항운동들은 금융위기의 주범들을 국민의 세금으로 다시 살려내고 또 다시 탐욕의 행진을 지속시키는 정치영역을 문제삼기 시작했다는 점에 주목해야 한다. 말하자면 체계정치의 위기가 고도화된 것으로 볼 수 있는 것이다.

지구적 시장화 경향과 함께 우리 사회에서도 공공성의 위기는 꾸준히 확대되었고, 최근 한미 FTA의 체결과 함께 투자자 국가소송제의 문제가 부각되면서 공공성의 위기는 극대화되는 수준에 이르렀다. 국내의 다양한 정책 또한 환경 파괴적 성장주의와 냉전적 국가주의로 회귀하는 시대착오성을 보이면서 시민적 삶과는 무관하게 작동하는 체계정치 패러다임의 문제가 심각성을 더하고 있다.

이 글은 우리 사회가 그간의 시민사회 성장과 시민운동에서의 생활정치운동의 주류화 경향을 기반으로 해서 사회구성방식과 정치 패러다임의 전환이 필요하다는 점을 강조했다. 특히 최근의 정치사회 변동을 주도하는 두 개의 담론으로 생활정치담론과 복지담론에 주목해서 이러한 담론이 체계정치 패러다임에 갇힌 한계를 넘어서서 '생활정치 패러다임과 공공성의 재구성'이라는 맥락에서 새롭게 추구되어야 한다는 점을 강조했다. 우리 시대의 복지담론은 어쩌면 가장 선진적인 정치담론으로 주목되었지만 실제로는 국가패러다임, 즉 국가 중심적 체계정치 패러다임에 갇혀 복지의 과제를 경제와 재정의 논리나 분배의 논리로 간주하는 한계를 넘어서지 못하고 있다. 여기에서 우리 시대의 복지정 치가 단순히 분배적 관점을 넘어 자아실현적이고 성찰적인 복지로 재 구성되어야 한다는 사실이 도출된다. 다른 무엇보다도 성찰적 복지는 자아실현과 자기확장의 정치과정으로서의 생활정치적 재구성을 의미 한다. 이 같은 복지의 재구성은 체계정치의 패러다임을 기반으로 한 공 공성의 질서가 생활정치적 욕구에 의해 구조적 자기대면에 봉착한 것 으로 이해할 수도 있다.

체계정치의 뚜렷한 한계는 현존하는 권력운영방식으로서의 대의민 주주의의 한계와 동일시될 수도 있다. 따라서 공적 질서의 운영방식으 로서의 민주주의는 오늘날 생활정치 패러다임의 미시민주주의로 진화 되어야 한다는 점에 주목할 필요가 있다. 체계정치의 국가주의와 성장 주의를 넘어 새로운 삶의 양식을 선택하는 방향으로 공적 질서가 재구 성될 때 미시민주주의는 생활정치의 이상을 구현하는 진전된 민주주의 의 유형으로 강조될 수 있다. 참여, 소통, 공감의 가치를 추구하는 미 시민주주의는 협치정치, 문화정치, 현장정치, 네트워크 정치 등 다양 한 미시정치의 유형들로 나타나고 있다.

생활정치담론은 한국사회의 정치현장에서 다양한 방식으로 제기된 바 있다. 그러나 이것이 새로운 정치 패러다임으로 제도적 성찰성을 확 대하기 위해서는 새로운 정치철학과 새로운 사회변동에 대한 감수성이 중요하게 작용한다. 다른 어떤 시기보다 우리 시대는 국가, 시장, 시민 사회를 포괄하는 사회구성방식의 획기적 재구성이 필요한 시점이다. 공공성 프레임의 일대 전환이 요구되는 시점인 것이다. 공공성의 위기 는 기존 정치질서의 위기 그 자체이다. 이러한 위기국면에도 불구하고 한국 정치는 정치 공학적 수준에서 정당질서의 재편을 모색하는 정도의 움직임은 반복되지만 새로운 정치 패러다임에 대한 진지한 구상은 쉽게 찾아보기 어렵다. 특히 많은 경우에 체계정치의 패러다임에 여전히 안주하는 경향을 볼 수 있는데, 복지논쟁과 같은 폭넓게 전개된 정치담론의 경우도 크게 다르지 않다. 시민적 삶의 질과 관련된 여러 지표들은 우리 사회의 구성원들이 견디기 어려운 한계적 상황에 있다는 점을 말해준다.

이제 우리 사회는 거시제도와 정책을 위한 정치, 그리하여 그 성과가 극소수의 사회구성원들에게만 돌아가는 모순적 체계정치가 아니라 사람과 삶의 구체적인 내용이 중심이 되는 자아실현의 정치로서의 생활정치와 미시민주주의의 확장을 적극적으로 모색해야 한다. 지구시대의 사회발전은 단선적이거나 단계적이지 않다. 서구 체계정치의 문제와 한국의 체계정치의 문제는 동시적 과제일 수 있는 것이다. 공공성과 대의민주주의는 훨씬 더 성찰적으로 재구성되어야 한다.

1. 서론: 이중서사의 시대

최근 한국 사회에는 한 대학생이 대학구내의 게시판에 붙인 '안녕들
하십니까?'라는 제목의 대자보(大字報)가 놀라운 반응을 보이며 파급
된 적이 있다. 학교, 세대, 지역, 직업의 다양한 사회영역에서 저마다
의 사연으로 '안녕하지 못하다'는 응답이 연속적으로 대자보나 미디어
를 통해 폭증하고 해외에서도 이에 호응함으로써 '안녕하지 못한' 현실
에 대한 절실한 공감대가 광범하게 확산되었다.

철도민영화 반대 파업으로 노동자들이 대규모로 직위 해제되고, 국
정원의 대선개입으로 민주주의가 파탄 나고, 고압송전탑으로 위협받
는 지역주민들이 음독자살을 하는, 그리고 쌍용차 해고노동자들에게
오히려 가혹한 벌금과 형벌이 떨어지는 이 처절한 현실 속에서도 다들
'안녕들 하십니까'라는 안부인사에 우선 청년세대가 화들짝 놀란 듯하

다. 신자유주의 광풍이 여전히 위력적인 현실에서 청년세대들은 경쟁에서 살아남는 것이 최대의 과제였고, 실패와 성공은 순전히 개인의 몫으로 여겨졌다. 현실의 불안과 미래의 불확실이 심장을 옥죄어도 그것은 개인문제로 인식되었다. 성공신화와 부자되기 담론이 도처에 넘쳐났다. 정치와 경제, 사회적 문제들은 내 삶의 문제가 아니라 '저기 어딘가에서' 흐릿하게 움직이는 타자화된 질서로 간주되었다. 내 삶의 불안과 불확실은 철저히 공공적 사안과 분리되었다.

이제 불안과 불확실이 견딜 수 없이 고도화되고, 기업과 공장, 지역에서의 삶이 파괴되는 현실이 도처에 넘쳐나는 가운데 이러한 파괴적 현실이야말로 곧 나의 현실이자 미래일 수 있다는 사실을 마침내 깨닫게 되었다. '안녕들 하십니까'라는 화두는 정치권력과 공공정책, 사회적 쟁점과 같은 공공의 문제들이 나의 삶과 분리되지 않고 내 삶을 위협하고 불안하게 하는 것이 바로 그러한 공적 질서로부터 온다는 점을 자각시켰다. 하나의 대자보가 이러한 자각을 놀랍게 확산시킨 것은 다른 무엇보다도 거시적 공공의 문제를 '안녕'이라는 생활의 안부로 공감의 문을 열게 만든 데 있다. 정치와 정책의 불합리성을 '생활'의 언어로 접근함으로써 공감의 구조를 만든 것이다. 정치와 정부와 정책이 내 삶과 분리되지 않고, 새 삶 속에 정치가 있고 정부가 있다는 자각, 그리고 바로 그 정치와 공공정책이 내 삶을 파괴시킨다는 자각이야말로 청년세대의 시선을 '나'에게서 '사회'로 돌리게 했고 이러한 변화는 새로운 정치적 전환을 기대하게 하기도 했다.

그런데 이처럼 안녕하지 못한 현실의 원천이 정치권력과 사회경제적 파행에만 제한되지 않는다는 사실은 훨씬 더 궁극적인 불안과 위험을 예견하게 한다. 우리 시대의 불안한 현재와 위험한 미래는 일국적 정책의 문제를 넘어서 있다. 지구적 위험과 문명사적 위기의 현실이 개인의 삶을 폭넓게 위협함으로써 우리 시대의 불안과 위험의 징후가 깊고도 광범하다는 점을 말해주고 있다.

우리 시대의 가장 거대하고 궁극적인 불안과 위험은 끝없는 경쟁과 효율, 이익추구의 윤리와 결합된 지구생태계의 재앙에 있다. 이미 IPCC의 보고서들은 이산화탄소 농도의 상승이 시베리아와 캐나다의 툰드라를 소멸시켜 대규모 메탄을 발생시키고 평균기온을 2~3도 상승시킴으로써 해수면이 30cm 내외로 높아진다는 점을 예측하고 있다. 이에 따라 국제분쟁이 늘어나고 생물종의 1/3이 멸종할 수 있는 위기를 예견하고 있다. 보고서들은 탄소포화점에 이르는 2030년을 인류문명의 갈림길로 보고, 2050년을 문명과 생태계의 1차 붕괴 시점으로, 2100년을 2차 붕괴의 시점으로 보기도 한다(IPCC, 2007; 2013).

이 같은 지구생태계의 재앙은 무엇보다도 성장주의와 소비주의를 지향하는 자본주의 산업화와 결부되어 있고, 이를 정당화하는 근대 국민국가와 대의민주주의의 정치질서, 국가주의가 드러내는 폭력과 분쟁, 신자유주의 정책이 드러내는 멈추지 않는 경쟁과 효율의 논리가 결합되어 있다. 따라서 오늘날의 위기는 현대문명이 추구한 정치경제질서가 생태계의 재앙을 가져오고 이 같은 재앙이 개인의 생활과 생명을 파괴시키는 사회생태적 문제로 인식되게 한다. 이러한 문명위기의 징후들은 우리의 생활양식과 정치경제적 질서를 새로운 패러다임으로 전환시키는 대안적 삶을 요구하고 있다.

20세기 말까지 인류문명의 거대경향은 '집중화'의 과정으로 이해할 수 있다. 원시적 부족에서 고대문명을 가능하게 한 국가 공동체로의 발전, 종교권력으로 통합된 중세를 거쳐, 근대 국민국가에 이르기까지 인류문명은 정치권력과 경제권력의 집중화, 재화와 문화자원의 집중화라는 거대경향을 보였다. 그 정점은 근대사회의 국가주의 정치질서와 함께 자본의 지구적 집중화를 가능하게 한 글로벌 자본주의 질서에 있었다. 글로벌 자본주의가 고도화되는 가운데 국가주의 정치가 여전히 위력적으로 남아 21세기로 진입하는 시기까지를 '집중문명의 시대'라고 말할 수 있다면, 이 시대를 관통한 것은 국가라는 운명의 관리자에게 일체화된 민족과 이념을 바탕으로 구성된 거대한 목적론적 서사였다(제레미 리프킨, 2005: 293). 말하자면 집중문명의 시대는 국가와 민족과 이념에 국민의 충성이 결합된 단일 거대서사가 작동하는 시대였다. 이같은 거대 단일서사는 성장제일주의의 신화와 함께 일국 내적으로는 계급, 인종, 성적 불평등과 착취로 인한 균열과 갈등을 드러냈으며, 밖으로는 침략과 약탈로 인한 끊임없는 분쟁을 만들기도 했다. 다른 한편 글로벌 자본주의의 확산은 일국주의를 넘어선 탈영토주의의 거대경향을 재촉했으나 지구적 수준에서 자본 축적시스템의 집중화와 부의 극단적 편중을 드러내게 되었다. 이러한 경향은 갈등과 분쟁의 또 다른 원천이 되었다. 이처럼 확산되는 오늘날의 갈등과 분쟁의 숨겨진 원천은 가장 근원적 재화로서의 에너지 자원을 겨냥하는 경우가 대부분이어서 자연자원에 대한 공공재적 인식은 언제나 외면되었다.

새로운 문명의 가능성은 현대 문명의 '집중화'가 드러낸 파괴적 삶과 생태살해[1]의 현실에 대한 성찰로부터 시작된다. 이러한 성찰은 국가주의의 거대서사를 넘어 지구생명권의 문명사적 초거대서사를 가능하게 만들었다. 3차 산업혁명과 분산(*distributed*) 자본주의(제레미 리프킨, 2012), 자연(自然) 자본주의(폴 호큰 외, 2011), 영성(*conscious*) 자본주의(Aburdene, 2007), 생명자본주의(이어령, 2012), 자본주의 4.0

---

1 브로스위머(Franz J. Broswimmer)는 생물종의 대량멸종위기를 생태살해(*ecocide*)라고 부르는데 이것은 인간이 초래한 위기와 환경 파괴가 광대한 지역에 영향을 미치고 있으며, 그 영향이 계속 축적되고 있다는 점을 강조하는 표현이다(프란츠 브로스위머, 2006: 12).

(Kaletsky, 2011) 등 대안문명에 접근하는 다양한 초거대 담론에는 무엇보다도 공감과 공생의 가치, 협동과 평화, 생명의 가치가 내재되어 있고, 권력과 자원의 분산적 시스템이 강조되고 있다.

리프킨은 인류문명의 서사가 커뮤니케이션 기술과 에너지원의 유기적 결합으로 형성되는 것으로 보았다(제레미 리프킨, 2012: 56). 에너지체제는 문명의 조직방식, 부의 분배방식, 정치권력 행사방식, 사회관계의 관리방식과 긴밀하게 결합되어 있다. 무엇보다도 21세기의 에너지체계는 화석연료에 기반을 둔 중앙집권형 거대 에너지기업을 넘어 분산된 소규모 에너지 생산자에 주목하게 한다. 재생 가능한 녹색에너지를 기반으로 한 수백만의 분산된 소규모 에너지 생산자는 정치, 경제, 사회 권력의 분배방식 또한 분산시키는 '분산자본주의'를 주도하는 주체가 될 것이다(제레미 리프킨, 2012: 159).

집중문명의 시대를 넘어서는 대안의 문명체계는 무엇보다도 사회생태적 질서의 '분산화 과정'을 통해 실현될 수 있다. 이제 집중문명의 시대에서 분산문명의 시대로 전환하는 초거대 서사는 지구 생명권의 지속가능성을 보장하는 우리 시대의 핵심 담론이 되었다. 말하자면 우리 시대는 집중문명의 서사가 여전히 위력적인 가운데 분산문명의 서사가 새로운 문명담론의 흐름을 만드는 '이중서사(二重敍事)의 시대'라고 말할 수 있다.

다른 한편, 대안문명으로서의 분산문명은 공감과 공생, 협동과 평화의 가치가 현장에서 실천되는 새로운 삶의 방식이 정치적 실천의 서사를 만들고 있다. 새로운 문명을 모색하는 현실적 과제는 다른 무엇보다도 정치적 실천에 있다. 지구 생명권의 다양한 지역과 서로 다른 삶의 조건에서 만드는 공감과 공생, 협동과 평화의 정치적 실천들은 분산문명의 초거대 담론을 미시적 삶의 차원에서 구체화하는 실천의 서사라고 할 수 있다. 전제정치, 귀족정치, 대의정치 등 집중화된 권력구조의 시대를 넘어 우리 시대에 새롭게 실천되는 공존, 공감, 협동, 평화의 실천방식에는 집중문명에서 배제되었던 '자아실현의 정치'가 반영되어 있다. 개인의 삶이 국가주의에 포섭된 집중문명의 단일서사와는 달리 자아실현의 수준을 높이는 새로운 삶의 실험이 새로운 서사를 형성하고 있다.

이 같은 이중서사의 시대는 문명사의 눈으로 볼 때 과도적이다. 우리 시대는 여전히 화석에너지와 중앙집중화된 정치경제구조가 결합된 집중문명이 주류화되어 있는 가운데 초거대 문명전환의 담론이 인도하는 미시적 생활정치가 이러한 주류적 존재양식을 아래로부터 균열시키고 있다. 집중문명의 서사와 분산문명의 서사가 공존하는 우리 시대의 현실은 대안문명으로서의 분산문명이 새로운 주류를 지향하는 '분산혁명의 시대'를 맞고 있다는 점에서 과도적이라고 할 수 있다. 따라서 이 같은 이중서사의 시대를 넘어서는 것은 지구생명권을 분산문명의 시대로 전환시키는 것을 의미한다. 무엇보다도 분산문명의 서사를 현실로 만드는 것은 삶의 양식을 바꾸는 구체적인 정치적 실천이다. 이 점에서 미시정치의 다양한 실천이야말로 분산문명을 가능하게 하는 새로운 도전들이다. 새로운 질서는 새로운 정치적 실천으로만 확보될 수 있다.

지속가능한 지구생명권을 위해서는 분산문명을 추구해야 하고 그것은 새로운 에너지원을 기반으로 가능하다. 문제는 새로운 에너지원의 '발견'이 아니라 그것을 새로운 삶의 방식으로 '선택'함으로써 분산문명이 가능하다는 점이다. 이러한 선택은 사회적 합의가 따라야 하고 그러한 합의를 확대하는 과정은 다양한 수준에서 작동하는 정치적 과제라고 할 수 있다.

이 글에서는 분산문명을 가능하게 하는 정치 패러다임을 사회생태주의와 생활민주주의로 요약하고, 이와 연관된 다양한 정치적 실천방식들을 제도적 수준과 시민사회의 운동적 수준에서 찾아보고자 한다.

2. 분산혁명의 정치: 사회생태정치와 생활민주주의

인류 문명의 집중화 경향은 19세기의 이른바 제1차 산업혁명과 20세기의 제2차 산업혁명을 통해 극대화되었다. 제레미 리프킨은 인류의 문명사적 전환의 계기가 새로운 커뮤니케이션 기술과 새로운 에너지체계가 만날 때 발생하는 것으로 설명한다. 새로운 형태의 커뮤니케이션은 새로운 에너지원을 이용해 전보다 복잡한 문명을 체계화하고 관리하는 매개체 역할을 한다. 1차 산업혁명은 인쇄 커뮤니케이션과 석탄동력이 결합되어 증기기관 철도 및 공장경제의 복잡한 운영을 체계화할 수 있었다. 20세기의 약 10년 동안 전기 커뮤니케이션은 석유동력의 내연기관과 만나 2차 산업혁명을 가능하게 했다. 공장의 전기화, 대량생산체제, 자동차의 보급 등은 산업생산을 비약적으로 확장했을 뿐만 아니라 교외지역으로 새로운 공동체를 확대했고, 전화, 라디오, 텔레비전은 사회생활을 재구성하며 석유경제와 자동차 시대의 광범한 활동을 관리하고 선전하는 커뮤니케이션 그리드를 창출했다(제레미 리프킨, 2012: 56~57).

20세기의 산업과 경제를 이끈 석탄, 석유, 천연가스 등의 화석연료는 그것을 확보하기 위해 끊임없는 군사적 투자와 지정학적 관리가 필요하고 매장된 화석연료를 소비자에게 전달하는 전체과정은 대량의 자본집중과 고도로 중앙집권화된 하향식 통제 관리체계를 요구했다. 이같은 중앙집권형 에너지 인프라는 경제의 기본조건이 되었고 전체 산업체계에 유사한 비즈니스모델을 자리 잡게 했다(제레미 리프킨, 2012: 160).[2] 이러한 보편적 모델이 중앙집중적 관리체계를 가능하게 하는 피라미드식 기업관료제이며 하향식 권력구조라고 할 수 있고 현대 자본주의에서 집중문명을 극대화시키는 핵심적 장치이기도 했다.

이 같은 현대 자본주의의 집중화 과정은 자본의 축적과 집적을 통해 사회경제적 불평등을 극대화시켰고 그러한 불평등한 사회적 관계는 중앙집권적이고 계층적인 사회체계를 지탱하는 핵심적 장치였다. 특히 21세기의 초입까지 맹위를 떨친 신자유주의 시장화 과정은 사회적 불평등을 극대화시켰고, 이러한 부의 편중은 거대민간자본의 규제 없는 생태계 파괴를 가져왔으며, 성장주의를 추구하는 국가주의 정책 또한 생태파괴를 가속시켰다. 계층화된 사회체계는 생태계마저 계층적 위계에 위치시켰고, 자연적 요소를 착취와 개발의 대상으로 도구화함으로써 지구생명권의 위기를 가속화시켰다.

집중문명의 시대에 계층 간의 대립과 갈등은 끊임없이 발생했지만 최근 화석에너지의 고갈과 지구온난화의 심각성이 더해지면서 에너지를 둘러싼 대립과 갈등은 점점 더 첨예화되고 있다. 이러한 갈등은 계층 간의 문제를 넘어 국가 간 분쟁과 전쟁의 위험을 상존시킴으로써 생태계와 문명붕괴의 위기가 무엇보다도 '사회생태적' 문제라는 점을 확인시키고 있다. 특히 특정지역에 집중된 '엘리트 에너지'라고도 불리는 화석연료는 지구온난화의 요인일 뿐만 아니라, 문명의 집중화를 강화

---

2 제레미 리프킨은 중앙집권형 기업의 원형을 철도산업에서 찾는다. 철도회사는 다른 산업과는 비교할 수 없이 큰 비용을 충당하기 위해 국내외의 자본을 유치하는 과정에서 대규모 자본집적 과정이 발생하는데, 이 과정에서 소도시 뉴욕의 증권거래소가 거대조직으로 바뀌었고 월스트리트는 현대자본주의의 진원지가 되었다. 선로부설, 선로보수, 엔진 및 차량수리, 사고방지, 화물수송, 차량의 위치추적, 일정보장, 정시승객운송 등을 위한 거대한 관리계층과 엄청난 노동력이 필요했다. 규모 또한 엄청나 1891년 펜실베이니아 철도회사에 고용된 노동자는 약 11만 명이었는데 당시 미군 전체 병력이 3만 9,492명이었다. 1983년 펜실베이니아 철도회사의 총지출은 9,550만 달러로 당시 미국 정부 공공지출 총계의 25%에 달했는데 이 펜실베이니아 철도회사는 미국철도교통의 3분의 2를 관할하던 7개의 철도그룹 중 하나에 불과했다. 이 거대한 비즈니스 모델의 합리화는 하향식 권력흐름을 갖는 피라미드식 기업관료제로 가능했고 이를 통해 중앙집권형 관리체제가 구축되었다(제레미 리프킨, 2012: 161~162).

함으로써 생태계 파괴와 사회경제적 집중화, 계층적 불평등 심화의 악순환을 반복시키는 핵심요인이다. 불평등한 사회관계와 집중화된 정치권력체계는 이러한 질서를 재생산할 수 있는 부를 지속적으로 얻기 위해 화석연료에 집착하게 된다.

화석연료를 추구함으로써 나타나는 생태유린과 생태붕괴를 멈추기 위해서는 집중화되고 집권화된 사회질서를 분산적이고 수평적인 관계로 변화시키는 정치적 실천이 무엇보다 중요하다. 현실의 정치경제체제와 사회문화적 질서를 전환시키는 대안문명은 새롭고도 다른 삶을 선택하는 정치적 선택으로 가능하고 그 출발은 기존의 사회구조를 분산시키는 다양한 양식의 정치적 실천이 될 수밖에 없다.

분산문명의 정치적 실천은 에너지 전환운동과 일차적으로 결합되어 있다. 말하자면 에너지 생산 및 분배의 통제 중심을 분산시키는 것인데, 화석연료에 기반을 둔 중앙집권형 거대 에너지 기업 중심에서 거주지에서 직접 재생가능 에너지를 생산하고 잉여분은 에너지 정보 공유체를 통해 교환하는 수백만의 소규모 생산자 중심 에너지체계로 전환하는 것이다. 이러한 에너지 분산체계는 태양력, 풍력, 수력, 지열, 바이오매스, 조력 등 어디서나 얻을 수 있는 분산형 재생가능에너지를 중심으로 조직되는 '제3차 산업혁명'을 전망하게 한다.[3]

이 같은 재생가능에너지 생산에 기반을 둔 분산모델은 다른 무엇보다도 사회생태주의의 맥락에 주목할 수 있다. 특정문명의 기반이 되는 에너지체계는 인간과 생태계의 관계를 설명하는 문명사적 프레임과 연관되어 있다. 집중화되고 계층화된 사회구조와 권력관계가 생태계 위

---

[3] 제3차 산업혁명의 핵심요소는 재생가능에너지로의 전환, 대륙의 모든 건물을 재생가능에너지를 생산할 수 있는 미니발전소로 변형 등 다섯 가지 요소를 제시하는데 이를 실천한다면 EU는 2020년 무렵 필요전기의 3분의 1을 녹색에너지로 얻을 수 있다고 보고 있다(제레미 리프킨, 2012: 58~59).

기를 고도화한 원인이라는 관점에서 본다면 녹색에너지 생산모델은 분산적 사회구조 및 수평적 권력관계와 친화력을 갖는다. 문제는 이러한 녹색 에너지체계로의 전환은 기업과 정부, 시민사회의 정치적 선택에 관련된 문제이기 때문에 그러한 정치경제적 선택을 가능하게 하는 사회생태정치의 과제라고 말할 수 있다.

가장 근본적인 생태주의 가치는 인간과 자연이 분리되지 않는 존재라는 점을 전제로 생태적 요소의 '자기실현'과 '생명 중심적 평등'의 윤리를 강조한다(Devall and Sessions, 1985: 66; Naess, 1989: 95). 생태적 요소의 자기실현과 평등을 억압함으로써 환경위기를 만드는 원인은 사회적 계층화와 지배의 질서라고 할 수 있다. 고도로 계층화된 사회는 자연을 약탈하고 지배한다. 계층화된 사회에서 제도와 관습은 통제를 촉진하는 방식으로 고안되며 경제적 효율성의 가치가 이상화된다. 이러한 사회에서 성공이란 지배와 통제의 영역을 확장시킴으로써 확보되는 부와 권력과 지위의 양으로 평가됨으로써 인간의 성공은 곧 인간 이외에 자연에 대한 지배 및 통제와도 동일시된다(Bookchin, 1982). 이같은 지배와 통제가 고도로 집중화된 문명을 만듦으로써 자연에 대한 약탈과 파괴는 가속될 수밖에 없고 그러한 약탈과 파괴는 갈등과 분쟁, 전쟁을 수반하게 된다.

이처럼 사회생태적 관점에서 지구생명권 위기의 근원은 제도적이고, 이념적이며 심리적이고 문화적인 것이다. 이런 점에서 사회생태적 맥락의 '자유의 역사'는 주목할 만하다. '자유'는 가장 포괄적인 자기결정을 의미한다. 특히 모든 생명은 그 방향성에서 잠재적 자유를 내재하는데 적어도 지구생명권에서 자기의식과 자기결정은 인간의 잠재성에서 가장 발전된 형태를 갖는다. 인간이 지구생명권의 다른 자연과 조화를 이루는 자유로운 공동체에서 자연이 가장 발전된 자기표현을 갖게 될 때 자연은 맹목의 상태에서 마침내 '자유로운 자연'(free nature)이 될 수 있다. 결국 지구생명권의 한 요소로서의 인간이 갖는 생태학적 책임은 '자기실현'의 확대를 통해 자연적 자유의 진화에 협력한다.

사회생태주의의 정치적 실천은 자율정치를 지향하고 조직적으로는 토착적 풀뿌리 민주주의를 이념적 기반으로 삼는다. 공동체의 구성원들은 자유가 제공하는 인간 욕구 충족을 목표로 삼고 생태계 친화적으로 협력하고 공유한다. 모두가 모여 공공정책을 수립하고 결정하며 서로 연대하고 협력하여 지역공동체를 운영하는 한편 언제든지 소환가능한 권한의 대행자를 통해 여러 공동체와 연합을 이루는 자율적 자치주의를 추구한다.

이 같은 사회생태주의의 정치적 실천은 중앙집중적 대의정치의 대안으로서의 분산정치 양식을 보이며 이러한 분산정치는 '생활정치'의 궁극적 지향과 맞닿아 있다. 생활정치는 집중문명의 고도화와 동반적으로 작동하는 성장주의 경제와 대의정치의 '체계'가 드러내는 생활공간의 식민화에 대한 저항을 함의한다. 인간과 자연이 분리되지 않듯이 생활과 생태 또한 분리불가능하게 결합되어 있다. 이 같은 사회생태계에서 자기의식과 자기결정은 인간의 잠재성에서 가장 고양되기 때문에 생태계의 자기실현은 생태적 존재로서의 인간의 자아실현정치에 가장 적극적으로 반영되어 있다. 따라서 인간의 자아실현성이 확장되는 것은 곧 인간이 아닌 여타 생태적 존재의 자기실현이 동반적으로 확대되는 것을 의미하며 그 정치적 실천이 바로 '생활정치'라고 할 수 있다. 이 점에서 생활정치는 생태환경과 분리되지 않은 인간존재의 가장 고양된 정치형태라고 말할 수 있다. 이 같은 생활정치의 논리에서 생태민주주의와 결합되는 정치적 실천 이념을 '생활민주주의'라고 할 수 있다.

'생활'은 개인의 실존이 작동하는 사회적 영역이다. 생활은 정치적,

경제적, 문화적 질서와 결합되었음에도 불구하고, 정치행정체계와 경제체계가 고도로 중앙집중화된 국가주의 정치체계에서 제도화된 공적 질서로부터 분리되고 배제되고 통제될 뿐만 아니라 억압적 영역으로 남게 된다. 인류문명의 집중화 과정과 그에 따른 고도로 계층화된 질서에서 개인의 '생활'영역은 통제되거나 사적 영역으로 방치됨으로써 자아실현이 박탈된 비민주적 사회공간이 되었다. 이러한 '생활' 공간을 자아실현적이고 자기확장적으로 정치화함으로써 민주적으로 재구성하는 것이 생활민주주의의 과제인 것이다.

생활민주주의는 모든 생활영역에서 자기실현성을 고도화하는 민주적 정치양식이다. 따라서 생활민주주의는 배제되고 억압받는 특정계급이 정치권력을 획득함으로써 구현되는 정치질서가 아니라 모든 삶의 영역에서 자아실현의 정치를 구축함으로써 수평적 권력관계를 이루는 분산혁명의 정치이념이라고 말할 수 있다. 아울러 생활민주주의는 대의적이고 절차적인 수준의 민주주의에서 제약되었던 개인 삶의 미시적 공간에서 자아실현과 자기결정으로서의 자유를 확장시킨다는 점에서 미시적 삶의 영역으로 확장된 민주주의의 진화된 형태라고 할 수 있다.

집중문명의 보편적 정치형식이라고 할 수 있는 대의민주주의는 힘겹고 고단한 개인의 삶과는 동떨어진 타자화된 정치질서로 작동했다. 이런 점에서 대의민주주의는 개인의 삶 밖에서 전개되는 '외재적 민주주의'의 질서라고 한다면, 생활민주주의는 삶의 내면에서 자아실현과 자기표현, 자기확장성을 극대화한다는 점에서 '내재적 민주주의'라고도 할 수 있다. 생태민주주의를 포괄하는 생활민주주의는 집중문명의 대의적 정치질서에서 가장 비정치적 영역으로 간주되었던 생태와 삶이라는 가장 근원적이고 내재적인 영역을 민주화하는 가장 진전된 정치양식이라고 할 수 있다.

생활민주주의의 가치는 실제로 '생활 공공성'의 질서로 구체화된다 (조대엽, 2012: 35~42; 조대엽·홍성태, 2013). 개인의 실존적 공간이라고 할 수 있는 생활의 영역을 사회생태적 체계로부터 배제시키지 않기 위해서는 새로운 공공적 가치와 제도를 내재화해야 한다. 생활민주주의는 개인의 실존적 삶의 공간을 자아실현과 자아확장의 '정치'로 전환시키는 방식으로, 그 구체적인 정치양식은 참여, 소통, 공감의 정치를 작동시키는 것이다. 이러한 정치양식은 생태와 생활을 공공적 과정으로 바꾸는 수단이며 개인의 실존적 삶은 이 같은 정치 양식들을 통해 공공성을 내재화하게 된다. 개인의 생활세계 속으로 공공성의 질서가 들어오는 '생활 공공성'은 집중화, 계층화, 통제화를 특징으로 하는 국가 공공성을 넘어선 자율적 공공성의 질서라고 할 수 있다. 생활 공공성은 생태 공공성 혹은 자연 공공성을 포괄함으로써 생태 및 자연의 자기결정성과 자기표현성을 인정하고 수용하는 질서이다. 20세기를 지배했고 집중문명을 선도했던 국가 공공성을 외재적 공공성이라고 할 수 있다면, 그 대안으로서의 생활 공공성은 내재적 공공성의 질서라고 말할 수 있다.

오늘날 생활민주주의의 이념은 생활 공공성 운동과 생활 공공성 제도로 다양하게 구현될 수 있다. 생활민주주의는 가치와 이념이기도 하지만 제도적 절차와 행위양식으로 나타나 모든 생활영역에서 작동하는 정치양식으로서의 참여, 소통, 공감의 정치를 실천한다. 무엇보다도 생활민주주의가 구현되는 생활 공공성의 질서는 집중문명의 시대에 구분된 대의적 제도정치영역에 국한되거나 사회구성에서 정치의 영역을 분리하는 제도와 문화를 넘어 경제, 복지, 문화, 외교, 안보, 국방영역과 생태환경, 일상 등 삶의 전 영역에 내재된 질서로 간주할 수 있다. 이러한 생활 공공성의 질서는 정치권력과 경제권력으로 집중된 질서를 해체함으로써 현장적 수준부터 지역적, 국내적, 지구적 수준에 걸쳐, 나아가 제도영역과 운동 네트워크에 걸쳐 다양한 분산혁명의 정치적 실천으로 구체화될 수 있다.

3. 분산혁명의 정치와 정치·경제영역의 실천

1) 대륙연합의 협업정치와 탈(脫)영토주의 정치

근대 민족국가의 중앙집권적 통치체제와 이를 지탱하는 불평등한 사회계층체계는 현대 문명의 집중화 경향을 고조시킨 핵심기제이다. 계층화된 사회질서와 민족국가의 국가주의는 영토에 기반을 두기 때문에 에너지 자원을 둘러싼 분쟁과 전쟁의 위험을 증대시키는 한편, 화석연료체계를 둘러싼 집중화된 관리방식의 순환고리는 지구문명 붕괴의 위기마저 우려하는 현실을 만들었다. 사회체계와 생태계의 이 같은 약탈적 구조는 다른 무엇보다도 수직적으로 집중화된 문명을 수평적으로 재구성하는 분산혁명의 정치를 통해 새로운 질서로 전환될 수 있다. 정치경제체계의 수준에서 이러한 분산혁명이 가장 가시적으로 진행되는 사례로 유럽연합(EU)의 분산적이고 협업적 정치에 주목할 수 있다.

유럽연합은 1951년 유럽석탄철강공동체(ECSC)로 첫발을 떼었다. 전통적으로 유럽지역 분쟁의 핵심은 프랑스와 독일의 경제적 경쟁이었고 이는 유럽대륙의 전쟁의 근원이었다. 문제의 근본적 해결을 위해 두 나라가 차지하려고 싸워온 루르강과 자르강 사이의 석탄과 철강 생산을 통합하자는 제안은 프랑스, 독일, 이탈리아, 벨기에, 룩셈부르크가 서명한 파리조약을 성사시킴으로써 ECSC라는 초국가적 권위가 탄생했다.[4] 1957년 ECSC의 6개 회원국은 유럽경제공동체(EEC) 설립을 위한 로마조약에 서명했다. 여기에는 유럽 공동시장의 확립, 세제일치, 관세

---

4 "Treaty Establishing the European Coal and Steel Community."(제레미 리프킨, 2005에서 재인용)

장벽 철폐, 자본과 노동력의 자유로운 활용에 관한 규정을 담았다. 이에 따라 회원국 대표로 구성된 입법기관이 설립되었고, 행정권을 행사하는 집행위원회가 만들어졌다. 제한된 자문과 입법감독을 위한 유럽의회도 구성되었고 사법권을 행사할 유럽법원도 만들어졌다. EEC는 국제사회에서 법적 실체로 인정을 받았으며 로마조약과 EEC의 설립은 경제문제에 관한 한 개별회원국이 독자적으로 행동할 권리가 없다는 것을 의미했다.[5] 이후 6개 회원국은 원자력 합동개발을 위한 유럽원자력 공동체(EURATOM)를 만들었고, 1965년에는 석탄철강공동체와 원자력공동체가 통합되었다. EEC는 1970년대와 1980년대에 영국, 아일랜드, 덴마크, 스페인, 그리스, 포르투갈이 합류해 확장되었으며, 1987년의 단일유럽의정서(Single European Act)를 통해 유럽의회에 새로운 권한을 부여했고, 1992년 마스트리히트 조약으로 EEC가 실제적인 유럽연합(EU)이 되었다.

이 과정에서 1970년대의 오일쇼크와 1989년 베를린 장벽의 붕괴, 냉전종식 등이 유럽연합을 촉진하는 계기가 되었고, 마스트리히트 조약에서는 단순한 공동시장을 넘어서는 기구를 지향한다는 점을 분명히 했다. 이 조약에는 ① 1999년 1월까지 단일통화 '유로'의 도입, ② 회원국의 공동외교안보정책을 포함해 정부 간 협력 확대, ③ 모든 회원국 국민들에게 동등한 권리 부여와 국가 간 사법 협력 증진, ④ 연합전체의 이민 및 난민정책을 통일하기 위한 법무 및 내무 규정 확립 등이 핵심적으로 제시되었다. 또 이 조약으로 지역위원회가 설립되어 비록 각 국가의 주권은 약화되었지만 약 222개 지역이 브뤼셀에 공식대표를 파견함으로써 자국을 거치지 않고 회원국이나 EU집행부와 직접 접촉할 수 있게 되었다.

---

5 "Treaty Establishing the European Community(Treaty of Rome)."(제레미 리프킨, 2005에서 재인용)

1997년 암스테르담 조약에서는 인권존중을 강화하고 유럽인권협약 준수를 회원국 조건에 포함시켰다. 또 EU는 모든 차별을 없애는 법적 권한도 갖게 되었고, 의료정책은 각 회원국의 책임으로 남아 있지만 공중건강정책 기준을 정하는 권한은 EU에 부여되었다(제레미 리프킨, 2005: 257~271).

근대 민족국가는 영토의 독점적 지배와 전쟁을 통한 영토 장악, 국가에 충성할 의무를 가진 국민을 국경 내로 분리하는 데 기초한다. EU는 영토범위를 벗어난 통치제제라는 점에서 탈근대 국가의 실험이라고 할 수 있다. 탈영토주의에 기반을 둔 정치체제로서의 EU는 적어도 정치체계에서는 분산혁명의 선두에 있다고 말할 수 있다. EU의 통치방식은 개방적 시스템에 따른 '과정의 정치'가 강조된다. EU는 무대를 설치하고 대화를 유도하며 쇼를 감독하는 교섭정부라고 부르기도 한다(Beck, 1994). 따라서 EU는 하나의 장소라기보다는 하나의 과정이라고 할 수 있다(제레미 리프킨, 2005: 297). 즉, EU의 정치는 수동적 대중에게 미리 정해진 정책을 시행하는 것이 아니라 정부, 기업, 시민사회를 망라한 모든 행위자들이 정책의 입안, 협상, 합의과정에 참여함으로써 민주적으로 결과를 도출하는 과정을 의미한다(제레미 리프킨, 2005: 287).

이러한 '과정'은 분산의 정치이자 협업의 정치과정이다. 이 같은 과정지향적 모델을 보장하는 최적의 기반이 네트워크이며 스마트 기술이다. 네트워크 정치는 공공부문과 민간 부문, 국가와 민간단체, 국가기구와 국제기구 등 다양한 주체들이 협업을 통해 정치적 기능에 합류하는 다중심 통치체제를 가능하게 했다.

일반적으로 미국이 국가로서 특징적인 것은 국가의 존재 자체가 삶과 자유, 행복을 추구할 수 있는 개인의 고유한 권리를 기초로 하기 때문이다. 그러나 미국 정부의 정통성은 여전히 영토지배, 과세권한, 법집행을 위한 무력사용의 권한 등과 같은 기존 민족국가 개념에 뿌리를 두고 있다. 이에 반해 EU의 정통성은 회원국들이 지속적인 신뢰와 선의, 서약한 협약과 법령, 그리고 새 헌법에서만 나온다(제레미 리프킨, 2005: 295). EU의 헌법적 지향은 국민이나 영토, 국가보다는 인류 전체와 지구공동체라는 점을 분명히 함으로써 보편주의를 지향한다. EU 헌법의 핵심은 인간의 다양성 존중과 포괄성의 증진, 인권과 자연의 권리 옹호, 삶의 질 향상, 지속가능한 개발의 추구, 인간정신의 해방, 항구적 평화 구축과 세계의식의 함양 등을 표방했다(제레미 리프킨, 2005: 277).

탈영토주의를 지향하는 EU의 분산혁명은 국민국가와 국가주의에 갇힌 EU 시민의 정체성을 확장함으로써 공공적 존재로서의 자아실현과 자기확장의 수준을 크게 고양시켰다. 무엇보다도 유럽인으로서의 정체성과 평화주의, 인권의 가치에 입각한 헌법적 지향, 나아가 에너지체계의 전환을 시도하는 생태주의적 모색 등은 EU의 분산혁명이 사회생태정치와 생활민주주의를 지향한다는 사실을 말해준다.

EU를 모델로 하는 대륙연합의 협업정치는 아시아, 아프리카, 남미에서도 시도되고 있다. 비록 EU 수준의 협업과 분산의 정치에 이르기에는 아직 많은 과제들이 있지만 그 목표는 EU와 유사하다고 할 수 있다. 아시아에서는 인도네시아, 말레이시아, 필리핀 등을 비롯한 동남아 10개국이 동남아시아국가연합(ASEAN: *Association of Southeast Asian Nations*)을 설립했고 한국, 중국, 일본은 이와 협력해서 APT(*ASEAN Plus Three*)를 발족시켰다. 그 과정으로, 2003년에 아세안 공동체를 만드는 데 합의했으며, 2007년 필리핀 세부섬에서 2015년까지 아세안 공동체설립을 위한 선언을 채택했다. 2007년 세부 동아시아 정상회의에서 ASEAN 회원국은 '동아시아 에너지 안보에 관한 선언'에 서명했고 여기에는 동남아 대륙의 중국과 인도, 태평양 연안의 일본, 한국, 오스트레일리아, 뉴질랜드 등이 ASEAN의 지역파트너로 서명했다. 향후 동남아 대륙연합의 협업정치가 진전되기 위해서는 중국과 인도의 역할이 주목된다.

아프리카 대륙에서는 2002년에 인구 10억이 넘는 아프리카 54개국 정상이 아프리카연합(AU: *African Union*)을 결성했다. AU의 목표는 아프리카 대륙의 정치적 사회경제적 통합을 촉진시키는 것이었으나 2008년 이전까지는 눈에 띄는 활동이 없었다. 그러나 2008년에 AU와 EU가 아프리카-유럽 에너지 파트너십을 맺었다. 이 파트너십의 목적은 재생가능 에너지 개발을 촉진하고 아프리카를 위한 전력 마스터플랜을 수립함으로써 대륙 전체에 깔리는 통합 그리드로 아프리카 10억 인구를 연결하는 데 있다.

최근 AU와 EU의 파트너십은 세계적으로 주목받고 있다. 남미 대륙에서는 1969년 설립된 안데스공동체(*Andean Community of Nations*)와 1991년 설립된 남미공동시장(*Mercosur*)이 공동자유무역지대를 만드는 목표를 세웠다. 2008년에 이 두 관세동맹에 가이아나, 수리남, 베네수엘라가 합류함으로써 남미 12개국 정상들은 남미국가연합(UNASUR: *Union of South American Nations*)을 공식적으로 발족시켰다. UNASUR의 설립조약은 에너지 문제를 최우선과제로 삼았으며, 에너지와 전기 공유를 위한 대륙 인프라 구축을 결의했다(제레미 리프킨, 2012: 241~261).

EU를 모델로 삼는 아시아, 아프리카, 남미 등의 대륙 협업정치는 회원국이나 협조국의 영토 및 인구규모, 현존 에너지 생산 및 수급체계 등에 따라 많은 과제를 남겨놓고 있다. 그러나 탈영토주의의 대륙 협업정치를 주도하는 분산혁명은 영토주의와 국가주의에 고착된 많은 장애를 제거함으로써 연합국의 시민들이 보다 많은 자아실현과 자기확장의 기회를 확보하는 결과를 가져올 것으로 보인다. 대륙 협업정치의 확대는 무엇보다도 사회생태의 복원과 생활민주주의를 진전시키는 효과를 갖게 될 것이다.

2) 협업경제와 분산 네트워크

오늘날 시장영역에서 추구되는 분산혁명은 시장교환모델에서 네트워크 모델로 바뀌는 새로운 경제시스템을 통해 빠르게 확산되고 있다. 새로운 네트워크 경제 시스템은 소프트웨어와 통신혁명이 제공한 속도와 생산력을 기반으로 하고, 이러한 커뮤니케이션 혁명의 분산성과 협업성을 광범하게 확산할 수 있는 보다 근원적 기반은 분산형 재생가능 에너지체계로의 전환과도 결부되어 있다.

시장체제에서 네트워크 체제로의 이동은 새로운 기업형태를 만들어 낸다. 기업의 새로운 형태에서 판매자와 구매자의 대립관계는 공급자와 사용자의 협업관계로 대체되며, 개인의 이익은 공동의 이익에 포괄되고 개별 소유권은 개방성과 집단신탁의 형태로 대체된다. 네트워크의 가치를 높이는 것은 공동의 노력으로 모든 사람의 재산을 똑같이 늘리는 일이라는 전제를 기반으로 기밀성이 아닌 투명성에 초점을 맞추게 된다. 네트워크가 시장과 경쟁하며, 오픈 소스 공유체가 소유권 중심의 기업운영에 도전한다(제레미 리프킨, 2012: 170~171).

다른 한편 시장의 작동원리는 1차원적이며 비연속적이어서 판매자와 구매자가 단시간에 만나 상품과 용역을 교환하고 헤어진다. 시장거래체계의 경우 다음 거래까지의 시간은 생산성 저하를 의미하고 비용을 증가시키는 요인이 된다. 반면에 사이버공간을 바탕으로 하는 새로운 네트워크 경제에서는 상거래가 멈췄다가 다시 시작되는 것이 아니라 판매자와 구매자의 거래관계가 오랜 시간에 걸쳐 지속된다(제레미 리프킨, 2005: 238).

예컨대 아마존의 판매방식 모델에서 거래된 CD는 구매자와 판매자 사이에 우편으로 배달됨으로써 교환관계가 성립한다. 그러나 새로운 음악회사의 네트워크 거래모델은 고객이 월정액을 지불하고 그 회사의 라이브러리를 무제한 이용함으로써 시간에 대해 요금을 지불하는 시스템을 갖는다. 회원가입, 임대, 공동임대, 보유, 라이센스계약 등이 거래의 새로운 수단이 되었다. 음악회사는 고객과 24시간 연중무휴로 지속적인 관계를 형성함으로써 고객을 음악네트워크의 일부로 만든 것이다(제레미 리프킨, 2005: 238~239).

시장영역에서 분산혁명을 촉진하는 이 같은 네트워크체제는 수평적이고 분산적 협업체계를 갖춤으로써 중앙집중화된 경제체계보다 훨씬 더 자기실현적이며 자기확장적 경제를 확산시키고 있다. 오늘날 네트워크 경제에 기반을 둔 분산혁명은 빠르게 확산되고 있고 주목할 만한 다양한 사례들이 있다.[6]

수공예 가구회사인 엣시(Etsy)는 웹을 기반으로 4년이 채 안 되는 기간에 비약적으로 성장한 경우이다. 회사 설립자는 로브 칼린이라는 젊은 뉴욕대 졸업생으로 자기 아파트에서 가구를 만들었는데 2009년 상반기에 7천만 달러의 매출을 올렸고 판매자와 구매자는 1백만 명이 엣시의 웹사이트에 새로 가입했다. 2010년에는 매출이 3억 5천만 달러를

---

[6] 여기서 소개되는 네트워크경제와 분산기업의 사례(엣시, 그라민은행, 키바, 공동체지원 농업, 집카, 카우치서핑 등)는 제레미 리프킨의 《3차 산업혁명》 제2부 제4장 '분산자 본주의'에서 발췌한 내용임을 밝힌다.

넘어섰다. 혼자서 가구를 만들어서는 수공예 가구에 관심 있는 잠재적 구매자들과 만날 방법이 없었던 로브 칼린은 친구들과 팀을 이루어 세계 각지에 산재한 온갖 종류의 수공예자와 구매자를 한 곳에 모을 수 있는 웹사이트를 구축했다. 이 사이트는 세계적인 온라인 전시장이 되었으며 현재 전 세계 50여 개국의 수백만 명의 구매자와 판매자가 상호 연결함으로써 사라진 수공예 분야에 새로운 생명력을 불어넣고 있다.

온라인 공간은 수백만의 판매자와 구매자를 거의 공짜로 연결시켰고, 도매업자와 소매상 등 중간 상인들은 수백만 명이 참여하는 분산형 네트워크로 대체되었다. 공급망의 단계마다 추가되던 거래비용도 사라졌다. 엣시는 사상 초유의 세계적인 공예품 바자를 만든 셈이다. 이 바자는 위계서열이 아닌 수평적으로 조직되어 있고 하향식 명령이 아닌 협업으로 움직인다. 엣시의 웹사이트는 채팅공간과 온라인 공예전시회, 제품 세미나 등을 제공함으로써 판매자와 구매자가 소통하고 의견을 나누며 평생 지속될 수도 있는 유대관계를 맺을 기반을 만들었다. 창업자 칼린은 "만드는 사람과 사는 사람 사이의 사람 대 사람 관계가 엣시를 이루는 근간"이라고 말하며 자신의 사명이 글로벌 경제라는 영역에 '공감의식'을 심고 보다 공감하는 사회를 위한 기초를 마련하는 것이라고 했다. 칼린의 비전은 수백만 개의 살아있는 지역경제를 창출함으로써 경제 질서 내에 다시 공동체 개념을 일으켜 세웠다(Botsman and Rogers, 2010: 49).

분산적이고 협업적인 금융모델 또한 획기적인 실천사례들이 있다. 화석연료의 개발에는 막대한 비용이 든다. 그래서 오직 소수의 중앙집권형 거대기업만이 에너지 흐름을 관리할 수 있는 금융자본을 모을 수 있었다. 대형석유회사는 반드시 대형은행이 있어야 했다. 그러나 최근 그라민은행, ASA, EKI와 같은 미소금융기관 및 여타 대출기관이 세계

빈곤지역 1억 명 이상의 인구에게 대여하는 융자금이 650억 달러를 넘는다. 특히 그라민은행 계열사 그라민 샤크티(Grameen Shakti)는 전세계 시골 마을에 태양광 주택 설비 및 재생가능 에너지 설비를 위한 무담보 소액대출을 지원한다. 그라민 샤크티는 2010년 말까지 총 50만 건의 태양광 주택 설비 자금을 지원했는데 한 달에 1만 7천 건씩 지원한 셈이다. 그라민 샤크티는 수천 명의 여성을 기술자로 훈련시켜 일자리를 제공하는 한편, 설비유지를 위한 기술력도 확보하고 있다.

그라민은행의 무담보 소액대출 방식은 상업적 금융의 전통적 사업에 빈곤퇴치라는 비전통적 공공성을 성공적으로 조합했다. 그러나 여기서 한걸음 더 나아가 보다 순수한 분산 협업 금융모델로 비영리 소액 대출알선 기관인 키바(Kiva)에 주목할 수 있다. 2005년에 설립된 키바의 금융철학은 "사람들은 본래 관대하다, 따라서 투명하고 책임 있는 방식으로 그 관대함을 실천할 기회를 만들어주면 기꺼이 다른 사람을 도울 것"이라는 신념이다. 이 같은 완전히 비상업적인 사명의식을 확장하기 위해 키바는 후원자 관계가 아닌 파트너십 관계를 장려했다. 무담보 소액 대출 분야에 대단히 혁신적인 방법을 도입한 키바는 209개국에 50만 명이 넘는 대여자와 57개국에 약 47만 명의 소규모 창업자를 연결했고, 융자금액은 약 1억 8천만 달러로 상환율은 98.9%에 이른다. 모든 융자금은 생태계에 악영향을 거의 미치지 않는 소규모 사업의 창업자에게만 지원되었다.

새로운 분산협업 경제의 실천방식이 식품생산과 유통영역에 확산된 사례로는 공동체 지원농업(CSA: *Community Supported Agriculture*)에 주목할 수 있다. 공동체 지원농업은 1960년대 유럽과 일본에서 시작되어 1980년대 중반 이후에는 미국을 비롯한 세계로 확산되었다. 일반적으로 도시가구로 구성된 주주들은 재배기간 전에 일정한 선금을 지불해서 농가의 연간 경비를 충당하게 한다. 그 대가로 주주들은 재배기간 내내 농가 작물 중 일정 몫을 받는데 그것은 보통 집으로 배송되는 잘 익은 과일이나 채소 한 상자 같은 것이다. 재배기간 내내 신선한 청과물을 꾸준히 공급받게 된다. 공동체 지원농업에 참여하는 농장은 대부분 생태농업이나 유기농법을 이용하며 풍작의 혜택과 흉작의 피해도 생산자와 소비자가 일정하게 공유함으로써 공동사업의 유대감을 갖게 한다. 공동체 지원농업의 성장은 생태주의적 각성과도 결합되어 있다. 석유화학 비료와 살충제, 대륙과 바다를 건너는 장거리 수송에 따른 이산화탄소 배출 등을 줄이고, 광고나 마케팅, 포장 등의 비용을 없앰으로써 모든 주주들이 지속가능한 생활방식을 확대했다.

네트워크 경제를 통한 분산과 협업의 사업방식은 자동차 공유사업이나 여행자 네트워크에서도 좋은 사례를 볼 수 있다. 세계 최대의 자동차 공유 서비스회사인 집카(Zipcar)는 2000년에 설립된 영리기업인데 10년 만에 회원 수가 수십만 명으로 늘었고 2009년 매출은 1억 3천만 달러로 해마다 30%의 성장률을 기록하고 있다. 2010년에 집카는 샌프란시스코에서 하이브리드 전기차 파일럿 프로젝트를 출범시켰다. 또 국제적인 비영리 조직인 카우치 서핑(Couch Surfing)은 여행 분야에서 분산협업 혁명을 실현하고 있다. 카우치 서핑은 여행자와 지역 호스트를 연결하는 네트워크로 지역 호스트가 자신의 집을 개방하고 숙식을 무료로 제공하는 방식인데 이미 100만 명이 넘는 카우치 서퍼가 전 세계 6만 9천개 도시에서 서로의 집을 방문했다. 분산과 협업 사교 공유체라고 할 수 있는 카우치 서핑은 다양한 문화권의 사람들에게 삶을 공유할 기회를 제공하기 위해 고안되었다. 카우치 서핑의 목표는 공감할수 있는 정직한 소통으로 사람을 통합하는 것이며, 그 사명은 우리 모두가 지구촌 확대가족의 구성원이라는 사실을 널리 알리는 일이라고 한다(제레미 리프킨, 2012: 172~183).

엣시, 그라민은행, 공동체 지원 농업, 집카, 카우치 서핑 등의 사례는 분산과 협업의 네트워크 경제가 모든 경제영역에 새로운 시스템을 확장할 수 있다는 사실을 말해준다. 특히 이러한 사례들은 집중문명이 드러낸 탐욕과 위계, 갈등과 분쟁, 전쟁, 약탈의 정치경제체계를 넘어 수평권력과 협업의 경제를 가능하게 하는 분산혁명의 의의를 뚜렷이 말해주고 있다. 이러한 분산혁명의 경제에는 사람과 공동체의 가치, 공감과 협업의 가치, 환경과 생태가치 등을 축으로 하는 생활민주주의의 이념이 내재되어 있다.

4. 분산혁명의 정치와 시민사회의 실천

1) 지역공동체와 새로운 생활 공공성 실험

보다 안정적인 제도영역, 말하자면 정치행정 영역과 경제영역에서 분산혁명은 탈영토주의를 지향하는 대륙연합 협업정치와 네트워크체제에 바탕을 둔 협업경제에 주목할 수 있었다. 정치경제영역에서의 이 같은 분산혁명은 협업정치와 협업경제를 강조할 경우 시민사회 영역의 행위자들과 협력적 네트워크를 구축하는 것이 일반적이다. 이제 시민사회 영역에서 자생적이고 자율적으로 광범하게 나타나는 다양한 생활 공공성 운동들은 시민사회 영역의 분산혁명적 실천으로 구분해서 주목할 수 있다. 여기에는 지역공동체 내에서 급진적인 생활공동체를 실험하는 생활 공공성 운동이 있는가 하면, 애초에 지구적 네트워크를 목적으로 전개되거나 자연스럽게 지구적 네트워크를 갖게 된 생활 공공성 운동도 있다.

지역공동체에 기반을 둔 생활 공공성 운동은 다양한 형태로 나타나는 생태공동체 운동에서 가장 적절한 모델을 찾을 수 있다.[7] 생태공동체 운동은 공동체 내의 합의적 의사결정, 대면적 관계에 바탕을 둔 경제, 자기성찰과 친환경적 생활양식, 더불어 사는 이웃관계, 주민참여적 마을 운영, 자연의존적 기술 등을 지향함으로써 집중화, 획일화, 거대화된 문명을 분권화, 분산화, 다양화, 소규모화로 공동체질서의 전환을

---

7 생태공동체(*Eco-village*, *Eco-community*)는 두 가지 의미로 사용되는 경향이 있다. 하나는 공간적으로 자리 잡은 정주체계이고 다른 하나는 생태공동체 정신을 지칭하는 것으로 사회문화적으로 하나의 담론을 만들어가는 것을 의미하는 것이다(Grindheim and Kennedy, 1998).

시도하는 일종의 실험이라고 말할 수 있다(김성균·구본영, 2009: 7).

이 같은 공동체 기반의 생활 공공성 운동은 많은 경우 계획공동체(planned community)의 형태를 띤다. 계획공동체는 삶과 노동의 공유를 선택한 구성원들이 토지와 주택을 공유하고 공동체의 형태와 규모를 간섭하며 사회적, 경제적, 영성적, 정치적, 생태적 가치 등과 같은 다양한 공동의 이상과 비전을 추구한다. 계획공동체는 경우에 따라 독신과 가족이 공존한다. 주민들은 비종교적이거나 영성에 기반을 두기도 하고 양자적 입장을 동시에 취하기도 한다. 이들은 다양성과 조화로운 삶의 모색, 극단적인 문제해결, 그리고 상이한 경험을 나누면서 공동체를 이루어간다(Kozeny, 2000). 계획공동체에서 강조되는 공동체적인 것은 인간과 인간의 일체감, 자연과 인간의 일체감, 노동과 정신의 일체감 등이 고양되는 것이며, 개인의 성장과 자유가 타인에 대한 책임을 수반한다는 것, 말하자면 조화, 협동, 공리, 공생이 실존의 본질임을 체득하는 것이라고 할 수 있다(McLaughlin and Davidson, 1985).

이러한 계획공동체는 주민의 자율성이 훨씬 더 보장된 다양한 형태의 생활 공공성 운동으로 전개되기도 하는데 공동주거운동이나 생태마을, 퍼머컬처 운동, 영성수련공동체 운동, 생활공동체 운동 등으로 다양화되기도 한다. 한국에서 전형적인 계획공동체는 '야마기시즘 사회실현지'나 '두레마을'을 들 수 있다. 야마기시즘 운동은 자연과 인위, 즉 천지인의 조화를 도모하여 풍부한 물자와 건강과 친애의 정으로 가득 찬, 안정되고 쾌적한 사회를 실현하는 것을 목적으로 한다. 개인과 사회와 자연과 우주는 전체적이며 연속적인 관계를 유지하기 때문에 이를 '일체사회'라고 지칭한다(이남곡, 2002). 두레마을은 기독교 윤리에 기초해서 연대적 인간, 공동체적 인간, 사람 살림 운동을 강조하며 '사람아 너는 흙이니, 흙으로 돌아갈 때를 생각하라'는 성경구절을 핵심적인 신념체계로 삼고 있다(김진홍, 1990). 야마기시즘 운동이나 두레마을과 같은 계획공동체는 초근검절약형 공동체생활과 합의제 의사결정을 특징으로 하며, 생태지향성을 갖기 때문에 생태마을의 성격을 띠고 있다.

계획공동체의 한 형태인 생태마을은 "오래되고 지속가능한 문화를 보유하고 생태학과 함께 삶을 재건하고 좀더 지속가능한 삶을 위한 실행능력과 의지를 갖는 것을 이상으로 한다. 지속가능성이란 학술적으로는 수용능력, 에너지 흐름, 생태학적 체계, 디자인 전략 등으로 정의되지만 사회적으로는 자연에 대한 인간관계, 영성, 지혜, 평등, 의사전달 과정, 전일주의, 장소에 대한 감각 등을 의미하는 것이다. 이러한 지속가능성은 미래세대를 위한 것이지만 그 방법과 범주는 다양하게 나타날 수 있다."(Sirna, 2000) 이러한 생태마을은 인간적 정주규모, 이웃과의 친밀성, 자동차와는 거리가 먼 지역사회경제가 강조되기도 하고(Egeberg, 1996), 자연환경에 근거한 조화로운 인간활동이 보장되는 곳이지만 불확실한 미래에 대한 지속성이 유지되어야 한다는 점이 강조되기도 한다(Reid, 1999). 오늘날 생태마을은 세계적인 네트워크 운동으로 전개되기에 이르렀고 한국에는 야마기시즘 운동이나 두레마을 외에도 안솔기 마을, 녹색대학 생태마을 등이 생태마을 프로젝트를 시도하고 있다.

계획공동체와는 차이가 있으나 공동주거(cohousing) 방식 또한 공동체 기반의 생활 공공성 운동으로 주목된다. 공동주거 운동은 주민들이 서로 상호작용할 수 있고 거주자의 활동공간이자 거주자가 스스로 관리하는 장소로 디자인된 공동주거시설에 기반을 두며 민주적 원칙이 생활의 기반이 된다(McCament and Durret, 1988). 공동주거는 주민들이 개발하고 소유하며 관리하는 곳이다. 공동주거시설은 활동, 노동,

놀이, 아이보호 등 개별 가정이 감당하기 어려운 기능을 하고 있으며 이웃과 꾸리는 공동체를 위해 디자인된 것이다. 따라서 공동주거의 주거 디자인은 이웃, 계층, 세대 간의 교류를 도모할 수 있고, 공동시설물과 정원을 통해 여가시설의 충만을 느낄 수 있는 생활공간이다. 공동주거는 주민들이 참여와 합의를 통해 의사를 결정하지만 일반적인 계획공동체와 달리 공동경제는 없다고 볼 수 있다. 개인의 소득은 개인이 관리하며 공동체 운영을 위한 비용 정도만 지불하는 경제체제를 이루고 있다. 이 점에서 공동주거는 무엇보다도 사생활과 공동체 생활의 절충적 형태를 띠며, 주민 자치적 관리와 통제가 작동하고, 환경친화적 건축구조와 친환경적 적정기술의 사용, 나눔의 장소로서의 공유공간 등을 특징으로 한다(김성균·구본영, 2009: 150~165).

생태마을의 연장에서 이른바 퍼머컬처 프로젝트[8]가 확산되는 경향 또한 공동체 기반의 생활 공공성 운동으로 주목할 수 있다. 퍼머컬처는 특정 환경에서 식물, 동물, 인간의 활동과 구조의 통합이 보장되고 낮은 유지비와 효율적인 생산을 위해 디자인된 것으로 도시와 농촌의 여건을 모두 적용시킨 영구적, 자족적, 지속가능한 농업체계로 시작되었다. 퍼머컬처는 모든 생물과 무생물, 물, 땅, 공기 등을 보호하는 지구보호의 원칙, 자신을 신뢰하고 책임지는 것을 전제로 하는 인류보호의 원칙, 남는 것의 분산과 분배를 통해 공동체를 가꾸는 원칙 등을 핵심 가치로 한다. 퍼머컬처는 생태마을의 원리와 유사한데 생태마을의 원리를 보다 과학적인 원리로 재구성하여 자족적 측면을 극대화한 유형이라고 말할 수 있다(김성균·구본영, 2009: 187~189). 한국에서는 사회적 기업 '(주)이장'의 주도로 퍼머컬처가 확산되고 있는데 강원도 화

---

8 퍼머컬처(*Permaculture*)는 permanent agriculture와 permanent culture의 합성어로 생태학자 빌 모리슨이 제안한 개념이다(Mollison, 1992).

천군 용호리, 강원도 화천군 신대리, 충북 제천시 상천리, 충남 서천군 산너울 마을 등이 주목할 만한 사례이다.

최근 한국 사회에서 가장 활발하게 전개되는 공동체 기반의 생활 공공성 운동은 생활공동체 운동으로서의 협동조합운동을 들 수 있다. '한살림', '여성민우회', '경실련 정농생협' 등 단위생협을 바탕으로 한 생활공동체가 있고, 종교 부문에는 기독교의 '예장생협', 불교의 '석왕사 생협', 천주교의 '녹원생협', '원불교생협' 등이 있다. '주민생협', '호저생협', '풀무생협' 등도 한국의 대표적인 생활공동체이다. 생활공동체와 아울러 영성수련 공동체도 공동체 기반의 생활 공공성 운동으로 주목할 수 있다. '예수살이 공동체'와 '정토회', 그리고 앞에서 언급한 야마기시즘 공동체의 연찬학교 등이 여기에 해당한다고 하겠다.

2) 지구시민사회와 생활 공공성 운동

생활 공공성 운동은 많은 경우 지구적 가치를 내재한다는 점에서 지구적 공공성의 질서를 확장할 수 있다. 특히 생태마을과 같은 생태공동체 운동이나 신자유주의 시장화에 대응하는 생활공동체로서의 협동조합운동 등은 지구적 네트워크운동으로 확장됨으로써 이러한 네트워크가 지구시민사회에서 전개되는 분산혁명의 진원지가 되고 있다.

지구적 생활 공공성 운동의 가장 적극적 사례는 '지구생태마을 네트워크'(GEN: *Global Eco-village Network*) 라고 할 수 있다. GEN은 1990년 덴마크의 가이아 트러스트(GAIA TRUST)가 고도로 집중화된 기술산업사회에서 지속가능하며 자연과 조화를 이루는 삶의 모델을 만들기 위해 생태마을 프로젝트를 제안하면서 시작되었다. GEN은 인간과 자연과 공간이 통합된 지구적 네트워크의 완성을 운동의 목적으로 생태학적, 영적, 사회적 생태의 회복을 목표로 하는 실천행동이다. GEN의 가장 상징적 운동이라고 할 수 있는 생태마을 프로젝트는 생태위기 극복을 위해 국제 연대의 필요성을 절감하고 진행된 것이다. 아프리카, 유럽, 오세아니아, 아시아, 미주 등에 대륙별 사무국을 두고 각 지역의 토착적 문화와 풍토성을 최대한 배려한 생태마을을 조성하고 있다. GEN 프로젝트에는 공통적으로 에코 빌리지 센터, 코뮌하우스, 명상 센터의 설립, 지역과 환경에 적합한 중간기술의 도입, 대안기술방식의 개발, 자연과 공감적인 교육체계 등이 포함된다.

GEN을 기반으로 한 생태운동은 다양한 방식으로 확산되었다. 가이아 트러스트는 1987년 덴마크에서 만들어진 협동조합인데 GEN의 모태가 되었지만 GEN을 통해 활동을 확산시키고 있다. 가이아 트러스트는 자연과 인류가 더불어 사는 공동체에 대한 관심을 확산시키기 위해 주로 데인족(Danes)을 중심으로 구성되었는데 인류가 21세기에도 지속적 삶을 살 수 있는 모범 사례를 발굴하기 위해 세계 도처의 도시와 농촌에 산재한 50~70개의 소규모 생태마을에 기금을 조성해주는 등 다양한 지원활동을 하고 있다. GEN의 생태마을 운동은 퍼머컬처 운동과 결합되어 확대되기도 했는데 GEN의 오세아니아·아시아 지역사무국 크리스탈 워터즈는 대표적인 퍼머컬처 생태마을이다.

지구적 협동조합 네트워크로는 '롱고마이'(Longo Mai)를 들 수 있다. 롱고마이는 생태농업과 반자본주의 이념을 지향하며 유럽과 중앙아메리카를 중심으로 활동하는 협동조합 네트워크이다. 1972년 12월 스위스 바젤에서 유럽 10개국 출신 청년들이 '강한 결속력을 지닌, 평화적이고 민주적인 유럽, 인권선언에 기초한 공동생활과 협동조합 형태를 바탕으로 한 농사와 수공예, 그리고 산업분야의 노동을 통한 자체적 생계유지를 실험하는 공간'을 추구하며 출발했다. 롱고마이는 상품만이 아니라 아이디어가 교환되고 사람을 연결하는 역할을 하고 있다. 프랑스와 국외에서 다양한 캠페인과 연대활동을 펼치고 있으며 1976년에는 유럽 산간지역 가뭄피해 농민 지원을 위해 '위기대처자금'을 설립하고, 코스타리카에는 피난민 협동조합을 설립했으며, 베를린 장벽 붕괴 후에는 '유럽시민포럼'을 설립해서 동유럽 국가의 민주화과정을 지원하기도 했다(존 조던·이자벨 프레모, 2013: 289~326).

지구적으로 확산되는 생활 공공성 운동의 또 다른 사례는 공동주거 운동이다. 공동주거운동은 덴마크의 세트담멘(Sattedammen)과 스크라플라넷(Skraplanet) 등에서 1970년대 이후 시작되어 네덜란드, 스웨덴, 미국, 캐나다, 일본 등으로 확산되어 현재 북미 150여 곳, 유럽 100여 곳 등 약 250여 곳이 '공동주거 네트워크'(The Cohousing Network)에 등록되었다. 공동주거의 대표적 사례는 덴마크의 로스킬데 토레크로너에 자리 잡고 있는 '뭉케쇠가르'를 들 수 있다. 1995년 코펜하겐에 '코보'라는 협회를 설립하면서 시작된 운동인 뭉케쇠가르는 소유권의 형태와 구성원의 특성에 따라 5개 집단으로 구성되고 각 집단에는 20가구가 포함된다. 전체적 의사결정은 연간 5~6회의 전체모임에서 이루어지고 세부사항은 각 집단에서 2~3주에 한 번씩 갖는 모임에서 논의된다. 뭉케쇠가르의 건축물은 친환경적으로 지어졌고, 태양열 에너지, 나무폐기물과 같은 자원을 활용하며 적정기술을 적용하여 대소변을 퇴비로 만들어 사용하고 있다. 뭉케쇠가르에는 약 60가구당 한 동의 공동주거시설이 있다. 대형주방과 공동세탁실, 손님 접대를 위한 사랑방, 대형 홀 등의 공유공간은 주민이 교류하면서 생활을 나누는 소통의 창구이며 공동주거 공동체를 유지하는 핵심역할을 한다. 이러한 공유공간은 개인의 사적 영역과 공동의 공적 영역을 절충시키는 지점이다.

지구적 생활 공공성 운동이 직접행동의 형태로 나타나는 경우도 있다. 이른바 21세기 시민불복종캠프 '기후행동'(Camp for Climate Action)은 2006년 영국의 탈세계화 운동가들과 환경주의 네트워크 멤버들이 모여 시작한 직접행동 환경운동이다. '스스로 저항운동의 장소를 선택하여 먼저 점령한다'는 전략을 추구하는 이 운동은 환경친화적 삶의 영위, 기후변화의 근원에 대한 영향력행사로서의 직접행동, 이론과 실제의 능력 구비를 위한 학습, 기후정의를 실천할 수 있는 운동세력의 형성 등을 구체적인 목표로 삼고 있다. '기후행동'은 2006년 노스 요크셔의 드락스 발전소(Drax Power Station), 2007년 런던의 히드로 공항(Heathrow Airport) 등을 시작으로 매년 활발한 활동을 벌이고 있으며 지구적 네트워크를 구축하여 벨기에, 프랑스, 캐나다, 뉴질랜드 등으로 활동범위를 넓히고 있다(존 조던·이자벨 프레모, 2013: 23~64).

지구적 생활 공공성 운동은 이처럼 공동체운동을 추구하거나 직접행동으로 표출하는 방식 등으로 다양하게 전개됨으로써 시민사회의 분산혁명을 가속하고 있다. 지구적 시민사회의 분산혁명은 이 외에도 인권관련 글로벌 네트워크, 의료관련 글로벌 네트워크, 재난구조관련 글로벌 네트워크, 글로벌 푸드뱅크 등 다양한 영역과 다양한 방식에 걸쳐 전개되고 있다.

5. 분산혁명의 정치와 생활민주주의 정치전략

1) 진보정치의 재구성

집중문명을 주도했던 중앙집권적 국가주의에 기반을 둔 정치체제와 사회경제체제는 오늘날 분산혁명의 도전으로 인해 거대한 변화에 직면해 있다. 특히 대륙 협업정치의 네트워크와 같은 탈영토주의의 경향은 민족국가체제를 변화시키는 새로운 정치적 실험을 자극하고 있다. 그럼에도 불구하고 대부분의 사회에서 정치적 현실은 국가주의와 영토주의에 기반을 둔 정치체제가 여전히 제도정치의 중심으로 자리 잡고 있다. 이러한 현실에서 대륙협업정치의 실험을 선택하거나 새로운 에너지체제를 선택하는 것과 같은 분산혁명의 가장 광범한 효과는 제도정치 영역의 실천과 선택의 문제에 결부되어 있다. 말하자면 분산혁명의 정책을 실천할 수 있는 정치역량이 확장되고 나아가 분산혁명의 가치를 공유하는 정치세력의 집권으로 이어짐으로써 분산혁명과 생활민주주의는 가장 효과적으로 실천될 수 있는 것이다.

이러한 정치적 실천은 사회주의와 자본주의, 좌와 우의 이념적 스펙트럼이 정치적 대립을 주도하는 정치프레임 속에서는 기대하기 어렵다. 근대성과 국가주의를 지탱해온 좌우의 이념이 구축한 거대 단일담론의 정치프레임은 분산혁명의 정치를 무망하게 만드는 가장 결정적 요인일 수 있다. 따라서 근대성과 국가주의에 부착된 정치이념을 해체하는 새로운 정치 스펙트럼이 무엇보다도 적극적으로 구축되어야 한다. 특히 한국의 경우 분단의 현실과 탈냉전의 사회변동이 이념과 현실의 지체 현상을 심각하게 드러냄으로써 엄청나게 소모적인 사회적 비용을 이념갈등으로 허비하고 있다. 이 같은 시대착오적 정치담론은 지구적인 초거대 사회생태서사와 미시적 생활서사가 분산혁명의 정치를 확산하는 시대에 한국 사회를 새로운 변화에 적응하기 어렵게 만들 수밖에 없다. 분산혁명을 가능하게 하는 탈냉전의 새로운 정치스펙트럼이 제시되고 그러한 스펙트럼 가운데 분산혁명을 주도할 수 있는 새로운 가치와 이념이 정치체제와 사회경제체제를 변화시킬 수 있어야 하는 것이다.

무엇보다도 자본주의체제와 사회주의체제에 기반을 둔 근대적 정치 패러다임의 좌우 이념은 오늘날의 정치가 지향해야 할 비전으로는 더 이상 유효하지 않다. 우리 시대가 지향하는 가치는 무엇보다도 삶을 얼마나 만족스럽고 행복하게 만드느냐는 것이다. 이제 정치는 개인의 삶과 분리된 이념이나 민족, 국가라는 가치를 추구하는 객체화된 실천이 아니라 개인의 삶에 직접 결부된 실천으로 전환된다. 따라서 새로운 정치적 지향은 중앙집권적이고 권위적이며 하향적이고 폐쇄적인 소유 중심의 패러다임을 넘어 분산적이고 협업적이며 수평적이고, 투명하고 개방적인 정치 패러다임에서 찾아져야 한다. 이 점에서 새로운 정치적 지향을 구성하는 몇 가지 지표에 주목할 수 있다.

첫째, 분산혁명의 핵심지표로서의 '수평권력지향성'을 들 수 있다.

중앙집권적이고 위계적 권력구조는 계층화되고 불평등한 사회를 이끄는 구심일 뿐만 아니라 성장과 개발주의로 인한 생태파괴의 결과를 드러내는 기제이기도 하다. 네트워크화된 분산정치의 구조는 중앙집권적 집중정치에 비해 훨씬 더 수평권력 지향적이다. 인류가 누적시킨 불평등의 역사나 사회적 관계의 진화라는 점에서 수평권력은 평등과 균형의 가치가 반영된 진보적 지향이라고 할 수 있다. 이러한 지표로 본다면 새로운 정치는 수평권력 진영에서부터 수직권력 진영까지 다양한 스펙트럼이 나타날 수 있고, 이러한 새로운 정치지형에서 기존의 냉전적 진보와 보수는 공통적으로 수직권력 진영이라고 규정할 수도 있을 것이다.

둘째, 분산혁명이 지향하는 새로운 가치는 근대성의 질서에 매몰되었던 '자아의 실현과 확장'에 있다.

현대사회에서 자유의 가치는 자아의 실현을 위한 조건이다. 그러나 자유주의는 이른바 신자유주의로 퇴화하면서 이른바 1%만을 위한 불균등 사회를 드러냈고, 자아를 실현시키는 자유가 확장된 현실이 아니라 개인의 삶을 파괴하는 자아해체적 현실을 초래하고 말았다. 또한 자유주의든 그 반대에 있었던 사회주의든 이념으로 지탱한 국가주의를 강화시킴으로써 이념과 민족, 국가의 가치에 개인의 행복과 만족을 속박시켰고 그만큼 개인의 자아와 자유는 정치로부터 배제되었다. 아울러 대부분의 근대정치에서 채택하는 대의정치 또한 정치의 객체화를 강화하는 직접적 요인이 되었다. 이제 자아와 자유는 이념적 대결과 대의정치의 제도적 외피 속에서 기형적으로 변화된 모습이 아니라 원형 그대로를 회복해야 하는 과제를 남기게 되었다. 개인의 자아와 자유는 이념과 국가의 외피를 걷어낸 개인의 '생활'에서 실현된다. 그러나 극단적으로 개별화된 자아실현의 '삶'은 원자화되고 해체적인 경향을 갖기 때문에 공존적 '생활'과 공존적 자아의 실현에 주목해야 한다. 이런 점에서 공존적 자아는 근대적 국가주의를 탈피한 '사회공공적 자아'로 강조될 수 있다. 사회적 수준에서 자발적이고 자율적인 공공성을 생활 속에 구축함으로써 자아의 실현성과 확장성을 증대시키는 것이 무엇보다도 중요하다. 이런 점에서 적어도 자아실현의 정치를 지표로 하는 새로운 정치지형은 '국가주의' 정치진영과 '생활주의' 정치진영으로 대별해볼 수 있고 양 진영의 핵심에는 국가주의 대의정치와 참여적 생활정치가 자리 잡고 있다.

셋째, 무엇보다도 중요한 분산혁명의 새로운 가치는 '생태지향성'이라고 할 수 있다.

이중서사의 시대에 지구적 생태주의는 초거대 서사의 핵심이다. 문명의 붕괴와 지구 생태위기를 대면한 현실에서 다른 무엇보다도 중요한 정치적 지향은 사회생태주의라고 말할 수 있다. 다른 어떤 가치보다 우리 시대의 삶을 규정하는 초거대 정치담론은 생태공생적 지향이 되어야 한다. 산업자본주의의 무분별한 개발에서부터 오늘날 여전히 대부분의 에너지원이 되는 화석연료의 사용은 이산화탄소 배출량을 늘리고 지구온난화를 가속시킴으로써 지구 생명권은 빠른 속도로 파괴되고 있다. 이러한 조건에서 우리 시대의 가장 진보적 정치는 가장 뚜렷한 사회생태적 지향을 포함할 수밖에 없다. 생태지향성을 기준으로 하는 정치는 생태파괴적 개발주의에서부터 근본적 생태주의에 이르기까지 자연생태계와 인간의 사회적 삶의 관계에 관한 다양한 스펙트럼이 그려질 수 있다.

분산혁명의 가치를 구성하는 수평권력 지향성, 자아실현성, 생태지향성의 세 가지 차원은 새로운 정치 스펙트럼을 형성하는 요소라고 할 수 있다. 이 같은 새로운 정치지향에서 본다면 좌파와 우파를 기반으로 하는 기존의 이념정치의 진영은 대체로 수직권력 지향적이며 국가 지향적이고 개발주의를 추구했다는 점에서 공통적으로 보수적이거나 나아가 수구적이라고도 평가될 수 있을 것이다. 반면에 세 가지 차원에서 가장 진보적이라고 할 수 있는 새로운 정치지향으로 '생활민주주의'에 주목할 수 있다.

생활민주주의는 시민의 삶 속에 형성된 자율적 공공성을 기초로 지자체나 중앙정부의 공적 질서가 결합됨으로써 개인의 생활세계를 자아실현적 공공성의 질서로 재편하는 이른바 '생활 공공성'의 핵심 이념이다. 생활민주주의는 국가 공공성의 위계적이고 통제적인 수직권력 구조를 넘어서 생활세계의 다양한 쟁점을 분산적이고 협업적으로 네트워크화한다는 점에서 수평권력 지향적이다. 다른 한편 생활민주주의는 민주적 가치가 개인으로부터 외재화된 제도나 권력체계에 반영되는 데 머무는 것이 아니라 개인의 실존적 삶의 영역에 민주주의가 실질적으로 내재화된 훨씬 더 급진적 민주주의의 지향이라고 말할 수 있다. 민주주의가 개인의 생활공간에 내재화된다는 것은 다른 무엇보다도 자아실현의 수준이 높은 정치를 의미하기 때문에 생활민주주의는 삶에 내면화된 민주주의라고도 할 수 있다. 더 나아가 생활민주주의는 생태민주주의를 포괄하는 정치지향일 수 있다.

모든 생태적 존재의 자아와 자유를 인정하고 이를 자연적 존재의 공존적 삶을 구축하는 근본으로 간주한다면 인간과 자연환경의 접촉지점은 '생활'이라고 말할 수 있다. 지구생태의 파괴와 이로 인한 문명붕괴의 핵심요인은 인간의 사회적 관계와 문명화된 생활이다. 따라서 다른 무엇보다도 가장 고등한 동물로서의 인간의 '생활'이야말로 지구생명권을 파괴시키는 요인이자 동시에 생명권을 복원시킬 수 있는 근원적 지점이기도 하다. 지구생명권을 복원시킬 수 있는 '생활'은 생태지향적이어야 한다는 점에서 '생활'에는 생태가치가 내재되어 있다. 이러한 점에서 생활민주주의는 생태적 자아를 실현하는 높은 수준의 생태민주주의라고도 할 수 있는 것이다.

생활민주주의는 민주적 가치가 실질적인 개인의 삶에 내면화된다는 점에서 대의적 제도와 위임권력으로 구성된 정치행정 질서나 경제적 제도로 구성된 시장질서에 민주주의가 구현된 '체계민주주의'와 대별되는 정치형태이다. 또 생활민주주의는 일상의 미시적 삶에 민주적 가치가 구현되었다는 점에서 대의적 거시제도에 구현된 민주주의와는 구별되는 '미시민주주의'의 질서라고 할 수 있다. 나아가 제도의 수준에서 작동하는 체계민주주의나 거시민주주의가 개인적 삶에 외재적인 민주주의라고 한다면 생활민주주의는 '내재적 민주주의'라고도 말할 수 있는 것이다. 이제 새로운 정치스펙트럼의 주요한 지표들을 수평권력 지향성, 자아실현성, 생태지향성 등으로 둔다면 기존의 냉전적 이념정치에서 보수, 중도, 진보의 스펙트럼은 이 같은 새로운 정치적 가치와 이념의 지표로 재구성되어야 한다.

2) 생활민주주의 정치세력화와 생활정당 프로젝트

분산혁명의 실천적 이념을 생활민주주의라고 한다면 생활민주주의는 정치경제체계의 수준에서 제도영역을 변화시키는 동력으로 작동할 수 있다. 다른 한편 생활민주주의는 시민사회 수준에서 지구적 네트워크를 추구하는 운동이나 지역에서의 새로운 삶을 실현하는 다양한 생활 공공성 운동으로 전개될 수도 있다. 이 같은 분산혁명의 실현에서 가장 중요한 것은 생활민주주의의 운동과 실험을 추구하는 네트워크를 시민사회에서부터 제도 정치경제영역으로 확산시키는 것이다. 이러한 확산의 가장 확실한 효과는 무엇보다도 정치세력화를 통한 생활민주주의 세력의 집권을 통해 확보할 수 있다. 수직권력 지향적이고 국가주의적이며 반생태주의 정치권력을 생활민주주의 정치세력으로 교체하는 일이야말로 가장 효과적인 분산혁명의 실천방식이라고 말할 수 있다.

정치권력 교체를 실질적 목표로 하는 분산혁명의 전략은 다른 무엇보다도 생활민주주의를 이념으로 하는 '생활정당 프로젝트'에 주목해야 한다. 오늘날 대부분의 정당정치는 시민의 참여나 젊은 세대로의 확장이 단절된 한계적 상황에 와 있다. 진보진영이든 보수진영이든 거대정당은 수직권력적이고 폐쇄적이며 국가주의적이고 반생태주의적 존재가 되고 말았다. 특히 한국의 정당은 여전히 지역에 기반을 둔 지역정당, 정치이익을 나누는 데만 집착하는 카르텔정당, 냉전적 가치에 고착된 이념정당의 수준을 넘어서지 못함으로써 이제 박제된 근대의 유물로 전락할 위기에 직면해 있다. 다른 무엇보다도 생활민주주의를 추구하는 생활정당 프로젝트는 이 같은 정당정치의 위기를 넘어 시민의 삶에 뿌리를 둔 새로운 정당모델을 구축하는 과제라고 할 수 있다.

첫째, 생활정당은 수직적 권력구조를 해체하는 '수평권력정당'이 되어야 한다.

20세기 초 로버트 미헬스의 독일 사민당 분석에서 강조된 이른바 '과두제의 철칙'(Michels, 1966)이 실제로 21세기 오늘의 정당에도 여전히 유효한 현실은 정당과 시민의 간격을 극단적으로 벌려 놓는 핵심적 요인이다. 특히 한국의 정당은 정당 자체의 권력구조도 대단히 수직적이지만 집권할 경우, 대통령을 정점으로 하는 실질적인 수직권력 구조를 구축함으로써 정당의 독립적 기능을 상실하고 마는 경우가 대부분이다. 생활정당은 일반당원을 넘어 시민들과도 정당권력을 공유하는 수평권력 지향적이어야 한다.

둘째, 생활정당은 정치가 시민의 자아실현성과 생활 공공성의 수준을 확장하는 '생활이슈정당'이 되어야 한다.

이제 정당은 시민들의 정치적 관심을 모으는 다양한 결사체 가운데 하나가 될 가능성이 점점 더 높아지고 있다. 따라서 시민들의 자발적 결사가 다양하게 팽창하는 현실에서 시민의 관심을 모으지 못하는 정당은 더 이상 시민사회에 뿌리를 둔 정치적 결사라고 할 수 없다. 따라서 생활정당은 소수 엘리트 정치인들만이 전유하는 엘리트 정당이 아니라, 시민들이 어려움에 봉착한 삶의 문제, 즉 생활이슈를 중심으로 시민의 관심을 결합하는 구조를 갖추어야 한다. 시민들은 생활정당에 연결됨으로써 삶의 문제가 해결되고 자아실현의 수준이 확장되는 것을 경험하는 생활이슈정당이야말로 새로운 정당의 지향점인 것이다.

셋째, 생활정당은 다른 무엇보다도 '사회생태정당'이 되어야 한다.

생활정당이 설정하는 생활이슈는 사회생태적 기반을 가짐으로써 자아실현적이고 자아확장적인 생활이슈들이 생태적 삶에 근거한 것이 되어야 한다. 그런 점에서 생활정당이 추구하는 자아실현의 정치는 인간을 포함한 다양한 자연생태적 존재들의 생태적 자아를 포괄한다. 따라서 생활정당은 환경이슈나 에너지 문제 등을 정책적으로 취급하는 수준을 넘어, 생활정당의 결사체 네트워크를 생태적 자아를 실천하는 생활 공공성 네트워크로 확장함으로써 자연과 인간의 '자유' 실현을 지향해야 한다.

생활정당이 이처럼 수평권력정당, 생활이슈정당, 사회생태정당의 모습을 갖추기 위해서는 몇 가지 새로운 정치적 실천과제가 고려되어야 한다.

첫째는 '네트워크 정치'를 실현해야 한다.

분산혁명의 정치는 무엇보다도 집중화된 권력을 수평적으로 전환함으로써 실현되는데 위계적 정당권력구조를 수평권력으로 전환하는 데는 네트워크 정치가 가장 효과적이다. 고도로 분권화되고 분산된 정치단위들이 네트워크로 연결되고 네트워크상에서 소통함으로써 네트워크 정치는 수평권력을 실현할 수 있다. 아울러 네트워크 정치는 시민사회의 가장 절실한 생활이슈들을 중심으로 생활정당 내에 다양한 플랫폼을 구축함으로써 시민들의 실질적인 요구를 결합하는 핵심적 수단이 될 수 있다. 네트워크 정치는 사회생태정당을 실현하는 수단이기도 하다. 생활정당은 시급한 생태적 이슈를 네트워크로 소통시킬 뿐만 아니라 사회생태주의를 지향하는 공동체 실험이나 운동주체들을 상시적인 네트워크에 결합시키기도 한다.

둘째, 생활정당은 '협업정치'를 통해 실현될 수 있다.

단일한 중앙집중적 위계 정치를 해체하게 되면 생활민주주의의 실천은 제도정치영역과 시민사회에 분산된 다양한 정치 행위자들 간의 협업구조를 갖추어야 가능하다. 이러한 협업정치는 수평권력의 수준을 높일 뿐만 아니라 다양한 생활이슈를 제기하고 해결할 수 있는 부문 간의 협력을 근간으로 삼는다. 사회생태적으로도 협업정치는 가장 긴요한 정치행태라고 하지 않을 수 없다. 생활정당은 이른바 대륙협업정치, 국내협업정치, 지역협업정치 등 다양한 수준에서 협치(*governance*)를 제안하고 실천할 수 있는 실질적 프로그램의 제공이 있어야 한다.

셋째, 생활정당은 '현장정치'를 수단으로 구현되어야 한다.

새로운 생활정당이 시민의 실질적 삶과 분리되지 않기 위해서는 무엇보다도 삶의 현장과 결합되어 있어야 한다. 정당이 생활현장에서 시민 스스로의 자아를 실현할 수 있도록 매개할 수 있을 때 기존의 정치 패러다임은 바뀔 수 있다. 생활정당은 네트워크와 협업의 구조를 통해 언제나 생활현장에서 움직이는 정당이 되어야 한다. 정당과 정치인이 어렵고 고단한 삶을 사는 시민들을 삶의 현장에서 끌어안고 공감하는 정치를 실천할 수 있는 것은 생활정당의 가장 강력한 무기라고 할 수 있다. 현장정치의 과정에서 시민이 권력이라는 점을 확인시킴으로써 수평권력을 실천하고, 생활현장에서 제기되는 이슈를 중심으로 생활정당의 정책마당을 만듦으로서 생활이슈정당을 실천할 뿐 아니라 사회생태적 현장을 정치화함으로써 사회생태정당 또한 실현할 수 있게 된다.

생활정당은 정치가 곧 삶인 정당이며 정치가 생활의 문제를 해결해주는 일종의 문제해결형 정당이라고도 말할 수 있다. 생활정당은 다른 무엇보다도 분산혁명을 정당정치에서 실현하는 방식으로 기존의 근대적 정당질서의 외연을 획기적으로 확장할 뿐만 아니라 정치의 외연을 크게 확장하는 정당정치의 혁신모델이라고 할 수 있다.

이처럼 정치와 정당의 외연을 확장하기 위해서는 일원화된 당원구조를 해체하고 네트워크와 플랫폼 회원도 당원의 새로운 범주로 포함함으로써 당원의 유형을 다양화할 필요가 있다. 아울러 시민사회의 생활공공성 운동 세력의 네트워크를 생활정당에 결합하는 것도 필요하다. 정당과 정치의 외연을 확장시키는 데는 소통의 기술 또한 정교화할 필요가 있다. 특히 우리 시대의 대중을 생활정당으로 결합하기 위해서는 좌우의 이념담론이나 민족주의나 민주주의의 거시문법이 아니라 생활민주적 언어와 문법을 활용해야만 한다. 생활정치적 언어, 수평권력적이고 공감적 언어를 통해 소통하는 방식은 최근 한국에서 거대한 공감을 이룬 '안녕들 하십니까?'라는 대자보가 시사하는 바 크다.

생활정당의 외연을 확장하기 위해서는 생활민주주의 이념을 기반으로 하는 생활민주세력을 진보 정치세력의 구심으로 재구성하는 전략이 요구된다. 한국 정치에서 분단의 질서에 기대어 적대적으로 공생하는 극단적 이념세력을 제외한 합리적 정치세력들이 생활민주주의의 이념적 지향을 공유하면서 새로운 진보세력을 구성해야 하고 이를 위해서는 일종의 '생활민주 대연합'이라는 새로운 정치세력화가 추진되어야 한다. 현 시점의 한국정치는 구 패러다임의 정치에 대한 국민적 불만은 팽만해있으나 대안적 정치에 대한 적극적 지지는 유보된 형국이다. 여기에는 새로운 정치 패러다임의 '내용'을 명확하게 제공하지 못하는 현실이 중요한 요인으로 작용하고 있다. '생활민주주의'를 기반으로 하는 공적 질서의 재편은 이런 점에서 새로운 정치 패러다임으로 구체화될 수 있다.

3) 생활민주주의와 공감교육 프로젝트

생활민주주의에 바탕을 둔 분산혁명을 가장 원천적으로 이루는 방안은 교육을 통한 실천이다. 오늘날 공식적인 교육제도 안에서 진행되는 교육은 개인의 업적적 성취를 지향하며, 경쟁지향적이고 성과주의에 몰입해 있다. 특히 대부분의 공식교육은 글로벌 자본주의 시장 질서에 적응하는 인간을 만드는 것이야말로 교육의 실질적 목적이자 기능으로 이해되고 있다. 따라서 교육체계 자체가 수직적으로 구조화됨으로써 경쟁과 대결을 확대시키는 엘리트 교육으로 집중화되는 것이다. 교육체계를 생활민주주의 이념을 기초로 재편함으로써 분산혁명을 추구하는 실천방식을 '생활민주교육' 프로젝트라고 할 수 있다면 이러한 프로젝트는 교육시스템 전체를 경쟁의 프레임이 아니라 '공감'의 프레임으로 재구성하는 시도라고 말할 수 있다. 생활민주주의를 추구하는 공감교육 프로젝트는 다음과 같아야 한다.

첫째로 '수평교육'을 강조할 수 있다.

공감교육 프로젝트에서 강조되는 지식은 문화적으로 전달된 유산이나 축적된 자원이 아니라 사람들 사이에 분산적으로 공유되는 경험이라고 할 수 있다. 이 같은 지식이 공유되는 과정은 기존의 하향식 교육이 아니라 수평교육으로 가능하다. 무엇보다도 교사가 지식을 전수하고 그것을 학생들이 수용하는 방식이 아니라 학생들이 공동의 과제에 참여함으로써 학습과정을 공유하게 된다. 이 같은 공감의 교육에서 지식은 사회적 구성물, 즉 학습공동체의 구성원들 이 합의한 견해이다

(Bruffee, 1999: 66). 이른바 피어투피어 학습과 같은 수평교육은 독자적 자아보다는 상호의존적 그룹에 주목하는데 여기서 학습은 더 이상 교사라는 권위적 존재와 학생 간의 고립된 경험이 아니라 공동체의 경험으로 바뀌게 되는 것이다. 교사들은 과제를 부여한 후 학생들이 스스로 지식 공동체를 조직하도록 하고 물러난다. 학생들은 의견을 교환하고 서로에게 질문을 던지고 상대방의 분석을 비판하고 서로의 의견을 기반으로 사고하며 머리를 맞대고 합의를 도출하게 된다(Brown et al., 1993).

둘째로 공감교육 프로젝트는 '생활 공공성 교육'을 강조한다.

'생활'의 공간은 개인의 실존적 공간에 머물지 않고 공공적 요소로 전환되는 순간 개인의 기본적인 삶의 욕구 충족과 아울러 자아실현의 과제까지 공공적으로 구성됨으로써 공공성의 공간이 된다. 이처럼 공감의 교육은 다른 무엇보다도 개인의 생활이 공적 공간으로 재구성되는 생활 공공성의 질서를 체험하고 공유하는 과정을 포함한다. 생활 공공성의 네트워크 속에서 개인은 공감의 능력을 학습하고 이렇게 증대된 공감의 능력은 생활민주주의를 진전시키는 실질적 기초가 될 수 있다.

셋째로 공감 교육은 생태적 자아를 바탕으로 삼는 '사회생태교육'을 지향한다.

개인의 '생활' 영역은 자아를 실현시키고 확장시키는 사회적 공간이다. 개인의 생활공간은 생활 공공성의 질서에 기반을 둔 사회적 공감을 생태적 존재에 대한 생태적 공감의 구조로 확장시켜야 하며, 개인의 사회적 자아를 생태적 자아로 확장시켜야 한다. 공감의 확장을 통한 자아의 확장은 다른 생물에 대한 정서적 동질감을 가짐으로써 가능하다. 이러한 정서적 동질감은 다른 생명체와 아울러 생태계와 생명권 자체로까지 확장될 수 있는 것이다(Bragg, 1996: 93~108). [9] 이 점에서 공감교육이 기존의 교육내용을 획기적으로 확장하는 지점이 바로 사회생태교육이라고 할 수 있다.

수평교육과 생활 공공성교육, 사회생태교육을 내용으로 하는 공감교육 프로젝트는 보다 구체적으로 몇 가지 주요 전략적 수단을 채택함으로써 실현가능하다. 말하자면 네트워크 교육전략과 협업교육전략, 그리고 생활현장교육전략이 그것이다. 먼저 네트워크 교육체계는 학습공동체의 외연을 지구적으로 확장함으로써 수평교육을 가능하게 하는 시스템이라고 할 수 있다. 학생들은 인터넷을 비롯한 뉴미디어를 통한 글로벌 학습 환경을 만들고, 서로 다른 문화권의 학생들이 가상 교실에서 만나 공동의 과제에 참여함으로써 수평적 학습의 경험을 공유할 수 있다. 이러한 네트워크는 생활 공공성 교육과 사회생태교육을 포함하는 다양한 콘텐츠를 중심으로 운영될 수 있다. 네트워크를 통한 공감교육은 다른 무엇보다도 분산적이고 협업적 시스템을 갖게 된다. 이러한 협업교육전략을 통해 학생들은 훨씬 더 공감능력이 확장되고 깊어진다. 글로벌 네트워크를 통해 학습환경은 지구적으로 확대되고 나아가 지구생태적 자아를 확인하는 한편, 현실적 생활의 공간이라고 할 수 있는 지역 생활현장이 중요한 학습 환경으로 작동하게 된다. 지역에서 생활 공공성의 현장을 학습함으로써 공감의 능력은 크게 증대할 수 있다.

이 같은 공감교육 프로젝트는 공교육 제도 영역에서 실현될 수 있다면 보다 이상적이지만 현실적으로 획기적 계기가 마련되지 않으면 쉽게 실천되기 어렵다. 따라서 현실적으로 공감교육 프로젝트는 다양한 사회적 공간에서 실험적으로 실천되는 경향이 있다. 제도영역 내에서

---

9 이러한 공감의 확장을 심리학이나 정신의학에 촉구함으로써 '생태심리학'이나 '환경을 염두에 둔 정신건강' 등을 강조하기도 한다(Roszak, 1992; 1996).

는 공교육을 자극하는 청소년들의 부가적인 교육 프로그램이나 실제로 정책을 집행하는 공무원들에 대해 공감교육 프로젝트를 적용하는 것도 의미 있는 실천이라고 할 수 있다.

오늘날 대안교육의 다양한 실천양식들이 확대되고 있지만, 제도영역에서 경쟁교육을 보완하는 공감교육 프로젝트의 사례에도 주목할 수 있다. 예컨대 서울시 성북구〔구청장 김영배(金永培)〕와 고려대 한국사회연구소가 협업으로 운영하는 '공공성 아카데미'는 공감교육 프로젝트를 지향하고 있다.[10] 생활민주주의를 근간으로 하는 분산혁명의 시대적 변화는 누구보다도 공직자들이 사회변동을 이해하고 정책변화를 주도함으로써 획기적으로 진전될 수 있다. 특히 지역 생활현장에 뿌리를 둔 지자체에서 이러한 공감교육 프로젝트는 시급한 과제라고 하지 않을 수 없다. 성북구청 공직자를 대상으로 하는 공감교육 프로젝트로서의 공공성 아카데미는 수평교육과 생활 공공성교육, 사회생태교육을 추구한다. 아직은 이러한 콘텐츠의 완성도가 높지는 않지만 교육생의 평가와 학습참여를 바탕으로 이러한 콘텐츠의 구성을 지향하고 있다. 주요 프로그램에서 피교육생인 공직자들의 행정경험을 학습경험으로 공유함으로써 공직분야별 공감과 공무원과 주민간의 공감을 확장하는 생활민주주의 교육으로 발전될 수 있을 것이다. 특히 네트워크 교육과 협업교육, 현장교육의 방식을 훨씬 더 효과적으로 활용함으로써 공감교육을 실질적으로 강화할 수 있다.

다른 한편, 중고등학교 청소년을 대상으로 하는 공감교육 프로젝트는 현재 민주화운동기념사업회가 추진 중인 '청소년 사회참여대회'를 정규 공교육의 부가적 프로그램으로 활용할 수 있는 사례로 들 수 있

---

10 이 프로그램의 원명은 '생활민주주의 시대 공직자를 위한 공공성 아카데미'이다.

다. 이 대회는 학생들이 자기 지역의 정책적 과제를 선정하여 해결방안을 구체화시키는 과정을 보여주는데 이를 준비하는 절차는 모범적인 공감교육의 과정으로 평가할 수 있다. 학생들은 정책적 아이디어를 제시하고 문제해결 방안을 찾는 과정에서 수평교육을 구현하고 있으며, 생활 공공성의 가치를 확인한다(민주화운동기념사업회, 2013). 여기서 제안되는 대부분의 정책과제는 생태적 문제에 대한 관심을 공유함으로써 공감교육의 가치를 높이고 있다. 이러한 방식은 지자체별로 공교육 프로그램과 접목해서 지역 생활현장과 교육을 접목시키는 새로운 모델을 개발할 수도 있을 것이다. 생활민주주의에 바탕을 둔 공감교육 프로젝트는 다양한 영역에서 다양한 실험으로 시도될 수 있다.

6. 결론: 이중서사의 시대를 넘어

우리 시대에는 두 가지 문명의 서사가 공존하고 있다. 국가주의와 자본주의시장경제, 경쟁과 이익, 효율의 문화가 한 축을 이루는 집중문명의 서사가 지속됨으로써 극단적으로 양극화된 불평등 질서를 드러내고 집중화된 에너지체계와 그로 인한 생태파괴는 지구문명의 붕괴라는 거대한 위기를 우려하게 한다. 다른 한편 협력과 공존, 공감과 공생의 가치를 추구하면서 분산과 협업의 정치경제질서를 지향하고 지속가능한 생명권을 확보하고자 하는 분산문명의 서사가 확산되고 있다. 분산문명의 서사는 지구생태주의라는 초거대 담론의 흐름과 함께 그 실천방식에서는 미시적 삶을 획기적으로 전환시키는 미시정치적 실천으로 전개되고 있다.

이 글은 이 같은 이중서사의 시대를 넘어서기 위한 실천적 과정을 '분산혁명의 정치'로 설명하고자 했다. 분산혁명의 정치는 분산문명을 집중문명의 대안적 질서로 주류화시키고자 하는 다양하고도 폭넓은 프로젝트라고 말할 수 있다. 집중문명이 초래한 갈등과 분쟁, 공동체 해체와 생태파괴의 현실이 문명붕괴를 예고하는 현실에서 분산혁명은 시대적 과제이자 지구적 과제라고 하지 않을 수 없다. 분산혁명의 정치는 다른 무엇보다도 중앙집권화된 집중문명을 움직이는 위계적이고 수직적인 하향식 권력구조를 해체함으로써 네트워크화되고 협업적 질서를 지향하는 '수평권력 프로젝트'이다. 아울러 분산혁명은 집중문명이 드러내는 집권적이고 타자화된 질서를 개인의 실존적 삶에 결합시킴으로써 생활 공공성의 공감적 질서를 확대하는 '자아실현 프로젝트'라고 할 수 있다. 나아가 분산혁명의 정치는 집중문명을 분산적 사회질서로 전환시킴으로써 파괴된 지구생태를 복원시키고자 하는 '사회생태 프로젝트'이기도 하다.

수평권력 프로젝트, 자아실현정치 프로젝트, 사회생태정치 프로젝트로 구체화된 분산혁명의 실천적 이념은 집중문명을 구현했던 자유민주주의나 사회민주주의의 대의적 질서를 넘어서는 '생활민주주의'를 강조할 수 있다. 집중문명의 대의적 제도에서 개인의 생활은 언제나 사적이고 실존적인 영역으로 공공적 영역과는 분리되었다. 그 결과 집중문명이 고도로 성장한 극단적 양극화 사회에서 개인의 삶은 공공적인 것에서 배제되고 정치에서 분리되어 마침내 해체되고 마는 현실을 초래하게 된 것이다.

분산혁명의 정치는 무엇보다도 조화, 협동, 공리, 공생, 공감 등의 가치가 실존적 삶의 본질이라는 점을 체득함으로써 개인의 '생활'을 국가 공공성의 질서가 아니라 자율적 공공의 윤리로 재구성하는 데 주목한다. 적어도 공감과 공생, 협동과 조화의 윤리가 개인의 생활을 자아실현적이고 자아확장적인 것으로 만들 수 있으려면 무엇보다도 민주주의의 원리가 개인의 삶과 분리된 제도로 작동하는 것이 아니라 자아실현의 제도로 삶에 내면화되어야 한다. 생활민주주의는 개인의 삶이 자아의 실현과 확장을 통해 민주주의적으로 재구성되는 사회체제이자 삶의 체제라고 말할 수 있다. 분산문명의 새로운 정치지향으로서의 생활민주주의는 개인의 삶에 공공적 질서가 내면화된 질서이며, 미시정치적 실천과 초거대 지구생태 담론의 결합지점이기도 하다.

분산문명의 실천적 정치이념으로서의 생활민주주의는 개인이 살아가는 사회적 삶의 공간, 즉 가족, 직장, 지역, 국가, 지구적 수준에서 생활 공공성의 범주를 더욱 확장시키는 정치프로젝트라고 말할 수 있다. 자유민주주의와 사회민주주의는 대의적 질서 속에 구조화된 정치

행정체계와 경제체계에 민주주의가 구현되어 있다는 점에서 '체계민주주의'라고 규정할 수 있다면, 생활민주주의는 체계민주주의의 대안적 질서라고 할 수 있다. 나아가 개인의 생활세계와는 유리된 제도와 절차로 구성된 체계민주주의를 '거시민주주의'라고 할 수 있다면, 생활민주주의는 삶의 표현과 실현에 주목하는 '미시민주주의'라고 말할 수 있다. 또한 대의적으로 작동하는 거시체계의 민주주의를 개인의 삶에 외재된 절차와 제도로 존재하는 민주주의라는 점에서 '외재적 민주주의'라고 한다면, 생활민주주의는 우리 삶에 공공적 질서로서의 민주주의가 내재화된 '내재적 민주주의'라고도 할 수 있을 것이다.

분산혁명과 생활민주주의는 지역적, 지구적 수준에서 이미 왕성하게 확산되고 있다. 그 실천사례들을 이 글에서는 정치경제영역의 실천과 시민사회영역의 실천으로 구분하고 전자의 경우 대륙협업정치와 네트워크 협업경제에 주목했으며, 후자의 경우는 지역공동체에서 전개되고 있는 생활 공공성 운동의 다양한 형태에 주목했다. 이러한 사례에는 분산혁명의 정치가 지향하는 수평권력정치, 자아실현정치, 사회생태정치의 핵심내용들이 적극적으로 구현되고 있다.

이제 한국사회로 눈을 돌리면 분산혁명의 정치와 생활민주주의의 전망은 그리 밝지 않은 현실을 보게 된다. 물론 한국 사회에도 시민사회영역에서 분산혁명의 정치는 다양한 생태 및 생활공동체 운동으로 전개된지 오래되었다. 문제는 제도정치영역의 분산혁명은 기대하기 어려운 현실이라는 점이다. 집중문명이 초래한 사회경제적 위기와 나아가 지구생태의 위기에 대한 현실인식이 좀처럼 정치혁신의 실마리를 만들어내지 못하고 있는 것이다. 오히려 한국사회의 경우 한반도를 배회하는 냉전의 '유령'이 정치적 이익에 따라 언제든지 이념의 '좀비'를 양산함으로써 분산혁명의 역사적 요구는 언제나 장외의 희망으로 간주되었다.

집중문명이 초래한 인류문명 붕괴에 관한 과학적 예측들이 쏟아지는 것은 우리에게 사회의 구성방식과 삶의 선택을 변화시켜야 한다는 강력한 메시지다. 따라서 우리에게 새로운 삶의 방식에 대한 선택은 참으로 시급한 과제가 아닐 수 없다. 무엇보다도 이러한 과제는 새로운 정치적 선택으로 실현되는 것이 가장 효과적이다. 그러나 한국의 정치현실은 여전히 냉전의 계곡에 갇혀 있다. 집권 세력을 위협하는 어떠한 진보의 목소리도 용납하지 않고 이른바 '종북'(從北)으로 몰아 냉전이념의 프레임에 국민들을 가두고야 마는 정치가 이러한 프레임으로부터의 '역사적 탈출'을 용납하지 않고 있는 것이다.

한국 정치 프레임의 역사적 탈출은 무엇보다도 냉전적 이념의 스펙트럼을 분산혁명과 생활민주주의의 새로운 정치스펙트럼으로 재구성해내는 데 달려 있다. 수평권력 지향성과 자아실현 지향성, 사회생태 지향성 등을 지표로 하는 새로운 정치지형이 다양한 정치세력들의 새로운 정치적 위치로 자리매김되어야 한다. 그렇게 될 때 생활민주주의를 지향하는 '생활민주세력'들이 바로 새롭게 재구성된 진보진영으로 등장할 수 있다.

수평권력과 생활 공공성, 사회생태 정치를 지향하는 모든 영역들이 생활민주주의를 기반으로 하는 완전히 새로운 진보로 재구성되기 위해서는 무엇보다도 생활민주세력의 네트워크가 확산되어야 하고 이를 바탕으로 하는 '생활민주연합'이 모색되어야 한다. 나아가 이러한 생활민주연합은 수평권력정당, 생활이슈정당, 사회생태정당을 지향하는 '생활정당' 프로젝트를 주도하는 세력이 될 수 있어야 한다. 네트워크 정치, 협업정치, 생활현장정치를 실천한 생활정당은 분산혁명과 생활민주주의의 강력하고도 새로운 거점이 되어야 한다. 분산혁명의 시대에 한국정치의 대전환이 시급하다.

생활과
공공성

2

사회구성적 공공성의 논리와 미시 공공성의 구조 **04**

1. 서론: 왜 공공성인가?

사회적 삶, 혹은 사회구성의 질서를 공적인 것과 사적인 것으로 구분하는 이른바 '거대한 이분법'(Bobbio, 1989: 1~2)은 인간의 집단적 공존을 위한 공동체적 삶의 출현과 동시에 시작되었다고 할 만큼 오랜 기원을 갖는다. 인류의 삶에서 개인의 욕망을 규제하는 공동체의 윤리가 오히려 개인적 자유의 보장을 위해서도 필요하다는 사실을 터득하는 과정은 공적 질서가 체계화되는 과정이었다. 공동체의 통합과 유지를 위한 공적 질서는 무엇보다도 개인과 집단을 통제하는 공권력의 존재를 분화시켰고, 이러한 공권력은 고대와 중세, 근대를 거치면서 유형을 달리하는 정치권력구조로 나타났다. 17, 8세기를 지나면서 영토적 경계와 정치이념, 권력구조가 뚜렷이 체계화된 근대 국민국가는 가장 강력하게 중앙집중적으로 구축된 공적 질서로 자리 잡았다. 이 시기 이후 사회구성의 질서 가운데 국가영역은 그것 자체가 곧 전체사회의 공적 질서를 지칭하는 것으로 이해되었다.

특히 19세기 이래의 사회주의와 자유주의, 파시즘의 이념대결과 주요 중심부국가의 식민지개척 그리고 이에 저항하는 민족해방투쟁, 두 차례의 세계적 규모의 전쟁을 거치면서 민족국가체계는 강화되었고, 1930년대 대공황 이후 케인지안 국가의 확대와 2차 대전 이후의 냉전구조는 적어도 일국 내에서는 국가 공공성이 점점 더 강력하고도 폭넓은 공적 질서의 중심으로 구축되게 했다.

이처럼 확장된 국가중심의 공적 질서는 1980년대에 와서 해체의 조짐을 보이면서 점점 더 그 경향을 가속화했고, 오늘날 '공공성 위기'의 담론이 보편화되기에 이르렀다. 공공성의 위기적 현실은 국가 공공성의 해체를 의미했고, 공동체 존립의 위기를 예고하기도 했다. 국가기능의 위축에 따른 사회의 시장화 경향은 사회통합의 질서로서의 공공성이 위기에 직면했다는 사실에서 한 걸음 더 나아가 사회의 죽음을 동반하는 공동체 존립의 위기를 우려하게 했다.

공공성의 위기적 징후는 대체로 1980년대 이후 전개된 시장화, 정보화, 민주화 등 지구적 사회질서의 거대 전환과정에서 확대되었고 1990년대 이후 약 20년 동안 위기는 극대화되었다. 이 같은 공공성의 위기를 자극했던 주요 경향들로는 무엇보다도 다음과 같은 세 가지 거대 사회변동에 주목할 수 있다.

첫째, 오늘날 공공성 위기의 핵심요인은 신자유주의 시장화 경향에 있다.

1970년대 오일 쇼크와 경기침체에 따른 국가재정 위기에 대응하기 위해 '대처리즘'과 '레이거노믹스'로 등장한 신자유주의 정책은 1980년대 이래 약 30년 이상 세계경제의 주류 프레임이 되었다. 신자유주의

정책은 국가재정 지출의 삭감, 기업규제 완화 및 경쟁촉진, 금융자유화, 공기업 민영화 등을 적극적으로 추진함으로써 공공부문 개혁을 통한 정부 역할의 축소와 시장영역의 팽창을 가져왔다. 그 결과 금융 불안과 실업확대, 비정규직의 증대, 소득의 불균형과 심각한 부의 양극화, 약육강식의 경쟁적 시장문화의 확산 등으로 귀결된 신자유주의 정책은 국가중심 공적 질서의 위기적 현상을 드러냈으며, 그러한 위기는 곧 공동체적 삶의 위기를 예고했다. 오늘날 지구화 경향의 본질적 내용이라고도 할 수 있는 신자유주의 시장질서의 팽창은 공공성 위기의 핵심요인으로 작용했다.

둘째, 신자유주의 시장화의 동반적 경향으로 탈냉전의 사회변동이 강조된다.

2차 세계대전 이후 1980년대 말까지 약 40년간 지구적 수준에서 형성된 역사국면은 '냉전·국가주의' 프레임의 시기였다.[1] 미국을 축으로 하는 자유주의 진영과 소련을 중심으로 하는 사회주의 진영의 치열한 이념대결이 진행되는 가운데 이 시기 국가 공공성은 군사적으로도 극대화되는 경향을 보였다. 냉전이념은 반민주적 국가억압을 강화하는 요소가 됨으로써 국가 공공성의 강제성을 극대화하는 요인이 되었다. 동구 사회주의의 붕괴와 함께 1990년대 이후 지구적 시간은 '탈냉전·시장주의' 프레임의 새로운 역사국면을 맞았다. 1990년대 이후 탈냉전의 사회변동은 국가 공공성을 지탱하는 강력한 축으로서의 이념이 약화됨에 따라 벌거벗은 시장권력이 제약 없이 팽창하는 결과를 낳았고 국가의 공적 기능은 그만큼 약화되었다. 탈냉전 역사국면으로의 새로운 전환이 공공성의 위기를 추동하는 거대경향으로 작동했다.

---

1 냉전·국가주의 역사프레임의 한국적 특수성은 '분단·국가주의' 프레임으로 부를 수 있다. 이에 대해서는 조대엽(2010)을 참조.

셋째, 오늘날 공공성 위기의 근저에는 현대성의 전환이라는 보다 근원적인 사회변동의 흐름이 자리하고 있다.

1960년대 서구사회에는 경직되고 억압적인 현대성에 저항하는 광범위한 사회정치적 운동들, 새로운 지적 조류들, 나아가 문화적 반란이 폭넓게 전개되었다. 이러한 급진적 경향들은 기존의 사회구조와 관행, 문화, 사고양식에 대해 근본적인 도전을 제기했지만 '68혁명'을 잇는 혁명의 연속적 수행에는 성공하지 못했다. 그러나 1970, 80년대에 전개된 새로운 전자정보통신기술의 폭발적 증가와 자본주의의 재구조화, 정치적 이행과 새로운 문화양식의 대두, 나아가 시공간에 대한 새로운 경험들은 문화와 사회 전 영역에 걸쳐 이미 현대성의 거대한 전환이 이루어지고 있음을 알렸다(스티븐 베스트·더글라스 켈너, 1995: 10~11). 이 같은 현대성의 전환은 이른바 탈현대성의 논리로 설명되기도 하는데 대부분의 현대사회 이론들이 추구하는 전형적인 표상이나 진리, 합리성, 체계, 토대, 확실성, 일관성 등을 해체하고 파괴, 분열, 탈중심화, 치환, 차이, 불연속, 어긋남, 사라짐, 탈정의, 탈신비화, 탈총체화, 탈정당화 등의 새로운 설명방식을 채택하게 했다(스티븐 베스트·더글라스 켈너, 1995: 329~330). 현대성의 전환과 탈현대성의 논리 속에서 적어도 현대적 사회질서의 사회통합적 기능을 담당하는 공공성의 구조는 현실적 전환의 과정에서 해체적 경향을 갖거나 이론적 해체가 시도되기도 했다. 국가라는 단일하고 거대한 구조에 의해 지탱되던 통합의 체계로서의 공공성의 질서는 현대성의 전환에 따른 위기와 도전에 직면했다.

공공성의 위기적 현실을 가져온 이 같은 거대경향들 가운데 신자유주의의 거침없는 공세는 2008년 미국의 거대 투자은행인 '리먼 브라더스'의 파산과 함께 순식간에 확산된 세계금융위기로 인해 마침내 제동이 걸렸다. 2011년에는 위기관리 과정에 분노한 시민들이 '월가를 점령하라'는 구호와 함께 월스트리트 시위를 전개했다. 이 시위는 곧 '1%에 대한 99%의 저항'이라는 프레임으로 세계적 반신자유주의의 흐름을 주도했다. 이제 2008년 세계금융위기 이후 각국 정부는 고용회복과 양극화해소, 금융규제 등을 통한 국가의 역할을 새롭게 모색하고 있다. 그럼에도 불구하고 지구적 수준의 경제위기는 여전히 진행 중이다. 아울러 지구적 수준의 경쟁적 질서가 비경쟁적 일국체제로 회귀할 수 없는 조건 속에서, 그리고 정치권력에 대한 불신과 국가도산의 현실 속에서 국가의 역할이 현실의 공공성 위기를 극복할 수 있을 것으로 전망하기는 쉽지 않은 일이다.

공적 질서의 불안이 지구적 수준으로 확산되는 오늘날, 사회질서의 축이자 사회통합의 구심이라고 할 수 있는 공공성의 위기적 현실 혹은 기존 공공성의 실패는 어쩌면 기존 사회과학의 실패를 의미하는 것인지도 모른다. 특히 공공성의 해체적 징후를 공공성의 재구성 과정으로 전환시킴으로써 공적 질서의 대안을 모색하는 과제에 직면하고 보면 이 같은 현존 사회과학의 실패는 더 분명한 현실로 다가온다.

오늘날 사회과학은 개인과 집단, 제도 등 분석적으로 명백한 사회구성요소에만 주목함으로써 포괄성과 복잡성, 보편성을 내재한 사회적 실재에 대해서는 분석적 모호성의 이름으로 배제하는 경향이 있다. 공공성의 개념은 이 같은 처지의 가장 특징적 사례라고도 할 수 있다. 이 같은 일종의 공공성 논의 무용론의 근거로는 개념의 모호성과 아울러 서구 주류사상으로서의 개인주의와 자유주의, 다원주의와의 부조화성, 정부 및 정치와 공공성의 동일성 등이 지목된다(Matthews, 1984: 120~125; 백완기, 2008: 18~19; 소영진, 2008: 37~38).

요컨대 공공성은 다른 무엇보다도 개념의 모호성과 규범적 적대성

때문에 적어도 사회과학의 주류적 과제에서 배제되었다. 그러나 문제는 정부나 정치의 단순한 개념으로는 담아낼 수 없는 공적 질서로서의 '공공성'이 사회적 실재로 구성되어 있다는 사실이고, 우리는 이 사회적 실재의 복잡성을 분석적으로 다루는 데 어느 정도의 학술적 노력을 기울였는가에 주목해야 한다.

현대의 과학은 대상세계의 진리를 드러내기 위한 방법적 과정이다. 사회과학은 사회세계의 모호성을 명료하게 설명하는 데에 이바지한다. 현실의 위기와 미래의 비참이 모호한 사회과학적 대상에 결부되어 있다면 사회과학은 모호한 과제에 새롭고도 실천적인 도전을 시도해야 한다. 역사적 국면의 전환에 따른 현실 공동체의 공공성 위기에 직면한 우리 시대에 사회과학의 새로운 도전은 무엇보다도 공공성의 과제에 모아질 필요가 있다.

이 장은 이러한 과제에 대한 일종의 도전으로 두 가지 목적을 추구하고 있다. 하나는 공공성의 범주를 보다 분석적으로 설정하는 것이며, 다른 하나는 공공성의 해체적 현실을 공적 질서의 재구성 과정으로 해석함으로써 그러한 재구성의 핵심적 동력을 분석적으로 설명하는 것이다. 후자의 목적은 대안적 공공성의 질서에 대한 실천적 모색과 결부될 수 있다. 이러한 목적을 위해 이 장은 '사회구성적 공공성'의 논리를 개발하고, 이에 따른 공공성의 분석적 범주화를 시도하며, 사회구성적 공공성이 재구성되는 과정을 현대사회의 공적 질서의 해체를 추동한 현대성의 전환으로부터 포착하고자 한다. 나아가 공공성의 핵심적 질서가 재구성되는 과정을 '미시 공공성'이라는 분석적 개념을 통해 설명함으로써 새로운 공적 질서의 가능성을 전망할 것이다.

2. 사회구성적 공공성의 구조와 논리

1) 공공성의 시각과 범주

공공성(公共性, *publicness*)과 사사성(私事性, *privateness*)은 '사회적 삶의 기본관념'으로 간주되며 대부분의 사회이론에서 보편적으로 구분되는 개념이다(Fay, 1975: 78; Pesch, 2005: 23; Benn and Gaus, 1983: 7). 다양한 정치이론과 사회이론에 제시된 공(公)과 사(私)의 이분법에 관한 시각들은 다음과 같은 몇 가지 내용들로 정리해볼 수 있다.

첫째, 대부분의 공공정책 분석과 일상의 법 및 정치논의에서 지배적인 자유주의 모델에서 공과 사의 구분은 원칙적으로 국가행정과 시장경제의 구분으로 간주한다.

둘째, 고전적 공화주의의 시각 또한 공적 영역은 분석적으로 시장과 행정적 국가영역의 구분에 근거해서 정치공동체와 시민권을 지칭한다.

셋째, 사회사 및 인류학적 저술에서 공적 영역은 유동적이고 다양한 형식의 사회성 혹은 사교성의 장으로 보며, 그러한 장을 가능하게 만드는 문화적이고 극적인 관습을 분석한다.

넷째, 페미니즘 분석의 다양한 흐름에서 공과 사의 구분은 가족과 거시 정치·경제질서의 구분을 반영하고 있다. 이 경우 시장경제는 공적 영역으로 간주되기도 한다(Weintraub, 1997: 7).[2]

이 같은 공과 사의 이분법적 시각은 시장경제를 공공영역으로 간주하는 경우도 없지 않으나, 대체로 공과 사의 관계를 국가와 시장경제의 관계로 보는 경향이 일반적이다. 중요한 것은 여기에 문화와 사회성의

---

2 조대엽(2009: 5~6)에서 재인용.

장을 공공성의 영역으로 간주함으로써 시민사회영역을 공공성의 범주로 확대해서 설명하는 시각이 반영되어 있다는 사실이다. 적어도 공과 사의 이분법적 구획에서는 사적 영역에 포함되었던 시민사회가 공공성의 범주로 부각되면서 공공성 개념은 포괄적이며 복잡성을 드러내고 개념적으로 모호하다는 낙인마저 얻게 되는 하나의 계기가 되었다.

국가, 혹은 정부의 공공행정 영역을 넘어서는 사회구성의 공적 질서는 공공관계(public relations), 공공영역 혹은 공론장(public sphere), 공론성(publicity) 등으로 표현되었다. 공공영역 혹은 공론영역으로도 번역되는 공론장은 공적 영역인 국가영역과 구분되는 사적 영역의 공공 의사소통 질서라고 할 수 있다(조대엽, 2009: 6).

하버마스에 따르면 공론장은 근대 부르주아 시민사회의 모순이 반영된 영역으로 강조되며 이 영역의 공공성을 여론, 격분한 여론 혹은 적절한 정보를 갖춘 여론, 공중, 공개성, 공표 등과 관련된 것으로 본다(위르겐 하버마스, 2001: 15~20).[3] 코헨과 아라토의 경우 국가 및 경제와 구분되는 시민사회의 주요 성격을 다원성, 사생활, 법률성 등과 함께 '공론성'을 강조하고 있다. 여기서 공론성은 문화와 커뮤니케이션의 제도가 갖는 특징을 의미한다(Cohen and Arato, 1992: 346).[4] 공론장이나 공론성은 개인이나 집단, 조직의 관심, 견해, 활동이 미디어나 언론을 통해 드러나는 것이 중요하다는 점에서 공개성의 원리가 강조될 수 있다.

사회구성의 공적 질서를 설명하는 보다 포괄적인 개념으로는 공공관계의 개념에 주목할 수 있다(조대엽, 2007). 공공관계는 개인이나 조직이 공중과 의사소통하는 다양한 상황을 포함할 뿐만 아니라 고용

3 조대엽(2009: 6)에서 재인용.
4 위와 같음.

관계, 투자관계, 기업커뮤니케이션, 공동체 관계 등을 포괄하고 있다 (Beckwith, 2006: 3~4). 따라서 공공관계는 국가나 시민사회의 영역에 한정되지 않고 시장영역까지도 포괄하는 공적 관계를 지칭하는 개념이라고 말할 수 있다. 공공성의 범주는 이러한 공공관계의 범주를 포괄한다는 점에서 보다 보편적 질서이다. 공공성은 공권력과 공공행정 및 시민사회의 공론성 등 국가와 시민사회에 내재된 법적, 제도적 요소를 포함할 뿐만 아니라 시장영역에 내재된 공공관계까지 포괄하는 공적 질서라고 말할 수 있다(조대엽, 2009: 7).

이처럼 공공성을 사회구성의 포괄적 질서라고 할 때 공공성 개념에는 사회를 구성하는 다양한 요소와 복합적 의미구성이 내재되어 있다. 공공성 개념과 관련된 기존 연구는 다음과 같다.

신진욱은 공공성의 분석적 차원을 ① 다수 사회구성원에 대한 영향, ② 만인의 필수생활조건, ③ 공동의 관심사, ④ 만인에게 드러남, ⑤ 세대를 넘어서는 영속성 등으로 구분한다(신진욱, 2007: 30~35).

신정완은 공공성이 함의하는 다섯 가지 의미를 강조하는데, ① 공중의 시선에 대한 개방성, ② 의사결정 과정의 민주성, ③ 기본적 재화와 서비스에 대한 평등한 접근성, ④ 비시장적 원리에 따른 자원배분의 강화, ⑤ 국민적 자산과 사회경제적 의제들에 대한 국민적 통제 등이다 (신정완, 2007: 40~41).

헤이크는 전통적인 공사 구분에 적용되었던 공공서비스의 공공성 판별기준으로 ① 불편부당성, ② 개방성, ③ 평등성, ④ 대표성, ⑤ 독점성과 복잡성의 정도 등을 들고, 이와 아울러 ⑥ 서비스 수혜자의 구성, ⑦ 소유권의 형태나 시민 참여권한의 정도, ⑧ 사회적 영향이나 외부파급의 정도, ⑨ 공적 책임성 혹은 공공통제성, 공적 신뢰성 등을 들고 있다(Haque, 2001: 66~67).

한편 나병현은 공공성의 요소로 ① 국가관련성, ② 공동체 관련성, ③ 공개성, ④ 공익성 등을 강조하며(나병현, 2001), 임의영은 사전적 정의에 따라 공공성의 용례를 ① 정부관련성, ② 공중성, ③ 공식성, ④ 공익성, ⑤ 접근가능성과 공유성, ⑥ 개방성과 공지성 등을 포함하는 것으로 정리하고 있다(임의영, 2003).

또한 백완기는 공공성의 구성요소로 ① 정부적인 것, ② 정치적인 것, ③ 공익성, ④ 공유성, ⑤ 공정성, ⑥ 공개성, ⑦ 인권 등을 들고 있다(백완기, 2008: 23~27).

소영진은 공공성 개념의 사회적 용례를 종합해서 ① 국가와 공공부문 관련성, ② 공동체 관련성, ③ 외부의존성, ④ 민주주의, ⑤ 개방성과 보편적 접근성, ⑥ 평등과 정의, ⑦ 공익성 혹은 공리 후생, ⑧ 신뢰와 권위 등을 강조한다(소영진, 2008: 38~43). 소영진은 이 같은 다양하고 복잡한 공공성의 내용들을 보다 압축적으로 정의하기 위해 공공성의 역사성과 가치성, 규범성에 근거해서 공공성의 가장 기본적 내용으로 평등과 정의를, 그리고 공공성 구현의 제도적 과정으로 민주주의를 강조한다(소영진, 2008: 59~62).

이 같은 공공성의 정의에는 그 다의성을 반영한 다양한 요소가 나열되어 있기 때문에 의미의 중복성과 아울러 분석적으로 서로 다른 차원들이 혼재해 있다. 이러한 복잡성을 넘어서기 위한 시도가 없지는 않으나 주로 특정의 차원을 강조하는 한계가 있다. 따라서 여기서는 공공성을 크게 세 가지 수준으로 나누고 각 수준에서 구분해낼 수 있는 공공성의 주요 구성요소를 찾고자 한다.

첫째, 주체와 가치의 차원에서 '공민성'의 요소를 강조할 수 있다.

'공적 시민'으로서의 공민이 공공성의 주체로 강조되는 것은 근대적 질서로서의 공공성을 의미하는 것과 아울러 민주주의질서로서의 공공성을 함의하고 있다. 먼저 '공공'의 영어표현 public의 라틴어적 기원인 poblicus는 populus에서 파생된 형용사이고, populus는 영어 people의 어원이다. 따라서 공공성의 의미에는 어원적으로 '인민'이라는 요소가 내재되어 있다. 로마의 공화정에서 인민은 국가공동체를 형성하는 주체이고, 인민의 국가라는 의미에서 '공화국'(Republic)의 개념이 도출되기도 했다(조한상, 2009: 17~18). 이 같은 관념은 근대 계몽사상에서 '인민주권'의 개념으로 등장하고 근대 국민국가의 질서에서 국민주권의 개념으로 등장하게 된다. 오늘날 후기 근대의 정치질서에서 공공성의 주체는 국민이라기보다는 오히려 '시민'이라고 설정하는 것이 적절하다. '국민'은 근대 국민국가적 경계와 함께하는 국가구성원으로서의 시민권적 대상이 강조되는 반면, 시민은 이를 넘어서는 공공적 기능의 담당자이자 자율적 주체를 의미하기 때문이다. 나아가 공공성의 범주가 일국적 수준을 넘어 지구적 수준에서도 설정되기 때문에 공적 '시민'으로서의 공민이 강조되는 것이다.

공공성의 주체로서의 공민은 정치공동체의 주체이기 때문에 이는 곧 '민주주의' 질서의 주체를 의미하게 된다. 따라서 공민성의 범주는 공민적 주체를 우선시하는 가치의 수준에서 민주주의를 포괄한다. 이러한 점에서 공공성의 제1요소로서의 공민성은 민주주의 가치와 아울러 정치적인 것, 인권, 위임된 정치체계로서의 정부적인 것 등의 요소를 포괄하고 있다.

둘째, 공공성은 제도와 규범의 차원에서 '공익성'의 요소를 내재하고 있다.

인간의 삶에서 가장 근저에 있는 것은 경제적 요소이다. 공공성의 핵심요소로서의 공익성은 공동체적 삶을 살아가는 데 필요한 경제적 가치 혹은 효용적 편익설비의 요소를 말한다. 그런데 이러한 편익설비가 공동체 구성원에게 기본적으로 필요한 생존의 기초적 자원으로 제공되기 위해서는 공적 관리의 체계가 필요하다. 물, 전기, 연료, 도로, 교통 등 가장 기본적인 인간적 삶에 필요한 공공재와 이러한 재화를 관리 제공하는 제도들이 정부와 공공기관의 영역으로 분화되어 있다. 여기에 정부의 다양한 복지시스템도 포함될 수 있다. 공익적 설비와 제도는 오늘날 정부영역뿐만 아니라 시민사회의 영역에도 다양한 형태로 확대되어 있다. 이 같은 공익적 편익설비와 제도는 무엇보다도 법 규정에 따라 집행된다. 공공의 편익설비와 제도에 대한 규정뿐만 아니라 자본주의사회에서 법질서는 기본적으로 사유재산과 개인의 자유를 보장하는 것이 기본원리이다. 이러한 원리를 실현하기 위해서는 가장 기본적인 공동체의 공익을 보장하는 것이 필수적이다. 이 점에서 법질서는 공익 보장의 핵심적 장치라고 말할 수 있다.

요컨대 공공성의 핵심적 요소로서의 공익성의 범주는 공동체 효용성을 가진 재화로서의 편익설비의 요소와 이의 관리와 통제를 위한 제도로서의 중앙정부, 지방정부, 공기업 및 공공기관 등을 구성하는 물적 요소를 포함한다. 아울러 공익 보장의 강제적 장치와 관련된 사법제도와 경제적 자원의 분배와 관련된 여타의 사회규범 역시 공익성의 범주에 포괄될 수 있다.

셋째, 공공성은 행위의 차원에서 '공개성'의 요소를 포함한다.

공공성 개념은 '공론성'(*publicity*)의 요소가 특히 강조되는데 하버마스의 공론장(*public sphere*) 이론의 핵심적 내용이다. 독일어 표현으로 "Öffentlichkeit"는 우리말로 공공성 그 자체로 번역되거나, 하버마스의 공론장, 공론영역 혹은 공공영역 등으로 번역되기 때문에 공공성 개념은 독일어 문맥에서는 공론장과 동일시될 수 있다. 독일어 "öffentlich"

의 어원적 핵심은 열려있다는 것이다. 말하자면 '일반적으로 인식 또는 접근이 가능한', '실제적으로 개방되어 있는'이라는 뜻이다. 이 말은 이후에 단순히 열려있다는 의미를 넘어 '진실한', '올바른'과 같이 공정성의 의미가 부가되었다. 올바르고 공정하기 위해서는 어떤 것도 은밀하게 감추어져서는 안 되고 투명하게 드러나야 한다는 관념이 반영된 것이다(조한상, 2009: 19). 하버마스에게 공론장의 순수형태는 이른바 '의사소통적 행위'의 영역이다. 이는 일체의 정치적, 경제적, 문화적 격차와 권력이 배제되고 오로지 논증의 권위만이 작용하는 합리적 영역이다(위르겐 하버마스, 2001: 107). 공론장의 순수형태는 이 점에서 공개적이고 공정하다.

권력이나 화폐에 매개되는 것이 아니라 의사소통적으로 매개되는 시민사회의 영역에서 가장 주목되는 공공성의 특징이 바로 공개성의 요소다. 그러나 국가의 영역이든 시장의 영역이든 공적 요소라면 공개성의 원칙은 필수적이다. 다만 공개성의 요소가 행위의 차원으로 강조되는 이유는 민주주의 정치질서에서 대부분의 제도와 절차는 공식적 혹은 형식적으로 개방되어 있지만, 실제 운영과 미시적 행위의 수준에서 공개성의 원칙이 관철되는가의 문제가 공공성의 현실적 구현과 관련된 핵심이기 때문이다. 공적 제도의 형식적 공정의 규범 속에서 실제적 관행이 연고적, 담합적, 비밀적으로 전개되는 양상은 다반사이다. 이 점에서 공개성의 범주는 행위적 차원에서 의사소통적 행위를 준거로 하며, 공정, 평등, 정의 등의 가치를 반영하고 있고, 보편적 접근성, 공유성 등의 내용도 포괄된다고 하겠다.

공공성의 개념은 이처럼 세 가지 서로 다른 차원에서 구분되는 요소들로 유형화할 수 있다. 주체와 가치의 차원에서 공민성, 제도와 규범의 차원에서 공익성, 행위의 차원에서 공개성의 요소를 구분함으로써 복잡하고 다의적인 공공성 개념에 대해 좀더 체계적으로 접근할 수 있는 가능성을 열 수 있다. 철학, 사회학, 정치학, 행정학, 법학, 경제학 등 다양한 학문분야에서 공공성에 접근하는 방식이 다르게 나타나는 것은 공공성의 주체와 가치, 제도와 규범, 행위와 태도 등에서 학술적 관심영역의 세분화가 서로 다르게 이루어지기 때문이기도 하다.

2) 사회구성적 공공성의 논리와 구조

공공성은 국가영역이나 관치적 질서에 국한되지 않는 보다 포괄적인 사회질서이다. 앞의 절에서 언급한 바와 같이 국가와 시민사회의 영역 나아가 시장의 영역까지 포괄하는 공적 질서를 지칭하는 폭넓은 개념으로 '공공관계'를 들 수 있는데, 공공성의 범주는 이러한 공공관계의 범주를 포함하고 있다. 이 같은 공적 질서는 사실 '사회'라는 공동의 질서 그 자체를 의미하는 것일 수 있다. '사회적인 것'은 개인과 개인의 관계로부터 만들어지는 의식과 제도, 규범, 자원을 지칭하며, 나아가 자연적이고 물질적인 영역 또한 사회가 개입되어 명명되고 변형된다면 사회적인 것이 된다. 공적인 것은 넓은 의미에서 개인을 넘어선 사회적인 것에 상응한다는 점에서 '사회질서' 그 자체를 의미하는 것이다.

여기서는 이러한 사회질서로서의 공공성 개념을 '사회구성적 공공성'으로 규정하고자 한다. 사회구성적 공공성은 두 가지 의미를 동시에 내재하고 있다. 하나는 공공성이 사회구성의 보편적 질서라는 점이고, 다른 하나는 공공성이 사회적으로 '구성된' 실재라는 점이다.

먼저, 보편적 사회질서로서의 공공성은 '사회적인 것' 그 자체를 의미한다. 주지하듯이 사회적인 것의 특성은 에밀 뒤르켕이 사회학의 독특한 주제로 강조한 '사회적 사실'(social facts)에 관한 입장에 잘 드러난다. 뒤르켕의 사회적 사실론은 자신의 첫 저술이라고 할 수 있는 《사회분업론》[5]에서 '도덕적 사실'로 표현되고 있다. 《사회분업론》의 핵심은 사회가 복잡하게 분화됨에 따라 사회적 연대의 기초가 어떻게 변화되는가에 대한 설명으로 말하자면 사회통합의 문제를 다루고 있다. 사회학의 고전적 쟁점이라고 할 수 있는 '개인은 어떻게 대규모 사회 집합체의 성원으로 느끼게 되는가', 그리고 '그러한 개인들의 욕구와 원망이 어떻게 제약되어 집합체에 참여하도록 하는가', 나아가 '개인의 활동과 사회적 단위의 활동이 어떻게 상호조정되고 조절되는가'의 문제에 답을 찾고자 한 것이다(조나단 터너 외, 1997: 384~385).

이러한 점에서 도덕적 사실은 무엇보다도 인간들이 만들어내고 활동을 조직하기 위해 사용하는 규범, 가치, 신념 등의 상징체계와 아울러 집단, 조직 등의 구조적 체계를 지칭한다. 이 가운데 상징체계를 구분해서 "동일한 사회의 일반 시민들이 공유하는 신념과 감정의 총체는 그 자체로서 생명을 갖는 어떤 명확한 체계를 형성하는 것으로 이를 집합의식 혹은 공통의식"이라고 할 수 있다(Durkeim, 1947: 79~80).[6]

이처럼 도덕적 사실로서의 집합의식은 개인에 대해서 독립적으로 존재하는 실체라는 점이 강조되는데, 이러한 논리는 《사회학적 방법의 제규준》[7]에서 '사회적 사실론'으로 체계화된다. 즉, 사회적 사실은 "개인에 외재하며 개인을 통제하는 강제력을 갖는 행위, 사고, 감정의 방식으로 구성된다(Durkeim, 1947: 3)."[8] 사회적 사실은 개인이 이미 만

---

5 Emile Durkeim. 1947. *The Division of Labor in Society*. New York: Free Press. 초판은 1893년에 출간.
6 조나단 터너 외(1997: 385~386)에서 재인용.
7 Emile Durkeim. 1938. *The Rules of Sociological Method*. New York: Free Press. 초판은 1895년에 출간.
8 조나단 터너 외(1997: 401)에서 재인용.

들어진 신념, 가치, 규범의 체계 속에서 태어나 역할 수행을 배우고 규범을 준수하며 가치를 수용함에 따라 자신의 외부에 어떤 것이 존재한다는 것을 감지한다는 점에서 외재적이다. 또 사회구조와 규범, 가치, 신념들은 특정의 행동, 사고, 성향을 강요하며 일정한 한계를 설정하고 이탈이 있을 경우 제재를 가한다. 말하자면 제도는 제도 그 자체를 강요한다는 점에서 강제적인 것이다.

뒤르켕에게서 이 같은 사회적 사실은 제도의 측면에서 법, 국가, 자발적 결사체 등이 구체적으로 강조되기도 하는데 그것은 곧 현대적 공공성의 핵심적 제도라는 점을 알 수 있다. 가치와 주체의 측면에서 공민성, 제도와 규범의 수준에서 공익성, 행위의 차원에서 공개성의 요소들은 사회적 사실로서의 공적 질서에 현대의 사회적 삶에 대한 바람직한 가치가 부가된 공공성의 질서를 의미한다.

보편적 질서로서의 공공성은 파슨스(T. Parsons)의 사회체계에 관한 일반이론과의 상응성도 갖는다. 잘 알려진 바와 같이 파슨스의 체계이론에서 기능적 필수요건들은 사회체계의 일반적 조건을 강조한다. 체계요건 가운데 '적응'(adaptation)은 환경으로부터 자원을 확보하고 배분하는 기능이며, '목표추구'(goal attainment)는 목표의 우선순위를 정하고 목표에 따른 자원을 동원하는 기능이다. '통합'(integration)은 체계단위 간에 공존이 가능하게 조정하고 유지하는 기능을 말하며, '잠

〈표 4-1〉 사회구성적 공공성과 사회질서

공공성 요소	공공성 차원	사회적 사실론	사회체계론
공민성	가치	상징체계 (도덕, 가치, 신념)	통합 / 목표추구
공익성	규범과 제도	규범 및 제도체계	적응 / 목표추구 / 잠재성
공개성	행위	유기적 연대성	통합 / 잠재성

재성'(latency)은 유형유지를 위한 사회화 및 긴장조정을 위한 사회통제의 기능을 의미한다(Parsons and Smelser, 1956). 이 같은 기능적 요건들은 가치, 신념, 규범, 제도, 행위 등이 사회라는 공동체의 유지와 존속을 위해 서로 다른 공적 기능을 담당하고 있다는 점을 보여주는 것이다. 파슨스의 사회체계론은 사회통합의 질서로서의 공공성의 주요 차원들을 기능적 요건의 시각에서 설명하는 것이라고도 할 수 있다.

사회구성적 공공성은 이처럼 보편적 사회질서로서의 의미와 아울러 '사회적으로 구성된 실재'라는 점이 강조될 수 있다. 공민성과 공익성, 공개성을 구성하는 가치, 규범, 제도, 행위 등 대부분의 사회적 사실은 사회적 욕구가 만들어내고 부여하는 의미의 구성물(meaning construction)이다. 종교를 구성하는 의례와 제도들이 실제 신의 존재와는 무관하게 종족과 사회의 통합을 위해 만들어진 의미의 구성이라고 할 수 있듯이 국가의 제도와 사회규범의 요소들 또한 필요에 의해 구성된 의미의 체계라고 할 수 있다. 이런 점에서 공공성은 일종의 복합적 '프레임'이라고도 말할 수 있다. '프레임'(frame)은 개인이 삶의 공간과 세계에서 일어나는 일들을 지각하고, 위치지으며, 구별하고 이름 붙이는 것을 가능하게 하는 해석 틀(schemata of interpretation)이다(Goffman, 1974). 따라서 프레임은 주어진 상황에 의미를 부여함으로써 개인으로 하여금 자신들의 경험을 조직하게 하고 개인적 행동이나 집합적 행동을 인도하는 기능을 수행한다.

이 같은 의미의 체계로서의 프레임은 개인이 속한 사회적 위치에 직접적으로 결부되어 있다. 개인이 소속된 지역, 인종, 계급, 성, 연령, 나아가 정치적 집단의 성격 등의 사회적 위치에 따라 서로 다른 프레임을 갖기 때문이다. 이러한 서로 다른 의미의 체계들이 사회적 합의의 수준에 따라 결합되어 공공성의 프레임을 구축한다. 공공성의 위기와 공공성의 해체적 징후들은 무엇보다 이러한 사회적 합의구조의 해체를 반영하고 있다. 공적 질서는 사회적 위치에 따라 서로 다른 해석의 방식을 갖는다는 점에서, 나아가 사회적 합의에 따라 구축된다는 점에서 '사회적으로 구성된' 것이라고 할 수 있는 것이다.

공공성의 사회적 구성은 무엇보다도 공공성이 역사적으로 구성된다는 사실에 반영되어 있다. 공민성과 공익성, 공개성을 축으로 하는 공공성의 의미는 근대 자본주의 사회의 역사적 형성물이다(최갑수, 2001; 2008: 229). 봉건적 왕조시대에는 국왕 개인을 정점으로 하는 절대적 공공성이 구축되었다면 근대 국민국가 시대에는 국민적 주체의 국가 공공성이 형성되었다. 페르낭 브로델식으로 말한다면 장기지속의 구조사적 맥락에서 공공성은 달리 형성될 수 있고, 국면적 변동에 따라서도 달리 구성될 수 있는 것이다.

다른 한편 역사적으로 공공성은 시대정신을 반영하고 있다(백완기, 2008: 20). 말하자면 당대의 바람직한 역사정신을 반영한다는 점에서 공공성은 역사적으로 구성될 뿐만 아니라 '가치적'으로 구성된다는 사실이 강조되어야 한다. 우리 시대에 공공성의 질서에는 민주주의와 평

〈표 4-2〉 사회구성적 공공성의 구분과 유형

구 분	유 형
체계 요소	가치 공공성, 규범 공공성, 실행(제도) 공공성
사회구성영역	국가 공공성, 시장 공공성, 시민사회 공공성
사회적 범위	집단 공공성, 사회 공공성
공간적 범위	지구 공공성, 국가 공공성, 지역 공공성, 현장 공공성
역사 시기	절대 공공성, 국가(민족)공공성, 생활 공공성
강제성 수준	당위적 공공성, 규제적 공공성, 강제적 공공성, 억압적 공공성
외재성 수준	미시 공공성, 거시 공공성

등, 정의, 참여 등의 가치가 내재되어 있다. '조국근대화'의 가치가 지배하던 시기의 공적 질서에 대한 합의와 오늘날의 가치구성은 다르게 나타나는 것이다.

이처럼 사회구성의 논리로 볼 때 공공성은 사회구성요소를 구분하는 방식만큼이나 다양하게 유형화될 수 있다. 먼저, 사회체계의 주요 구성요소를 중심으로 보면 ① 정치이념이나 집합의식, 시대정신, 발전가치, 여타의 관념체계를 포함하는 '가치 공공성', ② 법 절차와 관습규범 등으로 구성된 '규범적 공공성', ③ 국가와 시장, 시민사회의 다양한 제도 및 정책집행의 기능으로 자원과 편익설비를 확보하고 관리하며 배분하는 '실행적' 혹은 '제도적 공공성' 등으로 구분할 수 있다(조대엽, 2009: 8~9).

둘째, 거시 사회구성 영역별로 구분하면 국가 공공성과 시민사회의 공공성, 시장 공공성을 유형화할 수 있다.

국가 공공성은 공공관리, 공공정책과 관련된 정부영역의 다양한 공적 활동을 포괄한다. 시장 공공성은 사기업을 중심으로 시장영역에서 작동하는 공정거래와 투명경영의 원칙과 같은 규범 공공성을 포함하며 기업의 전략적 사회공헌 활동, 사회적 기업활동 등 비영리적 기업활동이 포함된다. 시민사회의 공공성은 공적 여론이 형성되는 커뮤니케이션 제도, 자발적 결사체, 사회운동, 종교 및 교육제도 등 공적 의사소통의 범주를 지칭한다(조대엽, 2009: 9~10).

셋째, 공공성이 미치는 사회적 범위에 따라 집단 공공성과 사회 공공성을 유형화할 수 있다.

시민사회에는 다양한 직능단체나 취미와 기호, 연고에 따라 만들어진 친목과 여가의 동호인 단체들이 있는데 적어도 이러한 단체들은 자기집단 내적 공공성을 추구한다는 점에서 집단 공공성의 범주로 볼 수 있고,[9] 사회운동이나 사회서비스를 추구하며 환경, 평화, 평등의 가치를 추구하는 활동은 사회 공공성의 범주로 구분할 수 있다(조대엽, 2009: 10~11).

넷째, 공공성은 공적 영향력이 미치는 공간 지리적 범위에 따라 지구 공공성, 국가 공공성, 지역 공공성, 현장 공공성으로 유형화할 수 있다.

제도적 공공성과 규범적 공공성, 나아가 사회적 공공성은 오늘날 지구화된 세계에서 범지구적으로 확장된 활동과 영향을 보이는가 하면 일국적 수준에서 작동하는 경우도 있고, 지역적 수준이나 일상이 이루어지는 현장의 수준에서 형성되기도 한다.

다섯째, 전근대, 근대, 탈근대의 거시역사변동에 따라 공공성의 구조는 서로 다르게 유형화될 수 있다.

왕조적 전근대 사회는 국왕 개인의 권위와 상징이 공적 질서를 전제적으로 구성함으로써 '절대적 공공성의 시대'였다고 할 수 있다면, 민족국가를 중심으로 하는 근대적 공공성은 '국가 혹은 민족 공공성'으로 구분할 수 있다. 최근 현대성의 전환에 따라 국민국가적 공공성은 국가주의의 틀이 해체되는 경향과 함께 '생활정치적 공공성'의 분화를 유형화할 수도 있다. 각 시대에 지배적인 공공성의 질서는 체제변동이나 문화변동에 따라 훨씬 더 세분화된 유형화도 가능하다.

여섯째, 공공성은 사회적 사실에 내재된 강제성의 수준에 따라 유형화될 수도 있다.

관행에 따라 마땅히 수용하고 따라야 하는 것으로 인식되는 '당위적 공공성'과 규칙이나 법령, 관습 등으로 일정한 한계를 정해서 제한하는 것으로 합법적 강제라고도 할 수 있는 '규제적 공공성'을 구분할 수 있

---

9 김상준은 사회 공공성과 구분되는 직업집단의 공공성을 '직능적 공공성'으로 개념화한다(김상준, 2003: 61~62).

다. 또 합법성의 기준을 넘어선 공권력으로 행동을 강요하는 '강제적 공공성', 더 나아가 인간의 기본적 삶과 자유를 강제로 억눌러 반인권적 현실을 만들어내는 '억압적 공공성'을 유형화할 수도 있다.

일곱째, 사회적 사실에 내재된 외재성의 수준에 따라 공공성은 '거시 공공성'과 '미시 공공성'으로 구분될 수도 있다.

외재성의 수준은 공적 질서가 개인의 구체적인 삶으로부터 사회적으로 얼마나 멀리 위치하는가의 문제이다. 말하자면 내재성과 외재성은 개인과 제도의 사회적 거리를 의미하는데, 거시 공공성은 개인의 구체적인 삶의 현실에서 멀리 위치함으로써 공적 가치와 제도가 개인의 자아실현적 효과를 갖기 어려운 경우가 많다. 반면에 미시 공공성은 제도가 개인의 일상에 맞닿아 있는 영역에서 형성되는 구체적이고 체험적인 공적 질서를 의미한다. 미시적 공공성의 질서에서 오늘날 개인들은 생활정치적 이슈를 통해 자아실현의 효과를 얻게 되는 경우가 많다.

사회구성적 공공성의 구조는 이러한 일곱 가지 공공성의 유형화 이외에도 다양한 방식의 세분된 유형화를 가능하게 한다. 각각의 범주들은 공공성에 내재된 일반적 요소로서의 공민성, 공익성, 공개성 등을 서로 다른 수준으로 담아내고 있다. 오늘날 확대되는 사회구성적 공공성의 재구성 현상은 다른 무엇보다도 사회구성적 공공성의 질서에 내재된 미시 공공성의 효과가 크다. 미시 공공성은 공공성의 구조변동을 자극하는 미시적 추동력이자 동시에 공공성 재구성의 효과가 만들어낸 미시제도들에 주목할 수 있다.

3) 미시 공공성과 공공성의 구조적 성찰

사회구성적 공공성의 논리로 볼 때, 공공성의 위기는 사회구성적 질서의 위기라고 할 수 있으며 이러한 위기는 근대 사회구성의 질서를 규정했던 거시 정치경제질서의 위기라고 말할 수 있다. 국가주의에 기반을 둔 정치경제질서는 정치적 측면에서는 탈냉전, 경제적 측면에서는 신자유주의 시장화, 문화적으로는 현대성의 거대 전환이라는 사회변동에 따라 위기적 현실을 맞고 있다. 이러한 위기론은 기존 거시 정치경제질서의 해체적 징후에 초점을 둔 것인데, 이러한 해체적 징후는 냉전이념의 해체에 따른 개별화된 가치와 욕망의 확대, 효용과 경쟁문화의 확산, 제도와 거대 조직의 위계적 구조를 변화시키는 네트워크화된 소통의 확산, 국가지향적 삶의 구조가 지구적 삶의 구조로 전환되는 현상 등의 효과라고 할 수 있다. 바로 이 같은 거대 이념의 해체, 정부와 의회, 정당, 노조 등의 거대제도와 조직의 위축, 일상적 삶에 내재된 보편적 문화지향의 해체 등은 현대 사회변동에 내재된 '위기와 해체'의 경향을 그대로 드러내고 있다.

'공공성 재구성'의 시각은 현대 사회변동의 이러한 위기와 해체 경향 속에서 나타나는 '전환과 결속'의 새로운 '재구성' 경향에 주목하고 있다. 사회구성적 공공성의 구조가 국가를 중심으로 하는 거대 제도와 조직중심의 질서에서 새로운 공공성의 질서로 바뀌는 현실을 해체적 경향에 주목하기보다는 공공성이 재구성되는 시각으로 보고자 하는 것이다. 공공성의 재구성은 다른 무엇보다도 다양한 가치와 욕망, 효용과 경쟁, 네트워크화된 소통, 삶의 지구적 확장 등의 광범한 도전에 대면한 구조적 성찰과정이라고 할 수 있다. 문제는 공공성의 자기대면적이고 자기성찰적인 효과로 재구성되는 새로운 공공성의 질서와 그 요소들을 어떤 개념과 이론으로 설명력을 확보하고 또 전망할 수 있는가에 있다.

주지하듯이 현대사회 이론의 과제는 경제, 국가, 사회, 그리고 문화의 상호작용이 전통사회와 구별되는 역사적으로 특별한 사회조직을 어떻게 형성하는가를 밝히는 데에 있었다. 현대의 사회이론은 경제의 우위를 강조하거나, 국가나 관료제의 우위를 강조하기도 하고, 혹은 현대 문화와 가치의 기능을 강조하는 등 강조의 차이는 있지만 현대사회의 내면을 흐르는 근본적 구조와 과정을 분석하고자 했다는 점에서는 공통적이라고 할 수 있다(스티븐 베스트·더글라스 켈너, 1995: 331~332). 이 같은 현대사회 이론의 경향은 자연히 총체적이고 거시적인 사회구조와 결부된 설명을 지향했으며 그것은 이성에 의한 합리적 사회 발전관에 내재된 계몽적 기획과 맞닿아 있었다. 물론 개인을 분석단위로 한 미시적 이론화의 경향도 큰 흐름을 이루고 있으나 이 역시 개인과 개인이 상호주관적으로 형성하는 사회적 관계에 대한 분석으로 보다 거시적인 구조로서의 규범이나 제도와 분리되어 있지 않다.

이와 달리 탈현대 이론은 현대사회 이론이 무시했던 미시적이고 한계적인 현상들에 주목하고 거대이론에 가려졌던 차이, 다원성, 이질성 등의 개념에 가치를 부여하고 있다. 극단적인 탈현대 이론은 사회현실이란 불확정적이고 그려질 수 없는 것이기 때문에 우리가 할 수 있는 최선은 붕괴하는 사회질서의 파편들 속에서 살아가는 것이라고 말한다. 이 같은 경향의 탈현대 이론은 총체화를 시도하는 '현대' 사회이론의 분석이 필연적으로 환원적이 될 수밖에 없고 전체주의적인 사고와 정치적 억압을 조장한다는 점을 지적한다(스티븐 베스트·더글라스 켈너, 1995: 333).

이런 점에서 탈현대의 이론은 파편화되고 개별화된 미시적 욕구와 욕망의 정치에 주목하는 경향이 있다. 이러한 이론적 경향은 현대사회 이론에 가려졌던 억압된 문화와 의식, 욕망의 구조를 드러내는 새로운 지평을 열었으나 거시적 구조와 공공성의 질서는 외면함으로써 '사회' 자체의 가능성을 무시하거나 협애화하는 결과를 드러냈다. 따라서 탈현대 이론들은 현대성의 전환에 따른 '해체의 경향'을 설명하는 도구로서는 주목할 수 있지만 새로운 '결속의 경향'과 공공성의 '재구성'을 설명하는 데는 뚜렷한 한계를 보이고 있다.

탈냉전과 시장화, 현대성의 전환에 따른 해체의 경향 속에서 거시적 제도와 규범이 점점 더 위축되는 반면 차이와 이질적 욕망의 영역은 더욱 확산되는 현실에서 공공성의 재구성을 분석하는 이론적 지점은 다른 무엇보다도 현대사회 이론과 탈현대 이론 사이에 결합되지 않은 공백지대에서 찾아져야 한다. 말하자면 쇠퇴하거나 해체되는 거대 공적 질서와 미시적 욕망의 질서 사이에서 새로운 공공성의 범주를 모색할 수 있다. 사회구성적 '공공성의 재구성'이라는 시각에서 이 새로운 영역은 '미시 공공성'의 영역으로 범주화될 수 있다. 미시 공공성의 영역은 사회구성영역이라는 점에서 의식과 욕망의 수준에서 작동하는 기존의 탈현대 '미시정치'와는 구별해야 한다. 들뢰즈와 가타리의 탈현대 이론에서 가장 뚜렷하게 드러나는 미시정치 이론은 자본주의적으로 '영토화'된 억압의 질서를 정신분석적 욕망의 이론으로 해체하려는 시도라고 할 수 있다.[10] 이들에게 욕망은 "무의식의 흐름이 사회적 영역에서 생산되는 의미작용 이전의 기호체계이며", "다양한 종합의 양식을 통해 무의식적으로 생성되는 정서적이고 리비도적인 에너지의 끊임없는 생

---

[10] 이 같은 욕망의 미시정치학은 들뢰즈와 가타리의 《반오이디푸스》, 가타리의 《정신분석과 횡단성》, 《분자혁명》에서 보다 분명하게 제시되고 있다(Deleuze and Guattari, 1983; Guattari, 1984).

산이다."(Deleuze and Parnet, 1987: 78)

이 같은 탈현대적 욕망의 미시정치학에서 공공성의 사회적 재구성을 위한 탈출구를 찾기는 쉽지 않다. 또한 '정치'를 행위와 제도로 드러난 실재로서의 공적 혹은 사회적 행위양식이라고 할 때 욕망의 정치는 이러한 정치와는 달리 무의식에 닿아 있는 의식과 기호의 체계를 의미한다. 사회구성적 공공성의 재구성 과정에서 형성되는 미시 공공성의 구조는 욕망의 미시정치와는 구분되는 '미시제도'의 측면에 주목한다는 점에서 제도적 미시정치의 영역이라고 할 수 있다.

거시 공공성과 미시 공공성은 제도의 외재성에 따른 개인과 제도의 거리로 구분되는 범주이다. 이러한 공공성의 실제 지표는 제도 속에서 개인이 얼마나 자아의 실현성과 자아의 확장성을 확보할 수 있는가에 있다. 따라서 미시 공공성은 제도가 실제로 작동하는 사회적 공간에서 공공성의 실행에 참여하는 참여자들의 일상적 삶의 공간에 직접적으로 구축되는 미시적 실천양식들로 범주화될 수 있다.[11] 미시 공공성의 사회적 범주는 거시적 제도가 구체적이고 실천적으로 운영되는 하위의

---

[11] 오늘날 쉽게 포착되는 미시 공공성의 주요 양식들은 국가영역에서는 중앙정부나 지방정부의 다양한 정책적 활동을 개방적 네트워크에 기초해서 협치의 형식을 갖는 것, 시장의 기업영역에서 실천적인 사회공헌 활동, 특히 시민단체와 네트워크를 통한 공익활동들은 미시 공공성의 주요 실천양식이라 할 수 있다. 시민사회영역에서는 최근에 활발하게 전개되는 토크 콘서트, 나꼼수와 같은 온라인 네트워크를 통한 새로운 공론정치양식, 희망버스 등과 같은 문화정치양식을 들 수 있는데 이 같은 정치양식은 시민단체를 중심으로 전개되는 시민운동이 아니라 개인들의 직접적 참여와 소통을 통한 공감의 질서를 구축하는 미시 공공성의 실천양식이라고 말할 수 있다. 사회운동이론에서는 사회운동의 동원을 가능하게 하는 토착조직을 강조하거나(McAdam, 1982: 43~44), 미시동원맥락의 요소를 강조하기도 하는데(McAdam, McCarthy, and Zald, 1988: 709~711) 이 요소들은 구체적으로 사회운동의 동원에 기여하는 참여자들이 기존에 맺고 있는 사회적 관계가 형성된 소규모 장으로서의 동창회, 동아리, 교회, 노조, 동호회 등을 말한다. 미시 공공성은 이러한 장들을 포함해서 오늘날 광범한 네트워크와 기술발달을 배경으로 끊임없이 새롭게 고안되는 정치적 실천양식들을 포괄한다.

공공성 혹은 하위정치의 영역을 지칭한다. 이 영역으로는 정부나 기업 내의 실행적 하위영역에 우선적으로 주목할 수 있지만, 오늘날과 같은 광범한 공공성 재구성의 시대에는 기존의 국가영역과 시장영역이 자발적 시민사회와 결합되는 다양한 지점에 더욱 주목해야 한다.

첫째, 집단, 조직, 제도영역 간에 구체적으로 협치가 실행되는 협치적 공공성의 실행지점에 주목해야 한다.

둘째, 우리 시대의 사회질서는 온라인과 오프라인이 네트워크로 결합된 네트워크 사회로 특징된다. 따라서 온라인과 오프라인의 결합을 통해 네트워크 정치로 공공성이 실행되는 지점에 특히 주목해야 한다.

셋째, 오늘날 정치, 경제, 문화의 영역 간 경계가 해체되는 경향에서 정부, 기업, 시민사회 영역에서 나타나는 새로운 문화적 실험과 실천이 발생하는 지점에도 주목해야 한다.

넷째, 미시 공공성의 범주는 모든 사회구성영역의 현장적 수준에서 작동하는 공적 실천의 과정으로서의 현장정치를 포괄한다.

이 같은 미시 공공성의 범주들은 다음과 같은 점에서 공공성의 재구성을 촉진시킨다.

첫째, 미시 공공성은 개인 간 욕구와 행위들이 결합되어 정치화함으로써 새로운 실행의 양식을 만들어 거시 공공성의 제도를 재구성한다.

둘째, 미시 공공성은 국가, 시장, 시민사회 영역의 제도 간의 경계에서 형성됨으로써 거시 공공성의 영역 간 경계를 허무는 방식으로 재구성되는 경향이 있다.

셋째, 미시 공공성은 시민적 개인과 제도의 간격을 좁힘으로써 자기실현과 자아확장의 정치적 실천의 가능성을 확대한다.

넷째, 미시 공공성은 새로운 실천양식들을 만들어내는 '과정의 정치'라고 할 수 있기 때문에 고정된 제도의 형태가 아니라 끊임없이 거시 공공성의 제도를 성찰적으로 재구성하는 미시제도들을 생산한다.

거시 공공성의 제도들은 20세기 대부분의 시기를 특징지었던 '국가주의 정치 패러다임'의 구성물이다. 국가주의 정치 프레임은 강력한 이념의 공공성과 국가주의를 기반으로 하는 규범 및 제도, 행위에 대한 통제를 특징으로 한다. 여기서 개인들은 공공성을 당위적 공공성의 맥락에서 수용하기보다는 규제적이고 강제적이며 나아가 억압적 공공성의 질서로 인식하게 된다. 미시 공공성은 이 같은 국가주의 정치 패러다임을 넘어 '생활정치 패러다임'과 적합성을 갖는다. 생활정치 패러다임에서 미시 공공성은 먼저 공민성의 윤리라는 측면에서 '생활민주주의'를 지향하며, 아울러 공익성의 윤리에서 미시 공공성은 '생활국가' 혹은 '생활정부'의 실행적 공공성을 추구한다. 나아가 미시 공공성은 공개성의 측면에서 '생활시민사회'의 복합 개방적 소통을 지향한다.

미시 공공성의 제도들은 공민성, 공익성, 공개성의 원리가 작동하는 미시정치의 제도적 영역이다. 이 영역에서는 무엇보다도 자기실현과 자기확장의 생활정치를 지향하는 미시정치의 다양한 양식들을 보다 유연적인 제도들로 구성하게 된다. 오늘날의 사회변동 속에서 제도적 미시정치의 주요 양식은 ① 협치적 관계, ② 네트워크 정치, ③ 새로운 문화양식, ④ 현장성의 증대 등을 반영하는 네 가지 정치양식의 제도화에 주목해야 한다. 즉, 협치정치의 제도화, 네트워크 정치의 제도화, 문화정치의 제도화, 현장정치의 제도화 등이 그것이다.

이 같은 미시 공공성의 새로운 질서는 시장화와 해체화의 경향에 동반된 탈현대 사회변동의 핵심적 특징인 성찰성의 증대, 사회적 유연성의 증대, 생활정치의 확대 경향을 반영하고 있다. 미시 공공성의 사회구심적 결속의 경향을 살피기 전에 우선, 이 같은 탈현대의 사회변동에 내재된 공공성 구조 변화의 해체적 특징을 탐색하는 것이 유용하다.

3. 탈현대의 사회변동과 공공성의 구조변동

1) 성찰적 근대와 성찰적 공공성

현대성의 전환 혹은 탈현대의 사회변동을 설명하는 대부분의 비판사회이론은 현대성의 질서에 구축된 사회통합과 결속의 구조가 약화되고 해체적 경향이 증대하는 사실을 반영하고 있다.

성찰적 근대화와 위험사회, 해체화와 균열사회, 역동사회, 미디어사회, 투명사회, 사회운동사회, 유연사회 등의 논리 (앤소니 기든스 외, 1998; 울리히 벡, 1998; 2000; 악셀 호네트, 2011; 지안니 바티모, 1997; Meyer and Tarrow, 1998; Sennett, 1998) 는 이러한 경향을 잘 보여주고 있다. 해체적 경향을 설명하는 다양한 시각들 가운데 성찰적 근대화 (reflexive modernization) 의 관점은 이러한 변화를 '성찰성' (reflexivity) 이 증대하는 것으로 본다.

울리히 벡에 따르면 산업적 근대의 시기로부터 위험사회로의 이행은 근대화의 자동화된 역동성의 자취 속에서 잠재된 부작용의 양식을 따라, 원하지 않고 보이지 않으며 강제적인 방식으로 진행된다. 실제로 진보에 대한 합의 혹은 생태계에 대한 악영향과 위험요소 등을 망각한 산업사회의 확신이 인간과 제도의 사고와 행동을 지배하기 때문에 위험사회의 사회적 배열이 생산되는 것이라고 한다. 위험사회는 자신의 악영향과 위험요소를 깨닫지 못하는 자동화된 근대화 과정의 연속성 위에서 출현하며, 자동화된 근대화 과정은 누적적이고 잠재적으로 산업사회의 기반에 대해 의문을 제기하고 궁극적으로 이를 파괴하는 위험을 생산하는 것이다 (앤소니 기든스 외, 1998: 27). 말하자면 이 같은 위험의 생산은 근대화의 기초와 그 결과를 '위험'이라는 방식을 통해 대면시키는 것으로 산업사회에서 위험사회로의 이행은 자동적인 자기대면으로서의 '성찰성'을 만들어낸다.[12]

이 같은 위험과 성찰적 근대의 시각에서 본다면 근대적 공적 질서의 변동으로서의 공공성의 재구성은 국가, 시장, 시민사회의 공적 구성과 공적 기능, 나아가 공적 기구의 성찰성이 증대함으로써 기존의 공공성 구조가 해체되거나 새로운 형태로 바뀌는 것을 의미한다. 근대성의 기획과 그 결과의 자기대면으로서의 성찰성은 산업사회의 사회구조와 일상의 삶을 끊임없이 변화시키는 2차적 근대의 동력이다(앤소니 기든스 외, 1998). 이 점에서 공공성의 재구성은 일차적으로는 국민국가적 공공성에 바탕을 둔 근대적 사회질서의 구조적 자기대면이며 1차적 근대, 혹은 단순근대의 공공성을 넘어 가치, 규범, 제도, 행위의 자기대면으로서의 '성찰성'이 증대하는 과정이라고 말할 수 있다(조대엽, 2007: 44).

이런 점에서 성찰적 공공성은 공공성의 지속적인 자기대면 과정이다. 사회의 복잡성과 예측불가능성이 증대하고 위험과 욕구의 팽창에 직면해서 근대적 수준의 이념과 가치, 제도와 규범, 행위의 차원에서 구축된 공익성과 공민성과 공개성으로는 감당할 수 없는 현실과 대면하게 되는 것이다. 한국에서 2008년 미국산 쇠고기 수입반대 촛불집회는 국가와 시장, 시민사회의 공공성 구조를 전면적으로 성찰하도록 만

---

[12] 이러한 점에서 울리히 벡은 성찰성의 개념을 지식의 증가나 과학원리의 적용과 같은 근대화에 대한 자기성찰과는 명백하게 구분되며(앤소니 기든스 외, 1998: 27), 또 과거의 행동을 되새기고 평가하며 판단하고 반성하고 교정하는 정신활동으로서의 '반성'(*reflection*)과도 뚜렷이 구별되는 것으로 여기에는 어느 누구도 알지 못하고 원하지도 않는 그 어떤 것이 발생하는 것을 포함하고 있다고 말한다(울리히 벡, 1998: 335). 즉, 산업사회가 예측하지 못했던 악영향 및 위협과의 자기대면을 성찰성이라고 할 수 있는 것이다.

든 중요한 사건이었다. 시민들의 먹거리에 대한 욕구를 빠르게 수용하지 못하는 경직된 정부의 규범과 제도, 집권층의 경직된 이념, 기존 노동조합이나 시민단체의 제한된 운동성 등을 뛰어넘는 개별 시민들의 정치화된 욕구는 공공성의 재구성을 요구하는 강력한 파열음이었다. 오늘날 훨씬 더 일상의 수준에서 시민들의 욕구는 개방적 행정과 네트워크화된 정부운영 방식에서 공민성과 공익성, 공개성의 재구성을 확대시키는 경향이 있다. 한국에서 이명박 정부의 산업사회 단계의 국가주의적 국정운영 방식으로의 회귀는 팽창하는 시민사회의 욕구와 거대한 충돌을 일으키고 말았으며, 이것은 '광우병'이라는 위험사회적 현실이 한국으로 확산되어 공공성의 성찰적 과정을 드러내게 된 것으로도 볼 수 있다.

공공성의 성찰적 재구성 과정에서 '성찰성'의 요소를 강조하면 현대성의 전환에 따른 해체의 경향이 크게 부각될 수 있다. 그러나 다른 한편 공적 질서의 재구성이라는 시각에서 보면 공공성의 자기대면 구조에서 새로운 정치의 다중적 구심들에 주목할 수 있다. 제도정치 혹은 거시 공공성을 중심으로 볼 때, 정치는 정치공동체의 제도로서의 '정치체', 사회적 환경의 형성을 위한 정치강령의 내용으로서의 '정책', 권력배분과 지위를 둘러싼 갈등과정으로서의 '정치'라는 세 가지 요소로 구성된다.

울리히 벡은 이러한 정치와 구분되는 '하위정치'(subpolitics)를 새로운 정치의 다중적 구심들로 설정하고 있다. 하위정치는 첫째, 정치적 조합체제 외부의 행위주체도 - 시민, 전문직 종사자집단, 직업집단, 공장 및 연구기관과 기업의 전문지식인, 숙련노동자, 시민운동활동가, 공론장 등 - 사회계획을 입안하는 무대에 등장하도록 허용된다는 점에서, 그리고 둘째는 사회적이고 집합적인 행위주체뿐만 아니라 개인들도 정치적인 것을 만들어내는 권력형성을 위해 경쟁한다는 점에서 기존의 정치와 구분된다(앤소니 기든스 외, 1998: 49).

하위정치는 제도적으로 어떻게 구성되고 조직되는가, 어떤 목표, 내용, 강령을 가지며 어떤 행위영역에서 실현되는가, 어떤 조직형태와 토론의 장이 출현하고 있으며 관찰될 수 있는가 등의 측면들이 구체화됨으로써 무엇보다도 공공성 구조의 성찰성을 증대시키는 방식을 확인할 수 있다.

이 같은 하위정치는 시민사회의 공론영역과 밀접히 연관되어 있다. 벡은 공공성의 단위 아래 아주 상이하고 다양한 하위 공공성(the subpublic)이 존재함으로써 공공성의 구조는 변화한다는 점을 강조하고 있다. 이러한 하위 공공성은 하나의 공공성만이 있는 것이 아니라 다양한 많은 공공성이 존재한다는 것을 의미하는데, 다양한 하위 공공성들은 점점 더 이른바 '사적 영역'에 다가가고 있다. 벡은 사적 영역과 공적 영역의 구분은 더 이상 작동하지 않는다고 말한다(울리히 벡, 1998: 331).[13] 하위정치는 이러한 점에서 기든스의 생활정치와 연관되어 있다. 생활정치는 자아실현과 자기확장의 정치이다. 생활정치는 사적 개인의 자기실현의 정치라는 점에서 사적 영역에서 출발하지만 자기실현의 이슈는 정책적이고 나아가 지구적인 이슈와 결부되어 있다는 점에서 거시 공공성의

---

13 울리히 벡의 하위정치(Subpolitik: subpolitics) 개념은 하부정치로 번역되기도 하는데 이 개념이 우열이나 고하의 의미를 반영한 것이 아니라, 국가와 등치되거나 포섭된 정치가 국가 밖으로 벗어난 정치, 시민사회에서 제3의 길을 발견한 정치, 혹은 사적인 영역으로 보다 가까이 다가간 정치를 의미한다는 점에서 아(亞)정치로 번역하기도 한다(울리히 벡, 1998: 34, 역자 문순홍의 역주 참조). 짐작컨대 '두 번째 정치', '제2의 정치' 정도의 의미를 반영한 번역으로 간주된다. '하위'(sub)의 개념은 상위체계와의 결합구조에 포함된 하위성의 의미가 있기 때문에 벡이 가리키는 의미와는 차이가 있다. 그러나 벡 스스로가 사용하는 Subpolitik의 용어 자체에 이러한 일종의 '다른 정치'의 의미를 반영할 수 있는지 또한 의문이기 때문에 일반적 번역어라고 할 수 있는 하위정치의 개념을 그대로 인용한다.

구조에도 맞닿아 있다. 하위정치 역시 이 점에서 다르지 않다.

벡의 하위정치와 기든스의 생활정치는 공공성 재구성의 추동력이면서 공공성의 성찰성을 증대시키는 핵심적 장치로서의 제도적 미시정치와 다르지 않다. 그것은 곧 거시 공공성의 질서를 해체하거나 새로운 공적 질서로 전환시키는 동력으로서의 '미시 공공성'의 주요 내용이라고 할 수 있다.

2) 네트워크 현대와 유연 공공성

오늘날 보편적인 사회구성 방식은 점점 더 네트워크를 통해 이루어지고 있다. 네트워크는 새로운 사회적 지형을 구성할뿐더러 네트워크 논리가 확장되면서 생산, 경험, 권력 그리고 문화적 과정의 작동과 결과에 대한 실질적 조정이 이루어지고 있다. 사회조직의 네트워크는 어느 시대에나 있었지만 오늘날 확산된 새로운 정보기술 패러다임은 네트워크 형태가 사회구조 전체에 파급되도록 하는 물질적 기반을 제공했다(마뉴엘 카스텔, 2003: 605).

네트워크는 상호 연관된 결절의 집합이다. 이러한 결절은 네트워크의 구체적인 형태에 따라 달라진다. 예컨대 지구적 금융 네트워크는 주식거래시장과 이에 딸린 서비스중심의 결절이며, 유럽연합의 정치 네트워크에서 결절은 유럽연합의 장관들과 유럽집행위원으로 구성된 국가위원회 같은 것이며, 마약유통의 네트워크에서 결절은 코카나 양귀비의 재배지, 비밀연구소, 돈세탁 금융기관 등이라고 할 수 있다. 또 뉴미디어의 지구적 네트워크에서는 텔레비전 시스템, 엔터테인먼트 스튜디오, 뉴스 팀, 신호의 생성, 전송, 수신관련 이동기기 등이 결절이라고 할 수 있다(마뉴엘 카스텔, 2003: 606~607).

카스텔은 정보사회에서 이러한 네트워크가 갖는 개방성과 유연성에 대해 다음과 같이 말한다.

네트워크는 동일한 커뮤니케이션 코드(예를 들어 가치나 수행목표)를 공유하는 한, 새로운 결절을 통합하여 무한히 뻗어갈 수 있는 개방구조로 되어 있다. 네트워크에 기반을 둔 사회구조는 그 균형을 위협하지 않고도 손쉽게 혁신을 꾀할 수 있는 고도로 역동적이고 개방적인 체계이다. … 네트워크는 유연성과 적응성을 바탕으로 한 노동과 노동자, 기업을 위해서, 그리고 끝없는 해체와 재구성의 문화를 위해서, 또 새로운 가치와 공공의 분위기를 순간순간 조정하는 정치적 조직체를 위해서, 나아가 공간의 폐기와 시간의 절멸을 목적으로 하는 사회조직을 위해서 필요하다. 그러나 네트워크 형태는 권력관계를 역동적으로 재조직하는 원천이기도 하다. (마뉴엘 카스텔, 2003: 607)

이러한 네트워크에 내재된 개방구조와 유연성, 적응성은 무엇보다도 현대사회의 공적 질서의 근간을 이루는 국가 공공성의 체계를 유연적으로 재구성하는 경향을 갖는다. 국가 공공성을 중심축으로 하는 공공성의 질서는 새로운 정보기술이 만들어내는 네트워크화와 분권화의 동력에 따라 해체되는 경향이 있다. 일방적이고 수직적이며 관료적 위계를 중심으로 구성된 공권력의 구조가 네트워크화 방식을 통해 재구성된다. 특히 지구화된 네트워크체계는 일국적 수준에서 구축된 국가 공공성을 침해한다.

헬드는 오늘날 지구적 질서에서 주권국가체계가 지속되는 가운데 다양한 권위구조가 발달하는 '혼성체계'에 주목하며, 이 혼성체계가 질서와 관용, 민주주의와 책임성, 통치의 정당성 논리 등의 국가 공공성의 요소를 담아낼 수 있을 것인가라는 의문을 제기한다(Held, 1991: 161).

말하자면 지구적 네트워크 사회에서 가장 중요한 사실은 새로운 권력체계는 다원적인 권위와 권력의 원천들을 그 특징으로 하며 국민국가는 이러한 권력 원천들 가운데 하나일 뿐이라는 점이다. 이 다양한 권력원천들은 그 성격이 분명하지도 않고, 어떤 경우에는 정의하기도 대단히 어려울 수 있다. 말하자면 자본, 생산, 통신, 범죄, 국제조직, 초국가적 군사기구, 비정부기구, 초국적 지역, 공론화 운동 등의 네트워크가 권력의 원천들이라고 할 수 있고, 국가 하위의 단위에는 다양한 공동체, 부족, 지역, 종파, 갱단 등이 있다. 이 같은 새로운 권력원천들을 보면 일종의 네트워크 결절들이라고 말할 수 있다. 따라서 국가는 미래에도 지속적으로 존립하지만 점점 더 폭넓은 권력 네트워크의 결절들로 변화하게 된다(마누엘 카스텔, 2008: 455).

국가 공공성의 질서가 네트워크 사회의 해체적 경향 속에서 유연적으로 재구성됨으로써 탈중심화된 '유연 공공성'으로 재편되는 것이다. 이 점에서 유연 공공성은 현대성의 정보사회적 전환에 따른 네트워크 국가의 분산된 공공성의 질서를 의미한다.

이제 시민사회 영역의 유연 공공성을 보면 네트워크 사회의 정체성의 정치에 주목할 수 있다. 네트워크적 현대에는 이른바 1차적 현대에서 국가 공공성을 기초로 형성된 거대규범과 거대제도에 의해 '정당화된 정체성'이 해체되고 개인주의적 기획에 따른 새로운 정체성이 확산되고 있다. 네트워크의 개방성과 확장성은 지배 권력의 네트워크에만 해당되는 것은 아니다. 전술한 바와 같이 네트워크는 동일한 가치나 실행목표를 가질 경우 무한정 확장될 수 있기 때문에 지구적 네트워크와 새로운 정체성을 추구하는 개인주의적 기획이 결합해서 '저항의 정체성'[14]을 형성하는 시민사회의 운동과 공동체들을 생성시킬 수 있다. 이러한 정체성은 일반적으로 자신들의 이해관계와 가치를 위해 투쟁하거나 협상하는 것을 제외하고는 의사소통하지 않는 경우가 많다. 각각의 서로 다른 정체성들은 소통하지 않고 결합되지 않은 상태이기 때문에 각각의 논리들이 서로를 배제할 뿐 평화로운 공존을 전망하기가 어려울 수도 있다(카스텔, 2008: 556). 따라서 네트워크를 기반으로 점점 더 다양화되는 정체성의 정치는 시민사회의 규범적 공공성을 해체시킴으로써 유연 공공성을 확대시키는 요인이 되고 있다.

그럼에도 불구하고 현대성의 전환에 따른 사회구성의 복잡성 증대는 이러한 해체의 경향과는 다른 새로운 결속의 경향을 드러내고 있는데, 이 또한 네트워크 현대의 특성으로부터 생성되고 있다. 오늘날 인권, 평화, 환경, 평등 등의 가치는 지구적 수준의 공공성의 가치로 자리 잡아가고 있으나 일국적, 지역적 공공성의 배열에 따라서는 저항적 정체성으로 존재하는 경우가 많다. 그러나 이러한 가치들은 지구적 생태 위기와 인류적 가치의 훼손, 전쟁과 재난의 공포가 확대되는 현실에서 지구적 공존의 공공성과 정체성의 정치를 결합시키는 경향과 함께 다양하게 실천되고 있다. 지구적 네트워크체계에서 국가 공공성과 시민사회 공공성의 유연적 해체의 경향은 네트워크화된 파트너십을 통해 훨씬 더 협치적인 조정과 조화의 체계를 지향하는 공공성 네트워크를 구축함으로써 해체가 아닌 새로운 공공성의 질서로 전환할 수 있다. 네트워크로 해체된 공공성이 네트워크로 재구성되는 경향을 동시에 갖게 된다.

---

14 카스텔은 저항의 정체성(resistance identity)을 지배논리에 의해 폄하되거나 비난받는 처지에 있는 행위자들에 의해 생성되며 사회제도에 만연한 원리와는 다른 또는 그것에 반대되는 원리에 기반을 두고 저항과 생존의 경향을 구축하는 것이라고 규정한다. 또한 이용가능한 문화적 재료를 토대로 사회 속에서 자신들을 재정의하는 새로운 정체성을 구축할 뿐만 아니라 이를 통해 사회구조 전반의 전환을 추구하려고 할 때 드러나는 정체성을 기획적 정체성(project identity)이라고 하고, 민족주의와 같이 자신의 지배를 확대 또는 합리화하기 위해 사회의 지배적인 제도에 의해 도입되는 정체성을 정당화된 정체성(legitimizing identity)으로 구분한다(카스텔, 2008: 25).

네트워크 현대의 유연화된 공공성의 질서에서 국가 공공성의 해체가 가속화되더라도 사회구성적 공공성의 새로운 질서는 참여적 공공성의 네트워크를 기반으로 새로운 공적 질서의 다양한 가능성을 열어놓고 있다. 카스텔의 표현대로 "네트워크 속에서의 삶이 각 네트워크의 결절지점인 제도와 행위 주체들 사이에 조정과 조화의 문제를 제기할지라도 우리는 새로운 조직환경에서 권력관계의 발현을 설명해야" 하는 과제에 직면해 있다(카스텔, 2008: 457). 공공성 재구성의 시각은 무엇보다도 이러한 과제에 대한 적극적 모색이다.

3) 탈냉전의 현대: 시장 공공성과 생활 공공성

2차 세계대전 이후 세계질서는 냉전의 시대로 재편되었다. 동서 양 진영의 이념경쟁과 세계자본주의의 국제 분업질서에 따라 '냉전·국가주의'라고 부를 수 있는 새로운 역사국면이 전개되었다.[15] 역사적 국면은 당대의 세계질서와 국내에 응축된 정치경제적 조건의 구조 속에서 정치권력과 경제체제, 계급질서와 계급투쟁, 문화구성과 사회적 욕구, 사회운동 등의 요소들이 결부되어 해당 역사국면에 독특한 '역사적 프레임'을 형성하는데 냉전·국가주의는 2차 대전 이후의 역사국면을 특징짓는 프레임이라고 할 수 있다. 이러한 프레임은 자유주의와 사회

---

15 한반도의 경우 해방과 함께 분단체제가 형성되었고 한국전쟁을 거치면서 분단의 질서는 빠르게 고착되었기 때문에 '분단·국가주의' 역사국면이라고 부를 수 있다. 하나의 역사적 국면은 수백 년에 걸친 장기지속의 역사 속에서 수십 년 단위로 형성되는 특수한 역사적 시기를 의미한다(조대엽, 2010: 5~7). 브로델(Fernand Braudel)은 역사는 상이한 층으로 이루어져 있는데 표층에는 사건사가 단기적 시간 안에 있고, 중간층에는 국면사(histoire conjoncturelle)가 광범한 리듬을 좇아 전개되는데, 특히 물질적 생활의 차원, 경제적 주기의 차원에서 연구되었다. 국면을 넘어서면 전세기를 문제 삼는 구조사 혹은 장기지속사가 있다고 말한다(페르낭 브로델, 1982: 131~132). 이 글에서 강조하는 역사적 국면은 브로델의 국면사를 준거로 하고 있다(조대엽, 2010: 6).

주의의 강력한 이념적 대립의 냉전질서를 기반으로 강력한 국가 공공성이 작동하던 시기였음을 보여주고 있다.

1980년대에 들어 대처리즘과 레이거노믹스 등의 정책노선으로 등장한 신자유주의는 1990년대 동구 사회주의의 해체와 탈냉전의 지구화 현상에 따라 본격적으로 가속화되어 '탈냉전·시장주의'의 새로운 역사 국면이 전개되었다. 신자유주의 시장화 경향은 국가 공공성을 해체시키는 가장 강력한 흐름이었다. 냉전이라는 국제정치의 아주 단순한 베일이 걷힌 후 바로 난폭한 시장경제를 추구하는 시장주의가 본격적으로 전개되었다. 국내적으로는 군부독재의 권위주의적 국가주의가 해체되는 시기로 비록 세계에서 유일하게 냉전의 잔재가 실효적으로 남아 분단의 현실이 유지되고 있지만 김대중 정부와 노무현 정부로 이어지는 남북 정상회담과 남북 교류의 확대는 탈냉전의 기류를 뚜렷이 보여주었다. 1990년대의 지구적 시장화 경향은 한국사회에서도 이른바 '세계화' 현상으로 가시화되었고, IMF 외환위기를 겪으면서 신자유주의 시장질서가 본격적으로 체계화되었다. 앞에서 언급한 바와 같이 신자유주의 시장화는 사회의 해체를 추동하는 핵심적 동력이다. 여기에 동반된 네트워크사회의 유연적 재편은 공공성의 위기적 징후를 가속화했다.

신자유주의적 시장화 경향은 기업의 사회적 책임에 대한 관심의 새로운 기점을 만들었다. 1990년대 들어 치열한 경쟁적 조건에서 기업들은 규모축소를 채택하면서 마케팅과 사회공헌 프로그램을 결합시켰다 (Hoffman, 1998: 27). 기존의 공익업무를 고도로 전문화해서 기업 내부에 사회공헌 활동을 공식적이며 체계적으로 관리하는 부서를 두었고 활동의 내용도 성문화했다. 이 같이 기업 내부화된 시장영역의 공공성은 더 이상 '정당성'의 기능이 국가에 독점될 수 없는 조건을 반영한 것이라고 할 수 있다(조대엽, 2007: 49).

신자유주의 시장질서에서 벌거벗은 시장권력은 이미 국가 공공성을 조롱하는 위상을 갖게 되었고, 공공성의 위기는 공동체와 사회의 소멸을 예고하기에 이르렀다. 신자유주의 시장질서에서 기업이 공적 기능을 갖게 되는 시장 공공성은 무엇보다도 사회가 존립해야 기업도 팽창할 수 있다는 절실한 욕구가 만들어낸 거시구조적 효과이다. 시장은 자신의 수익과 축적의 기능을 보장받아야 하는데 전통적으로 자본주의국가의 역할이었던 '정당성'의 기능이 고도로 팽창된 시장과 위축된 국가의 구조에서 실효적으로 작동하기 어려운 조건이 되었다. 주지하듯이 자본주의 국가의 기능은 축적을 통해 계급을 재생산하며 이러한 계급구조를 정당화하기 위해 정치적 권리의 균분과 복지전략을 채택한다. 국가 공공성의 핵심적 기능이었던 이 같은 정당화의 기능이 시장영역에 할당됨으로써 시장 공공성은 시장이 제도적 공공성의 요소를 갖게 된 것을 의미한다. 국가 공공성을 분점한 시장 공공성은 공공성의 재구성 과정이면서 사회구성적 공공성의 유연적 재편이라고 말할 수 있다.

성찰적 공공성의 맥락에서 본다면 이러한 시장 공공성은 국가주의와 시장주의에 대한 이중적 성찰의 효과라고도 할 수 있다. 먼저 신자유주의적 시장의 팽창은 케인즈주의적 복지전략을 기초로 하는 국가주의에 대한 자기대면의 효과였다. 나아가 이러한 국가주의의 자기대면이 만들어낸 신자유주의 시장질서는 탈냉전적 현대의 지구화 과정과 아울러 새로운 정보기술을 바탕으로 한 네트워크의 확산에 힘입어 1990년대 이후 일종의 지구시장화 경향을 가속시켰다.

과도한 경쟁과 효율 만능의 정글의 법칙만이 남은 시장사회의 현실은 다시 공공성의 해체라는 공동체 위기와 자기대면함으로써 기업의 사회공헌 활동이나 다양한 사회책임활동 나아가 사회적 기업에 이르는 시장 공공성의 질서를 구축하게 했다. 시장 공공성은 이런 점에서 국가주의의 위기와 시장주의의 위기라는 이중적 성찰이 만든 공공성의 유연적 재구성현상이라고 말할 수 있다.

시장 공공성 현상은 기업의 일시적인 박애적 활동이나 수익 증대를 위한 꼼수가 아니라 공공성의 거시적 위기가 만든 새로운 공공성의 질서이다. 이러한 질서가 성찰성과 유연화된 공공성이라는 '해체'의 경향을 넘어 새로운 형태의 공적 질서가 구성되는 '결속'의 경향으로 해석되기 위해서는 사회구성적 공공성의 질서가 국가적 수준 혹은 지구적 수준에서 전개되는 정치 패러다임의 전환이라는 보다 근본적인 질서변화가 요구된다. 근본적인 사회구성의 변화를 추동하는 정치 패러다임의 전환은 대체로 시민사회의 새로운 욕구로부터 출발한다. 서구에서 1970년대 이래 만개한 신사회운동은 이른바 해방의 정치와 대비되는 생활정치이다. 삶과 관련된 일체의 요소들을 자기실현적이고 자기확장적으로 정치화하는 생활정치는 시민사회와 시민운동이 추구하는 새로운 정치 패러다임을 구성하고 있다. 한국의 경우 이러한 생활정치운동은 2000년대 이후 시민사회에서 실질적으로 확산되었다.

생활정치는 거시 공공성의 구조를 이루는 정책과 제도, 규범이 개인의 삶과는 너무 멀리 떨어져 있기 때문에 이러한 공적 질서를 실질적 삶의 내용 속에서 자기실현성을 확보할 수 있도록 재구성한다는 점에서 미시 공공성의 실질적 내용이라고 말할 수 있다. 생활정치의 다양한 가치들은 서구적 맥락에서 오랜 기원을 갖지만 한국의 경우도 시민사회의 핵심가치로 자리 잡은 지 오래이다. 또 이러한 생활정치의 가치 공공성은 지구적 수준에서도 빠르게 확산되었다. 이제 생활정치가 추구하는 가치와 규범, 제도, 행위의 요소들은 기존 제도영역의 거시 공공성을 '생활 공공성'의 질서로 재구성할 수 있어야 한다. 공공성의 유연적 재구성 과정에서 형성된 시장 공공성이 새로운 결속의 힘으로 작동하기 위해서는 바로 생활 공공성의 보편질서와 결합되어야 한다. 우리 시대의 사회구성적 공공성은 무엇보다도 공공성을 구성하는 핵심요소로서의 공민성, 공익성, 공개성의 원리가 생활 공공성의 새로운 패러다임을 지향하는 방식으로 재구성되어야 하는 것이다. 여기에서 생활민주주의론과 생활국가론(혹은 생활정부론)은 새로운 사회구성의 마스터 프레임으로서의 의미를 가질 수 있다.

4. 공공성의 재구성과 생활 공공성

1) 공민성의 재구성과 생활민주주의

공공성의 핵심요소로서의 공민성(公民性)은 시민이 공적 정치과정
의 주체라는 민주주의 이념의 본원적 내용을 가리킨다. 정치 주체의 측
면 혹은 정치이념 및 가치의 수준에서 공적 질서가 추구해야 하는 정치
적 지향을 의미한다. 그러나 민주적 근대 국민국가 사상의 근간이 되었
던 인민주권의 사상은 실제로 정부주권이나 국가주권으로 현실화되었
으며 정치과정은 대의민주주의를 근간으로 하는 '대행적 공민성'의 질
서로 체계화되었다.

이러한 정치질서에서 오늘날 민주주의는 시민중심의 민주주의가 아
니라 제도 중심의 민주주의, 형식의 민주주의에 머물고 있다. 대의민
주주의의 질서 아래 국가중심의 제도적 공공성은 정부, 정당, 자본과
노동의 거대 이익단체 등의 역학관계에서 도출되는 정책실행을 추구하
기 때문에 시민의 구체적인 삶을 반영하지 못하고 있다. 말하자면 오늘
날 대의민주주의는 시민의 삶과 욕구를 정부와 의회 및 정당제도가 적
극적으로 반영해내지 못함으로써 시민적 삶과 정치제도가 분리된 이원
질서를 구축하고 있는 형국이다.

공민성을 제약하는 이 같은 대의민주주의의 공적 질서는 훨씬 더 시
민적 삶에 직접적으로 결합된 공민적 공공성으로 재구성될 필요가 있
다. 공민적 공공성은 무엇보다도 시민의 구체적이고 미시적인 삶의 내
용을 직접적으로 반영하는 미시 공공성이 새로운 질서의 축으로 재구성
되어야 하며, 이러한 미시 공공성의 실질적 내용은 바로 '생활 공공성'

이 되어야 한다. 우리 시대의 변화와 삶의 전망을 담은 새로운 공적 질서를 '생활 공공성'으로 표현할 수 있다면 생활 공공성의 질서는 왕조적 전통사회의 절대 공공성의 시대, 그리고 국민국가의 강제성이 지배하는 국가주의 공공성의 시대를 넘어서는 새로운 공적 질서에 대한 전망을 담고 있다.

생활 공공성은 국가주의 공공성 중심의 대의민주주의를 넘어 새롭게 진화된 민주주의 모델로서의 '생활민주주의'에 조응한다. 시민 개개인의 삶은 개인의 삶의 장이라고 할 수 있는 생활공간에서 이루어지고 삶의 행복과 만족은 이러한 생활공간이 얼마나 자기실현의 공간이 될 수 있느냐에 달려 있다. 이 점에서 생활민주주의는 다양한 시민적 생활의 영역에서 자기실현성과 자기확장성을 증대시키는 데 초점이 맞추어진 새로운 공적 질서의 이념적 지향이라고 할 수 있다.

생활민주주의는 보다 확장된 정치 패러다임의 유형으로 보자면 〈표 4-3〉에서 보는 것처럼 생활정치 패러다임이 추구하는 민주주의유형이

〈표 4-3〉 국가주의정치 패러다임과 생활정치 패러다임

패러다임 항목	국가주의정치 패러다임	생활정치 패러다임
행위자	정부, 정당, 주요계급 이익단체	시민단체, 지역주민, 유연 자발집단 등 다양한 운동주체
이념 및 가치	냉전이념, 성장주의, 지역주의 (체제안정성 지향)	자아실현, 자기확장 (생태, 평화, 성, 인권 등 정체성지향)
이슈	경제성장, 분배, 군사안보, 사회통제	식품, 환경, 노동, 교육, 주택, 보건의료, 여성, 노인 등
운동정치	민주화운동, 정치경제개혁운동	환경, 평화, 여성, 인권 등의 생활정치운동
공공성	국가 공공성	시민사회의 다층적 공공성, 시장 공공성
민주주의	거시민주주의 / 대의민주주의	미시민주주의 / 생활민주주의 (참여, 소통, 숙의, 공감의 민주주의)

라고 할 수 있다. 이미 이 책의 제2장에서 체계정치 패러다임과 생활정치 패러다임을 구분한 바 있다. 여기서는 체계정치 패러다임을 국가주의 정치 패러다임으로 구체화해서 국가주의 정치 패러다임과 생활정치 패러다임을 〈표 4-3〉과 같이 재구성해볼 수 있다.

생활정치의 핵심요소는 존재의 '자아실현성'과, 이러한 자기실현성을 사회적 공간에서 얼마나 넓혀갈 것인가를 문제 삼는 '자아확장성'이라고 할 수 있다. 이 같은 자아실현과 자기확장의 가치야말로 근대적 제도를 성찰적으로 재구성하게 만드는 원천적 요인이라고 할 수 있다. 생활정치의 핵심가치를 이렇게 본다면 생활정치는 단순히 생활주변의 문제가 아니라 이슈에 따라 확장의 범위가 크게 달라질 수 있다. 말하자면 대학의 등록금투쟁과 같이 '현장적 수준'에서 국가정책적 이슈로 확대되는 경우가 있는가 하면, 로컬푸드 운동이나 부안 방폐장 반대운동과 같이 '지역적 수준'의 생활정치, 미국산 쇠고기 수입반대와 같은 '국가적 수준'의 생활정치, 나아가 원전반대, 습지보전운동과 같은 '지구 생활정치'를 구분할 수도 있다(조대엽, 2012: 228~229).

〈표 4-3〉에서 알 수 있듯이 국가주의 정치 패러다임과 비교할 때 생활정치 패러다임의 주요 행위자는 삶의 공간을 구성하는 주체에 따라 나아가 정치이슈에 따라 달리 형성되는데, 좌우의 구분이나 자유주의-보수주의의 구분과 같은 전통적 이념 및 사회경제적 계급으로는 포괄할 수 없는 새로운 사회범주들이라고 할 수 있다. 시민단체, 지역주민, 전자적 공론장을 매개로 형성되는 다양한 형태의 유연 자발집단들이 생활정치의 이슈에 따라 주체화될 수 있다.

국가주의 패러다임의 냉전이념이나 성장주의 가치와는 달리 생활정치 패러다임은 생태, 평화, 여성, 인권 등의 가치를 지향함으로써 정체성지향의 자아실현과 자기확장을 추구한다. 이러한 가치는 식품, 환경, 노동, 교육, 주택, 보건의료, 여성, 노인 등 일상과 삶의 이슈로 구체화되며 다양한 형태의 생활정치운동을 출현시킨다. 국가주의 패러다임에서 사회통합의 질서는 국가 공공성으로 전일화되었으나, 생활정치 패러다임에서는 시민사회의 다층적 공공성이 작동하며 나아가 시장 공공성도 공적 질서를 분점하게 됨으로써 국가 공공성을 재구성하는 새로운 동력으로 작동하게 된다(조대엽, 2012: 229~230).

이러한 생활정치 패러다임이 지향하는 민주주의 모델로서의 생활민주주의는 미시 공공성의 질서에 내재된 '미시민주주의'의 원리를 바탕으로 한다. 서구에서 이미 활발하게 논의되었고 또 실행되는 참여민주주의 혹은 주창(*advocacy*) 민주주의, 숙의(*deliberative*) 민주주의, 결사체(*associative*) 민주주의 등의 내용은 현대성의 전환과 새로운 시민적 욕구를 반영함으로써 대의민주주의를 넘어서려는 새로운 민주주의의 제안들이다(조대엽, 2011: 90).[16] 이 같은 새로운 민주주의 모델에는 무엇보다도 생활정치 패러다임에서 강조되는 시민사회와 생활세계의 정치화 현상이 반영되어 있다.

생활정치 패러다임에서 '정치화'는 삶의 주체들이 추구하는 자아실현과 자기확장의 과정을 '공공화'한다는 점을 함의한다. 시민단체나 지역주민, 온라인을 매개로 움직이는 유연 자발집단 등 다양한 운동의 주체들을 행위자로 하고, 생활세계와 일상의 문제들을 정치화하는 과정은 체계 영역의 거시정치와는 다른 다양한 '미시정치'를 구성한다. 따라서

---

16 이와 관련해서 주요 민주주의의 유형에 관해서는 Dalton et al.(2004)를 참고할 수 있고, 참여민주주의에 관한 논의는 D. Kramer(1972), M, Kweit and R. Kweit (1981), A. Rosenthal(1998), 심의민주주의에 관한 논의는 J. Bessette(1980), J. Bohman and William Rehg eds.(2002), J. S. Dryzek(2000), J. Elster (1998) 그리고 결사체민주주의에 관한 논의는 Josua Cohen and Joel Rogers (1995), Paul Hirst(1994) 등을 참고할 수 있다.

민주주의의 문제 또한 대의민주주의를 넘어 미시정치에 구현된 자아실현과 자기확장의 실질적 민주주의를 내용으로 하는 '미시민주주의'가 부각되는 것이다. 제2장에서 설명했듯이 미시민주주의는 후기 근대적으로 진화된 민주주의의 유형이다. 체계정치의 공공성 구조를 성찰적으로 재구성하는 에너지가 다름 아닌 바로 미시민주주의의 다양한 실천적 형태에 내재되어 있다(조대엽, 2011: 90). 생활민주주의는 생활정치 패러다임에서 성찰성의 증대에 따라 생활정치의 미시적 욕구가 확대된 미시민주주의의 실제적 내용이라고 말할 수 있다.

이미 제2장에서 미시민주주의의 실천원리에서 강조했듯이 생활민주주의가 지향하는 핵심적 실천원리는 참여, 소통, 공감의 윤리다. 참여와 소통, 공감의 질서를 구성 원리로 하는 생활민주주의는 공민적 가치를 자기실현적이고 자기확장적으로 재구성하는 새로운 민주주의의 구상이다. 이 같은 생활민주주의는 신자유주의적 시장화와 탈냉전의 정치변동을 포괄하는 현대성의 거대전환이 만들어내는 정치적 삶과 경제적 삶, 나아가 가치적 삶의 재구성을 지향하는 일종의 마스터 프레임이라고 말할 수 있다. 따라서 생활민주주의 프레임은 무엇보다도 국가주의 프레임에 갇힌 정치, 경제, 가치의 민주화를 넘어선 새로운 전망을 확보할 수 있다는 점에서 의미가 있다.

첫째, 생활민주주의는 탈냉전시대 새로운 진보의 가치를 지향하는 민주주의라고 할 수 있다.

냉전적 국가주의 패러다임을 넘어선 생활민주주의 프레임은 탈이념의 새로운 진보성을 내재하고 있다. 생활민주주의의 진보성은 자유민주주의나 사회민주주의 등의 이념적 민주주의를 넘어선 역사적 진보성의 측면과 함께, 서구 의회민주주의나 동구 인민민주주의의 일당체제가 드러내는 대의제의 제도적 공공성을 넘어선 자기실현적 공민성이라는 사회적 진보성을 동시에 의미한다. 자유민주주의든 사회민주주의든, 의회민주주의든 인민민주주의든 국가주의 프레임에 갇힌 민주주의는 시민의 자기실현성이 극소화되는 형식적 제도의 민주주의, 거시민주주의에 머물러 있다.

둘째, 생활민주주의는 대의적 정치 민주화프레임을 넘어서 있다.

근대민주주의 모델의 이상적 형태는 국민 대표성을 잘 반영한 의회민주주의를 완성하는 것이다. 특히 한국과 같이 민간독재와 군부독재의 오랜 시기를 경험한 사회에서 추구되는 민주주의는 국민의 직접선거에 의해 선출되고 운영되는 의회민주주의의 실현을 의미했다. 따라서 대부분의 현대 정치질서에서 정치민주화는 대의민주주의와 정당정치가 합법적이고 합리적으로 작동하는 데에서 완성된다. 그러나 생활민주주의는 대의민주주의와 정당정치가 뚜렷이 드러내는 자기실현성의 한계를 넘어 정치생활의 자기실현적 민주화를 구현해내는 민주주의이다. '생활'은 개인의 삶의 공간이며 이 공간에 자기실현성과 자기확장성이 얼마나 구현되느냐에 따라 공민적 공공성의 수준이 결정된다. 대의민주주의의 제도적 공공성은 이러한 개인의 생활과 멀리 떨어진 거시적 영역에서 작동하기 때문에 생활의 공간에서 자기실현의 정치가 관철되기는 어려운 구조로 되어 있다. 이 점에서 생활민주주의가 추구하는 참여, 소통, 공감의 실천적 질서는 자기실현과 자기확장의 수준을 높이는 새로운 민주주의의 프레임이라고 할 수 있다.

셋째, 생활민주주의는 흔히 정치민주화의 다음 단계로 생각하는 경제민주화의 프레임까지도 포괄하는 새로운 민주주의 지향이다.

우선 정치민주화와 경제민주화에 대한 단계론적 접근이 갖는 문제가 있다. 사회주의가 아니라 자본주의 생산체제에서 대기업이나 재벌경제를 인정하는 수준에서의 경제민주화는 기껏 해야 대기업과 중소기업의 동반경제나 상생경제, 재래시장이나 골목상권 살리기 등에 초점이 맞추어져 있다. 만일 민주적으로 집권하고 민주적으로 운영되는 정부라면 정책과제 가운데 경제민주화보다 시급한 일은 없을 것이다. 그럼에도 불구하고 대부분의 경제민주화는 구호에 그치는 경향이 있는데 무엇보다도 정부 자체가 공민적 공공성으로서의 민주주의가 내면화되지 않은 채 운영되는 데 요인이 있다. 균형적 경제운영에 대한 국민적 욕구를 외면하지 않는 정부라면 경제민주화는 정치민주화라는 형식의 내용이 될 수밖에 없다. 즉, 정치민주화와 경제민주화는 실제로 단계적으로 올 수 있는 현실이 아니라 형식과 내용이라는 동시적 과제로 오는 것이다. 다른 한편 정치민주화나 경제민주화는 도구적 지향을 갖는 것으로 그 자체가 가치나 목적이 될 수 없다. 말하자면 최대다수의 최대행복이 구현된 공공성이나 자기실현적 공공성에 다가가기 위한 수단적 의의를 갖는 것이다. 그럼에도 불구하고 경제민주화를 마치 목표로서의 실질적 민주화로 간주하는 것은 구호의 함정일 수 있다.

생활민주주의는 정치민주화의 대의성을 넘어설 뿐만 아니라 경제민주화의 구호성과 도구성을 넘어 경제생활의 자기실현적 민주화를 추구한다는 점에서도 새로운 공민성의 질서라고 할 수 있다. 정치민주화와 경제민주화가 도구적 논리이자 권력지향적 논리이고 거시제도 중심적 논리라면, 생활민주주의는 자기실현적이고 자기확장적인 정치과정 자체가 목적이 되는 가치의 논리이자 정체성지향의 논리이며 미시 공공성의 논리라고 할 수 있다.

국가주의 정치 패러다임을 넘어서는 생활민주주의는 시민들이 자기 삶의 영역에서 얼마나 많은 만족과 행복을 느끼게 하는가를 문제 삼는 민주주의적 지향이다. 정치생활의 자기실현적 민주화, 경제생활의 자기실현적 민주화, 나아가 가치생활의 자기실현적 민주화가 서로 분리되어 있지 않고 생활의 영역에서 자기실현과 자기확장의 윤리가 공시적으로 구현된 것이 생활민주주의의 공민성이라고 할 수 있다.

2) 공익성의 재구성과 '생활국가'

공공성의 제1요소를 공민성이라고 한다면 현대성의 전환에 따른 공민성의 재구성은 생활민주주의적 재편에 주목할 수 있다. 이제 사회구성적 공공성의 제2요소라고 할 수 있는 공익성은 효용적 편익설비의 제공과 관리에 관련된 제도와 규범을 지칭하는 것으로 시장이나 시민사회영역에도 이 범주는 중요하다. 그러나 한 사회의 자원을 동원하고 배분하는 기능의 중심에는 정부와 공공기관이 있기 때문에 가장 광범한 공익성의 영역은 우선적으로 국가영역에 주목할 수 있다. 이 점에서 우리 시대의 공익성의 재구성은 생활민주주의를 이념적 근간으로 하는 '생활국가' 모델에서 찾아볼 수 있다.

생활국가는 생활민주주의를 지향하고 시민적 삶의 영역에서 자기실현성과 자기확장성을 극대화할 수 있는 생활 공공성이 모든 공적 질서의 중심을 이루는 국가라고 말할 수 있다. 생활국가는 〈표 4-3〉의 생활정치 패러다임을 구성하는 이념과 가치, 행위자와 이슈 등이 정부영역으로 확장된 국가형태이다. 그것은 냉전이념과 성장지상주의가 아니라, 시민의 자아실현과 자기확장의 가치를 추구하며, 경제성장과 분배, 군사안보, 외교통상의 정책들이 거시적 지표에 몰입되었던 국가주의를 벗어나 환경, 노동, 교육, 주택, 보건의료, 식품, 여성, 노인 등 직접적 삶의 영역에 관한 정책이 뚜렷하게 강화된 국가질서이다. 나아가 생활국가는 이러한 생활정책들이 참여, 소통, 공감의 실천윤리에 바탕을 두고 실현됨으로써 시민 개인의 자기실현적 공익성을 확장하는 국가구성이라고 할 수 있다.

정부를 구성하는 실행적 공공성은 대체로 공공관리와 공공정책, 그리고 공공자원의 측면을 구분할 수 있다. 공공관리는 주로 정부조직을 통해 작동하는 행정서비스의 망이라고 할 수 있으며, 공공정책은 복지정책을 비롯한 다양한 정부 정책과정을 말한다. 공공자원은 넓은 의미에서는 공공성을 구성하는 모든 요소가 포함될 수 있으나 좁은 의미에서는 정부가 관리하고 제공하는 물적 자원으로 구성된다. 공익성이 재구성된 생활국가에서 공공관리와 공공정책, 공공자원은 무엇보다도 시민의 일상적 삶과 직접적으로 결합되어야 한다. 이런 점에서 생활국가의 공적 실천은 생활상의 미시적 욕구를 충족시킬 수 있는 미시정치의 새로운 양식들로 나타나며 이러한 정치양식들이 미시적 제도로 구성된 미시 공공성의 질서를 만들어낸다.

첫째, 생활정부의 자기실현적 미시제도들은 '협치적 공익성'을 지향한다.

중앙정부든 지방정부든 사회구성적 공공성의 서로 다른 영역과 수준들 간에 공익 네트워크를 구축하는 것은 공익성의 수준에서 물적 자원을 재구성하는 효과를 갖는다. 특히 이 같은 공공자원의 협치적 운영은 참여와 소통, 공감의 생활민주주의를 확대하는 정부 운영방식이라고 할 수 있다. 협치의 정치는 주민참여뿐만 아니라 시장영역과 시민사회의 행위자들을 정부영역에 결합해서 다양한 방식의 미시제도들을 만들 수 있기 때문에 끊임없이 새로운 실험들이 추구될 수 있다.

둘째, 생활정부의 미시제도는 '현장공익성'을 지향한다.

현장은 시민 개인에게는 가장 직접적인 삶의 공간이다. 현장정치는 지역이나 직능, 생계 현장에서 제도와 개인이 만나는 장이다. 협치의 공익성이 제도영역을 개방함으로써 공공자원의 관리와 정책과정에 생

활정치의 주체들을 참여시키는 방식으로 참여와 소통의 원칙이 강조된
다면, 현장공익성은 제도적 공공성의 주체들이 삶의 현장에 직접 관련
된 공공자원의 공유를 위해 시민과 직접 만남으로써 소통과 공감의 원
칙이 강조되는 정치양식이라고 할 수 있다. 국가주의와 대의민주주의
의 프레임에서 현장은 언제나 형식적이고 의례적인 탐방의 대상일 뿐
이었다. 그러나 오늘날 현장정치는 고립된 현장이 아니라 보편적 네트

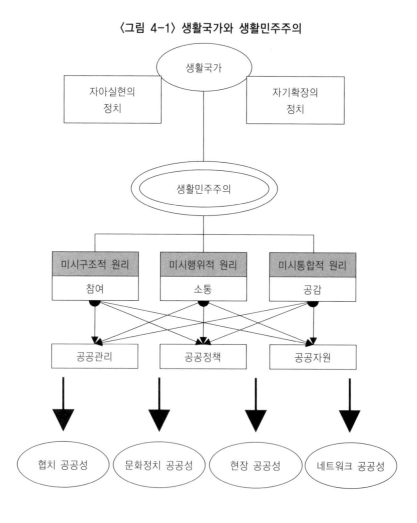

〈그림 4-1〉 생활국가와 생활민주주의

워크로 형성된 이른바 소셜 미디어를 통해 실시간으로 공유되는 현장의 특성을 갖기 때문에 공공성의 의의가 클 수밖에 없다.

셋째, 생활정부의 미시 공공성은 네트워크 공익성을 지향한다.

오늘날 온라인 네트워크는 구래의 국가 공공성을 약화시키는 해체적 측면을 갖기도 하지만 생활정부의 제도와 시민을 결합함으로써 유연적 공공성을 확대하는 데 기여한다. 인터넷 회원조직이나 트위터, 페이스북 등을 기반으로 하는 유연 자발집단이나 협치적 정책네트워크는 객체화된 정부정책이나 공공관리의 제도를 훨씬 더 자기실현성을 높일 수 있는 방향으로 전환하고 있다. 네트워크를 통한 협치와 네트워크를 통한 현장성은 공공성의 재구성에 기여하고 있다.

넷째, 생활정부의 미시제도는 문화정치적 공익성을 지향한다.

오늘날 네트워크를 통해 소통하는 이른바 집단지성의 흐름들은 다양한 문화양식을 고안해내고 그러한 문화형식 속에서 정치적 욕구를 발현시키는 문화정치적 경향을 확대시키고 있다. 참여와 소통과 공감의 공공성을 확대하기 위해 자연환경을 포함한 생활정부의 다양한 자원과 편익설비들은 세대, 지역, 성별, 계층별 취향과 문화형식을 활용해서 시민들의 접촉과 활용도를 높임으로써 공익성의 수준을 확대할 수 있다. 생활정부의 공공관리와 공공정책은 무엇보다도 시민적 삶에 밀착하고 시민적 욕구에 충실해야 하기 때문에 일상의 문화양식을 결합함으로써 공감의 효과를 배가할 수 있다.

이 같은 네 가지 미시제도들은 생활국가의 미시 공공성을 실행하는 정치양식들이다. 미시 공공성의 이러한 다양한 양식들은 국가주의 정치 패러다임에서 시민들의 구체적인 삶으로부터 유리되었던 제도와 규범을 자기실현적이고 자기확장적으로 재구성하는 실질적 장치들이라고 할 수 있다. 현대성의 전환과 최근의 사회변동 속에서 자발적 시민들의 네트워크는 점점 더 활발하고 광범하게 확산되는 조건에서 생활국가의 이러한 미시제도들은 더욱 창의적이고 다양하게 생성될 수 있다.

국가주의적 공공성을 넘어 생활 공공성의 프레임으로 구축되는 이 같은 국가전망을 '생활국가'라고 할 수 있다면, 생활국가는 현대성의 거대전환에 따라 재구성된 다음과 같은 성격의 새로운 전망을 갖는다.

첫째로 강조될 수 있는 것은 생활국가의 '도구성'이다.

국가주의 패러다임에서 정부나 국가는 일종의 민족정신의 최고 구현체로서 국가 자체가 절대선을 의미하는 목적적 존재로, 민족과 조국을 위한 절대 헌신의 이데올로기가 작동한다. 그러나 생활국가의 공공성은 개인과 공동체의 자기실현적 삶을 위해 작동하는 도구적 성격을 갖는다. 물론 생활 공공성은 공공성의 구성 자체가 자기실현의 장이 됨으로써 수단이자 목적으로서의 성격을 동시에 갖는다고 볼 수도 있다. 그러나 생활국가의 사회구성적 공공성이 자기실현성을 구현하는 정도는 생활 공공성의 발전수준에 따라 차이를 갖기 때문에 생활국가는 자기실현과 자기확장의 삶을 실현하는 수준이 높을수록 도구성의 수준은 낮아진다고 말할 수 있다.

둘째, 생활국가의 '통합성'을 강조할 수 있다.

생활국가는 사회구성적 공공성을 재구성함으로써 실질적 사회통합을 지향한다. 현대사회의 사회통합은 국가 공공성의 질서로 이루어졌으며 특히 국가주의 패러다임에서 사회통합은 냉전이념과 민족국가의 외피에 의해 강제되었다. 현대사회에서 권력으로 매개되는 국가질서와 화폐로 매개되는 시장질서를 실질적으로 통합하는 것은 언제나 의사소통적으로 맺어지는 시민사회의 질서이다. 반면에 생활국가의 생활민주주의는 그 자체가 참여와 소통, 공감의 질서를 통해 보다 실질적인 사회통합의 구조를 만들어낸다. 최근 우리 사회에서 이슈화되는 보편복지와 일자리 창출의 과제는 생활국가의 핵심적 정책과제라고 할 수 있다. 이러한 과제는 무엇보다도 시민들의 자기실현적 삶과 직결되는 것으로 사회통합의 실질적 내용을 구성하는 것이다.

셋째, 생활국가의 '성찰성'에 주목할 수 있다.

현대성의 전환과 공공성의 재구성을 설명하는 앞의 논의에서 성찰적 현대와 성찰적 공공성을 강조했다. 생활국가는 근대적 합리성과 냉전적 국가주의가 구축한 규범과 제도를 끊임없이 자기대면함으로써 해체하고 자기실현성을 증대시키는 방식으로 공적 기제를 재생산해낸다. 이 같은 성찰성을 증대시키는 데는 무엇보다도 미시 공공성의 정치양식으로서의 현장 공공성과 네트워크 공공성, 문화정치적 공공성과 협치적 공공성이 실질적 추동력이 된다. 이러한 미시 공공성의 요소들은 중앙정부와 지방정부의 관계뿐만 아니라 국방, 외교, 안보, 군사 등과 같은 국제관계적 정책들까지도 성찰성을 증대시킴으로써 시민의 자기실현을 확대하는 방향으로 조정하게 된다.

넷째, 생활국가의 형성과정에는 '인문성'과 '창조성'이 있다.

근대 민족국가의 형성과정에는 전쟁과 이념의 요소가 핵심적으로 작동한다. 전쟁과 이념은 배제와 적대, 경계의 실천과 직접 관련된다. 생활국가는 무엇보다도 시민의 자기실현과 자기확장적 삶의 윤리를 근간으로 하기 때문에 '사람' 중심의 윤리와 '생활' 중심의 공공성을 구축하게 된다. 사람과 생활중심의 자기실현과 자기확장은 인문적 가치의 실현을 다양한 방식으로 반영한다. 특히 생활국가에서 미시 공공성의 실천양식 가운데 문화정치의 양식은 다른 무엇보다도 인문적 상상력이 만드는 미시정치의 양식들이라고 할 수 있다. 국가주의적 규범과 제도를 성찰적으로 파괴하고 새로운 문화양식의 공공성을 생산하는 창조성이 무엇보다도 이러한 인문성에 내재되어 있다고 할 때 생활국가는 어쩌면 이상적 '인문국가'로 표현될 수 있을지도 모른다.

이제 공익성의 재구성이라는 차원에서 설명할 수 있는 생활국가 혹은 생활정부론은 공민성의 재구성에 따라 도출되는 생활민주주의를 기반으로 공공관리와 공공정책, 공공자원의 영역에서 협치정치와 현장정치, 네트워크 정치와 문화정치 등의 미시제도를 통해 자기실현과 자기확장성을 증대시키는 정치질서에 대한 새로운 전망이라고 할 수 있다. 생활국가의 형성은 무엇보다도 이 같은 미시 공공성의 제도가 끊임없이 창조적으로 재구성되는 데 주목해야 한다.

3) 공개성의 재구성과 생활시민사회

생활국가 혹은 생활정부는 공공성의 제2요소라고 할 수 있는 공익성의 수준을 강조할 수 있지만 실제로는 공민성과 공익성, 공개성이 동시적으로 재구성된 공적 질서를 말한다. 이러한 재구성은 무엇보다도 대의적 공공성의 질서를 참여, 소통, 공감의 미시민주적 가치를 중심으로 생활민주주의적으로 재편하는 것을 의미한다. 그럼에도 불구하고 공익성의 수준에서 생활국가를 조망하는 것은 정부영역의 제도적, 물적 기반이 갖는 공익적 의미를 강조했기 때문이다. 이제 공공성 구성의 제3요소라고 할 수 있는 공개성의 측면에 주목하면 생활정부에 상응하는 '생활시민사회'를 분석적으로 구분해볼 수 있다.

공개성은 앞에서 논의한 바와 같이 의사소통적 행위를 중심으로 한 공적 질서의 개방성을 의미한다. 이 점에서 공개성은 시민사회 공공성의 핵심적 질서이다. 이른바 체계와 생활세계의 논리에서 생활세계는 권력이나 화폐로 매개되는 체계특성과는 달리 의사소통적 행위가 지배하는 영역이다(Habermas, 1987). 생활세계의 제도적 영역으로 규정되는 시민사회(Cohen and Arato, 1992: 427~429) 또한 이러한 점에서 정치-행정체계나 경제체계에 비해 의사소통적 행위의 논리를 본원적 질서로 내재하고 있다. 그러나 시민사회의 이 같은 의사소통적 공개성의 질서는 하버마스의 '재봉건화'의 논리나 '생활세계 식민화'의 논리에서 강조되듯이 권력과 화폐로 매개된 질서로서의 정치와 시장권력에 포섭된다. 국가주의정치 패러다임은 이 같은 체계정치 패러다임의 구체적인 형태이다.

국가주의정치 패러다임에서 냉전이념과 민족주의, 성장주의 가치 등은 시민사회를 이에 상응하는 질서로 재편한다. 말하자면 시민사회 대부분의 영역을 국가 공공성에 따른 동원과 지지의 체계로 구성할 뿐만 아니라, 저항적 시민사회의 영역이라고 할 수 있는 시민운동의 영역 또한 반민주적 체계를 민주적 체계로 바꾸는 것을 지향하는 민주화운동, 정치경제개혁운동 등의 거시제도 권력에 대한 저항운동으로 편성한다. 이러한 시민운동의 영역은 국가주의적으로 구성된 사회질서 내에서 작동하는 저항적 시민사회라고 할 수 있다.

생활민주주의와 생활국가의 핵심적 요소로서의 자기실현성과 자기확장성의 가치는 원형적으로는 시민사회의 생활정치운동에 내재된 욕구라고 할 수 있다. 서구에서 생활정치운동으로서의 새로운 사회운동은 '정체성'을 지향하는 운동경향으로 1970년대 이후 확산되었으나 한국의 경우 생활정치운동은 1990년대 정치경제개혁운동 이후 2000년대 들어 시민운동의 주류적 경향이 되었다. 국가주의정치 패러다임에서 시민사회는 권력지향적 시민운동이 주류화된 체계지향적 시민사회라고 할 수 있다면 생활정치운동의 자기실현적 삶의 가치가 주류화된 시민사회를 생활시민사회라고 말할 수 있다. 생활시민사회는 일상적 삶이 정치화된 사회, 따라서 생활 공공성을 바탕으로 하는 시민사회라고 할 수 있다.

시민운동을 시민사회의 가장 적극적인 정치형태라고 할 수 있듯이 생활시민사회에서 가장 적극적인 정치형태는 무엇보다 생활정치운동이라고 할 수 있다. 생활정치는 단순히 생활주변의 환경에 관련된 정치가 아니라 자기실현이 사회적 공간에서 끊임없이 확장되는 경향성을 갖기 때문에 의사소통적 개방성이 개인 삶의 현장에서부터 지구적 수준에 이르기까지 다층적이고 복합적으로 개방된 특성을 보인다. 이 같은 '복합개방적 공개성'은 생활정치운동의 다양한 범주에 잘 반영되어 있는데, 이 책의 제2장 3절에서 정리한 것처럼 생활정치운동은 가장 낮은 수준에서 가장 광범하고 높은 수준에 이르는 범주들을 현장생활정치운동, 지역생활정치운동, 국가생활정치운동, 지구생활정치운동 등으로 구분해볼 수 있다.

이와 같은 생활정치운동의 다양한 범주들은 이슈에 따른 자기확장의 정치를 반영한다. 이러한 자기확장의 이슈들은 시민사회가 지역에서 일국, 나아가 지구적 시민사회에 걸친 의사소통적 개방의 질서로 편재되어 있다는 점을 반영한다. 시민사회의 소통의 질서로서의 공개성의 윤리라는 측면에서 본다면 생활정치운동의 다양한 이슈들은 무엇보다도 생활시민사회가 복합개방의 공개성 구조로 이루어져 있다는 사실을 말해준다. 현장적 이슈는 현장에 국한된 실현성을 획득함으로써 종료될 수도 있지만 그것은 지역수준으로 개방적 효과를 갖기도 하고 나아가 국가, 지구적 수준으로 공개됨으로써 복합적 개방의 공론장을 형성할 수도 있다. 예컨대 새만금 개발반대운동은 지역수준에서 생활정치운동으로 전개될 수도 있지만 그것은 곧 바로 국가정책 차원에서 이슈화되었고, 나아가 지구적 수준에서 공공적 관심을 이끌었다.

오늘날 사회구성의 질서는 여전히 지역과 국가의 공동체 단위들이 중첩적 경계를 이루고 있다. 이러한 점에서 생활정치이슈의 공동체 경계를 넘어선 확장성은 공개성의 복합 개방적 조건을 반영한 것이다.

생활시민사회는 '이슈의 복합개방성'뿐만 아니라 네트워크 현대의 유연적 공개성으로 드러난 '네트워크의 복합개방성'도 강조될 수 있다. 생활시민사회의 네트워크가 갖는 복합개방성은 무엇보다도 기존의 미디어구조를 뛰어넘은 이른바 소셜미디어에 잘 나타나고 있다. 인터넷을 통한 다양한 개인미디어가 끊임없이 생산되는 경향과 함께 트위터나 페이스북, 유튜브와 같은 새로운 소셜미디어들이 엄청나게 중복적이고 다층적인 소통의 질서를 만들어냄으로써 미디어의 중첩성에 따른 복합개방의 효과가 어느 때보다 확산되고 있다. 오늘날 온라인 네트워크와 소셜미디어를 기반으로 만들어진 수많은 '유연 자발집단'들은 생활시민사회적 공개성의 징표이다(조대엽, 2007b: 258~263).

생활정치의 다양한 이슈들은 수많은 유연 자발집단에 의해 중복적이고 확산적으로 공개되고 있다.[17] 따라서 미디어 사회의 해체성과 투명성은 생활시민사회의 공개성의 재구성에 따른 복합개방의 효과라고 말할 수 있다.[18]

이슈와 네트워크의 복합개방성은 비단 생활시민사회 영역뿐만 아니

---

[17] 예컨대 2012년에 미국의 아동보호단체 '사라진 아이들'(invisible children)이 만든 '코니 2012'라는 동영상은 우간다의 아이들 수만 명을 납치해서 온갖 만행을 저지른 우간다 반군 수괴 코니의 체포를 위한 캠페인을 독려하는 내용이다. 이 동영상은 순식간에 1억 이상의 접속과 세계 각국의 유연 자발집단에 의해 재전송됨으로써 행동으로 이어지기도 했는데, 우간다의 특정지역의 경험일 수 있는 일이 생활시민사회에서 복합개방의 공개성구조를 바탕으로 확산된 것이라고 할 수 있다.

[18] 지안니 바티모는 오늘날의 증대하는 다매체성이 근대적 총체성의 질서를 해체시키는 것으로 보며 수많은 미디어가 더 많은 정보들을 더 많은 지역에서 효과적으로 수집하고 더 빨리 재전송함으로써 사람들을 세계도처의 사건의 한가운데 있게 하고 그 와중에 살아가는 것으로 본다. 이러한 미디어 사회를 바티모는 계몽적 이상의 투명사회라기보다는 혼란과 복잡성이 증대된 사회로 본다(지안니 바티모, 1997).

라 정부와 시장영역의 공적 질서를 재편함으로써 생활국가적 재구성을 추동하는 동력으로 작동한다. 대의민주적으로 편성된 정부영역은 공식적 공개성을 가지나 실질적 접근성과 개방성은 제한된 경우가 대부분이다. 생활시민사회의 복합개방적인 공개성의 질서는 네트워크적 현대의 미디어 확대에 따라 국가와 시장영역의 소통의 질서를 끊임없이 확대 재구성하고 있다. 생활민주주의의 참여, 소통, 공감의 가치가 구현된 협치정치, 네트워크 정치, 문화정치, 현장정치의 양식들은 기존의 대의적 사회구성을 생활시민사회와 생활국가의 새로운 패러다임으로 재구성하는 데 적극적으로 기능한다.

생활시민사회의 복합개방의 공개성은 자아실현과 자기확장의 공개성을 증대시키는 것이 분명하지만 이러한 질서가 복잡성과 해체성의 확장에 따라 생활시민사회의 무규범성을 증대시키는 경향 또한 공존할 수 있다. 여기에서 생활시민사회의 공공성은 무엇보다도 투명성의 윤리와 책임성의 윤리, 나아가 협업의 윤리 등을 바탕으로 규범적 공공성이 재구성되는 과제가 병행되어야 한다.

5. 결론: 한국사회와 생활민주주의의 전망

2008년 세계금융위기와 2011년 월가 시위의 세계적 확산은 우리 시대가 약 30여 년간 지속된 신자유주의적 시장사회에 대한 거대한 성찰의 시기에 있음을 말해준다. 이러한 성찰은 무엇보다도 공공성의 위기를 반영한다. 국가중심 공적 질서의 해체적 경향 속에서도 새로운 공적 질서에 대한 대안 부재의 현실은 적어도 공공성의 문제에 관한 한 오늘날 사회과학의 실패를 보여주는 것이다. 이 점에서 이 글은 공공성에 대한 사회과학의 새로운 도전을 위한 하나의 시도라고 할 수 있다.

그간에 지구적 수준에서 오랜 기간 누적된 공공성의 위기적 징후에 대해서는 그 해체적 경향에 주로 주목했다. 그러나 이 글에서는 해체적 경향과 동반적으로 나타나는 새로운 사회적 결속의 경향을 포착함으로써 새로운 통합의 질서를 모색하기 위해 '공공성 재구성'의 관점을 채택했다. 공공성 재구성의 시각에서 이 글은 크게 두 가지의 목적을 추구했다. 하나는 공공성의 개념적 범주에 대해 보다 분석적으로 접근함으로써 공적 질서에 대한 사회과학적 분석력을 확장하는 것이며, 다른 하나는 공공성의 해체적 현실을 공적 질서의 재구성 과정으로 해석함으로써 그러한 재구성의 핵심적 요소를 분석적으로 설명하는 한편 대안적 질서의 모색으로 나아가는 것이다.

먼저 첫 번째 목적을 위해 공공성 개념을 구성하는 핵심적 요소를 공민성, 공익성, 공개성으로 구분했다. 아울러 이러한 공공성의 구조가 '사회적인 것' 그 자체를 의미한다는 점에서 보편적 사회구성의 질서라는 사실과 함께, 공적인 것은 사회적으로 구성된 실재라는 점에서 '사회구성적 공공성'이라는 개념으로 이해하고자 했다. 이러한 사회구성적 공공성의 질서는 사회체계요소, 사회구성영역, 사회적 범위, 공간적 범위, 역사 시기, 강제성의 수준, 외재성의 수준 등에 따라 다양한 유형화가 가능하다는 점을 강조했다. 나아가 공공성 위기의 거대 사회변동의 요인이라고 할 수 있는 탈냉전과 시장화, 현대성의 전환에 따른 해체적 경향 속에서 기존의 거시제도와 규범이 점점 더 위축되는 반면 이질적 욕망은 팽창하는 현실에 주목했다. 이러한 현실에서 공공성의 재구성을 추동하는 핵심적 지점은 거시적 제도와 미시적 욕망 사이에 존재하는 사회질서를 들 수 있는데 이 새로운 공공성의 범주를 미시적 제도들로 구성된 '미시 공공성'의 영역으로 설정했다.

이 글의 두 번째 목적, 공공성의 해체적 현실을 공적 질서의 재구성 과정으로 해석하고 분석적 요소를 도출하기 위해서 탈현대의 사회변동을 성찰적 현대, 네트워크 현대, 탈냉전의 현대로 구분해서 살펴보았다. 이 같은 현대성의 전환이 드러내는 각 측면에서 재구성되는 공공성의 특징을 각각 성찰적 공공성, 유연 공공성, 시장 공공성과 생활 공공성 등으로 개념화했다. 이러한 개념 가운데 특히 생활정치가 추구하는 자아실현과 자기확장의 가치를 중심으로 규범, 제도, 행위들이 재구성된 공적 질서를 '생활 공공성'이라고 규정하고, 성찰적 공공성과 유연 공공성, 시장 공공성 등의 해체적 경향을 내재한 공적 질서들이 생활 공공성의 질서로 결합됨으로써 새로운 사회통합의 가능성을 전망할 수 있을 것으로 보았다. 마지막으로 이 글에서는 공공성을 구성하는 공민성, 공익성, 공개성의 세 가지 원리가 생활 공공성의 패러다임으로 재구성되는 질서를 생활민주주의, 생활국가, 생활시민사회 등으로 구분해서 살펴보았다.

인간 삶의 합리적 질서로 누적된 이념, 제도, 규범의 공공성은 개인의 실존적 삶으로부터 점점 더 멀어지는 한편, 현대성의 전환에 따른 공동체 해체적 경향은 욕망 생산의 장치를 확대시키는 만큼 기존의 제도와 규범을 더욱 박제화시켰다. 대의민주주의와 국가주의 정치질서, 그리고 이러한 거시 구조에 조응하는 시민사회는 이제 생활민주주의와 생활국가, 생활시민사회 등의 공적 질서가 재구성되어야 한다. 무엇보다도 이 같은 공공성의 재구성은 미시적 삶의 공간을 자기실현적이고 자기확장적인 공간으로 재편하는 과제와 결부되어 있다. 이런 점에서 우리는 미시 공공성을 구성하는 미시제도의 요소들, 미시민주주의의 요소들이 무엇보다도 의미 있는 사회변동의 시대에 있다.

서구사회에서 신자유주의 정책은 1980년대 가동되었고, 1990년대 들어 본격적으로 지구적 팽창과정에 돌입했다. 이러한 과정에서 한국 또한 1997년 IMF 외환위기 이후 지구적인 신자유주의 시장질서로 적극적으로 편입하게 되었다. 외환위기와 함께 집권한 김대중 정부와 이를 뒤이은 노무현 정부는 강요된 신자유주의적 질서 속에서 국민적 삶을 지켜야 하는 갈등적 전환의 시기였고, 노무현 정부 후반부에 오면 세계적으로도 신자유주의에 대한 진지한 성찰이 전개되는 시기였다.

그러나 이명박 정부는 신자유주의에 대한 지구적 성찰의 경향을 역행하면서 훨씬 더 미국 주도의 신자유주의 시장질서에 앞서가는 모습을 보였다. 그 결과 한국사회는 경제규모에서는 세계 10위권으로 진입했으나 국민들의 삶은 어느 때보다 불안하고 힘겨운 상태에 놓이게 되었다. 양극화와 청년실업이 비등하고, 세계최고의 자살률, 최저의 출산율, 최고의 음주국가, 노인 빈곤율 1위 등 입시경쟁과 취업경쟁에 피말리는 젊은 시절이 나이가 들수록 나아지는 것이 아니라 더욱 고달픈 신세가 되는 사회가 된 것이다. 성장주의와 지표의 경제가 개인의 삶을 더욱 피폐하게 하고 있다. 게다가 이명박 정부 이후 심각한 공공성의 훼손은 공직을 사인적 관계로 농단하는 데 있었다. 이러한 공직의 사인화 경향은 고위공직의 심각한 도덕성 문제를 가져왔고 불공정의 관행을 확산시킴으로써 국민들의 삶을 제도로부터 더욱 소외시켰다. 공적 질서와 개인 삶의 관계에 대한 성찰이 전면적으로 모색될 시점이 아닐 수 없다.

다른 한편 한국사회는 민주화를 향한 시민적 열망이 강렬했던 경험과 함께 시민사회의 역동성이 풀뿌리에서 활성화되기도 했다. 2000년대 이후 한국의 시민사회에는 정치권력 지향적인 저항운동보다는 지역이나 공동체를 중심으로 자기실현적 삶을 추구하는 생활정치운동이 주류화되었다. 나아가 이러한 생활정치는 2010년 지방선거 이후 각 지자체들에 의해 시민사회와의 연계를 통한 다양한 방식의 제도화로 실험되고 있다.

말하자면 한국사회는 다른 어떤 사회보다 현시점에서 제도의 성찰적 재구성이 요구된다. 이러한 요구는 시민사회에서 확산된 생활정치적 요구와 생활정치의 제도화된 실험의 효과를 반영하는 것일 수 있다. 이런 점에서 생활국가와 생활민주주의는 이미 우리에게 깊숙이 닿아 있는 것일 수 있다. 생활국가로의 전환은 혁명적 급진성을 갖지는 않지만 사회구성의 질서를 재구성한다는 점에서 혁신적 진보성을 내재하고 있다.

이러한 진보성은 이미 시작된 공공성의 생활국가적 재구성 영역을 더욱 확장시킬 것을 요구한다. 국가 공공성과 시장 공공성, 시민사회의 공공성에 내재된 공민성과 공익성, 공개성의 원리를 자기실현적이고 자기확장적으로 재구성할 뿐만 아니라 일자리, 환경, 복지, 주택, 보건, 의료, 식품 등 개인적 삶과 직접적으로 관련된 정책들의 자기실현성을 높이는 방향을 강화해야 한다. 나아가 통일, 국방, 외교, 안보 등의 정책들도 시민의 자기실현성을 중심으로 재구성해야 한다.

우리 시대 사회구성적 공공성의 질서는 훨씬 더 개인의 미시적 삶에 가깝게 재구성되어야 한다는 점에서 미시 공공성의 맥락이 중요하다. 생활 공공성과 생활민주주의의 논리는 미시적 참여와 미시적 소통, 미시적 공감의 제도화를 포괄하고 있다. 생활국가와 생활민주주의는 이 점에서 보다 진화된 정치모델일 수 있다. 개발 독재적 발전국가와 신자유주의적 발전국가의 파행을 넘어서고 서구 케인지안 복지국가의 제도적 경직성도 넘어서는 자아실현적 생활국가와 그 정치윤리로서의 생활민주주의는 현대성의 전환에 따른 정치질서의 필연적 진화를 보여주는 것일 수 있다.

공공성의 사회구성 지표와 공공성 프레임의 변동 * 05

1. 서론: 공공성의 위기와 사회과학의 빈곤

우리 시대에 공적 질서의 위기적 징후는 광범한 사회현상으로 드러난 지 오래다. 양극화로 인한 공존적 삶의 해체, 경쟁 위주의 교육시스템으로 인한 교육 공공성의 해체, 무자비한 개발에 따른 생태 공공성의 파괴, 자영업자들의 골목상권마저 집어삼키는 대기업의 약탈적 유통업, 공공적 규범과 도덕률의 해체에 따른 범죄증대 등의 현상은 공존의 공동체를 지탱하는 공적 제도의 위기적 징후들이라고 하지 않을 수 없다. 나아가 최근에 들어서는 개인의 행위양식이나 삶의 선택에서도 공공성의 가치가 심각하게 훼손되는 징후가 점점 더 뚜렷해지고 있다. 이명박

* 제5장의 내용은 〈아세아연구〉 제56권 2호(2013. 6. 30)에 게재된 조대엽 · 홍성태 공저의 논문 "공공성의 사회적 구성과 공공성 프레임의 역사적 유형"을 수정, 보완한 것이다. 이 책의 내용에 포함시킬 수 있게 허락해준 고려대 한국사회연구소의 홍성태 연구원에게 감사드린다.

정부 이래 더욱 심각해지는 고위공직 대상자들의 사익추구현상은 이 점을 가시적으로 보여주고 있다. 특히 박근혜 정부가 출범할 때는 장관 후보자들이 부동산 투기나 탈세 의혹은 말할 것도 없고 고위공직을 갖기에 합당하지 않는 전력을 갖는 등 지나친 사익추구 탓에 7명 이상이 연속적으로 낙마하기도 했다. 이 같은 일은 우리 사회에서 공직의 의미에 대해 심각한 의문을 제기하게 하는 예사롭지 않은 현상이다. 지명되는 공직후보마다 부적절한 문제가 드러나는 것은 단순히 대통령의 소통하지 않는 태도나 인사시스템의 문제를 넘어 보다 근원적인 공적 질서와 우리 시대가 공유하는 공공성 프레임에 주목하게 한다.

공공성의 질서가 보다 근원적이고 광범하게 훼손됨으로써 기존의 공적 질서가 크게 위축되고 있다는 사실은 제도의 해체만을 의미하지 않는다. 제도의 해체와 맞물려 확산되는 개인의 가치와 행태에서도 공적인 것에 대한 관념이 해체되거나 크게 약화되고 있다는 점을 의미한다. 이처럼 우리 사회가 봉착한 심각한 공공성 위기 현상은 제도와 개인의 행위를 지탱하는 공적 윤리와 규범이 더 이상 사회적 효력을 갖지 못한다는 사실을 알리는 징표다. 이는 곧 기존의 공적 질서에 대해 구성원들이 합의하지 않고 있다는 사실을 말해주는 것이기도 하다.

한 사회의 공적 질서가 사회적으로 구성된다는 시각에서 보면 공적인 것과 사적인 것이 애초부터 구분된 질서인 것은 아니다. 공적인 것의 의미는 사회적으로 부여되는 것이라 할 수 있다. 조국과 민족을 위해 개인의 목숨을 바칠 수 있다는 생각을 공유하는 시대에는 국가와 민족을 공적 질서의 정점으로 하는 강력한 합의가 구축되어 있었다. 오늘날 제도와 삶에서 '공적인 것'의 해체, 즉 공공성의 위기적 현상은 이런 점에서 기존에 공유된 공적인 것에 대한 의미구성이 해체 혹은 변화되고 있다는 사실을 말해준다.

기존의 공적 질서가 해체되는 우리 시대는 새로운 공적 질서에 대한 사회과학적 탐색이 절실한 때라고도 할 수 있다. 특정한 시대의 사회구성원들이 공유하는 공공성에 관한 의미체계를 '공공성 프레임'이라고 한다면, 공공성 프레임은 당대의 사회를 지탱하는 사회통합의 구심이 무엇인가에 따라 시대마다 변화하기 마련이다. 또한 한 시대를 관통하는 역사적 프레임은 단순한 의미나 의식 등 관념의 수준에 국한된 것이 아니라 역사프레임을 구축하는 당대의 다양한 규범과 제도, 가치와 이념, 조직과 자원을 포괄하고 있다. 이 점에서 '공공성의 역사적 프레임'은 공공성이 사회적으로 구성될뿐더러 역사적으로 변화함으로써 기존의 공적 질서가 새로운 공적 질서로 재구성되는 현상을 가장 잘 보여줄 수 있는 설명도구라고 할 수 있다. 나아가 오늘날 공공성의 위기적 현실에서 공공성 프레임의 역사적 변화를 살피는 것은 새로운 공적 질서를 전망하는 작업과도 무관하지 않다.

역사적으로 서로 다르게 나타나는 공공성 프레임의 유형을 분석하기 위해서는 무엇보다도 공공성의 개념을 구성하는 지표를 보다 구체화하는 작업이 전제되어야 한다. 주지하듯이 사회과학의 전 영역에 걸쳐 '공공성' 연구는 제한적으로 이루어졌다. 그 요인으로는 공공성 개념 자체가 갖는 모호성과 함께 공공성 논의가 드러내는 이데올로기적 지향이 부각되곤 했다. 그러나 사회과학의 목적이 사회세계의 모호성을 걷어내고 보다 분명한 설명력을 얻는 데 있다면 공공성 개념의 모호성이 연구를 제약한다는 것은 납득하기 어려운 논리일 수 있다. 공공성 논의의 이데올로기적 제약 또한 공적 질서에 대한 공공성의 시각이 아닌 다른 시각이 갖는 반대의 이데올로기적 함의를 고려한다면 이 또한 설득력이 떨어지는 논리다. 공공성 연구를 회피하는 이 같은 일방적이고 비약적인 논리와 아울러, 공적 질서는 일상에서 사회구성원들이 공유하는 당연시되는 질서라는 점도 공공성 연구를 제약하는 요인이 되었다. 공적 질서가 해체됨으로써 삶이 파괴되는 위기적 현실에 당면하지 않으면 학술적이든 현실적이든 공공성의 쟁점은 관심 밖에 있었다. 문제는 언제나 현실의 위기 앞에 사회과학의 위기가 동시에 들이닥친다는 점이다. 거대하게 밀어닥친 공공성의 위기 앞에 사회과학의 공공성 연구는 빈곤하기 짝이 없기 때문이다.

공공성 연구에 관한 사회과학의 빈곤을 탈출하려면 무엇보다도 '공공성'이 사회과학적 분석의 도구로 실제로 활용될 수 있어야 한다. 이를 위해서는 공공성 개념의 보편성과 추상수준을 훨씬 더 낮추어 검증 가능한 '중범위 이론'(middle range theory)으로 재구성하는 일이 필요하다. 공공성 논의의 제약으로 간주되었던 공공성 개념의 모호성과 이데올로기성의 취약한 논리를 넘어서는 더 진전된 공공성 논의를 가능하게 하기 위해서는 구체적이고 경험적인 현실에 접근 가능한 공공성의 중범위 이론을 모색해야만 한다. 이 같은 모색이야말로 공공성을 사회과학적 분석의 실질적 도구로 구체화하는 당면한 과제라고 할 수 있다. 바로 이 점에서 이 장의 목적은 한 사회의 공공성, 즉 공적 질서는 사회적으로 구성되는 것이라는 관점에서 공공성을 구성하는 구체적인 지표들을 분석적으로 구분하고, 시대에 따라 달리 나타나는 공공성에 대한 의미구성을 공공성 프레임의 역사적 변화라는 맥락에서 검토하고자 한다.

2. 사회구성적 공공성과 역사 프레임

공공성은 사회 혹은 공동체의 존재 자체를 확인할 수 있는 보편적 질서이자 사회적으로 구성된 실재이다. 제4장에서 언급했듯이, 종교를 구성하는 의례와 제도들이 실제 신의 존재와는 무관하게 종족과 사회의 통합을 위해 만들어진 의미의 구성물이라고 할 수 있듯이, 사회규범과 다양한 제도들 또한 공동의 필요에 의해 구성된 의미의 체계라고 할 수 있다. 이와 같이 공공성을 보편적 질서와 사회구성적 실재로 본다면 이제 개념적 모호성을 넘어설 수 있도록 보다 분석적인 개념으로 정교화하는 작업이 필요하다.

공공성이 포괄하는 다차원적 요소에 관해서는 다양한 연구들에서 언급되고 있다.[1] 공공성과 관련된 다양한 시각과 개념적 요소를 고려할 때 공공성을 구성하는 분석적 요소는 무엇보다도 ① 공민성, ② 공익성, ③ 공개성의 세 가지 핵심요소로 구분해볼 수 있다.

첫째, '공민성'은 공적 시민 혹은 자격 있는 사회구성원으로서의 공민이 공공성의 주체로서 추구하는 민주적 성취의 수준을 의미하는 것으로, 공공성이 근대적 질서이면서 동시에 민주주의질서라는 점을 함의한다.

공민성은 근대자본주의 사회구성체가 추구하는 정치질서의 근간이

---

[1] 이미 제4장에서 검토한 것처럼 대부분의 사회이론에서 공적인 것과 사적인 것의 이분법은 보편적으로 구분되며 이것이 사회적 삶의 기본관념이라는 인식에 대해서는 Fay (1975, 78), Pesch(2005, 23), Benn and Gaus(1983, 7) 등을 참고할 수 있고, 공공성 개념의 다양한 차원과 내용에 관한 논의는 조대엽(2009), 신진욱(2007), 신정완(2007), 나병현(2001), 임의영(2003), 백완기(2008), 소영진(2008), 조한상(2009), 김상준(2003; 2011), Haque(2001) 등을 참고할 수 있다.

라고도 할 수 있다. 말하자면 주권자로서의 시민의 민주주의를 의미하는 공민성은 공공성의 정치적 차원이다. 이 점에서 공민성은 공공성이 작동하는 사회영역이나 제도가 추구하는 민주주의의 이념과 가치의 수준, 사회영역이나 제도 내에서 보장되는 민주적 결정과 민주적 참여의 수준, 사회영역의 구성원이나 제도의 운영자 나아가 정책의 수혜자집단이 관련되는 삶의 영역에서 민주적 자아의 실현을 체감하는 수준 등을 주요 내용으로 할 수 있다.

둘째, '공익성'은 공공성의 또 다른 차원으로 물적 자원의 공유성을 말한다.

하나의 사회구성체가 공동체적 삶과 생존을 유지하기 위해서는 물질적 자원 혹은 효용적 편익설비를 포괄하는 경제적 요소가 근간을 이룬다. 공민성의 가치가 제도와 행위에 반영되어 나타나듯이 공익성 또한 자원을 배분하는 다양한 제도와 규범으로 현실화된다. 오늘날 대부분의 사회에서 경제적 자원과 편익설비는 공동체 구성원의 인간적 삶에 필요한 사회기반자원이 있는가 하면, 사회적 분배의 차원에서 공급되는 정책(복지)자원이 있고, 나아가 자연의 물리적 편익을 제공하는 자연자원도 있다. 이러한 자원들이 구성원들에게 실제로 제공되는 것은 공적 관리체계를 통해 구현되기 마련이다. 따라서 한 사회의 물적 자원이 어떤 수준에서 공유되는가를 가리키는 공익성은 물적 자원을 배분하는 다양한 제도와 법규범이 실행되는 수준을 통해 확인할 수 있다.

셋째, 공공성의 세 번째 차원이라고 할 수 있는 '공개성'은 행위의 개방성과 관련되어 있다.

의사소통적 행위를 본질로 하는 이른바 공론장의 개방성이 공개성의 핵심이라고 할 수 있다. 특정의 사회적 영역이나 제도는 대내적 소통과 아울러 대외적 소통의 수준이 공개성의 수준을 말해준다. 대부분의 사

<表 5-1> 공공성의 차원과 사회구성영역

사회구성영역 \\ 공공성	공민성	공익성	공개성
국가	1	4	7
시장	2	5	8
시민사회	3	6	9

회구성영역과 공적 제도는 그 자체가 공론장으로서의 의의를 갖는다. 그러나 많은 경우 제도와 규범에는 개방과 소통을 지향하는 형식적 규정이 있으나 실제 운영방식과 행위양식에서는 그렇지 않은 경우가 대부분이다. 형식적 개방성과 실질적 폐쇄성을 보여준다. 이런 점에서 공개성의 범주는 공공성의 사회문화적 차원이라고도 할 수 있으며 형식적 개방에서 실질적 개방까지 다양한 수준을 구체화할 수 있다.

<표 5-1>에서 보듯이 공공성을 구성하는 공민성, 공익성, 공개성의 세 가지 차원은 사회구성 영역, 즉 국가영역과 시장영역, 시민사회영역의 다양한 단위에서 그 내용이 구체화될 수 있다. 주지하듯이 국가는 정부를 중심으로 하는 법과 제도의 실질적 운영영역이다. 국가의 영역은 다른 무엇보다도 권력을 매개로 작동하는 정치질서로 특히 정부는 행정기능과 공공지출을 통한 재분배의 기능이 강조된다. 대부분의 민주주의사회에서 국가는 위임권력이 운영하기 마련이지만 이러한 운영을 얼마나 공공적으로 수행하는가의 문제가 국가 공공성의 핵심쟁점이다. 이러한 국가영역은 중앙정부, 국회, 법원, 지방정부, 공기업, 기타 공공기관으로 구성되어 있고, 시민사회와 중첩된 경계를 가지는 정당도 여기에 포함될 수 있다.

사회구성영역 가운데 시장질서는 사적 이익을 목적으로 재화와 서비스의 생산 및 교환이 이루어지는 영역이며, 노동과 화폐를 매개로 형성

된 질서이다. 시장질서는 본질적으로 사적 이윤의 추구와 경쟁의 논리가 지배하는 영역이기 때문에 원칙적으로는 공공적 영역이라고 할 수 없다(조대엽, 2007). 그러나 시장영역 또한 기업활동과 시장거래를 규제하는 규칙과 법규범을 따라야 하기 때문에 규범적 수준에서는 공공성이 작동하는 영역으로 볼 수 있다. 또한 대기업과 중소기업, 자영업체 등으로 구성된 시장영역에서 각 기업들은 자기 조직의 공공성을 갖기 때문에 공적 질서에 포괄될 수 있다.

시민사회는 공적 담론의 생산과 소통이 이루어지는 영역일 뿐만 아니라 결사와 연대를 기반으로 국가 및 시장을 견제하고 감시하는 기능을 갖는 영역이다. 따라서 시민사회는 공적 여론의 형성, 자발적 공공서비스, 사회운동이나 시민단체의 일상적 주창이나 권력 감시활동 등을 통해 공공성을 추구하고 있다. 아울러 시민사회를 구성하는 사생활, 시민단체, 직능단체, 노조, 학교, 언론, 교회 등 자발적 결사체와 커뮤니케이션제도 등은 예외 없이 법적 권리와 의무의 구속을 받는 점에서 규범적 공공성을 내재하고 있다.

국가, 시장, 시민사회 영역의 다양한 제도단위들이 공민적 요소를 어느 정도 내재하는지를 보다 구체적으로 지표화하면 〈표 5-1〉의 제1항, 2항, 3항을 구성하게 된다. 또 국가, 시장, 시민사회의 하위체계들이 내재한 공익성의 수준은 제4항, 5항, 6항으로 구분될 수 있다. 나아가 사회구성의 각 영역과 그 하위영역에서 공개성의 수준은 제7항, 8항, 9항으로 구분해볼 수 있다.

특정의 역사적 시기에 공공성은 공민성, 공익성, 공개성의 요소가 국가, 시장, 시민사회 영역에서 작동하는 각각의 수준이 결합된 일종의 복합적 프레임이다. 이러한 복합적 프레임은 〈표 5-1〉의 제1항에서 제9항까지를 포괄함으로써 한 시대 공공성의 역사적 프레임을 형성하게 된다. 주지하듯이 프레임(*frame*)은 개인들이 삶의 공간과 세계에서 일어나는 일들을 지각하고, 위치지으며, 구별하고 이름 붙이는 것을 가능하게 해주는 해석의 틀을 말한다(Goffman, 1974). 이러한 프레임의 논리를 확장할 때, 특정의 역사적 시기에 형성되는 '역사프레임'은 해당 역사 시기의 개인, 집단, 조직이 현실의 조건을 해석하고 정치, 경제, 문화적 지향을 설정하게 하는 거시적 규정력을 갖는다(조대엽, 2010: 6).

공공성의 역사적 프레임은 당대의 공민성과 공익성, 공개성의 구심이 사회구성영역 가운데 어디에 위치하는지, 그리고 이 같은 공공성의 세 차원이 위치한 수준에 따라 결정된다. 동시에 공공성의 역사적 프레임은 공공성의 세 가지 차원 각각의 위치와 수준을 알려주는 지표가 될 수 있다. 사회구성영역의 다양한 하위체계들은 특정 시대의 공공성의 역사적 프레임에 따라 공공성의 수준과 특징이 결정되는 경향이 있다.

3. 공공성의 사회적 구성과 지표

1) 공민성의 사회적 구성과 지표

공민성은 국가구성원으로서의 시민이나 시민사회의 다양한 영역에서 활동하는 사회구성원으로서의 시민이 누리는 민주주의적 삶의 수준을 말하는 것으로 정치적 차원의 공공성이라고 할 수 있다. 따라서 공민성의 수준은 무엇보다도 민주주의의 범위와 관련이 있다. 기존 민주주의 이론의 흐름에서 대의·자유민주주의와 직접·참여민주주의의 흐름은 민주주의의 서로 다른 내용을 보여준다. 전자는 국가와 시민사회를 공적 영역과 사적 영역으로 대응시키고 사적 영역, 즉 시민사회에서 활동하는 개인의 자유로운 사회·경제적 활동을 최대한 보장하는 것이 민주주의이고 그런 의미에서 민주주의는 국가영역에 엄격히 한정되어야 한다는 입장이다. 반면에 후자는 민주주의는 시민사회 영역에도 확장되어야 한다는 신좌파적 혹은 사회주의적 지향이라고 할 수 있다.

민주주의는 양면의 과정이다(데이비드 헬드, 2010: 517~518). 민주주의를 진화적 입장에서 볼 때 양면적 현상으로 인식할 수 있는데, 한편으로는 국가권력의 재편성에, 다른 한편으로는 시민사회의 재편성에 관련된 것이다(Held and Keane, 1984). 헬드는 자치의 원칙을 예로 국가와 시민사회의 상호의존적 변화가 필수적이라는 '이중적 민주주의' 과정을 강조했다. [2] 국가와 시민사회가 상호의존적으로 민주주의를 심화시키는 이중적 민주화과정은 대의·자유민주주의를 넘어 직접·참

---

[2] 국가와 시민사회의 관계를 재평가하는 시도는 대표적으로 Cohen(1982), Offe(1984), Keane(1988), Cohen and Arato(1992), Held(2006)에게서 발견된다.

여민주주의를 포괄하는 민주주의 모델을 의미하게 된다.

인류가 경험했고 또 실험하고 있는 다양한 민주주의의 유형 가운데 대의·자유민주주의에 해당하는 민주주의형태는 '보호(protective) 민주주의'로 범주화할 수 있다. 보호민주주의는 정치적으로 자율적인 시민사회와 자유 경쟁적 시장경제를 전제로 하는 자유민주주의의 일반적 특징을 강조하는 범주이다. 즉, 통치자가 시민의 이익에 상응하는 정책을 추구하도록 보증하기 위해 시민들이 통치자로부터 보호될 필요가 있으며, 주권은 궁극적으로 인민에게 있지만 정당하게 국가 기능을 수행할 수 있는 대표에게 부여되는 질서이다(데이비드 헬드, 2010: 162). 보호민주주의의 범주에는 자유(대의) 민주주의, 엘리트민주주의, 다원민주주의, 신자유주의적 법치민주주의 등이 포함된다.

다른 한편 보호민주주의의 대당적 민주주의는 직접·참여민주주의를 포괄하는 '개발(developmental) 민주주의'로 범주화할 수 있다. 개발민주주의는 정치적 참여가 개인의 이익을 보호하기 위해서뿐만 아니라 교양 있고 헌신적인 자기계발적 시민을 창출하기 위해 필요한 것으로 보며 개인 능력의 최고의 그리고 조화로운 확장에 정치적 관여가 필수적이라는 입장이다(데이비드 헬드, 2010: 184). 개인의 능력을 자유롭게 개발하고 표출하는 민주주의라는 의미에서 '개발적'인 것이다. 이 같은 개발민주주의의 범주에는 직접민주주의, 참여민주주의, 숙의민

〈표 5-2〉 민주주의의 유형

보호민주주의(대의·자유민주주의)	개발민주주의(직접·참여민주주의)
자유(대의)민주주의	참여민주주의
엘리트민주주의	숙의민주주의
법치민주주의(신자유주의적 민주주의)	세계시민민주주의

주주의, 세계시민민주주의 등이 포함될 수 있다.

보호민주주의의 다양한 모델들 가운데 자유민주주의는 선출된 대표에게 위임된 대의적 통치 질서를 말한다. 따라서 정기적인 선거, 위임권력의 책임성, 법 앞의 평등, 자유를 보증해주는 입헌주의, 자율적 시민사회 등이 핵심적 요소다. 엘리트민주주의는 입법, 행정적 의사결정을 할 능력을 가진 능숙하고 창의적인 정치엘리트가 지배하는 질서로 강력한 행정부를 가진 의회제 정부, 경쟁적 정치엘리트와 정당 간의 경쟁, 정당정치의 의회장악, 독립적이고 잘 훈련된 관료행정 등의 특징을 갖는다. [3]

보호민주주의의 유형 가운데 법치민주주의는 개인 이외에는 어떠한 사회적, 정치적 실체도 존재하지 않는다는 가정에서 시작해서 사회에 대해 우선순위나 분배유형을 명확히 하는 어떤 일반원칙도 정당화될 수 없다는 입장에 선다(Nozick, 1974: 33). 이 입장에서 민주주의는 목적이 아니고 하나의 수단으로 최고의 정치적 목표인 자유를 보호하는 데 필요한 실용적 장치이다. 따라서 법치민주주의는 자유시장사회와 최소국가를 위한 윤곽을 제시해준다(Hayek, 1976: 60~61). 법치민주주의는 입헌국가, 법의지배, 시민사회와 사적 생활에 대한 최소한의 국가개입, 가능한 최대영역의 자유시장사회, 자유주의원칙의 정치리더십, 관료규제의 최소화, 이익집단 및 노조의 역할 제한, 집단주의의 최소화 등을 핵심요소로 한다(데이비드 헬드, 2010: 391).

다른 한편, 개발민주주의의 범주에서 참여민주주의는 인간의 계발

---

3 자유민주주의의 현실주의적 입장이라고도 할 수 있는 엘리트민주주의의 핵심요소들은 베버, 미헬스, 슘페터의 입장(Weber, 1972, 1978; Michels, 1966; Schumpeter, 1976)과 이에 대한 다양한 강조적 해석(Mommsen, 1974; Beetham, 1985; Giddens, 1979; Crozier, 1964; Albrow, 1970; Duncan and Lukes, 1963; Pateman, 1970; Miller, 1983; Macpherson, 1977)에 잘 드러나 있다.

을 촉진하고 정치적 효능감을 제고해주고 권력 중심으로부터 소외감을 감소시키고 집단적 문제에 대한 관심을 키울 뿐만 아니라 정부의 일에 민감하게 관심을 가질 수 있는 적극적이고 식견 있는 시민을 형성하고자 하는 정치질서이다(Pateman, 1970). 참여민주주의의 핵심요소는 직장과 지역공동체를 비롯한 사회의 주요 제도조정에 시민의 직접 참여, 정당의 간부가 직접 당원에 대해 책임지는 방식의 정당재조직, 참여적 정당의 작동, 여러 가지 정치형태의 실험적 가능성을 보장하는 제도적 개방 등이다(데이비드 헬드, 2010: 405).

숙의민주주의는 자유롭고 평등한 시민의 공적 숙의가 정당한 정치적 의사결정이나 자치의 핵심요소라는 입장이다(Bohman, 1998: 401).[4] 이 입장에서 정치적 정통성은 공적 결정에 대해 옹호 가능한 이유와 설명을 제시하는 데 달려있다(Saward, 2003: 120~124). 말하자면 정통성의 원천은 결정된 개인의 의사가 아니라 오히려 그것의 형성과정으로서의 숙의 그 자체인 것이다(Manin, 1987: 351). 자유민주주의의 결함에 대해 정면으로 도전하고, 참여의 질적 요소로서의 숙의의 부족을 해결하지 못하는 참여민주주의에 대해서도 비판하는 숙의민주주의는 숙의적 여론조사, 시민배심원, 대표에 대한 접근성을 높이는 전자정부의 다양한 조치, 온라인 공론장과 전자민주주의 프로그램, 정책안의 집단분석과 산출, 소규모 공론장에서 초국가적 상황까지 공적 생활에서의 숙의 등을 실천하고 있다.

이러한 민주주의의 유형들은 서로 구분될 수 있지만 완전히 다른 요소들로 구성되기보다는 일정부분 중복된 특징을 갖는다. 각각의 유형

---

4 숙의민주주의는 Habermas(1990, 1993, 1996), Elster(1989), Fishkin(1991), Dryzek(1990), Bohman(1998), Saward(2003), Offe and Preuss(1991), Manin(1987) 등에서 폭넓은 논의에 접근할 수 있다.

에 따라 민주주의는 범위가 확장되고 내용이 심화되는 일종의 진화적 경향을 보인다고 할 수 있다. 개발민주주의의 유형들은 보호민주주의의 유형에 비해 민주주의의 범위와 시민의 자기계발이 심화됨으로써 일종의 진화된 민주주의라고 말할 수 있다. 민주주의 유형들의 현실적 조건과 요소들은 공민성을 구성하는 요소들이라는 점에서 민주주의의 진화는 곧 공민성의 심화과정으로 볼 수 있다.

보호민주주의의 유형들은 대체로 국가영역에 제한된 민주주의를 강조하지만 참여민주주의와 숙의민주주의의 요소는 국가 영역뿐만 아니라 시장과 시민사회의 다양한 집단과 제도에도 적용되는 공민적 요소라고 할 수 있다. 이 점에서 공민성의 다양한 지표와 수준들은 〈표 5-1〉의 1항, 2항, 3항으로 설정될 수 있다. 국가영역과 시장영역, 시민사회영역에 이르는 공민적 요소들은 각각의 영역에서 공민성의 수준을 가늠할 수 있는 지표들이다. 각 영역의 공민성 지표들을 복합적으로 포착하면 다음과 같은 네 가지 주요 유형을 구분해낼 수 있다.

첫째, 근대 이전의 전제군주정의 형태는 모든 사회구성이 국왕에게 귀결되는 통합사회이다.[5] 백성들 개인에게는 어떠한 공민적 자격이 주어지지 않고 양반 혹은 귀족에게는 정치과정에의 참여가 보장되는 듯하나 궁극적으로는 국왕의 절대권력에 복종하는 전체화된 사회이기 때문에 일종의 비공민적 사회라 할 수 있다. 절대왕조나 파시스트 국가, 일당독재의 사회주의국가에 해당하는 이 같은 경우를 '전제적 공민성'

---

5 하버마스는 봉건적 공공성에 관해 다음과 같이 말한다. "군주가 세속영주와 성직영주, 기사, 고위성직자, 도시민을 자신의 주변에 불러 모을 때(1806년까지 독일제국에서처럼 황제가 영주, 주교, 제국백작, 수도원장을 제국의회에 초청할 때) 이는 어떤 사람이 다른 사람을 대리하는 대표회의가 아니었다. 영주와 신분들이 국가를 대리하는 것이 아니라 '그 자체 국가'라는 특유의 의미에서 국가를 대표하는 것이다. 그들은 자신의 통치권을 민중을 위해서가 아니라 민중 '앞에' 과시하는 것이다."(위르겐 하버마스, 2001: 69)

이라고 부를 수 있다.

둘째, 대의민주주의를 표방하는 공민적 질서를 '대의적 공민성'이라고 유형화할 수 있다. 근대 민족국가에 기반을 둔 국가영역에 집중된 공적 질서로 국가 공공성의 시대에 조응하는 공민적 특징이 강조된다. 대의민주주의의 이상을 실현하는 경우도 있으나 형식적 표방에 그치고 실제로는 다양한 형식으로 포장된 독재와 권위주의가 현실화되는 경우가 많다.

셋째, '참여적 공민성'을 구분할 수 있는데 국가뿐 아니라 시민사회의 제도와 생활영역에서 시민 및 주민참여의 폭을 넓힘으로써 대의적 공민의 위상을 넘어서는 정치적 삶의 질서를 강조할 수 있다. 대의적 제도와 극단적 시장경쟁에 따른 왜소화되고 파괴된 삶을 주체화하는 생활 공공성의 시대에 조응하는 정치질서라고 할 수 있을 것이다.

넷째, 참여적 공민성을 질적으로 진화시킴으로써 다양한 토론의 과정을 확장하는 '숙의적 공민성'을 들 수 있다. 숙의적 공민성 또한 다양한 생활공간을 자기실현의 공적 질서로 재구성하는 정치질서라는 점에서 생활 공공성의 시대에 맞물려 있다고 하겠다.

국가영역의 다양한 하위기구나 하부조직뿐 아니라 기업, 시민사회의 수많은 하위영역에서 공민성은 그 범위를 넓혀가고 새로운 구성요소를 부가할 수 있다. 전제적, 대의적, 참여적, 숙의적 공민성은 공공성의 역사적 프레임이 진화적으로 변동하는 특징을 포착하게 해주는 지표일 수 있다.

2) 공익성의 사회적 구성과 지표

일반적으로 공익적이라는 표현은 다수의 구성원에게 이익이 되는 것으로 '공공적'이라는 표현과 구분 없이 사용했다. 그러나 여기서는 공익성을 사회의 물질적 자원의 공유성을 지칭하는 특정한 범주로 개념화한다. 공익성의 주요 지표는 사회를 구성하는 다양한 자원 가운데 경제적 가치를 갖는 물질적 자원을 얼마나 공유하는가로 구성된다. 따라서 앞에서 논의한 공민성을 공공성의 정치적 차원이라고 할 수 있다면, 공익성은 경제적 차원의 공공성이라고 말할 수 있다.

국가와 시장, 시민사회 영역의 조직과 제도에 결부된 자원들은 다양한 형태가 있다. 우선 국가영역에는 도로, 항만, 철도, 통신, 전력, 수도, 가스 등 사회간접자본을 포함하는 '기반자원'이 있고, 세금과 여타의 정부수입으로 확보된 재정을 행정을 비롯한 일상의 정부사업, 다양한 복지사업, 국책사업 등에 사용하는 '정책자원'을 구분할 수 있으며, 나아가 정부가 관리하고 시민편익을 위해 활용하는 '자연자원'을 나누어 볼 수 있다. 다른 한편 토지와 건물, 설비를 포함하는 '현물자원', 재정운용에 지출되는 '현금자원', 종사자가 가진 재능을 비롯한 일종의 '인적자원' 등을 구분해볼 수 있다.

국가, 시장, 시민사회 영역에서 경제적 가치를 갖는 이 같은 다양한 자원들이 각 영역의 하위제도와 조직 등 특정의 분석대상과 결부되어 얼마나 넓은 범위에 공유되는가를 지표로 공익성의 수준이 결정된다. 이 같은 공익성은 그 수준에 따라 네 가지로 범주화할 수 있다.

첫째, 가장 낮은 수준의 공익성으로 '시혜적 공익성'을 범주화할 수 있다.

이 범주는 정서적인 온정주의나 박애주의에 의해 시혜적으로 베푸는 자원의 배분방식이라고 할 수 있다. 봉건사회의 군주나 영주, 성직자들은 백성들을 보호하는 차원에서 온정을 베푸는 방식으로 구호활동을 했다. 근대 자본주의 이전의 신분적 사회질서에서 그 정점에 있는 국왕이나 지방관리, 귀족들은 가뭄이나 홍수 등으로 백성의 삶이 극단적인 위기에 이르렀을 때 온정을 베푸는 수준에서 구휼을 시도했다. 그러나 현대사회에서도 독재권력이 지배하는 특수한 정치체제에서 정권을 획득한 자에 의한 온정적 수준의 공적 지원은 있으며, 기업의 공적 활동 가운데 사회공헌사업들이 기업 오너의 박애주의나 온정에 의한 기부를 통해 이루어지는 경우도 빈번하게 볼 수 있다. 시민사회영역의 학교나 종교기관 역시 이러한 수준에서 공익적 활동을 하는 경우가 적지 않다. 이러한 공익의 수준은 안정적이거나 지속적이지 않다. 또한 임의적으로 실행되고 책임성을 갖지 않는 경우가 많다(박승희, 1999).

둘째, '잔여적 공익성'을 유형화할 수 있다.

국가영역의 '정책자원'(복지자원) 의 배분에 국한시킨다면 이 범주는 자유주의 복지체제의 배분방식을 포함한다.[6] 자유주의 복지체제는 오늘날 시장중심의 신자유주의정책 기조와 유사한 것으로 복지를 성장에 장애가 되는 것으로 파악하는 동시에 복지는 매우 잔여적으로만 주어질 때 시장이 제대로 유지될 수 있다고 보는 자유주의적 인식에 기반을 두고 있다. 이 체제에서는 아주 부분적인 욕구만을 공공부조를 중심으로 해결하고 더 많은 복지는 시장영역에서의 사적 보험이나 사적 서비스의 구매를 통해 해결하기 때문에 복지행정의 가장 중요한 활동이 공공부조 혜택을 입을 자격 있는 빈자를 가려내는 일이다(구인회·손병돈

---

6 주지하듯이 에스핑 안데르센은 보수주의, 자유주의, 사민주의 복지체제를 유형화하고 있다(Esping-Andersen, 1990). 이 글에서 범주화하는 공익성의 네 가지 유형 가운데 잔여적, 기여적, 보편적 공익성은 적어도 국가영역의 복지자원 수준에서 에스핑 안데르센의 유형론을 참조하고 있다.

·안상훈, 2010: 101). 시장영역에서도 비록 최근 들어 기업의 공익활동이 다양화되고는 있지만 대부분의 기업 사회공헌 활동을 통해 공유된 자원은 이윤추구활동의 잔여적 형태인 경우가 많다. 시민사회 영역에도 다양한 자원들이 공익적으로 활용되고 있지만 자기집단의 이익추구활동의 잔여적 형태로 공익활동을 추구하는 경우도 적지 않다. 예컨대 의사회, 변호사회 등 시민사회의 수많은 이익집단들은 회원의 권익추구활동에 주력하면서 잔여적으로 공익사업을 하는 경우가 많다.

셋째, '기여적 공익성'을 구분해볼 수 있다.

공익성의 기여적 유형은 다양한 경제적 자원 가운데 국가영역의 정책자원을 중심으로 본다면 보수주의 복지체제에 어울리는 공익성의 특징을 보인다. 보수주의 복지체제에서는 이른바 광의의 생산적 복지를 핵심으로, 사회보험은 피보험자의 기여를 재정적 근간으로 하며 수급권의 획득조건 또한 기여금의 납부를 기준으로 삼는다. 따라서 보수주의 복지체제의 재정은 활발한 노동시장 참여를 근간으로 한다. 빈곤층을 위한 공공부조의 경우도 열등수급의 원칙이 강조되며 가급적이면 자활할 수 있도록 돕는 것이 공공부문의 중요역할로 본다(구인회 외, 2010: 99~100). 이러한 복지체제는 '일하는 복지'라고 할 수 있는데, 이 논리를 공익성의 범주로 확장하면 적어도 어떤 형식으로라도 기여한 사람에게 자원을 공유할 수 있는 자격을 부여하는 유형이라고 할 수 있다. 국가영역이나 시민사회영역에서 공적으로 운영되지만 요금을 받고 이용하는 대부분의 공영시설이나 회원에 한해 사용권을 부여하는 경우 등이 기여적 공익성의 범주에 포함될 수 있다.

넷째, '보편적 공익성'을 구분할 수 있다.

국가영역에서 작동하는 복지자원의 경우 이 유형은 사민주의 복지체제의 요소에 근접한다. 사민주의 복지체제의 핵심은 복지와 노동의 완전한 결합이며 이것은 완전고용에 대해 국가가 보증하는 형태로 나타난다(Ahn, 2000; 안상훈, 2001). 사민주의 복지체제의 재정은 다른 무엇보다도 노동에 따른 소득세에서 충당된다. 따라서 높은 수준의 복지체제를 보장할 수 있는 길은 완전한 노동에 있다. 이 체제에서는 중산층의 다양한 복지욕구를 수용할 뿐만 아니라 전통가족의 불합리한 부담에서 개인을 해방시키는 것도 포함된다(Esping-Andersen, 1999). 보편적 공익성의 유형은 이 같은 사민주의 복지체제의 보편적 복지를 차용하여 자원의 공유범위가 보편적 수준에 있다는 점을 강조한다. 보편적 공익성은 가장 높은 수준의 공익성이라고 할 수 있다. 보편적 공익성은 시장이나 시민사회영역보다는 주로 국가영역의 특성으로 나타나며 최근 중앙정부나 지방정부와 시민사회가 협치적으로 추구하는 사업들이 여기에 해당하는 경우가 많다.

이상과 같이 물적 자원이 사회에 공유되는 범위에 따라 구분된 공익성의 유형들은 다시 자원이 할당되는 용도에 따라 목적형, 포괄형, 실현형으로 구분해볼 수 있다.

<표 5-3> 공익성의 유형과 사례

용도 범위	목적형	포괄형	실현형
잔여적 공익성	기업사회공헌 활동의 자원	4대강 개발사업	–
기여적 공익성	유료도로, 유료공연장, 직능단체의 자원	–	협동조합
보편적 공익성	보편적 복지의 목적별 자원(무상급식, 무상보육 등), 제주강정마을해군기지개발사업	시민단체의 자원	친환경무상급식 생활예술로 바꾼 마을 시설 및 공간, 주민참여적 공연예술 시설 및 공간

'목적형'은 특정의 용도에 한정된 국책사업과 같이 공적 자원이 특수한 목적에 사용되는 경우를 말하는데, 예컨대 제주 강정마을을 해군기지로 개발하는 국책사업을 들 수 있다. '포괄형'은 용도나 목적이 정해져 있지 않고 포괄적으로 사용되는 자원을 말하는 것으로 4대강 개발과 같은 국책사업이 여기에 해당할 수 있다. '실현형'은 공적 자원을 주민이나 시민의 자아실현적 방식으로 활용하는 경우를 말한다. 생활예술로 마을공간을 변형시킨다든지 주민참여적인 공연예술공간, 협동조합 등이 실현형에 속할 수 있다. 실현형은 목적형이나 포괄형과 중복될 수도 있다. 이 같이 용도에 따른 세 가지 공익성의 유형은 공익성의 범위가 극히 제한적인 시혜적 공익성에 적용하기는 어렵고 주로 잔여적 공익성과 기여적 공익성, 보편적 공익성의 수준에서 구체화되는 범주들이라고 할 수 있다.

요컨대, 국가, 시장, 시민사회 영역에서 공익성 수준이 시혜적, 잔여적, 기여적, 보편적 수준 가운데 어디에 위치하는지를 측정하고 분석할 때 〈표 5-1〉의 4항, 5항, 6항의 특징이 드러난다고 할 수 있다. 나아가 이러한 서로 다른 수준의 공익성은 다시 목적형과 포괄형, 그리고 실현형으로 세분해서 측정할 수 있다.

3) 공개성의 사회적 구성과 지표

공공성을 구성하는 세 번째 핵심요소는 공적 개방의 수준을 의미하는 공개성이다. 공개성은 공적 요소가 구성원들에게 얼마나 개방적으로 열려있는가를 지표로 한다. 이 점에서 공개성은 하버마스의 공론장 (*Öffentlichkeit*) 의 가장 일반적인 의미를 담고 있다. [7] 하버마스에게 공론장의 순수형태는 이른바 '의사소통적 행위'의 영역이다. 여기서는 일체의 정치적, 경제적, 문화적 격차와 권력이 배제되고 오로지 논증의 권위만이 작용하는 합리적 영역이다(위르겐 하버마스, 2001: 107). 현실과는 다를 수 있지만 공론장의 순수한 형태는 논증의 권위만이 작동하는 완전히 열린 사회적 공간을 가리킨다. 권력이나 화폐로 매개되는 것이 아니라 의사소통적으로 매개되는 시민사회의 영역에서 가장 주목되는 공공성의 특징이 바로 공개성의 요소이다(조대엽, 2012a).

이처럼 공론이 작동하는 시민사회의 핵심적 특징으로서의 공개성을 국가, 시장, 시민사회의 영역에서 포괄적으로 형성되는 사회구성적 '공공성'의 핵심요소로 범주를 확장시키면 공민성이나 공익성과는 구분되는 차원이 설정될 수 있다. 말하자면 사회구성요소로서의 공적 제도가 얼마나 공론장에 개방되어 있는가? 공적 요소의 내용이 얼마나 알려져 있고 공표되어 있는가? 정책의 형성과정에서 다양한 이슈들이 대내적 혹은 대외적으로 얼마나 소통적으로 논의되고 있는가 등이 공개성의 지표가 되어야 하는 것이다. 먼저 국가의 영역에서 공개성은 국민의 알 권리 충족 수준, 정책결정과 운영과정의 개방성수준, 정책성과의 개방성 수준, 투명행정의 수준, 행정서비스의 주민전달 수준 등이 중요한 지표가 될 수 있다. 시장의 영역에서도 기업의 개방과 관련된 투명경영, 기업 홍보활동의 수준, 온라인 및 오프라인에서의 소비자와의 소통수준, 사외이사제의 채택, 사원주주제의 수준 등이 공개성의 지표로 고려될 수 있다. 시민사회의 영역에서도 노조, 이익집단, 학교, 종교기관이나 다양한 시민단체, 그리고 그러한 기관들이 추진하는 다양한 사업들의 개방적이고 소통적인 운영의 수준들이 공개성의 지표로

---

7 하버마스는 공공성이 여러 가지 의미를 갖는데 "모든 것에도 불구하고 이 범주의 가장 흔하게 사용되는 의미는 여론, 격분한 여론 혹은 적절한 정보를 갖춘 여론, 그리고 공중, 공개성, 발표하다와 연관된 의미"라고 말한다(위르겐 하버마스, 2001: 62).

구체화될 수 있다. 국가, 시장, 시민사회의 공개성은 현대사회에서 무엇보다도 자유롭고 개방적인 언론의 조건과 직접 결부되어 있다. 언론은 외압에 의해서든 언론사 자체의 지향에 의해서든 현실과 사실을 비틀어 공론장의 공개성을 왜곡시킬 수 있기 때문에 공개성에 영향을 미치는 핵심요소라고 할 수 있다.

여기서 공개성의 차원은 공민성의 차원과 중복될 소지가 있다는 점에 주목해야 한다. 단순하게 본다면 공민성을 구성하는 민주주의의 요소는 당연히 구성원들에게 개방되어 있어야 하고, 나아가 참여적이거나 숙의적 정치과정은 공개성과 구별되기 어렵다는 문제에 봉착한다. 단적으로 말하면 공민성은 민주주의가 그러하듯이 '권력'의 차원이라고 한다면, 공개성은 '소통'의 차원이다. 권력과 소통은 분석적으로 뚜렷이 구별되는 질서이다. 따라서 민주주의에 바탕을 둔 공민성이 정치적 차원에서 권력이 누구에게 있느냐는 점을 문제 삼는다면, 공개성은 사회문화적 차원에서 얼마나 열린 사회적 공간에서 소통을 하고 있느냐를 문제 삼는다. 아울러 현대 대의민주제의 질서에서 개방은 법적 규범의 수준에서는 공식적으로 명시되어 있는 경우가 많다. 그러나 실제운영방식과 행위양식에서는 운영자 개인의 철학에 따라 달라지는 경우가 적지 않다는 점에도 주목해야 한다.

이러한 점들을 고려할 때, 공개성은 다음과 같은 세 가지 서로 다른 유형을 구분해볼 수 있다.

첫째 유형은 '교시적(教示的) 공개성'을 들 수 있다.

부르주아 질서에 기초한 부르주아적 공론장이 등장하기 전 봉건적 공론장의 특징은 '과시적'이었다. 따라서 봉건적 공론장은 군주나 영주의 위세를 드러내고 보여주는, 이른바 위세를 '떨친다'는 의미가 그대로 반영되어 있다는 점에서 '과시적 공론장'(*representative public sphere*)

이라고 할 수 있다.[8] 봉건적 공론장은 공개성의 특징이 과시적일 뿐만 아니라 국왕의 칙어(勅語)나 교지(敎旨)의 형태로 백성들을 가르치고 훈육하며 명령함으로써 모든 것은 왕의 교시로 '윤허'되어야 한다는 점에서 '교시적' 성격을 갖는다.

교시적 공개성은 전근대의 군주제에만 적용되는 질서는 아니다. 근대적 질서에서도 서구 민주주의와는 달리 침략으로 지배한 식민지에는 식민모국 권력의 오로지 교시적인 공개성만이 작동될 뿐이었다. 아울러 비서구 사회에서는 2차 세계대전 이후 탈식민 민족국가의 건설과정에서 다양한 형태의 독재나 권위주의 정부가 들어섰는데 이러한 시기에 독재권력자들은 국왕과 다름없는 절대 권력을 휘둘러 공개성의 차원 역시 교시적 수준에 머물렀다고 말할 수 있다. 시장영역의 기업이나 시민사회의 사립학교나 종교단체의 경우에도 높은 공공성의 수준이 요청됨에도 불구하고 소유자나 성직자의 특징에 따라 교시적 공개성의 수준에 머무는 경우가 적지 않다. 교시적 공개성은 원천적으로 공개성의 의의를 갖기 힘들다. 과시적 목적과 전달의 목적, 통제와 동원을 통한 규율의 목적에서 작동하는 교시적 공개성은 이런 점에서 지극히 낮은 수준의 공개성이라고 할 수 있다.

둘째, '절차적 공개성'을 구분해볼 수 있다.

대의민주주의에서는 위임권력의 운영과정을 유권자에게 확인시키는 민주적 절차의 하나로 입법, 사법, 행정의 공개적 운영의 원칙을 표방한다. 여러 형태의 공적 사업에 대해 공시기간을 두거나, 주민이나 국민들에게 사업의 내용을 공람시키고, 나아가 다양한 공공사업에 대해

---

8 "어떤 죽은 것, 어떤 저급한 것, 또는 가치 없는 것은 과시될 수 없다. 이것에는 공공적 존재로의 상승, 즉 현존의 능력을 갖춘 고귀한 존재가 결여되어 있다. 위대함, 통치자, 폐하, 명성, 품위, 명예는 과시능력을 갖춘 존재의 이런 특수성을 마주하려 한다."(위르겐 하버마스, 2001: 69)

직접 알리고 시민의 의견을 듣는 공청회를 개최하는 등 공시와 공람, 공청의 다양한 제도를 운영하는 것은 절차적 공개성의 내용들이다. 그러나 이러한 공개성의 내용들은 법적 규정에 따라 명기된 절차를 준수하는 수준이기 때문에 공식적인 것은 형식적인 것으로 간주되는 경향을 드러내게 된다. 흔히 '영혼이 없는 공무원'이란 말에서도 알 수 있듯이 형식주의, 절차주의에 따른 공개의 수준에 있다.

　이러한 절차적 공개성은 근대적 대의민주주의의 질서에만 국한된 요소라고 할 수는 없다. 전통적 군주제의 질서에서도 법규범이나 관례에 따라 공개성의 절차를 갖는 경우가 있다. 절차적 공개성은 나름의 명기된 절차에 따라 운영되는 공개성이기 때문에 교시적 공개성이 근대의 독재국가에서도 나타나는 것과 마찬가지로 전통적 왕조시대에도 나타날 수 있다. 시장영역의 경우 절차적 공개성은 거의 모든 근대적 기업 질서에서 보편화되었다. 각급의 기업들은 공정거래와 관련된 법률을 비롯해서 다양한 경제관련 법률의 구속을 받기 때문에 기업의 공개와 관련된 법규범을 준수하는 맥락에서도 절차적 공개성을 확보해야 한다. 물론 전술한 대로 개별 기업의 특징에 따라서는 오너나 CEO의 교시적 특징이 강한 경우도 없지 않다. 시민사회의 다양한 단체들 역시 임의적으로 만든 단체가 아니고 법인체의 공식성을 갖는다면 투명한 회계를 비롯해서 다양한 공개성 관련 법규범을 지켜야 한다. 구성원들뿐만 아니라 대외적으로도 절차적 공개성의 원칙을 따르는 것이 필요하다.

　셋째, '소통적 공개성'의 범주를 유형화할 수 있다.

　절차적 공개성이 당국이나 기관들이 일방적이고 제도적으로 제공하는 공개적 특성을 말한다면, 소통적 공개성은 기본적으로 의사소통적 행위에 기초한 공개성을 가리킨다. 의사소통적 행위는 무엇보다도 상호주관적 이해에 기반을 둔 상호작용을 의미한다. 이러한 상호작용은 개인이 일상생활의 규범과 사회적 실천, 신념체계들을 암묵적으로 수용하고 공유한 상태에서 상호주관적 이해를 목적으로 한다는 점에서 반드시 합의에 이르는 것이 목적이 될 필요는 없다. 합의에 이르는 과정은 의사소통적 행위와 분석적으로 구분되는 '담론적 상황'(discourse)으로 가능하게 된다. 일상에서의 의사소통적 상호작용 과정에서 신념과 가치에 관한 타당성을 요구하는 상황이 전개되는데 이것이 담론적 상황이다(Roderick, 1986: 82). 말하자면 담론적 상황은 당연시되었던 신념체계와 규범, 가치와 이데올로기에 관한 암묵적 합의를 명시적으로 문제시하고 비판함으로써 일종의 정당성을 실험하는 상황이다. 특정 지배질서 속에서 공론장은 정치권력이나 경제권력에 의해 '체계적으로 왜곡된' 의사소통으로 드러나는 경향이 있지만, 의사소통적 행위와 담론상황은 왜곡된 소통과는 구분되는 이상적 담화상황(ideal speech situation)에 해당한다고 말할 수 있다(Roderick, 1986: 82).

소통적 공개성의 범주는 무엇보다도 이상적 담화상황에 근접한, 혹은 이상적 담화상황을 지향하는 상호작용의 수준이라고 할 수 있다. 공시와 공람, 공청의 다양한 제도들도 절차적 수준에서 실행될 수도 있고 상호이해와 타당성의 합의로 나아가는 소통의 수준에서 실행될 수도 있다. 소통적 수준에 이르는 공개성은 보다 높은 수준의 공적 질서를 구성하는 셈이 된다. 공개성은 민주주의의 수준이라고 할 수 있는 공민성과 결부되어 있다. 즉, 대의적 공민성과 절차적 공개성은 상응적이며 참여적 공민성과 숙의적 공민성은 소통적 공개성과 상응한다. 따라서 소통적 공개성은 참여적 수준과 숙의적 수준의 민주주의에 기반을 둔 개방성을 갖는다.

소통적 공개성은 시민사회의 공론장이 갖는 일종의 이념형이다. 오늘날 신자유주의적 사회질서 이래 국가와 시장, 시민사회의 공적 구조가 재구성되는 시점에 있다고 한다면 적어도 공개성의 측면은 시민사회의 본원적 특징으로서의 소통의 질서가 국가와 시장영역을 개방시킴으로써 새로운 공공성을 구축하는 데 핵심적으로 작용하는 요소라고 할 수 있다.

4. 공공성 프레임의 역사적 유형

1) 절대 공공성의 시대

역사적으로 봉건사회나 강력한 왕권에 바탕을 둔 중앙집권적 절대국가, 여타의 전통적 왕조국가에서는 근대 자본주의 사회구성체에 바탕을 둔 공공성 프레임과는 다른 공적 질서를 구축하고 있었다.[9] 한국 사회에서 조선왕조의 경우 모든 사회질서가 왕권을 정점으로 신분적으로 구성되었기 때문에 공적 질서 또한 왕권과 일체적으로 결합된 '절대적 공공성'의 프레임을 갖는다고 말할 수 있다. 모든 경제적 자원은 국왕의 명으로 움직였고, 모든 정치과정은 국왕과 조정(朝廷)의 범위에서 작동했으며, 백성들과의 소통은 국왕과 왕실의 권위를 드러내고 전달하는 과시적 방식으로 이루어졌다. 따라서 근대적 사회구성방식과는 달리 국가와 시장, 시민사회가 자율성을 갖거나 분화되지 않았고 입법, 사법, 행정이 왕정에 일체화되어 운영된 전제왕정의 통합사회였다. 평민을 비롯한 백성들은 공공적 질서에서 배제됨으로써 왕과 관료, 양반층의 지위를 보장하는 배경적 조건으로 존재했다.

종묘(宗廟)를 기반으로 하는 왕권의 정통성(강문식·이현진, 2011: 21), 왕위의 세습, 사대부와 백성의 왕에 대한 신민(臣民)적 관계 등은 조선사회의 공적 질서가 정치적 차원에서는 1인의 왕에게만 공민적 권

---

9 공공성의 역사적 프레임 분석은 앞에서 강조한 바와 같이 공민, 공익, 공개의 차원에서 국가영역과 시장영역, 시민사회영역을 각각 분석함으로써 역사적 프레임의 특징을 도출할 수 있다. 그러나 여기서는 절대 공공성의 시대와 국가 공공성의 시대는 국가영역에 중점을 두고, 생활 공공성의 시대는 시민사회를 포괄해서 보고자 한다. 역사적 프레임의 변화를 설명하는 이 장은 한국 사회의 공공성 프레임 변화를 예시로 개괄한다.

력이 주어지는 '전제적 공민성'의 특징을 갖는다. 경제적 차원에서의 공익적 질서는 핵심적 자원인 토지의 운용방식이나 환곡과 같은 빈민 구제제도에서 특별한 신분에게 특별하게 자원이 공적으로 배분되거나 임의적이고 일시적으로 국왕에 의해 베풀어졌다는 점에서 '시혜적 공익성'의 수준에 머물렀다. 공론장의 차원에서는 제례와 왕명전달체계가 과시적이거나 교시적이었다. 경연, 간언, 구언, 상소, 신문고 등 소통의 장치들이 있었으나 대부분이 왕의 응답을 기다리고 왕명의 하달을 특징으로 하는 '교시적 공개성'의 수준이었다. 이런 점에서 조선은 모든 질서가 강력한 왕권에 기반을 둔 국왕 집중적 사회였으며, 국왕 자체가 공공성과 일체화되는 절대 공공성의 프레임이 형성된 시대였다.

2) 국가 공공성의 시대

군주제를 넘어선 근대국가는 입법에 의해서만 변경할 수 있는 행정적, 법적 질서를 갖추고 있으며 행정 간부들의 조직화된 활동이 그러한 질서를 지향한다(Weber, 1978: 54). 근대국가는 폭력수단의 독점적 통제, 배타적 영토권, 국민주권, 입헌성, 법에 의한 비인격적 권력, 정당성의 원천으로서의 법적 권위, 공공관료제, 시민권 등의 요소로 구성되었다(크리스토퍼 피어슨, 1998: 23). 무엇보다도 근대 국민국가 질서의 핵심은 헌법적 질서로서의 국가체계이며 그 운영자들이 주권자로서의 국민의 위임을 받아 통치하기 때문에 공공적인 것이 국가행위에 집약되었다.

근대국가의 핵심적 요소들이 형성되는 과정에서 일제 강점기를 경험한 한국 사회는 2차 세계대전 종결과 함께 정치적으로는 의회민주주의에 바탕을 둔 대통령중심제, 경제적으로는 자본주의 생산체계, 이념적으로는 자유주의에 기초한 근대민족국가가 출범했다. 세계적인 냉전질서가 응축된 한반도에서 국가 공공성의 시대는 분단과 함께 민족주의와 반공이념에 의해 훨씬 더 견고하고 강경한 국가주의 프레임이 형성되었고, 국가주의 프레임 내에서 독재 혹은 권위주의와 의회민주주의의 프레임이 순환하기도 했다. 시기적으로는 민간독재의 이승만 정권(1948~1960), 윤보선·장면 정부(1960~1962), 군부독재의 박정희(1963~1979), 전두환 정권(1980~1988), 민주화 이후의 노태우(1988~1993), 김영삼(1993~1998) 정권의 시대를 국가 공공성의 역사적 프레임이 구축된 시기였다고 말할 수 있다.

국가 공공성의 시대에 공민성의 수준은 '전제적 공민성'과 '대의적 공민성'이 순환했지만 전자는 길고 후자는 짧았다. 정부수립 이후 정치질서는 비록 의회민주주의의 형식을 취했지만 실질적으로는 '전제적 공민성'의 수준을 넘어서지 못했다. 이승만 체제와 아울러 유신 체제나 전두환 체제와 같은 군부독재 시기는 대통령 1인 권력체제로 강력하게 통합된 정치질서였다는 점에서 실질적으로는 절대권력에 의한 전제적 수준의 공민성을 드러냈다. 그러나 4·19 혁명 이후 내각제를 잠시 채택했던 장면정권이나 1987년 6월 민주항쟁 이후 대통령 직선제의 채택에 따른 민주주의의 확대시기 동안은 대의민주주의의 절차를 실행하는 대의적 공민성의 수준에 있었다고 하겠다. 강력한 국가 공공성 프레임의 시대에 전제적 공민성은 경제적 자원의 공익적 배분구조 또한 시혜적이거나 잔여적인 수준에 머물게 했다. 이승만 시기의 귀속재산 불하, 개발독재 시기의 특혜금융과 기업육성전략 등은 정책자원의 시혜성을 보여주었고, 박정희 시기와 전두환 시기의 복지관련 입법 또한 시혜적이거나 잔여적 공익성의 수준에 있었다. 국가 공공성 시대의 공개성은 이승만 체제, 유신 체제, 전두환 체제 시기의 언론탄압과 국민교육헌장, 반상회제도, 땡전뉴스 등(민주화운동기념사업회 한국민주주의연구소 편, 2008: 73~87; 2009)과 같이 대통령과 정부가 필요한 것만을 전달하고 계도하는 일방성을 드러냄으로써 국가운영의 개방성이 교시적 공개성의 수준에 머물렀다.

3) 생활 공공성의 시대

한국에서 국가주의 프레임은 세계적인 신자유주의 질서로의 편입과정에서 일정하게 해체되는 경향을 드러냈다. 물론 1990년대 민주주의의 확대과정에서 억압적 국가주의 프레임은 해체되기 시작했지만 국가중심으로 통합된 공공성 프레임은 시기적으로 1997년 IMF 관리체제 이후 신자유주의적 시장화 경향이 확대되면서 빠르게 변화하기 시작했다. 이러한 경향과 함께 한국 사회에는 공공성의 위기가 누적되었다. 국가 공공성의 시대에 누적된 양극적 이념 대결, 시장의 시대에 형성된 냉혹한 정글사회, 경제적 양극화, 고도의 피로사회, 공적 질서의 해체, 나아가 MB정부의 정권 사유화, 소통불능의 무능정치, 권력층의 일상화된 부도덕성은 평범한 시민의 삶을 온전하게 지탱해주는 공적 질서를 기대하기 어렵게 했다. 무엇보다도 시민의 삶을 안정적으로 보장하는 새로운 질서에 대한 갈망이 커질 수밖에 없었다.

견고한 거시제도영역의 벽을 두드리는 새로운 질서에 대한 요구는 2000년대 시민사회의 새로운 경향으로서의 '생활정치운동'에서 가시화되었다. 국가주의 정치 패러다임과 달리 생활정치는 후기 근대성의 체계에서 작동하는 삶의 양식(life style)과 관련된 정치이다. 그것은 성찰적으로 질서지어지고, 성찰적으로 동원된 환경 속에서 전개되는 자기실현과 자기정체성의 정치라고 할 수 있다. 후기 근대의 성찰성은 개인이나 집합적 행위의 실존적 특성을 급격하게 변화시킨 바, 다른 무엇보다도 근대성의 핵심제도 - 국가, 시장, 계급, 정당정치 등 - 에 의해 억압된 도덕적, 실존적 문제들을 전면에 등장시킨다. 이러한 성찰성은 생활정치를 삶의 결정에 관한 정치, 정체성에 영향을 주는 선택의 정치로 만드는 경향이 있다(앤서니 기든스, 1993: 168). 생활정치는 '자아실현성'과, 자기실현을 사회적 공간에서 얼마나 넓혀갈 것인가를 문제 삼는 '자아확장성'을 핵심적 가치로 하며 이러한 가치야말로 근대적 제도에 기초한 국가 공공성의 질서를 성찰적으로 재구성하게 만드는 원천이다.[10]

2000년대 이후 생활정치운동은 중앙정부영역을 새롭게 바꾸는 데는 미치지 못하고 있다. 하지만 적어도 시민사회영역과 몇몇 선도적 지방정부 차원에서는 다양한 생활공간에서 자아실현과 자기확장을 추구하는 생활정치가 새로운 공적 질서를 구축하고 있다는 점에서 우리 시대를 '생활 공공성'의 프레임이 확장되는 시대라고 말할 수 있게 해준다.

생활 공공성은 일차적으로 다종다양한 생활이슈로 구성된 미시적 삶의 영역 내에 공민, 공익, 공개의 공적 질서가 내재화되는 현상으로 '미시 공공성'의 질서라고도 할 수 있다. '생활'이라는 사회적 공간은 개인의 실존적 장이다. 이 영역을 억압하거나 해체하는 국가권력과 시장권력을 방어하기 위해서는 시민사회, 정부, 나아가 기업과도 협치 및 공동성을 구축함으로써 생활영역을 새로운 방식의 공적 질서로 재구성해

---

10 생활정치를 단순히 생활주변 혹은 생활환경에 관련된 관심으로 이해하는 경향은 사회과학적 개념으로서의 진지한 접근을 방해한다. 생활정치는 이슈에 따라 확장범위가 달라지는데, 이미 제2장에서도 설명했듯이 대학생들의 반값등록금문제와 같이 '현장적 수준'에서 국가정책적 수준으로 확대되는 경우, '지역적 수준', '국가적 수준', 나아가 '지구적 수준'에서도 생활정치는 작동할 수 있다(조대엽, 2012b: 444~447).

야 한다. 따라서 생활 공공성은 다양한 생활영역의 공적 질서가 협치적으로 재구성되는 것을 포함한다. 이런 점에서 생활 공공성은 국가 공공성을 적극적으로 보완해내는 질서로서 개인의 삶과 공공적 질서, 시민사회의 공공성과 국가영역의 공공성을 결합하는 새로운 공적 질서라고 말할 수 있다.

생활 공공성 시대의 공민성은 온라인을 기반으로 하는 네트워크 정치, 다양한 문화양식을 빌린 문화정치, 삶의 구체적인 현장과 함께하는 현장정치, 서로 다른 사회구성영역의 주체들이 결합하는 협치정치 등을 통해 참여적이고 숙의적인 민주주의를 확장하고 있다. 특히 주민들이 자신의 삶에 대해 자기결정권을 갖게 함으로써 주민을 행정의 객체가 아니라 주체로서 자기실현성을 높이는 것을 보장하기 위한 시민참여와 주민참여의 제도들은 참여적, 숙의적 공민성을 잘 보여주고 있다(김영배, 2013: 358). 한편, 아동돌봄 서비스체계, 친환경 무상급식제도, 공공도서관 사업, 나아가 다양한 마을 만들기 사업 등 지자체의 정책자원을 활용한 생활 공공성 시대의 공익사업들은 보편적 공익성을 확장하는 제도들이라고 할 수 있다. 아울러 협동조합, 공정무역업체

〈표 5-4〉 공공성의 역사프레임과 공민성, 공익성, 공개성

공공성 시대	공민성	공익성	공개성
절대 공공성시대	전제적	시혜적	교시적
국가 공공성시대	전제적 대의적	시혜적 잔여적 기여적	교시적 절차적
생활 공공성시대	대의적 참여적 숙의적	잔여적 기여적 보편적	절차적 소통적

등 사회적 경제의 다양한 형태들은 회원이나 유료 형식의 공익성을 띤다는 점에서 기여적 공익성의 특징을 보이기도 한다. 생활 공공성 시대의 공개성의 차원은 교시적이거나 절차적 공개성의 수준을 넘어 소통적 수준의 공개성을 지향하고 있다. 특히 최근의 행정현장 생방송이나 현장시장실 등과 같은 개방형제도나 소셜 네트워크형 행정은 생활 공공성 시대의 소통적 공개성을 잘 반영하고 있다.

이상과 같이 공공성의 역사적 프레임은 절대 공공성, 국가 공공성, 생활 공공성이라는 시대마다 다른 사회구성적 특징을 보여준다. 각각의 프레임을 구성하는 공민성, 공익성, 공개성의 특징은 〈표 5-4〉와 같이 요약할 수 있다.

5. 결론: 생활 공공성 시대의 전망

사회적 공간의 구성원들은 누구나 어떤 수준에서든 공적 질서와 결합된 존재들이다. 그럼에도 불구하고 '공공성'은 기존 사회과학에서 의미 있는 분석단위로 간주되지 않는 경향이 있었다. 누구나 결합되어 살고 있는 공적 질서는 대부분의 시기에는 일상으로 느껴지기 때문에 마치 공기와 같아서 그 존재에 대한 학술적 관심 또한 멀어지기 쉽다. 공공성은 실제로 사회과학적 분석도구로서의 의의를 갖지 못하는 것인가 아니면 사회과학의 주류적 경향에서 배제됨으로써 점점 더 그 의의가 학술적 관심의 바깥으로 밀려난 것인가?

공기와 물은 그것이 희소해지면 희소해질수록 존재의 가치가 선명해지는 법이다. 질서의 중요성은 혼돈과 무질서한 현실 속에서 더 명백해진다. 공공성 또한 그것이 위협받고 파괴되고 해체될 때 사회적 사실로서의 의의를 보다 분명하게 확인할 수 있다. 공공성이 파괴되고서야 공공성의 실재가 입증되고 주목되는 것이다. 어느 사회에서나 공동체 내적 균열은 대다수 구성원의 파괴된 삶으로부터 시작된다. 개인의 해체된 삶은 자신이 공동의 삶, 공적 질서로부터 배제되어 있다는 사실을 확인시켜준다. 그래서 인류의 모든 집합적 저항은 공적 질서로부터 배제된 인민의 저항이라고 할 수 있다. 말하자면 그러한 저항들은 공적 질서의 불공정성에 대한 불만과 항의에 바탕을 두고 있다.

공공성(*publicness*)은 사회를 구성하는 가치, 제도, 규범, 물적 자원에 대해 합의함으로써 개인을 넘어 구축된 공동의 삶에 대한 의미체계라고 할 수 있다. 사회를 구성하는 질서에는 사회과학적 설명에서 일반적으로 채택되는 개인행위나 개별 조직, 제도를 분석하는 도구로는 설명하기 어려운 포괄적 의미체계가 있다. 공공성은 바로 이러한 범주에 해당한다고 말할 수 있다. 현실의 위기가 개인이나 개별 제도, 특정의 관행과 규범의 문제가 아니라 그보다 훨씬 더 포괄적 범위에 걸친 것이라면 위기를 분석하는 도구는 기존 사회과학의 일반적 분석도구를 넘어선 것이어야 한다.

우리는 다시 위기의 현실을 맞고 있다. 우리 시대의 현실은 적나라한 시장경쟁의 시기를 맞으면서 사회경제적 양극사회, 사회적 약자를 죽음으로 모는 승자독식의 가혹한 각축사회, 정규직과 비정규직에서의 생존을 위해 발버둥 쳐야 하는 고도의 피로사회, 거기에 냉전의 상흔이 이념의 균열로 남아있는 이념갈등의 사회로 나타나고 있다. 유례없는 공공성의 위기적 현실을 맞고 있는 것이다. 이러한 공공성의 위기는 지속될 가능성이 열려있고 위기의 지속은 새로운 공적 질서에 대한 요구를 증대시키고 있다. 오늘날, 사회와 공동체의 이 같은 위기적 현실에서 가장 절실하게 부각되는 분석 범주가 바로 '공공성'일 수 있다. 문제는 그간의 기존 사회과학은 사회적 삶에 있어서 물이나 공기와 같았던 '공공성'에 대해 누적된 학술적 성과를 갖지 못했다는 점이다. 따라서 공공성의 위기적 현실은 '공공성의 사회과학'이 새로운 학술적 지평을 열 것을 요청하고 있다. 그것은 우리 시대의 공공성 위기가 현재의 삶의 방식이 아닌 대안적 삶의 질서로서의 새로운 공적 질서를 부르는 것일 수 있다.

한 시대의 공적 질서는 새로운 시대의 공적 질서로 전환된다. 공공성을 구성하는 각각의 '제도들'은 정권의 부침과 함께 변화하기도 하고 한 정권 내에서도 새로운 정책의 시행과 함께 변화하기도 한다. 그러나 당대의 가치와 이념, 제도와 규범, 나아가 구성원의 의식이 만드는 복합적인 의미체계로서의 '공공성 프레임'은 보다 긴 역사적 시간대에 걸쳐 있다. 이 장에서는 역사적으로 구성된 세 가지 공공성 프레임에 주목했다. 즉, 국왕에 의한 인격적 지배의 시대, 헌법과 법률에 의한 국가 중심의 시대, 국가 중심 시대를 넘어선 새로운 공공성의 시대에 각각 조응하는 공공성의 프레임을 절대 공공성, 국가 공공성, 생활 공공성으로 유형화했다.

이 장에서는 공공성을 공민성, 공익성, 공개성이라는 세 가지 공적 요소의 효과로 보았다. 공민성은 사회구성원들이 정치권력의 차원에서 공유하는 민주주의적 삶의 수준을 말하며, 공익성은 경제적 차원에서 자원의 공유 수준을 의미한다. 공개성은 의사소통 차원에서의 개방성으로 규정할 수 있다. 따라서 공공성 프레임은 당대의 국가영역과 시장영역, 시민사회영역에서 사회적으로 구성된 공민성, 공익성, 공개성의 특성이 결합되어 구축된 의미체계이다. 이러한 공공성 프레임은 특정의 역사적 국면들을 포괄하는 의미체계로 그 역사적 유형은 공적 질서의 진화과정을 보여주고 있다.

'절대 공공성'의 프레임은 전제적 공민성, 시혜적 공익성, 교시적 공개성의 질서로 구성된다. '국가 공공성'의 프레임은 공식적으로는 대의적 공민성을 표방하지만 권력의 특성에 따라 전제적 공민성을 포함하고, 공익성 또한 성장주의를 지향하는 정책과 제도 중심의 구조에서 잔여적 공익성이 일반적이며 시혜적이거나 기여적 형태가 복합적으로 작동한다. 국가 공공성 시대의 공개성 역시 형식적으로는 절차적 공개성을 표방하지만 실질적으로는 오랜 권위주의 정치질서 속에서 교시적 공개성의 수준에 머문 경우가 많다. 국가 공공성의 프레임을 넘어 우리 시대의 새로운 공공성 프레임은 '생활 공공성'으로 유형화될 수 있다. 생활 공공성의 질서는 최근의 사회변동과정에서 시민사회영역과 지방정부의 수준에서 의미 있게 확산되고 있는 새로운 공적 질서다. 실제로 생활 공공성의 시대는 공민성의 차원에서 대의적 공민성이 유지되는 가운데 참여적, 숙의적 공민성이 민주주의의 진화과정을 보여주고 있다. 공익성의 차원은 잔여적이고 기여적인 공익성과 함께 보편적 공익의 질서가 새롭게 확대되고 있다. 이 같은 생활 공공성의 영역에서는 공개성의 차원 또한 절차적 공개성과 아울러 보다 성숙한 민주주의의 요소와 결합된 소통적 공개성이 확대되고 있다.

생활 공공성 프레임은 무엇보다도 국가 공공성의 질서와 시장주의 질서를 넘어서는 대안적 공공성의 패러다임을 전망할 수 있다는 점에 주목해야 한다. 무엇보다도 국가 공공성의 질서는 개인의 실존적 삶의 시각에서는 대단히 객체화되고 타자화된 질서다. 나아가 시장주의 질서는 공동체의 해체와 사회의 죽음을 이끌어 다수 시민의 삶을 해체하고야 마는 정글의 질서다. 반면에 생활 공공성은 주체적으로 참여하는 주민과 이를 지원하는 행정체계가 결합함으로써 실존적 삶이 운영되는 생활영역을 재구성한 새로운 공적 질서이다. 국가 공공성의 시각에서 볼 때 생활 공공성은 상대적으로 해체된 질서로 판단될 수도 있다. 그러나 생활 공공성의 프레임은 개인의 자아실현성을 증대시킴으로써 억압적이고 객체화된 국가 공공성의 한계를 넘어설 뿐만 아니라, 다른 한편으로는 시장주의로 해체된 공동체를 새로운 공적 질서로 복원하는 대안의 공적 질서로서의 의의를 가질 수 있다.

생활 공공성의 질서는 우리 사회의 경우 아직은 시민사회와 지역의 수준에서 생활정치로 확장되고 있다. 그러나 생활 공공성 혹은 생활정치의 질서를 정치 패러다임이라는 시각에서 보면 이는 한 사회가 나아가야 할 새로운 정치적 방향에 대한 합의의 문제이고 사회적 선택의 문제일 수 있다. 따라서 새로운 합의와 선택에 따라서는 시민사회와 지역 수준의 생활 공공성이 중앙정부와 국가영역의 제도적 장치를 변화시킴으로써 '생활국가'의 새로운 모델을 구현할 수도 있는 것이다. 생활 공공성의 프레임은 냉전적 국가주의의 시대를 마감하고, 냉혹한 시장주의의 시대도 넘어섬으로써 새로운 역사국면의 도래를 예고하는 것일 수 있다.

1. 서론: 장애와 공공성

공공성의 관념은 기본적으로 근대적 의미의 이분법적 공·사 구분에
기초해 있다(남찬섭, 2012; 소영진, 2008; 조대엽, 2009; 2012; Newman
and Clarke, 2009). 근대적 공·사 구분은 거의 대부분의 사회에서 사
회구성방식과 사회구성요소를 규정하는 가장 광범한 프레임으로 작동
했다. 사회구성체를 보다 구체적으로 보면 공적 질서와 사적 질서를 구
분하는 거대한 이분법적 프레임은 다양한 인구집단에게 다양한 방식의
영향을 미쳤다. 장애인 집단 역시 공사구분의 질서가 영향을 미친 가장
중요한 사회적 범주 가운데 하나이다. 장애인은 근대사회가 출현하기

* 제6장의 내용은 〈한국사회〉 제14집 1호(2013.6.30)에 게재된 남찬섭·조대엽 공저의
논문 "장애정책 조정기구의 특성과 공공성의 재구성"을 수정, 보완한 것이다. 이 책의
내용에 포함시킬 수 있게 허락한 동아대 남찬섭 교수에게 감사드린다.

이전에는 공동체 내에서 나름의 사회적 위치를 가질 수 있었다.[1] 근대 사회 이후 장애인은 노동력이라는 상품이 손상된 그리고 근대적 공장의 규칙적·집단적 작업방식에 걸림돌이 되는 비생산적 존재로 바뀌었다. 서구 빈민법 역사에서 장애인을 다양한 범죄자나 빈민 등과 함께 수용한 시설이 등장하는 과정은 곧 장애인이 비생산적 존재로 전락해가는 과정이다.

장애인이라는 범주 자체가 근대의 산물이다. 근대 이전에는 지체장애인이나 시각장애인, 청각장애인 등을 각기 별개의 존재로 인식했기 때문에 장애인이라는 하나의 범주로 묶을 수 없었다(Braddock and Parish, 2001; Gleeson, 1999; Oliver, 1990). 다양성이 무시되고 하나의 범주로 묶이면서 장애인 집단 전체에 대해 낙인이 부과되었다. 여기에서 장애인을 긍정적으로 표현하려는 그 어떠한 시도도 긍정적 기의가 기표에 부착되지 못한 채 자꾸만 미끄러지고 흩어져버렸다(김도현, 2007: 64). 근대의 출현과 함께 장애인들은 한나 아렌트의 표현대로 "모든 공적관계가 박탈된 사적(私的) 존재"로 전락해갔다(사이토 준이치, 2009: 14). 장애인에게 허용된 공적 관계는 시설에 수용된 자로서의 관계였고 시설 밖에서는 보이지 않아야 하는 관계였다. 장애인은 사회적 관계 속에서 태어나지만 관계가 박탈되고, 존재하지만 존재하지 않으며, 표현하지만 표현되지 않는 존재가 되고 말았다.

물론 근대의 과학적 접근을 장애라는 현상의 치유에 적용한 시도가 있었다. 그러나 이 같은 시도는 시설개혁운동에서 보듯이 시설수용을 전제로 한 접근에 머물거나 재활의학처럼 사회에 장애인을 적응시키려

---

1 하지만 그렇다고 해서 근대 이전의 장애인의 삶을 낭만적인 것으로만 묘사해서는 안 된다. 모든 사회는 장애인에 대해 긍정적인 것과 부정적인 것의 이중적인 태도를 가지고 있다. 다만, 이중적 태도의 근거가 신화적인 것, 종교적인 것, 과학적인 것 등으로 변할 뿐이다[예컨대 Braddock and Parish(2001)의 역사서술 참조].

는 시도에 머물렀다. 이러한 재활적 접근은 기능주의 사회학에 따라 장애인에게는 사회적 역할 미이행의 책임을 면제해주는 대신 전문가의 지시에 따라 잔존기능을 가능한 한 복구할 의무를 부여했다. 말하자면 환자역할(*sick role*)을 부여함으로써 장애라는 현상을 관리해야 하는 이론적 입장을 구축했다(Oliver, 1990; 1996; Thomas, 2007). 이 같은 재활적 접근이 2차 대전 후 서구국가들에서 채택되면서 장애인들은 계수(計數)의 대상이 되기도 했다. 재활적 접근이 인도적 근거를 가지며 시설수용접근과의 부분적 갈등 속에서 전개되기도 했지만, 재활적 접근에서 장애인에게 허용된 공적 관계는 기본적으로 의료인력이나 사회복지사 등의 전문가에게 복종해야 하는 종속적 관계일 뿐이었다.

모든 공적 관계가 박탈되고 배제된 사적 존재와 종속적 존재라는 장애인의 지위는 오늘날 장애인 당사자들에 의해서 근본적으로 거부되고 있다. 이러한 입장은 1960년대와 70년대를 거치면서 등장한 이른 바 '사회적 모델'(*social model of disability*)에 힘입은 바 크다. 사회적 모델에 따라 장애인들은 자신들의 정체성을 스스로의 목소리로 규정하고, 장애를 의학적 손상이 아니라 사회적 장벽과 차별로 규정하면서 만일 '재활'해야 할 존재가 있다면 그것은 장애인이 아니라 바로 '사회'(장애사회)라고 주장하게 되었다(남찬섭, 2009). 나아가 장애인의 삶에 영향을 미치는 정책과 제도의 결정 및 그 실행에 참여할 것을 요구하기에 이르렀다(Charlton, 1998). 이런 흐름은 근대 이후 장애인에게 허용되어온 공적 관계를 장애인 스스로의 힘으로 바꾸려는 것으로, 장애라는 현상과 그 현상의 중심에 선 장애인을 둘러싼 공적 관계를 전면적으로 재구성하려는 경향이라고 할 수 있다.

이 같은 경향은 정부의 정책에도 반영되어 서구국가들은 탈시설정책을 비롯하여 자립생활이념을 반영한 정책을 채택함으로써 장애정책의 프레임을 전환하려는 노력을 보였다. 물론 근대 이후 등장한 시설정책과 재활정책이 여전히 남아있지만 여기에도 운영에서 다양한 변화가 나타났다. 이러한 변화의 중요한 주체로 유엔과 같은 국제기구를 들 수 있다. 유엔과 같은 국제기구의 노력이 사회적 모델을 주창하는 장애단체들에게 항상 환영받는 것은 아니지만 기본적으로 장애인의 권리와 참여의 증진을 지향한 것은 분명하며, 또한 그것이 각 국가의 정책에 대해 일정한 기준이 된 것도 사실이다. 이런 점에서 국제기구의 노력은 세계 각국을 대상으로 장애현상을 둘러싼 공적 관계 혹은 공적 질서를 재구성하려는 지구적 노력이며 이런 지구적 노력은 다시 일국적 차원에서 장애현상을 둘러싼 공적 관계 혹은 공적 질서를 재구성하는 데 중요한 영향을 미치고 있다.

장애정책(*disability policy*)은 사회정책부처와 같은 정부조직과 직접 결부되어 있다. 현실적으로도 대부분의 국가에서 사회정책부서가 장애정책에서 가장 큰 영향을 미친다. 그러나 이는 어떤 면에서는 재활적 접근의 소산일 수 있다. 비장애인 대상의 정책이 각국의 다양한 정부기관에 산재한 것과 마찬가지로 장애인을 대상으로 한 정책도 다양한 정부기관에 산재해 있는 것은 당연한 일이다. 장애인은 장애라는 현상을 가지고 있을 뿐 다양한 영역에서 삶을 영위하는 존재라는 점에서는 비장애인과 하등 다를 바가 없기 때문이다. 따라서 정부 각 기관에 장애정책이 산재한 것 자체가 문제가 아니라 이 정책들이 일관된 기조하에 유기적으로 연계될 수 있는지가 중요하다. 바로 여기에 장애정책조정의 필요성과 의의가 있다.

이런 정책조정은 별도기구를 두어 추진할 수도 있고 또는 별도기구 없이 기존의 사회정책부서를 통해 추진할 수도 있다. 또한 별도기구를 두더라도 그 기구의 위상이나 구성 등은 나라에 따라 다르다. 그리고 별도기구를 두든 그렇지 않든 정책조정의 수준도 나라에 따라 차이가 있어서 장애정책의 패러다임 전환을 시도할 수도 있고 기존 정책의 실행적 차원의 조정에 그치는 경우도 있다.

유엔은 일찍이 장애정책조정의 필요성을 강조했다. 세계장애인 10년(1983~1992) 및 아태장애인 10년(1993~2002) 등의 거대프로젝트를 통해 장애정책 조정기구의 설치를 각국에 권고했으며 아태장애인 10년 1차 평가에서는 1996년까지 기구설치를 결의하기도 했다(김진우, 2007). 또한 1993년에는 '장애인의 기회균등을 위한 표준규칙'을 채택하여 다양한 정책권고와 함께 장애정책 조정기구의 설치도 권고했다. 그리고 2006년에는 '장애인권리협약'을 채택하여 여기서 동 협약의 이행을 증진·보호·감독할 상설적 조정기구(*coordination mechanism*)의 설치를 권고한 바 있다(협약 제33조 제1항)(국가인권위원회, 2007).

이러한 유엔의 권고는 한국에도 영향을 미쳐 1989년 장애인복지법 전부개정 시 이 기구를 장애인복지대책위원회로 규정한 이후 1996년 국무총리 소속 기구로 승격되어 오늘에 이르고 있다(남찬섭·서정희, 2011). 그러나 이 기구의 회의 개최 회수가 연평균 1회에도 미치지 못할 정도로 활동이 부실하여 그간 많은 문제제기의 대상이 되기도 했다(박은수 의원실, 2011; 남용현·박자경·변민수, 2007; 남찬섭·서정희, 2011; 우주형, 2009). 그리하여 2012년 총선과 대선 때에는 장애정책 조정기구의 위상강화가 10대 장애인공약으로 채택되기도 했다. 물론 당시 야당과 달리 여당은 장애단체의 요구를 수용하지 않았는데 바로 이로 인해 장애정책 조정기구의 위상강화는 여전히 장애계의 이루지 못한 목표로 남아있다(장애인 총선연대, 2012).

이 장에서는 이 같은 장애정책의 프레임 전환 가운데 특히 유엔이 시도하는 변화로 각국에 장애정책 조정기구의 설치를 통한 정책전환의 시도를 분석하고자 한다. 유엔의 이 같은 시도는 장애현상을 둘러싼 공적 관계 혹은 공적 질서를 재구성하는 의미를 갖는다. 무엇보다도 장애정책 조정기구는 개별국가의 장애정책 전반을 조정하기 위한 조직으로서 권한의 수준이나 장애단체의 참여여부 등과 관련하여 공적 질서의 재구성에 매우 중요한 의의를 갖는다. 장애정책 조정기구를 공공성 재구성의 시각에서 분석하고자 하는 이 장의 내용은 그간에 주로 장애정책의 입장에서 접근한 장애연구의 지평을 확대시킬 뿐만 아니라 공공성 논의를 구체적인 사례에 적용함으로써 공공성 연구의 진전에도 기여할 수 있을 것이다. 우선 장애정책 조정기구 및 그와 연관된 유엔의 노력을 간략히 살펴본 후 장애정책 조정기구를 공공성의 유형에 관해 이론적 수준에서 다루고자 한다. 이를 준거로 각국의 장애정책 조정기구 실태를 지구적 공공성 재구성의 입장에서 분석할 것이다.

2. 장애 공공성의 지구적 재구성

1) 장애 공공성의 재구성과 제도적 공공성

포괄적으로 정의할 때 공공성은 개인이나 특정집단의 사적 이해를 넘어 형성되는 국가 혹은 사회공유의 특성이라 할 수 있으며 이는 공적 관계 혹은 공적 질서 그 자체를 의미한다(조대엽, 2007; 2012). 이러한 공적 질서로서의 공공성의 실제 내용은 고정된 것이 아니라 시대와 사회에 따라 달라진다. 앞서 본 것처럼 근대 이전에는 장애인도 공동체 내에서 나름의 위치를 가질 수 있는 공적 질서가 유지되었다. 그러나 근대 이후에는 관계 자체가 허용되지 않거나 종속적 관계가 전락하는 공적 질서가 형성되었고 최근에 와서 장애인들의 참여를 중시하는 새로운 공적 질서가 재구성되고 있다. 이처럼 공적 질서의 내용 혹은 성격은 시대와 사회에 따라 서로 다르게 구성된다. 이런 점에서 공공성은 그 자체가 사회적 구성물이고 따라서 장애현상을 둘러싼 공적 질서 또한 당연히 사회적 구성물이다.[2]

공공성은 공적 질서가 구조화되는 측면에 따라 다양하게 유형화할 수 있다. 제4장에서 분류한 것처럼 공적 질서체계의 구성요소, 공적 질서의 구성영역, 공적 질서가 미치는 사회적·공간적 범위, 공적 질서라는 사회적 사실의 외재성 수준, 공적 질서 구축에 동원되는 강제성 수준, 공적 질서 형성주체의 거시 역사적 특성 등을 기준으로 공공성의 다양한 유형을 구분할 수 있다. 여기서는 유엔이 각 국가에 대해 장애

---

2 뿐만 아니라 장애 자체도 사회적으로 구성된 것이다. 이에 대해서는 Liachowitz (1988) 참조.

정책 조정기구를 설치하게 함으로써 장애현상을 둘러싼 공공성 프레임을 재구성하고자 하는 시도를 중심으로 이와 관련된 공공성 유형을 살펴보고자 한다.

국제기구로서의 유엔은 비단 장애분야에 한정되지 않은 다양한 분야에서 지구적 차원의 각종 권고와 조약들을 제시하고 있다. 이러한 유엔의 활동은 다양한 분야에서 지구적 차원의 공적 질서, 즉 지구적 차원의 공공성을 어떤 형태로든 구성하거나 재구성하려는 시도라고 할 수 있다. 공적 질서가 미치는 공간적 범위를 기준으로 공공성은 지구 공공성, 일국 공공성 혹은 국가 공공성, 지역 공공성, 현장 공공성 등으로 구분될 수 있다. 이 구분에 따를 때 장애정책 조정기구의 확산을 통해 장애정책의 프레임을 전환하고자 하는 유엔의 공적 활동은 지구 공공성의 범주에 해당한다. 지구 공공성은 적어도 장애정책 조정기구에 관한 한 반드시 국가 간 공적 질서의 재구성을 의도하거나 또는 지구적 차원에서 각국의 장애정책을 조정하는 유엔 자신의 기구를 설치하려는 의도로 보아서는 안 된다. 오히려 그보다는 개별국가 내에서, 말하자면 일국적 국가 공공성의 질서에서 장애현상을 둘러싼 공공성 프레임(이하 '장애 공공성')을3 재구성하려는 것으로 볼 수 있다. 따라서 장애

---

3 여기서 '장애 공공성'은 단순히 장애현상을 둘러싼 공공성을 줄인 말로 사용하고자 하며, 공공성 유형의 또 하나의 범주를 의도한 것은 아니다. 즉, 실용적 차원에서의 줄임말이다. 그런데, 여기서 '장애 공공성'이라고 지칭하는 것에 대해 이것이 의미하는 바는 장애인을 중심으로 한 공공성이라는 점에서 '장애인 공공성'으로 대체되어야 한다는 견해가 있을 수 있다. 어떤 공적 질서는 겉으로 보기에는 행위자를 중심으로 형성되는 것처럼 보이고 또 그렇게 형성됨을 포착하는 것도 중요하다. 하지만, 적어도 장애에 있어서는 본질적으로 어떤 사안 혹은 현상을 두고 공적 질서가 형성된다고 보는 것이 타당하다. 장애는 단기간일 수도 있고 장기간일 수도 있으며 경증일 수도 중증일 수도 있고 본인은 장애가 없는데 타인이 장애가 있다고 생각할 수도 있다. 또한 장애차별은 어떤 사람에게 부착된 '장애현상'을 이유로 발생하는 것이 본질이지 장애가 있는 '사람'이기 때문에 발생한다고 보는 것은 겉으로 드러나는 현상을 포착한 것일 뿐이다. 이 문제는 장애차별금지법에서 장애를 정의할 것인가, 장애인을 정의할 것인가와 관련된

공공성의 프레임 전환과 관련된 유엔의 지구적 공공성 사업은 그 궁극적인 결과가 개별국가 차원의 일국 공공성의 재구성으로 나타나게 된다. 이 점에서 장애정책의 조정을 주도하는 유엔의 공공활동은 일국적 수준의 공공성을 재구성함으로써 지구 공공성이 재구성되는 효과를 얻게 되는 경로를 생각해볼 수 있다.

이 같은 지구적 공공성의 수용체계는 분석적으로 볼 때 훨씬 더 다양한 공공성의 요소를 포괄한다. 우선 일국 공공성의 재구성을 향한 유엔의 노력은 특정의 가치에 의해 지도된다는 점에 주목해야 한다. 유엔은 각국에 대해 지구적 정의를 지향하는 새로운 장애가치를 그 자체로 또는 다른 수단을 통해 일종의 지침으로 전달한다. 제4장의 사회구성적 공공성의 구조에서 구분한 것처럼 공적 질서의 체계적 구성요소를 기준으로 공공성은 가치 공공성과 규범 공공성, 제도 공공성으로 나눌 수 있다. 가치 공공성은 특정의 가치나 집합의식, 시대정신 등과 같은 것으로 사회질서를 구성하는 가치체계를 말하며, 규범 공공성은 이 가치체계가 특정 형태의 법규범 등으로 표현된 것을 말하고 이는 곧 사회질서를 구성하는 규범체계이다. 제도 공공성은 가치체계나 규범체계로 표현된 바를 실제로 구현하는 데 필요한 자원을 동원·관리·배분하기 위해 제도와 정책을 수립·실행하는 것으로 사회질서의 제도체계 내지 실행체계를 말한다. 이를 실행 공공성이라고도 할 수 있다.

장애 공공성의 재구성과 관련된 유엔의 지구적 활동은 각국의 장애정책을 전 지구적 차원에서 조정하는 기구를 설치하는 것도 상정해볼 수 있다. 그러나 앞에서 언급한 것처럼 유엔은 장애정책 관련기구를 각 국가로 하여금 설치하도록 하려는 목적을 갖는다. 따라서 장애 공공성

문제이기도 하다. 이에 대해서는 남찬섭(2009) 참조.

의 지구적 재구성에서 유엔의 역할은 무엇보다도 지구적 정의를 지향하는 새로운 가치 공공성을 주도하고, 이러한 가치가 실제로 일국적 차원에서의 장애정책 조정기구의 설치, 즉 일국 차원에서의 제도 공공성 혹은 실행 공공성을 구축하는 데 있게 된다.

장애정책을 조정하는 기구의 설치를 중심으로 하는 지구적 공공성의 질서는 가치, 규범, 제도와 같은 체계의 구성요소로만 형성되는 것은 아니다. 여기에는 유엔이 각 국가에 가치체계와 규범체계를 전달할 때 어느 정도의 강제성으로 전달하는가라는 문제도 포함된다. 앞의 제4장에서 공공성은 공적 질서구축에 동원되는 강제성의 수준에 따라 당위적 공공성, 규제적 공공성, 강제적 공공성, 억압적 공공성의 네 가지 유형으로 구분되었다. 여기서는 당위적 공공성을 다시 능동적 당위와 수동적 당위로 나누어 능동적 당위의 공공성을 '자발적 공공성'으로 수동적 당위의 공적 질서를 '권고적 공공성'으로 각각 구분하고자 한다. 4

장애정책 조정기구를 확립하려는 유엔의 시도는 강제성의 수준으로 보면 어떤 규제나 강요 없이도 마땅히 추구해야 하는 일종의 지구 정의

---

4 제4장에서 강조한 바와 같이 당위적 공공성은 관행에 따라 마땅히 수용되고 따라야 하는 공적 질서를 의미하고, 규제적 공공성은 규칙이나 법령, 관습 등에 의한 합법적 강제를 의미하며, 강제적 공공성은 합법적 수준을 넘어선 공권력에 의한 강요를 말하는데 여기에는 비공식적인 강제가 포함된다. 억압적 공공성은 강제적 공공성에 비해 전일적이고 총체적인 억압구조가 만드는 강압적 질서를 말하는데 독재권력의 국가폭력에 의해 기본적 삶과 자유를 억누르는 공적 질서를 의미할 수 있다. 합법성을 넘어서 있다는 점에서 강제 공공성과 억압 공공성은 동일한 범주이지만 분석적으로 강제적 공공성은 분절적이고 분산적으로 나타나는 비합법성이라면 억압 공공성은 훨씬 더 국가질서 자체의 억압적 전환을 염두에 둔 개념이라고 할 수 있다. 이러한 유형구분에서 주목할 수 있는 것은 당위적 공공성과 규제적 공공성의 사회적 거리가 다소 멀다는 점이다. 따라서 당위나 규제는 더 세분화된 수준을 구분해낼 수 있는데, 특히 당위적 공공성의 경우 자발적이거나 능동적으로 구성되는 공적 질서가 있을 수 있고, 다른 한편으로는 수동적이거나 낮은 수준의 구조적 강제에 의해 추구되는 공적 질서가 있을 수 있다. 이 점에서 당위적 공공성은 자발적 공공성과 권고적 혹은 수동적 공공성으로 구분될 수 있다.

적 요소로 당위적 공공성의 질서를 추구하는 것이다. 그럼에도 불구하고 각국의 발전수준과 역사적 여건에 따라 이러한 공적 질서가 자발적이고 능동적으로 만들어지지 않은 경우가 대부분이다. 따라서 유엔의 시도는 각 국가의 장애정책 조정실태에 관한 비교연구 등을 통해 각국에 가이드라인을 제시하여 정책적으로 유도한다는 측면에서 권고적 성격이 강하다. 이러한 점에서 장애정책 조정기구를 확립하려는 유엔의 지구적 노력은 강제성의 수준으로 볼 때 '권고적 공공성'의 수준이다.

장애정책 조정기구를 설치·운영하는 개별국가 차원의 공공성 구조는 어떻게 재구성되는가? 앞에서 언급한 것처럼 유엔의 시도가 실제로 구현되는 장은 개별국가이다. 따라서 유엔의 입장에서 볼 때 개별국가의 장애정책 조정기구는 각국의 제도 공공성 혹은 실행 공공성으로 나타난다고 할 수 있다. 또한 장애정책 조정기구는 그것이 하나의 기구이자 제도이므로 일국 차원에서도 이것은 장애 공공성체계의 제도적 요소 혹은 실행적 요소라고 할 수 있다.

제도 공공성으로서의 장애정책 조정기구는 여러 차원에 관련되는데 우선 그것은 장애 공공성체계의 제도적 구성요소이기 때문에 장애 공공성체계의 가치나 규범으로부터 영향을 받는다. 또한 장애정책 조정기구는 장애관련 가치 및 규범체계로부터 영향을 받기만 하는 것이 아니라 그 기구의 운영성과 등이 사회적으로 피드백되는 과정을 거쳐 가치 및 규범체계에 영향을 주기도 한다. 이런 점에서 장애정책 조정기구라는 제도체계는 장애관련 가치 및 규범체계와 상호작용한다고 볼 수 있다. [5]

제도체계가 가치 및 규범체계와 상호작용한다는 점과 관련하여 제도

---

[5] 이와 관련하여 유엔이 내세우는 가치 및 규범과 일국 차원의 가치 및 규범 간의 상호작용도 생각할 수 있으며 또한 가치체계와 규범체계 간의 상호작용도 생각할 수 있다.

체계, 즉 제도 공공성을 다시 두 가지 하위범주로 구분하는 것이 유용하다. 이러한 구분은 제도 공공성과 가치 및 규범 공공성 간의 상호작용을 보다 구체적으로 이해하는 데 도움이 될 수 있다. 제도는 가치와 규범의 실현을 위해 자원을 동원·관리·배분하는 데 관련된 일종의 게임규칙이다(North, 1990). 따라서 게임규칙 자체가 어떻게 구조화되어 있는가 하는 것과 특정 형태로 구조화된 게임규칙이 실제로 어떻게 집행 혹은 운영되는가는 다른 문제일 수 있다.[6] 또한 제도는 보다 공식적 차원에서는 정책수립 과정을 통해 형성되는데 정책수립은 정책목표의 결정도 포함하지만 그 목표의 달성을 위한 수단의 결정도 포함하며 이렇게 목표와 수단이 결정되면 그 이후에는 그 수단의 실제 적용이 이루어져야 하고 이 과정에서 목표와 수단, 수단의 적용은 일종의 순환을 거치며 복잡하게 상호작용한다(Howlett·Ramesh and Perl, 2009).

정책목표는 그 정책을 둘러싼 가치 및 규범체계로부터 영향을 받아 설정된다고 볼 수 있으며, 정책수단은 게임규칙의 내용, 다시 말해서 누구로부터 어느 정도의 자원을 어떻게 동원하여 이것을 누구에게 어떻게 배분할 것인가 등에 관련된 규칙의 내용적 측면을 말한다. 규칙의 이 같은 내용적 측면은 이를 현실에 실제로 적용함으로써 구현된다. 여기서는 규칙의 내용적 측면을 제도 공공성의 한 하위범주로 제도의 편성체계 혹은 '편성 공공성'이라 하고, 규칙의 내용을 실제 적용하는 것을 제도의 운영체계 혹은 '운영 공공성'으로 구분하고자 한다. 이렇게 보면 제도 공공성이 가치 및 규범 공공성과 상호작용한다고 할 때 그것은 제도 공공성이 그 하위범주들인 편성 공공성 및 운영 공공성과의 상

---

6 이는 일종의 게임의 규칙으로서의 제도가 인간에게 부과하는 행위의 틀 자체와 그 틀 내에서 행동하는 행위자를 개념적으로 구분해야 한다는 노스(North, 1990)의 논의와 유사하다. 또한 제도적 규칙과 그 규칙의 실제 실행이 다르다는 점은 일선관료제에 관한 고전적 저작(Lipsky, 1980)에서도 논의된 바 있다.

호작용을 통해 가치 및 규범 공공성과 상호작용하는 셈이다.

무엇보다도 편성 공공성은 장애정책 조정기구의 구성과 권한, 과업 등에 관련된 규정들이라 할 수 있으며, 운영 공공성은 이런 규정들에 의해 틀지어진 장애정책 조정기구가 실제로 업무를 수행하는 과정과 그 효과라고 할 수 있다. 장애정책 조정기구의 '구성'은 어떤 행위자에 의해 구성되느냐를 의미하는데 장애단체와 같은 당사자의 참여가 보장되는가, 배제되는가의 문제와 관련된다. 장애정책 조정기구가 갖는 '권한'은 정책조정에서 어느 정도의 힘을 가지느냐를 의미하는데 장애정책 조정기구가 규제적 권한을 가질 수 있는가 혹은 권고적 권한을 가질 수 있는가 등의 문제와 관련된다. 나아가 장애정책 조정기구의 '기능'은 부여된 권한을 어느 분야에 행사할 수 있느냐를 의미하는데 그 분야가 제한적일 수도 있고 포괄적일 수도 있다.

장애관련 가치 및 규범체계가 장애정책 조정기구에 영향을 미칠 때 그 영향은 이 기구의 편성 공공성에 대해 보다 직접적으로 나타난다. 즉, 예컨대 장애에 대한 사회적 태도나 관념이 어떠한가에 따라 어떤 경우에는 장애정책 조정기구가 아예 만들어지지 않을 수도 있으며 또 만들어지는 경우에도 그 권한이나 기능이 다른 정부기관에 별 영향을 주지 못하도록 짜일 수도 있고 혹은 다른 정부기관에 상당한 영향을 미치도록 짜일 수도 있다. 그런데 장애정책 조정기구는 그것이 가치 및 규범체계의 영향을 받아 편성되지만 일단 어떤 형태로든 편성된 후에는 다시 그 나라의 장애관련 가치체계와 규범체계에 영향을 미칠 수 있다. 즉, 일국의 장애관련 가치 및 규범체계의 영향을 받아 형성된 장애정책 조정기구는 그 편성체계를 통해 그 가치 및 규범체계를 변화시킬 수도 있고 기존의 가치 및 규범체계를 더 고착·강화시킬 수도 있다.

장애정책 조정기구의 상호작용은 편성 공공성과 가치 및 규범 공공성 사이에만 존재하는 것이 아니다. 장애정책 조정기구의 편성 공공성은 이 기구의 운영 공공성과도 상호작용한다. 우선 일정형태로 편성된 장애정책 조정기구는 목표를 달성하기 위해 실제로 업무를 수행하게 되며, 이는 그 기구의 업무수행효과 등으로 나타난다. 물론 어떤 제도의 편성체계가 반드시 그 편성이 의도한 대로의 결과를 실제 운영에서 얻을 수 있는 것은 아니다. 하지만 편성체계가 실제 운영의 구조적 틀을 설정하는 것 자체는 분명하며 따라서 장애정책 조정기구의 편성이 그 운영을 본질적으로 구조화한다고 볼 수 있다. 그리고 장애정책 조정기구의 편성 공공성이 그것에 영향을 미친 가치 및 규범체계에 다시 영향을 미칠 수 있는 것처럼 이 기구의 운영 공공성도 그 편성 공공성에 영향을 줄 수 있다. 즉, 편성 공공성은 운영 공공성과 상호적인 관계에

<그림 6-1> 장애정책 조정기구와 공공성 유형의 관계

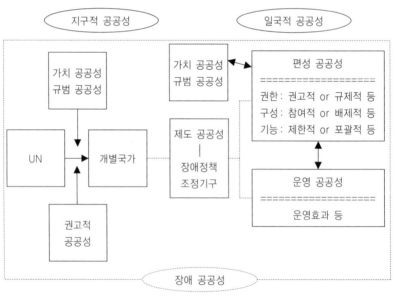

* ⋯⋯ 발현, ➔ 또는 ◀▶ 영향

있다.[7] 지금까지 논의한 내용을 정리하면 〈그림 6-1〉과 같다.

유엔과 같은 국제기구가 각 국가로 하여금 장애정책 조정기구를 설립케 함으로써 벌이는 지구적 차원의 공적 질서의 재구성은 공적 질서의 구성요소 측면에서는 지구적 차원의 가치 및 규범 공공성에 의해서, 그리고 강제성 수준에서는 권고적 공공성에 의해 각 국가로 전달된다. 이렇게 전달된 유엔의 공적 활동은 장애정책 조정기구라는 일국 차원의 제도 공공성으로 발현되며 제도 공공성은 그 하위범주인 편성 공공성과 운영 공공성으로 구성된다. 이러한 편성 공공성과 운영 공공성은 일국 차원의 장애관련 가치 및 규범 공공성과 상호적인 관계에 있다. 이와 같이 장애정책을 둘러싼 지구 공공성과 일국 공공성 전체에 걸쳐 작동하는 공적 질서를 장애 공공성의 지구적 과정이라고 할 수 있다.

2) 장애 공공성의 재구성과 유엔의 기획

장애정책 조정기구에 관한 자료는 많지 않으며 관련된 유엔자료도 많지 않다. 국내연구들(남용현·박자경·변민수, 2007; 남찬섭·서정희, 2011; 우주형, 2009)은 비교대상국가 선정기준이 불분명한 데다 각국가에 관한 내용이 객관적이지 못한 경우가 많다. 가장 최근의 자료로는 유엔이 장애인 권리협약 이행여부를 모니터링한 결과를 수록한 보고서(United Nations, 2011)를 들 수 있지만, 이 보고서에는 각국의 장애정책 조정기구 설치 여부에 관한 조사결과만 포함되어 있다. 따라서 여기서는 다소 오래된 자료이긴 하지만 1997년에 유엔이 발간한 한 보

---

7 물론 장애정책 조정기구의 운영 공공성은 장애관련 가치 및 규범체계와도 상호작용할 수 있는데 여기서는 논의의 지나친 복잡성을 피하기 위해 이 경로에 대한 논의는 생략한다.

고서를 중심으로 살펴보기로 한다. 다음에서 이 유엔보고서 내용을 간략히 소개하고 이를 공공성 재구성의 맥락에서 해석하고자 한다. 여기서의 논의는 각국의 장애정책 조정기구에 대해 보다 구체적으로 살펴볼 분석틀의 의미를 갖는다.

1997년의 유엔보고서는 유엔이 1993년에 채택한 '장애인의 기회균등을 위한 표준규칙'의 이행여부를 모니터링하여 그 결과를 수록한 것이다. 유엔은 이 보고서를 위해 1996년에 동 표준규칙의 이행여부에 관한 국제 서베이를 실시하였다. 따라서 여기서 보는 유엔보고서는 1996년의 국제 서베이 결과를 기초로 한 것이다.[8] 유엔의 이 국제 서베이(이하 '유엔 서베이')는 각국 장애정책의 전반적 개요와 장애관련 주요 법률, 접근성향상 관련 정책, 민간장애단체 현황 등에 관한 조사내용과 함께 장애정책 조정기구에 관한 조사내용을 포함하고 있다. 이 유엔 서베이는 유엔이 배포한 질문지에 각국의 장애정책 담당부서의 담당자들이 주관적으로 응답하는 방식으로 진행되었고, 유엔 회원국 모두에 대해 실시되었지만 장애정책 조정기구에 대해 응답한 국가는 85개국이었다. 응답한 정책부서는 장애정책 조정기구인 경우도 있고 다른 정부부처인 경우도 있다. 유엔보고서(Michailakis, 1997)는 장애정책 조정기구에 응답한 85개국을 지역별로 6개 집단으로 분류했다. 여기서는 이 6개 집단 중 선진국가로 분류된 23개국을 대상으로 하고[9] 이들 중에서도 장애

---

8 이 유엔보고서를 작성한 사람은 당시 유엔사회개발위원회의 특별서기관으로 근무했던 Dimitrius Michailakis이며 보고서의 저자도 동일인이다. 따라서 이 보고서를 인용할 때 Michailakis의 이름으로 인용한다. 이 보고서는 코넬대의 노사관계대학원 홈페이지(http://digitalcommons.ilr.cornell.edu/gladnetcollect/231/)에서 내려받을 수 있다. 이 파일에 페이지가 표기되어 있지 않아 인용 시 페이지를 표기하지 않았다.

9 6개 집단은 선진국가, 중동 및 북아프리카 국가, 체제전환국가, 라틴아메리카 국가, 사하라이남 지역 국가, 동남아시아 및 태평양 지역 국가이다. 유엔보고서(Michailakis,

정책 조정기구가 있다고 응답한 16개국에 대해서만 살펴본다.[10]

장애정책 조정기구에 관한 유엔 서베이의 질문은 〈표 6-1〉과 같이 모두 6개 문항으로 되어 있다. 이들 6개 문항 중 27번 문항은 장애정책 조정기구의 설치여부를 묻는 것이며, 28번 문항은 장애정책 조정기구의 보고대상기관을 묻는 문항이다. 장애정책 조정기구의 보고대상기관은 곧 이 기구의 업무수행에 대해 어느 기관이 최종적인 감독권을 갖는지를 의미하며 또한 이 기구가 업무수행에서 어느 정도의 권한을 가질 수 있는지를 의미한다. 따라서 이는 장애정책 조정기구의 위상을 의미한다고 볼 수 있다. 어떤 기구의 위상과 권한이 밀접히 관련된 것은 예컨대 영국의 경우 장애차별금지법 제정 이후 수상실 직속으로 장애권리위원회를 설치하여 그 권한을 강화한 예에서도 찾아볼 수 있다.[11] 29번 문항은 장애정책 조정기구가 정부부처로 구성되는지, 장애단체나 기타 시민단체 등도 참여하는지를 묻는 것으로 이 기구의 구성과 관련된 질문이다. 30번과 31번 문항은 장애정책 조정기구의 기능이 정책개발에 한정되는지 아니면 정책개발 외의 다른 기능도 수행하는지를 묻는 것이다. 이렇게 볼 때 유엔 서베이의 28번부터 32번까지의 문항은 공공성의

1997)에서 선진국가로 분류된 국가는 실제로는 24개국이지만 이 중 한 나라는 홀리시(Holy See)로서 교황 관할의 바티칸 시국이어서 여기서는 대상에서 제외하였다.

10 선진국 외의 나머지 국가들은 장애정책 조정기구의 구성이나 운영이 적절히 확립된 것으로 보이지 않는데도 불구하고 운영효과의 7개 항목 모두에 대해 효과가 있다고 답하는 등 신뢰성이 의심되는 경우가 많아 제외하였다.

11 여기서 말하는 권한은 예컨대 장애정책 조정기구가 심의기능만 수행하는가 아니면 실질적인 조정기능도 수행하는가라는 점에서 알 수 있듯 권한의 내용적 측면을 말하는 것은 아니며 권한의 강도나 과소라는 양적 측면을 말하는 것이다. 유엔보고서(Michailakis, 1997)의 조사는 권한의 내용적 측면을 포함하지 않고 있다. 하지만 장애정책 조정기구의 권한이 이 기구의 위상에 의해 영향을 받는 것은 분명하다. 예컨대 권한의 내용이 법적으로 심의기능에 한정되더라도 그 위상이 수상실에 관련된 경우와 사회정책부서에 관련된 경우 심의기능이 발휘하는 힘의 강도에는 차이가 있기 때문이다.

〈표 6-1〉 유엔서베이의 장애정책조정기구 관련 조사내용

질문*	응답범주*	항목*
27. 전국적 차원의 장애정책 조정기구 혹은 그와 유사한 기구가 설치되어 있는가	① 예, ② 아니오	설치여부
28. 장애정책 조정기구의 보고대상기관은 어디인가	① 특정부처, ② 수상, ③ 기타(왕, 의회 등)	위상
29. 장애정책 조정기구에는 누가 참여하는가	① 정부부처, ② 장애단체, ③ 기타 NGO, ④ 기타**	구성
30. 장애정책 조정기구는 정책개발에 참여하는가	① 예, ② 아니오	
31. 장애정책 조정기구는 정책개발 외의 다른 기능도 수행하는가	① 예, ② 아니오 ('예'인 경우 구체적으로 적시)***	기능
32. 장애정책 조정기구를 운영하여 얻는 효과라는 무엇인가 (복수응답)	① 정책·프로그램간 조정기능 향상 ② 장애정책 관련 입법활동 향상 ③ 관계기관들의 책임성 증진 ④ 장애정책분야에서의 소통 증진 ⑤ 정책기획의 정확성 제고 ⑥ 자원활용의 효과성 제고 ⑦ 장애에 대한 사회적 인식 제고, ⑧ 평가하기에 이름	운영효과

* 질문의 번호는 유엔 서베이 설문지상의 번호이며, 응답범주는 유엔보고서에 적시되 응답범주를 필자가 원본을 붙여 표기한 것이고, 항목은 필자가 분류한 것임.

** 정부부처에는 중앙정부 부처 외에 지방정부도 포함될 수 있으며, 그 외 공공기관이나 정준도 포함될 수 있음. 기타 NGO는 장애단체 이외의 NGO를 말함. 기타는 민간부문의 기업단체나 노동단체를 말함.

*** 정책개발 외 다른 기능으로는 정책실행, 평가·모니터링, 정책개선, 인식제고, 장애인참여증진 캠페인, 정보제공, 국제규범 보급 등이 있음.

자료 : Michailakis(1997).

구성 유형과 연결지을 수 있다. 즉, 28번부터 32번의 문항은 각기 장애정책 조정기구의 위상, 구성, 기능에 관한 것으로 이는 장애정책 조정기구의 편성체계, 즉 편성 공공성에 관련된 문항들이라 할 수 있다.

32번 문항은 장애정책 조정기구의 운영효과를 묻는 것인데 이 역시 공공성의 수준으로 평가할 수 있다. 우선 32번 문항의 응답범주 중 장애 공공성체계의 가치체계에 관련된 응답범주를 추출해볼 수 있는데 이것은 장애정책분야에서의 소통 증진(④)과, 장애에 대한 사회적 인식제고(⑦)의 두 가지이다. 이 중 '장애 인식제고'는 그것이 인식의 내용을 적시한 것은 아니지만 유엔 서베이의 취지로 보아 장애에 대한 사회적 관념이나 집합의식을 보다 긍정적인 것으로 변화시킴을 의미하는 것이므로 가치 공공성에 해당한다고 볼 수 있다. 그리고 '소통증진'(⑤)은 공적 관계가 박탈된 배제된 장애인의 지위를 보다 참여적이고 소통적인 것으로 전환하는 데 관계됐다는 점에서 역시 가치 공공성의 수준을 의미할 수 있다.

이 같은 세 가지 응답범주를 제외한 정책·프로그램 간 조정기능 향상(①), 장애정책관련 입법활동 향상(②), 관계기관들의 책임성 증진(③), 정책기획의 정확성 제고(⑤), 자원활용의 효과성 제고(⑥) 등의 다섯 가지는 장애정책 조정기구의 운영체계, 즉 운영 공공성에 관련된 것들이다. 물론 이 다섯 가지가 장애정책 조정기구의 실제 운영 그 자체를 말하는 것은 아니다. 그러나 이들은 모두 이 기구의 실용적 목표, 다시 말해서 장애정책조정이 조정기능 그 자체를 의도하는 운영상의 효과라는 점에서 운영 공공성의 효과로 설명될 수 있다. '책임성 증진'의 경우 넓은 의미에서는 장애인에 대한 책임성 전반을 의미할 수 있고 이런 의미에서는 가치 공공성과도 관련될 수 있다. 그렇지만 정부정책의 조정을 주된 목표로 하는 장애정책 조정기구의 성격상 유엔 서베이에서 말하는 책임성은 정책적 책임성을 의미한다고 보는 것이 타당하기 때문에 운영 공공성의 범주로 구분하는 것이 적절하다. 또한 '입법활동 향상'을 규범 공공성의 범주로 구분할 수도 있으나 유엔 서베이에서 조사한 입법활동 향상은 장애정책에 관련된 법규범 변경의 내용보다는 법규범 변경활동 자체를 말하는 것이므로 규범 공공성이라기보다는 운영 공공성이라 보는 것이 타당하다. 따라서 유엔 서베이에는 장애관련 규범 공공성에 관련된 조사내용은 포함되지 않은 셈이다. 이상의논의를 일국 차원의 장애정책 조정기구에 초점을 맞추면 〈그림 6-2〉와같다.

이제 장애정책 조정기구를 중심으로 공공성 유형 간의 관계에 주목할 수 있다. 공공성 유형 간의 관계는 다른 무엇보다도 편성 공공성을독립변수로 하고 가치 공공성 및 운영 공공성을 종속변수로 간주하여독립변수로서의 편성 공공성이 두 종속변수에 미치는 영향을 탐색적수준에서 일종의 가설로 도출해볼 수 있다. 앞의 논의에서 편성 공공성

〈그림 6-2〉 장애정책 조정기구와 공공성 유형

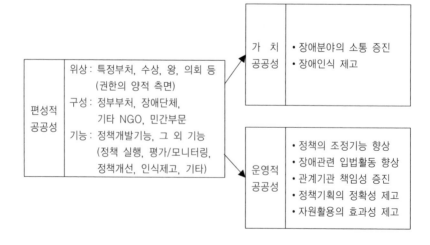

을 위상과 구성, 기능의 세 가지가 조합된 것으로 개념화했다. 그러나 실제 유엔 서베이 결과를 검토해보면 장애정책 조정기구의 위상과 구성, 기능의 국가 간 배열에서 어떤 일관된 경향을 발견하기 어렵기 때문에 이 기구의 특성을 하나로 묶어 편성 공공성의 종합적 유형을 국가별로 판별하는 것은 거의 불가능하다. 따라서 편성 공공성을 이루는 위상과 구성, 기능이 각기 따로 가치 공공성 및 운영 공공성과 어떤 관계를 갖는지를 생각해야 한다. 다만, 가치 공공성과 운영 공공성은 그 자체로 종합적 개념으로 간주한다.

먼저 장애정책 조정기구의 위상은 이 기구의 업무수행과 관련하여 정부 내의 어느 기관이 최종적인 감독권을 갖는지 그리고 이 기구가 업무수행에서 어느 정도의 권한을 갖는지를 의미한다. 장애정책 조정기구의 위상은 특정부처(주로 사회정책담당부처)에 관련된 것일 수도 있고 수상실이나 왕, 의회 등에 관련된 것일 수도 있다. 수상이나 왕, 의회는 사회정책담당부처만이 아니라 그 외의 정부의 모든 부처·기관에 대해 폭넓게 권한을 행사할 수 있으므로 장애정책 조정기구 역시 그 위상이 이들 기관에 관련된 경우 그 권한을 높이는 데 유리하다. 이 경우 장애정책 조정기구는 정책조정을 보다 폭넓게 행할 수 있고 이러한 폭넓은 정책조정은 이 기구의 업무수행의 효과성을 높일 뿐만 아니라 장애 인식제고나 소통증진에도 기여할 것이다. 그러므로 장애정책 조정기구의 위상이 보다 폭넓은 권한을 가진 기관에 관련된 것이 가치 공공성을 높은 수준으로 재구성하는 데 유리할 것이며(〈가설 1-1〉), 또 운영 공공성을 높은 수준으로 재구성하는 데에도 유리할 것이라고(〈가설 1-2〉) 가정할 수 있다.

다음으로 장애정책 조정기구의 구성은 곧 이 기구에 누가 참여할 수 있는가를 의미하는 것인데 유엔 서베이의 응답결과를 검토하면 이는 크게 장애인 당사자가 참여할 수 있는 유형과 참여할 수 없는 유형으로 구분할 수 있다. 근대 이후 형성된 장애 공공성은 본질적으로 장애인을 배제하거나 그들을 종속적 지위에 두는 것이었으며 오늘날의 사회적 모델은 그와 같은 배제적·종속적 장애 공공성을 거부하고 참여적·소통적 장애 공공성을 요구하고 있다. 따라서 장애정책 조정기구에 장애인 당사자의 참여가 보장된다면 이는 장애관련 가치 공공성을 보다 참여적이고 소통적인 것으로 전환하는 데 유리할 것이며(〈가설 2-1〉) 나아가 이 기구가 가진 일국의 장애정책을 조정하는 데에도 유리하게 작용할 것이라고(〈가설 2-2〉) 가정할 수 있다.

　장애정책 조정기구의 기능은 이 기구가 가진 권한을 행사할 수 있는 분야를 의미하는데 이는 정책개발에 한정될 수도 있고 정책실행이나 평가·모니터링, 정책개선 등 보다 넓은 범위에 걸친 것일 수도 있다. 정책은 그 목적달성을 위한 수단의 개발뿐만 아니라 실행까지도 포함하는 것이므로 장애정책 조정기구가 정책수단의 개발에만 조정권한을 발휘하고 실제 정책의 실행이나 평가 등에서 조정권한을 발휘할 수 없다면 이는 정책조정 자체의 한계로 작용할 가능성이 크다. 또한 시민들이 현실에서 체감하는 정책은 실행단계의 정책이지만 장애정책 조정기구의 권한이 정책실행에 미치지 못한다면 정책개선 등과 관련된 소통에도 제약이 생길 수 있고 나아가 장애인식개선에도 불리하게 작용할 가능성이 있다. 따라서 장애정책 조정기구의 기능이 보다 넓은 범위에 걸친 경우 이것이 가치 공공성을 보다 높은 수준으로 재구성하는 데 유리할 것이고(〈가설 3-1〉), 또 운영 공공성을 보다 높은 수준으로 재구성하는 데에도 유리할 것이라고(〈가설 3-2〉) 가정할 수 있다.

3. 장애 공공성의 지구적 재구성과 정책조정기구

1) 장애정책 조정기구의 설치현황

지구적 공공성의 재구성과 장애정책 조정기구에 대한 본격적인 논의를 시작하기 전에 먼저 장애정책 조정기구의 설치현황부터 살펴보자. 유엔보고서에 의하면 유엔 서베이의 조사대상 선진국 23개국 가운데 홀리시는 제외하고 장애정책 조정기구가 있다고 답한 국가는 16개국이고, 없다고 답한 국가는 6개국이다. 벨기에는 주별로 다르다고 응답했기 때문에 설치되지 않은 것으로 간주되었다.[12] 따라서 유엔보고서에 포함된 23개 선진국 중 약 70%에 달하는 국가가 1990년대 중반에 장애정책 조정기구를 설치·운영하고 있었던 셈이다.[13]

또한, 유엔보고서(Michailakis, 1997)에 따르면 장애정책 조정기구가 있는 나라들은 많은 경우 그 기구가 국가장애위원회(NDC: *National Disability Council*) 또는 그와 유사한 기구의 형태를 취한다고 하는데, 위의 23개국을 대상으로 보면 장애정책 조정기구가 있다고 답한 16개국 중 NDC를 운영하는 국가는 덴마크, 노르웨이, 핀란드, 아이슬란드, 영국, 미국 등 6개국(37.5%)으로 예상과 달리 많지 않은 것으로 나타났다.

---

[12] 벨기에는 3개 주로 구성되어 있으며 2개주에서만 장애정책 조정기구가 있다고 응답하였다(Michailakis, 1997). 유엔이 의도한 장애정책 조정기구는 전국 차원에 걸친 것이기 때문에 연방 전체 차원에서 벨기에는 장애정책 조정기구를 설치하고 있다고 보기 어렵다.

[13] 유엔 서베이에 응답한 85개국 전체로 보면 장애정책 조정기구가 있다고 응답한 국가는 62개국(73.8%)이었고 없다고 응답한 국가는 22개국(26.2%)이었다(무응답 1개국)(Michailakis, 1997).

2) 장애정책 조정기구와 편성 공공성

(1) 장애정책 조정기구의 위상

장애정책 조정기구가 설치된 16개 선진국 가운데 10개국은 장애정책 조정기구의 보고대상기관이 장애정책 소관부처(주로 사회정책담당부처) 혹은 그에 상응하는 부처이며, 나머지 6개국 중 노르웨이와 일본 2 개국은 보고대상기관이 수상이다. 이들을 제외한 나머지 국가는 대개 보고대상기관이 중복적이어서 덴마크는 장애정책 소관부처와 의회, 스페인은 보건복지부와 여왕, 미국은 대통령과 의회다. 캐나다는 유일하게 보고대상기관이 의회다.

이렇게 볼 때, 각 국가는 보고대상기관이 장애정책 소관부처 또는 그에 상응하는 부처로 특정된 경우와 장애정책 소관부처에 한정하지 않고 보다 폭넓은 권한을 가진 정부기관에게 보고하도록 하는 경우의 두 유형으로 구분할 수 있다. 전자를 '소관부처 한정형', 후자를 '소관부처 초월형'으로 구분할 수 있다. 따라서 장애정책 조정기구의 보고대상기관이 '소관부처 한정형'인 국가가 10개국(62.5%)이고, '소관부처 초월형'인 국가가 6개국(37.5%)이다.

(2) 장애정책 조정기구의 구성

각국 장애정책 조정기구의 구성은 매우 다양하다. 중앙정부 관계부처 공무원과 장애단체대표뿐만 아니라 경우에 따라서는 장애단체 외의 비영리민간단체와 기업단체나 노동단체대표가 참여하는 경우도 있다.

장애정책 조정기구의 구성을 자세히 보면 몇 가지 유형으로 구분할 수 있다. 우선 이 유형은 크게 두 가지로 구분할 수 있는데 장애정책 조정기구에 장애단체를 참여케 하는 '당사자 참여형'과 장애단체의 참여를 허용치 않는 '당사자 배제형'이 있다. 선진국들 중 노르웨이, 룩셈부르크, 아이슬란드, 캐나다 등의 4개국은 장애정책 조정기구에 장애인들이 참여하지 못하도록 하고 중앙정부의 관계부처 공무원들로만 구성했다. 캐나다의 경우는 정당대표들로만 구성되어 있다. 네덜란드도 정부기관 공무원들로만 구성되는데 다만 장애단체를 자문위원 자격으로만 참여케 하고 있다. 참여의 실질적 측면에서 볼 때 네덜란드의 경우 장애단체의 참여는 명목적 참여라 할 수 있고 이런 점에서 위 4개국과 크게 다르지 않다. 그리하여 네덜란드를 포함한 위 5개국의 장애정책 조정기구 구성유형은 '당사자 배제형'이면서 '정부중심형'이라 할 수 있을 것이다.

이들을 제외한 12개국은 모두 장애단체의 참여를 허용하고 있는데 이 나라들의 구성유형은 다시 두 가지의 하위유형으로 구분할 수 있다. 한 가지는 장애단체만의 참여만 허용되고 그 외의 민간단체의 참여는 허용되지 않는 유형이다. 이 유형은 '단일 참여형'이라 할 수 있을 것인데, 여기에는 네덜란드, 덴마크, 핀란드, 스페인, 호주의 5개국이 속한다. 다른 한 가지는 장애단체 외의 다양한 민간단체와 기업단체, 노동단체의 참여도 허용하는 유형으로 이 유형은 '확대 참여형'이라 할 수 있다. 여기에는 오스트리아, 프랑스, 독일, 포르투갈, 일본, 영국, 미국의 7개국이 속한다. 이들 '당사자 참여형'에 속하는 나라들은 정부기관의 참여에서 다소 차이가 있다. 예컨대, 정부기관 중 지방정부를 참여시키는 나라(덴마크, 핀란드, 포르투갈)도 있고, 공공기관을 참여시키는 나라(일본)도 있으며, 아예 정부기관의 참여를 배제하는 나라(영국, 미국)도 있다.

영국, 미국, 캐나다의 3개국을 제외하면 모든 나라의 장애정책 조정기구에는 중앙정부의 관계부처 공무원들이 참여하고 있는데 이처럼 중앙정부의 관계부처 공무원들이 참여하는 경우 그 관계부처에는 보건복지소관부처와 노동담당부처, 교육담당부처의 세 부처는 거의 예외 없이 포함되며, 또 그 공무원들은 대개 장관 등의 고위공무원인 경우가 많다.

(3) 장애정책 조정기구의 기능

유엔보고서(Michailakis, 1997)에 따르면 선진국들의 장애정책 조정기구는 정책개발기능은 공통적으로 수행하는 것으로 나타난다. 이런 점에서 정책개발참여는 장애정책 조정기구의 기본적인 기능이라 볼 수 있다. 따라서 장애정책 조정기구의 기능을 기준으로 할 때, 각국은 크게 그 기능이 정책개발참여 기능으로만 한정된 유형과 정책개발참여 외의 기능으로까지 확장된 유형으로 나눌 수 있다. 전자를 '기본기능형'이라 하고 후자를 '확장기능형'이라 할 때, 기본기능형에는 프랑스, 독일, 룩셈부르크 3개국(20.0%)이 속하고, 나머지 국가들(80.0%)은 모두 확장기능형에 속한다.

확장기능형에 속하는 국가들의 경우 장애정책 조정기구가 기본기능 외에 수행하는 기능은 내용상 매우 다양하다. 정책개발참여 외 기능 중 기타 기능부터 먼저 보면, 여기에는 장애인의 참여증진을 위한 캠페인 전개나 장애인을 대상으로 한 정보제공, 국제규범의 보급 등이 포함되는데 이 기타 기능이 장애정책 조정기구의 확장기능에 포함된 경우가 가장 많다. 또한, 장애인에 대한 사회적 인식개선 캠페인 전개 등이 장애정책 조정기구의 확장기능에 포함된 경우도 핀란드와 포르투갈의 두 나라가 있다. 장애정책 조정기구가 정책개발이라는 기본기능을 수행하는 경우 그에 따라 개발된 정책의 실행이나 평가, 모니터링, 개선의 필요성이 발생하게 되는데 이러한 기능이 장애정책 조정기구의 확장기능으로 인정되는 국가는 덴마크, 노르웨이, 네덜란드, 오스트리아, 호주, 영국, 미국, 일본 등의 8개국이다.[14] 그런데 확장기능형에 속하는 나라들을 좀더 자세히 살펴보면, 확장기능으로 기타기능과 인식제고 캠페인만 인정하는 국가들과 이들 기타기능 및 인식제고 외에 정책실행이나 평가·모니터링, 정책개선 기능까지 인정하는 국가들로 나누어진다는 점을 알 수 있다. 확장기능 중 기타기능과 인식제고 캠페인이 그 나름의 중요성과 의미를 갖는 것은 분명하지만 이런 기능들이 정책실행이나 정책에 대한 평가 또는 모니터링, 그리고 정책개선 기능과 연결되지 않은 채 수행되는 것은 실효성을 갖기가 어려울 수 있다.

이런 점에서 확장기능형은 정책실행, 평가·모니터링, 정책개선을 확장기능으로 인정하여 장애정책 조정기구의 기능상 실효성을 보장하려는 국가들과 이러한 실효성을 보장하는 기능을 인정하지 않은 채 인식제고나 참여증진 캠페인, 국제규범 보급 등 대국민 홍보나 교육 등의 기능만을 확장기능으로 인정하는 국가들로 구분할 수 있다. 전자를 '실질확장 기능형', 후자를 '명목확장 기능형'이라 할 수 있다. 따라서 장애정책 조정기구의 기능에 관한 논의를 종합하면 선진국들의 경우 모든 나라가 정책개발참여를 장애정책 조정기구의 기본기능으로 인정하고 있으며, 그중 약 80%의 국가들은 정책개발이라는 기본기능 이외의 기능, 즉 확장기능도 인정하고 있고, 확장기능을 인정하는 국가들 중 2/3는 정책실행이나 평가·모니터링, 정책개선 등 정책과정에 대한 실

---

14 정책실행, 평가·모니터링, 정책개선 중 어느 하나에라도 응답한 국가를 모두 포함하여 계산한 수치임.

질적인 참여를 보장하는 실질확장 기능형이다. 나머지 1/3은 정책과정에 대한 참여를 인정하지 않은 상태에서 대국민 홍보나 캠페인 등의 기능만 인정하는 명목확장 기능형이라고 할 수 있다. [15]

3) 장애정책 조정기구의 가치 공공성과 운영 공공성

유엔 서베이에서는 장애정책 조정기구의 운영효과라는 제하에 일곱 가지 항목에 대해 조사하였는데 앞서 본 바와 같이 여기서는 이들 일곱 가지 항목을 가치 공공성과 운영 공공성에 관련된 것의 두 가지로 분류하였다. 즉, 일곱 가지 항목 중 장애분야의 소통 증진, 장애인식 제고의 두 가지는 장애관련 가치 공공성에 관련된 것으로 그리고 관계기관 책임성 증진, 조정기능 향상, 입법활동 향상, 정책기획력 제고, 자원활용의 효과성 제고의 다섯 가지는 운영 공공성에 관련된 것으로 분류했다.

가치 공공성 및 운영 공공성이 장애정책 조정기구의 위상, 구성, 기능으로부터 어떻게 영향을 받는가 하는 것은 뒤에서 보다 상세하게 살펴보기로 하고 여기서는 가치 공공성과 운영 공공성으로 분류된 일곱 가지 항목에 대한 각국의 응답을 개략적으로 살펴보기로 한다. 다만 룩셈부르크는 유엔 서베이 당시 자국의 장애정책 조정기구 설치기간이 짧아 운영효과를 평가하기가 어렵다고 답변하여 제외했다.

운영효과에 대한 각국의 응답은 운영 공공성 중 '조정기능향상' 항목

---

15 장애정책 조정기구의 기능에 관한 유엔 서베이의 조사는 이 기구가 수행하는 기능을 내용적으로만 파악한 것이고 이 기능의 성격, 즉 그 기능이 단순자문인지 아니면 실제적인 기획기능도 포함하는지 등에 대한 것은 파악하지 않고 있다. 유엔 서베이 결과만으로는 여기에서 구분한 유형(기본기능, 명목확장기능, 실질확장기능)을 통해 그리고 장애정책 조정기구의 위상과의 관계를 통해 유추할 수밖에 없다.

에 15개 국가 모두 응답하였고, '입법활동 향상'에 13개국이 응답하였으며, 가치 공공성에 관련된 것 중 '소통증진'과 '장애인식제고'에 각각 13개국이 응답하였다. 그리고 '책임성 증진'과 '자원효과성 제고'에는 응답률이 떨어지며, '기획력 제고'에는 가장 적은 5개국만이 응답했다.

　지금까지 장애정책 조정기구의 설치현황과 편성 공공성, 가치 공공성, 운영 공공성의 현황에 대해 살펴보았다. 소속에 따른 위상과 구성, 기능 등으로 구축된 편성 공공성과 가치 공공성, 운영 공공성 등의 종합적 현황은 다음과 같다. 선진 23개국 중 장애정책 조정기구를 설치한 나라는 약 70%에 달하는 16개국이며, 장애정책 조정기구의 편성은 대단히 다양하다. 장애정책 조정기구의 보고대상기관은 약 63%가 소관부처 한정형이었고, 나머지 27%가 소관부처 초월형이다. 이 기구의 구성유형은 크게 당사자 참여형과 당사자 배제형으로 구분할 수 있고, 당사자 참여형은 다시 단일 참여형과 확대 참여형으로 구분할 수 있다. 또한 장애정책 조정기구의 기능도 다양하여 기본기능형과 실질확장 기능형, 그리고 명목확장 기능형으로 구분할 수 있다. 여기에 소통과 인식의 요소로 구성된 가치 공공성과 조정, 입법, 책임, 기획, 자원 등의 요소로 구성된 운영 공공성이 포괄되어 각국의 장애 공공성 수준을 결정한다.

4. 장애정책 조정기구의 편성 공공성과 가치·운영 공공성

1) 장애정책 조정기구의 위상과 가치·운영 공공성

장애정책 조정기구의 편성 공공성과 가치 공공성, 운영 공공성의 현황을 기초로 해서 이제 각 공공성 유형의 관계에 주목할 수 있다. 공공성 유형 간의 관계에 주목하는 것은 말하자면 앞의 탐색적인 수준에서 설정한 가설을 검증하는 작업이라고 할 수 있다. 여기서의 가설검증은 유엔 서베이의 내용 자체가 개략적이고 또 이 글에서 분석대상에 포함시킨 국가의 수가 적어 엄밀한 통계적 작업은 불가능하다는 점을 미리 밝혀둔다. 또한 가치 공공성과 운영 공공성에 해당하는 질문에 대한 답은 장애정책 조정기구의 운영효과에 관한 엄밀한 측정에 기초한 것이 아니라 각국의 담당공무원의 주관적 응답이라는 점도 염두에 두어야 한다. 하지만 장애정책 조정기구에 관련된 자료가 매우 적고 또 장애정책 조정기구를 탐색적인 수준에서나마 시도한 연구도 드물다는 점에서 여기서의 분석은 나름의 의미를 갖는다고 말할 수 있다.

여기서는 운영 공공성으로 분류된 항목 중 '조정기능향상'은 15개국이 모두 응답하였기 때문에 분석에서 제외하며, 또한 운영효과의 일곱 가지 항목 모두에 응답하지 않은 룩셈부르크도 제외한다.

먼저, 장애정책 조정기구의 '위상'과 가치 공공성 및 운영 공공성의 관계에 주목할 수 있다. 앞에서 장애정책 조정기구의 보고대상기관은 업무에 대한 최종 감독권을 갖는 기관 및 권한을 의미하는 것으로 해석했고, 이를 장애정책 조정기구의 '위상'으로 개념화했다. 따라서 장애정책 조정기구의 보고대상기관의 유형에 따른 가치 공공성 및 운영 공공성의 각 항목에 대한 응답의 차이는 장애정책 조정기구가 갖는 위상의 유형에 따른 가치 공공성 및 운영 공공성의 차이라고 할 수 있다.

장애정책 조정기구의 위상과 가치 및 운영 공공성의 국가별 관계를 구체적으로 살펴보자. 운영 공공성에 속하는 책임성 증진과 기획력 제고를 제외하면 전체적으로 장애정책 조정기구의 위상이 소관부처 초월형인 경우가 비중이 더 높은 것으로 나타났다. 특히 가치 공공성에 속하는 것으로 분류된 소통증진과 장애인식제고에서 소관부처 초월형은 소관부처 한정형에 비해 더 우수한 결과를 보였다. 이는 장애정책 조정기구의 위상이 특정부처 수준이 아니라 정부부처들을 총괄적으로 감독할 수 있는 보다 상위의 기관과 관련된 경우 장애분야에서의 소통과 장애에 대한 사회적 인식을 바람직한 방향으로 변화시키는 데 좀더 유리할 수 있음을 의미한다. 그리고 장애정책 조정기구의 운영 공공성에서도 입법활동 향상과 책임성 증진에서 소관부처 초월형이 좀더 응답비중이 높았는데, 이 역시 장애정책 조정기구의 위상이 보다 상위의 기관과 관련되는 것이 장애정책에 관계된 정부기관들의 정책적 책임성을 높이고 또 장애관련법령의 개선활동을 원활히 하는 데에 유리함을 보여주고 있다.

다른 한편 장애정책 조정기구의 위상의 차이는 기획력 제고와는 별상관이 없는 것으로 보인다. 유엔보고서(Michailakis, 1997)에는 정책기획의 정확성 제고에서 기획의 정확성이 구체적으로 무엇을 가리키는지에 대해 설명하지 않고 있다. 그러나 일반적으로 기획의 정확성은 장애인들이 가진 욕구를 적절히 파악하고 이 욕구를 충족하는 데 필요한 자원을 적재적소에 배치하는 것으로 해석될 수 있다면 장애정책 조정기구의 위상의 차이가 기획력 제고와 크게 상관이 없는 결과는 어느 정도 수긍할 수 있는 것이기도 하다. 즉, 기획의 정확성은 일차적으로 장애정책에 관계되어 그 정책을 실제로 수립하고 실행하는 정부부처와 기관들의 능력과 관련되며 이들 정부부처와 기관들에 대해 조정기능을 수행하는 장애정책 조정기구의 개입은 기획의 정확성에는 간접적으로 관련된다고 볼 수 있다. 이는 아마도 장애정책 조정기구가 그 기능수행에서 현실적으로 그리고 어떤 면에서는 다소 불가피하게 갖는 한계라고 할 수도 있다. 또한 운영 공공성 중 자원효과성에서는 소관부처 초월형이 오히려 성과가 낮고 소관부처 한정형이 성과가 더 높은 것으로 나타나고 있다. 이는 장애정책 조정기구의 위상이 장애정책 담당부처와 관련된 경우 그 정책조정도 장애정책 담당부처가 이미 담당하고 있거나 그 부처가 기획하는 정책을 중심으로 이루어질 가능성이 더 높고 따라서 이것이 자원활용의 집중도를 더 높일 수 있기 때문인 것으로 해석할 수 있다.

따라서 장애정책 조정기구의 위상과 가치 및 운영 공공성 간의 관계 중 가치 공공성에서는 〈가설 1-1〉과 전체적으로 부합하는 결과를 보이고,[16] 운영 공공성에서는 〈가설 1-2〉와 부분적으로 부합하는 결과를 보인다.

2) 장애정책 조정기구의 구성과 가치 · 운영 공공성

장애정책 조정기구의 '구성'은 공적 질서에서 배제되거나 종속적 지위에 있었던 장애인의 참여기회와 관련된 중요한 의미를 갖는다. 또 실제 유엔 서베이 결과를 통해서도 장애정책 조정기구의 구성유형은 장애단체가 참여하는 당사자 참여형과 장애단체가 참여하지 못하는 당사

---

[16] 여기서 '부합'이라는 용어를 사용한 것은 본문의 분석이 엄밀한 기법에 의한 가설검증이라 하기는 어려워 이를 통해 가설의 수용이나 기각을 판단할 정도는 아니기 때문이다.

자 배제형으로 구분되었다.

장애정책 조정기구의 구성을 가치 공공성 및 운영 공공성과 교차시킨 결과는 앞의 가설에서 예상했던 바와는 다소 다르게 나타났다. 당사자 참여형은 장애단체의 참여를 보장한 구성방식에서 직접적으로 유래한 결과라 할 수 있는 소통증진에서만 더 높은 응답비중을 보일 뿐 나머지 항목에서는 모두 당사자 배제형보다 낮은 응답비중을 보이고 있다. 물론 당사자 배제형에 속한 국가가 4개국밖에 되지 않아 분석에 한계가 있는 것은 사실이다. 이를 감안할 때 특히 장애 인식제고와 입법활동 향상, 자원효과성 제고의 세 항목에서의 차이는 사실상 크지 않은 것으로 판단할 수도 있으나 가설의 논리와 어긋나는 것은 분명하다.

이 같은 다소 의외의 결과는 장애정책 조정기구가 장애인 당사자를 참여시켜 소통증진에 기여하더라도 이것이 실질적인 소통, 즉 장애인 당사자의 의사를 장애정책에 적극적으로 반영하는 정도에는 이르지 못하는 것을 보여주는 것일 수도 있다. 예컨대 기획력 제고에서 나타난 결과와 관련해서 보면, 기획의 정확성은 궁극적으로 장애인의 욕구를 적절히 파악하는 것에서 출발하는 것이며 이를 위해서는 장애인과의 소통이 어느 정도라도 전제되어야 하는 것이다. 이렇게 보면 소통증진에서 더 높은 응답비중을 보인 당사자 참여형이 기획력 제고에서도 당사자 배제형에 비해 더 높거나 아니면 적어도 그것과 유사한 응답비중을 보이는 것이 당연할 수도 있다. 그러나 실제 응답이 이와 다른 결과를 보인 것은 기획력 제고가 장애인 당사자와의 소통을 통해 이루어지는 것이라기보다는 장애정책에 관계된 부처들 간의 협조를 통해 이루어질 수도 있는 것으로 짐작된다. 이는 장애단체가 장애정책 조정기구에 참여하더라도 서로 간에 이견이 있을 수도 있고 그리하여 장애단체의 의견을 정책에 반영하는 데 어려움이 있으며, 또 장애정책 조정기구가 수행하는 조정기능이 장애단체와 정부부처 간의 조정이라기보다는 정부부처들 내부적인 조정에 더 치중되기 때문일 수도 있다. 아마도 이 같은 사정은 입법활동 향상이나 책임증진, 자원효과성 제고의 경우에도 유사한 것일 수 있다. 이런 점에서라면 장애정책 조정기구가 정부중심형으로 구성되는 경우 운영상의 효율성을 높이는 데는 유리하게 작용할 수 있다. 또한, 장애 인식제고에서의 응답결과를 보면 장애정책 조정기구에 장애단체가 참여하여 소통증진에 기여하더라도 이것이 반드시 장애 인식제고와 연결되는 것은 아닐 수도 있다.

자원효과성 제고와 관련해서는 일정 정도 긍정적 해석을 시도할 여지가 있다. 당사자 참여형 중에서도 단일 참여형보다는 확대 참여형에서 자원제고 효과성의 응답비중이 더 높게 나왔다. 이는 자원활용의 효과성이 정책목표를 향해 자원을 집중적으로 동원·관리하는 데서도 증진될 수 있지만 다른 한편으로 정책수요자의 보다 광범위한 참여가 보장되는 데서도 증진되는 것임을 보여주는 것일 수 있다. 또한 장애정책 조정기구에 참여하는 정부기관에 중앙정부 외에 지방정부나 공공기관이 포함된 국가가 4개국이 있는데 이들 중 3개국이 자원효과성 제고에 응답한 점도 주목할 필요가 있다. 이 같은 응답은 아마도 장애정책 전달체계에서 지방정부나 공공기관이 일정한 역할을 한다는 사실에 기인한 것으로 보인다. 이런 점들은 자원효과성 제고는 자원의 집중적인 활용과도 연관되지만 그에 못지않게 장애단체나 그 외의 시민단체나 기업, 노동계 그리고 지방정부도 포함하여 정책에 관계된 다양한 이해당사자들 간의 사회적 합의와도 연관될 수 있다는 점을 시사할 수 있다. 따라서 당사자 배제형, 즉 정부중심형이 장애정책 조정기구의 효율적 운영에 장점이 있는 것으로 보이기는 하지만 특히 자원효과성 제고에서는 반드시 그렇다고 단정하기 어렵다.

결론적으로 장애정책 조정기구의 구성과 가치 및 운영 공공성 간의 관계에서는 소통증진을 제외하고는 모든 항목에서 가설과 배치되는 결과가 나왔다. 따라서 가치 공공성에서는 〈가설 2-1〉과 부분적으로 부합하는 결과가 나왔고, 운영 공공성에서는 〈가설 2-2〉와 전체적으로 상반됨으로써 가설과 전혀 부합하지 않는 결과가 나왔다고 할 수 있다.

3) 장애정책 조정기구의 기능과 가치·운영 공공성

장애정책 조정기구의 '기능'은 조정권한을 어떤 영역에서 작동시킬 수 있는가를 의미하는데 앞의 논의에서 이와 관련된 유형을 기본기능형과 확장기능형으로 구분하였고 확장기능형은 다시 명목확장 기능형과 실질확장 기능형으로 구분하였다. 여기서는 분석을 위해 기본기능형과 명목확장 기능형을 하나로 묶고 실질확장 기능형을 그와 다른 유형으로 분류하여 이 두 가지 유형과 가치 공공성 및 운영 공공성의 관계를 살펴보았다. 기본기능형과 명목확장 기능형을 하나로 묶은 것은 확장기능형이라 하더라도 그것이 정책과정에 대한 실질적인 참여가 보장되지 않은 상태에서 행해지는 단순한 인식제고 캠페인이나 국제규범 보급 등의 기능은 사실상 정책개발이라는 기본기능만 수행하는 것과 크게 차이가 없다고 보기 때문이다.

우선 가치 공공성에서는 두 유형 간에 별 차이가 없다. 즉, 실질확장 기능형이나 명목확장·기본기능형 어디에 속하든 소통증진과 장애 인식제고에는 별 차이가 없는 것이다. 소통증진은 그것이 장애정책 조정기구의 구성과 더 큰 연관성이 있어서 그런 것으로 해석되며, 인식제고는 장애정책 조정기구의 기능과도 연관이 없지는 않지만 그보다는 보다 거시적인 맥락에서의 사회문화적 특성에 의해 더 크게 영향을 받기 때문인 것으로 보인다.

이와 달리 운영 공공성은 모든 항목에서 뚜렷한 차이를 보인다. 특히 입법활동 향상과 책임성 증진, 기획력 제고에서는 상당한 차이가 나타나는데 이는 정책실행이나 정책평가 및 모니터링, 정책개선 기능을 수행하는 것이 어떤 형태로든 효과성 증진에 크게 영향을 미치기 때문인 것으로 보인다. 이는 특히 응답국가의 총수 자체가 5개국에 불과한 기획력 제고에 실질확장 기능형에 속하는 국가가 4개국이나 된다는 사실에서도 알 수 있다. 자원효과성 제고에서는 실질확장 기능형이 더 높은 응답비중을 보이기는 하지만 차이가 상대적으로 작은 편인데 각국의 장애정책 조정기구가 기능을 수행하는 업무영역과 관련해서 자원활용의 효과성에 응답했기 때문인 것으로 보인다. 그러나 그렇다고 하더라도 실질적인 기능수행이 자원활용의 효과성 제고에 좀더 유리하다고 보는 것에 무리가 있는 것은 아니다.

요컨대, 장애정책 조정기구의 기능과 가치 및 운영 공공성 간의 관계 중 가치 공공성에서는 〈가설 3-1〉과 전체적으로 상반됨으로써 가설과 부합하지 않는 결과가 나왔지만, 운영 공공성에서는 〈가설 3-2〉와 전체적으로 부합됨으로써 가설과 상당정도 합치하는 결과가 나왔다고 할 수 있다.

5. 결론: 공공성의 재구성과 정책전환의 전망

이 장에서는 유엔의 장애정책 조정기구 설립사업을 지구 공공성으로 개념화하고 이 같은 지구 공공성 사업이 일국 차원에서는 장애정책 조정기구라는 제도 공공성을 구축하는 과정으로 보았다. 이와 같은 제도 공공성을 다시 편성 공공성과 운영 공공성으로 구분한 후, 편성 공공성이 일국의 장애현상을 둘러싼 가치 공공성에 어떤 영향을 미치는지 그리고 운영 공공성에 어떤 영향을 미치는지를 살펴보았다. 이 결과를 탐색적으로 설정한 가설을 중심으로 본다면 다음과 같이 요약할 수 있다.

첫째, 장애정책 조정기구의 위상과 가치 및 운영 공공성 간의 관계는, 소관부처 초월형인 경우 가치 공공성에 속하는 소통증진과 장애인식제고 모두에 유리한 것으로 나타나 〈가설 1-1〉과 전체적으로 부합한다. 소관부처 초월형인 경우는 운영 공공성 중 입법활동 향상과 책임성 증진에 유리하며, 자원효과성 제고는 소관부처 한정형이 유리하고 기획력 제고는 양자 간 차이가 없는 것으로 나타나 〈가설 1-2〉와 부분적으로 부합한다.

둘째, 장애정책 조정기구의 구성과 가치 및 운영 공공성 간의 관계는, 당사자 참여형인 경우 가치 공공성 중 소통증진에는 유리하지만 장애 인식제고는 당사자 배제형과 더 연관이 있는 것으로 나타나 〈가설 2-1〉과 부분적으로 부합한다. 당사자 배제형인 경우 운영 공공성 중 입법활동 향상과 책임성 증진, 기획력 제고, 자원효과성 제고 모두에서 유리해서 〈가설 2-2〉와 전체적으로 상반된다. 다만 당사자 참여형 중 확대참여형의 경우 자원효과성 제고에서 당사자 배제형과 큰 차이가 없는 것으로 보인다.

셋째, 장애정책 조정기구의 기능과 가치 및 운영 공공성 간의 관계는, 실질확장 기능형과 명목확장 기능형, 기본기능형은 가치 공공성에 해당하는 소통증진과 장애인식제고에서 차이가 없는 것으로 나타나 〈가설 3-1〉과 전체적으로 상반된다. 실질확장 기능형의 경우 운영 공공성에 해당하는 입법활동 향상, 책임성 증진, 기획력 제고, 자원효과성 제고 모두에서 유리한 것으로 나타나 〈가설 3-2〉와 전체적으로 부합한다.

이 같은 결과를 도식화하면 〈그림 6-3〉과 같다. 〈그림 6-3〉은 장애정책 조정기구라는 제도를 통해 각국의 장애 공공성의 질서가 재편되는 요소들을 개괄적으로 보여주고 있다. 가설에서 시사되었듯이 장애정책 조정기구의 위상이 정부기관들을 전체적으로 관할할 수 있는 기관과 연관된 소관부처 초월형인 경우에, 그리고 장애인 당사자의 참여가 보장된 당사자 참여형의 구성인 경우에, 또 그 권한의 행사가 보다 넓고 실질적인 분야까지 포괄하는 실질확장 기능형인 경우에 일국의 장애 공공성을 바람직한 방향으로 재구성하는 데 유리할 것으로 가정되었다. 이때 장애 공공성의 바람직한 재구성 방향은 사회적 모델이 주장하는 방향인 것으로 가정되었다.

이러한 가정들에 입각한 분석결과는 가정이 그리 만족스럽게 검증된 것은 아니라는 점을 보여준다. 전체적으로 보면 장애정책 조정기구는 좀더 실용적인 차원에서 장애 공공성에 더 많은 영향을 미친다는 사실을 보여준 것으로 종합할 수 있다. 이는 장애정책 조정기구의 기능이 실질확장 기능형인 경우 그리고 장애인의 참여를 배제한 정부중심형의 구성인 경우 운영 공공성으로 분류된 모든 항목에서 유리한 결과를 보인 데서 잘 나타난다. 그래서 장애정책 조정기구가 소통증진이나 장애인식제고와 같은 가치 공공성에 다소 긍정적인 영향을 미치는 것으로

〈그림 6-3〉 장애정책 조정기구의 위상·구성·기능의 각 유형과 가치 및 운영 공공성 간의 관계

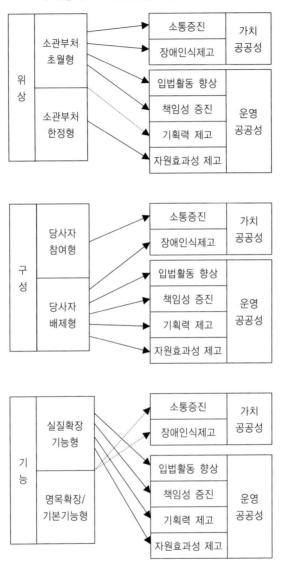

* 위상, 구성, 기능 각각에서 두 유형 중 응답비중이 더 높은 것만 ━▶ 로 표시.
┈┈▶ 는 응답비중에 큰 차이가 없음.

보이는 경우에도 이것은 장애인의 참여가 보장된 때문이라기보다는 이 기구가 정부 내에서 보다 높은 위상을 가졌기 때문인 것으로 해석된다. 이 같은 결과는 장애정책 조정기구가 장애정책의 모든 것은 아니며 또 그 역할이 주로 정부정책의 조정을 의도한 것이라는 점에서 기인한다. 이는 향후 장애정책 조정기구의 역할이 장애정책의 패러다임적 전환까지도 의도하는 적극적인 역할로 고양되어야 함을 시사한다. 이러한 역할의 고양을 위해서는 최근 거론되는 장애 인지예산 등과 같이 장애정책 전반에 걸친 장애인지적 관점의 확립과 그 적용을 위한 노력이 필요하다.

이 장의 분석결과를 현재 한국에서 논의되는 장애인정책 조정위원회(이하 '위원회')와 연관지어보면 우선 위원회의 위상강화는 가치 공공성의 제고에 유리할 것으로 보인다. 그리고 위원회의 기능과 관련하여 현재 논의는 대개 권한의 강화에 치중되고 있는데(남용현·박자경·변민수, 2007; 남찬섭·서정희, 2012; 우주형, 2009), 위원회가 수행할 수 있는 기능의 범위를 정책평가와 조사, 정책개선까지 확대시키는 데에도 주목할 필요가 있다. 또 위원회 구성에서는 주로 장애단체의 참여만을 거론하는 경향이 있는데 장기적으로 다양한 시민단체의 참여와 노동단체 더 나아가 기업의 참여까지도 고려할 필요가 있다.

이 장의 분석은 자료의 제약으로 엄밀한 방법을 통한 분석에는 이르지 못한 것이 사실이다. 그러나 지구적 공공성의 구조와 장애정책 조정기구를 연결시킴으로써 지구적 공공성의 질서를 구체적인 사례에 적용한 점과 아울러 장애정책 조정기구에 관한 논의의 지평을 조금이나마 넓힌 점은 연구의 의의라고 할 수 있다.

생활과
시민정치

3

시민정치와 시민사회통일론의 전망 * 07

1. 서론: 국가주의 통일론을 넘어

한반도의 분단상황은 오랜 기간 남북한 사회구성체의 성격을 규정하는 지배적 요인으로 작용했다. 남한과 북한사회에서 각각 추구된 분단관리방식이야말로 국가운영의 핵심원리로 작동했기 때문이다. 사회주의국가로서의 북한사회는 당연하지만 자유민주주의를 지향하는 남한에서도 분단상황으로 정당성이 보장되었던 이념의 정치가 사회통합의 핵심적 원리였다. 분단으로 인한 '적대'가 좌와 우의 국가이데올로기를 보장함으로써 강력하게 일원화된 국가중심 사회를 만드는 데 기여했지만 분단을 기회구조로 삼아 남북한 양측이 추구한 '민족통일'의 가치 또

* 제7장의 내용은 *Korea Journal*, Vol. 51, No.2(Summer 2011)에 "Outlooks on a Civil Society-Initiated Unification of the Korean Peninsula"라는 제목의 영문으로 게재된 논문을 번역하고 수정, 보완한 것임을 밝힌다.

한 국가중심 사회통합의 또 다른 구심이었다.

한반도 분단 이후 남한 사회는 오랫동안 군부 권위주의의 억압적 통치를 경험했으며 그러한 국가통제의 정당성은 언제나 분단상황과 통일 가치에 맞물려 있었다. 따라서 남한의 민주주의 이행은 다른 무엇보다도 통일의 전망을 변화시켰다. 근대 자본주의 사회구성을 국가, 시민사회, 시장으로 구분되는 세 가지 질서로 볼 때, 권위주의 국가체제에서 시민사회와 시장은 자율성을 갖기 어려웠다. 이런 점에서 그간의 민주화과정은 시민사회와 시장의 자율성이 확보되는 과정이었다고도 말할 수 있다. 특히 1990년대 이후 한국의 민주화는 시민사회의 자율적 공간을 크게 확장시켰고 시민사회단체의 폭발적 증대를 가능하게 했다.

이러한 여건에서 1990년대 말부터 집권한 김대중 정부와 노무현 정부의 이른바 햇볕정책은 비록 국가주도의 통일정책이기는 했어도 남북교류협력 사업에 민간부문의 참여를 크게 확장시켰다. 남북관계에 있어서 시민사회의 역할이 중요한 의미를 갖게 되었던 것이다. 이와 아울러 통일담론에서도 남북관계와 시민사회의 역할에 대한 논의가 확대되었다. 남북경협과 문화교류론의 흐름이 폭넓게 전개됐고, 평화운동과 통일운동의 결합에 대한 논의가 주목되기도 했다. 또한 시민참여형 통일운동이나 민간통일운동에 대한 모색, 한반도 시민사회론이나 통일운동의 시민적 정체성론 등이 제기되기도 했다. 이 같은 통일논의들은 넓은 의미에서 '시민사회통일론'의 다양한 흐름으로 볼 수 있을 것이다.

분단 이후 남한사회에서 논의된 주류의 통일론은 이른바 불완전한 민족국가를 '단일한 민족국가의 건설'을 통해 완성하는 데에 초점이 맞추어지거나, 통일 추진의 주체가 국가권력이고 추진수단이 국가권력에 의해 통제되는 '국가주의 통일론'의 흐름으로 볼 수 있다. 시민사회통일론은 이러한 국가주의통일론의 오랜 흐름 이후 민주화에 따른 시민사회의 성장과 함께 등장한 통일논의의 새로운 지향이라고 할 수 있다.

그럼에도 불구하고 시민사회통일론으로 포괄할 수 있는 대부분의 논의들은 시민사회 및 민간영역의 역할론이나 민간 교류론의 관점에 머물러 단편적 관심에 그친 경향이 있었다. 또 이론적 접근을 시도하더라도 북한 시민사회의 부재 및 북한 시민사회 구축을 위한 당위적이고도 장기적인 전망에 머무는 수준에 있었다.[1] 민간교류의 확대와 함께 비록 제한적 수준에서나마 논의되었던 이 같은 시민사회통일론은 국가주의 통일론을 넘어설 수 있는 새로운 통일담론의 형성이라는 점에서 중요한 의미를 갖는 것으로 보였다.

그러나 이명박 정부 이후 이른바 '대북 상호주의' 접근방식과 2010년의 천안함 사태 이후 급속히 냉각된 남북관계는 그간에 확대된 시민사회의 역할을 급속히 약화시켰다. 민주주의의 진전과 함께 비로소 태동한 시민사회통일론이 이명박 정부 이후 박근혜 정부에 이르기까지 긴 위기의 시기를 맞고 있는 것이다. 최근 한국사회의 정치변동이 초래한 이 같은 여건에도 불구하고 다음과 같은 몇 가지 조건들은 시민사회통일론의 의의를 더해주고 있다.

첫째, 분단과 통일의 문제는 역사적으로 형성된 과제라는 점에서 역사적으로 누적된 분단의 상처와 흔적을 치유하는 차원에서 접근하는 것이 필요하다. 이러한 역사적 상처는 남북한의 개인과 가족과 지역주민의 다양한 수준의 삶에 산재되어 있다. 시민사회와 개인의 실존적 삶

---

[1] 이러한 논의들은 주로 남북관계 및 통일과 관련한 시민사회의 역할, 혹은 남한 시민사회의 역할에 주목하는 것으로 2008년 '우리민족서로돕기운동 평화나눔센터'가 주관한 '남북관계와 시민사회'라는 주제의 학술회의에서 다양하게 제기된 바 있다. 정영철 (2008), 이우영(2008a), 조대엽(2008), 구갑우(2008), 이승환(2008), 김병로 (2008), 하승창(2008), 박형중(2008), 이우영(2008b), 김연철(2008) 등을 참고할 수 있다.

의 영역은 이러한 흔적이 남아있는 가장 구체적인 장이기도 하다. 적어도 1990년대 이후 한국의 시민사회는 양적으로 성장했을 뿐만 아니라 분단의 역사적 응결지점들과 대면하고 이를 다룰 수 있는 역량이 축적되었다고 할 수 있다.

둘째, 시민사회의 규범은 일국적 가치를 넘어 지구적 공공성의 가치를 공유하고 있다. 1990년대 이후 한국사회는 분단·국가주의에서 탈냉전·시장주의로의 일종의 역사적 국면의 전환을 이루었다. 이러한 역사국면의 전환은 단일민족국가의 건설이라는 과도한 민족주의와 국가주의에 경도된 통일론을 넘어 지구적 공공성의 과제와 결합된 민족문제의 해결방식에 주목할 것을 요구하고 있다. 평화와 자율, 녹색, 인권 등의 시민사회 가치와 '생활'의 가치를 중심으로 남북관계에 접근하는 것은 새로운 시대적 요청이라고 말할 수 있다.

셋째, 이명박 정부 이후의 대북 상호주의 정책은 정치군사적 접근이며 국제정치적 접근이라는 점에서 고도의 냉전적 국가주의의 시각이다. 이러한 입장은 탈냉전 지구화의 거대 흐름에 적응하기 어려운 퇴행적 통일론일 수 있다. 통일의 문제가 현시점에서 정치적 수준에 한정된 것이 아니라 경제와 시민사회의 문제에까지 결합되어 있다고 할 때 이 같은 국가주의 통일론은 새로운 대안적 통일담론으로 보완될 것이 요구된다. 국가주의적 통일론을 넘어서는 시민사회통일론은 대북상호주의에 대한 대안적 시민담론으로서의 의의를 갖기도 한다.

이 장은 1990년대 이후 한국사회가 분단·국가주의 역사국면에서 탈냉전·시장주의 역사국면으로 전환되었다는 사실을 전제로, 새로운 역사국면에서 국가주의 통일론을 넘어서는 시민사회 통일론을 모색하는데 목적이 있다. 이미 언급했듯이 남북관계에서 시민사회의 역할에 대한 논의는 다양하게 시도되었으나 단편적이라는 점에서 시민사회통일론은 더 체계적인 구상이 필요하다. 이 장은 이러한 구상을 위한 일종의 시론이라고 할 수 있으며 이러한 시도는 통일논의를 다양하고 풍부하게 함으로써 단순히 일국체제로의 통일이라는 관점을 넘어 남북한의 보다 근본적인 사회통합의 가능성을 탐색하는 데도 기여할 수 있을 것이다.

2. 역사적 국면의 전환과 시민사회통일론

제2차 세계대전 이후 세계질서는 미국과 소련 중심의 동서냉전체제로 전환되었다. 이러한 세계질서의 재편과정에서 한반도에는 특수한 역사적 '국면'이 형성되었다. 동서 양 진영의 이념경쟁과 세계 자본주의의 국제 분업질서에 따라 한반도에는 분단체제가 형성되었고, 한국전쟁을 거치면서 이러한 분단의 질서는 빠르게 고착되었다. 하나의 역사적 국면은 수백 년에 걸친 장기지속의 역사 가운데 수십 년 단위로 형성되는 특수한 역사적 시기를 의미한다. 이러한 역사적 국면은 당대의 세계질서와 국내에 응축된 정치경제적 구조 속에서 정치권력과 경제체제, 계급질서와 계급투쟁, 문화구성과 사회적 욕구, 사회운동 등의 요소들이 결합되어 해당 시기의 독특한 역사적 사회구성체를 만든다(조대엽, 2010a: 5~6).

이러한 시각에서 보면 해방 이후 정부수립의 시기에서부터 1990년대 초까지의 시기를 하나의 역사적 국면으로 설정할 수 있다. 바로 이 시기를 민족분단이 고착화되고 외세의 규정력이 극대화된 '분단적 상황'과 민간에서 군부로 이어지는 권위주의적 정치권력의 억압적 '국가주의'가 결합됨으로써 반공이데올로기와 국가주의 이념이 지배하는 '분단·국가주의 역사국면'으로 규정할 수 있다(조대엽, 2010a: 7~8).

분단·국가주의 역사국면에서 통일관련 프로젝트는 정부의 전유물이었다. 진보당 사건과 같은 '평화통일론'에 대한 억압정치에서 알 수 있듯이 이미 이승만 정권에서부터 통일논의는 고도로 통제되었다. 이후 4·19 혁명과 함께 혁신정당의 통일론이 대두되고 학생과 재야의 통일운동이 광범하게 조직됨으로써 통일논의의 급속한 팽창기를 맞기도 했다. 그러나 곧이어 반공이데올로기를 국가이념화한 박정희 정권이 들어서면서 정부의 통일프로젝트와 관제화된 운동을 제외한 일체의 통일운동이 통제되었다(조대엽, 2010b: 167). 분단·국가주의 역사국면의 국가중심 통일론은 민족공동체의 완성이라는 국가통합을 지향하지만 폐쇄적인 국가전략과 정책, 국민동원의 방식과 지배권력 중심의 전략이라는 점에서 시민사회에 대한 배제를 특징으로 하는 '국가주의 통일론'이라고 말할 수 있다.

4·19 혁명 직후 이른바 혁신정당이 추구한 영세중립화 통일론과 남북협상론 등도 비록 정권 차원이 아니라 권력에서 배제된 정당들의 통일방안이었지만 기본적인 지향은 국가주의통일론으로 간주될 수 있다. 혁신정당들의 통일방안은 남북한의 정부대표가 참여하는 유엔이나 국제회담을 통해서 영세중립화 보장을 받거나 남북한의 정부 간 협상 혹은 남북한 정부 간에 구성되는 위원회를 통한 법 제정 등(민주화운동기념사업회연구소 편, 2008: 301)의 내용을 담고 있다. 이 같은 통일론은 정치권력 혹은 국가권력의 결정과 협상을 지향한다는 점에서 국가주의 통일론으로 해석할 수 있다.

다른 한편, 분단·국가주의 역사국면에서 전개된 주요 사회운동에 주목하면 1960년 4·19 혁명에서 1987년 6월 민주항쟁으로 이어지는 저항운동들은 대체로 분단체제에 저항하는 민족주의와 억압적 국가주의에 저항하는 민주주의를 지향하고 있다는 점에서 이 시기를 '민족민주운동의 역사주기'라고 말할 수 있다. 따라서 이 시기의 통일운동은 민족민주운동의 흐름에서 벗어나지 않는 저항적 통일운동으로 기본적으로는 남북한의 정부가 불완전한 민족국가로서의 분단체제에 기초해 있다는 인식을 바탕으로 하고 있다. 이러한 통일운동 역시 1980년대 민중지향의 통일운동에서도 확인할 수 있듯이 연방제통일방안을 지향하며 그 여건을 마련하기 위해 주한미군철수, 비핵화, 국가보안법 폐지, 자주통일을 위한 연대투쟁을 선도함으로써(안리라, 2010: 87) 국가주의 통일론의 범주를 넘어서지 않고 있다.

한반도의 분단상황은 여전히 지속되고 있다. 그러나 1980년대 말 동구 사회주의의 붕괴 이후 빠른 속도로 전개된 탈냉전과 지구적 시장화 경향, 그리고 국내정치적으로 1990년대 이후 민주주의의 공고화 과정은 분단·국가주의 역사국면을 새로운 역사국면으로 전환시켰다. 동구의 붕괴는 한반도에서 분단의 이념적 조건을 크게 약화시켰으며 마침내 2000년 남북정상회담과 6·15 선언, 2007년 남북정상회담 등은 남북 간 교류의 폭을 크게 증대시켰다. 이와 아울러 민주화와 지구화, 시장화와 정보화의 거대경향은 '국가주의'의 질서를 빠르게 해체시켰다. 특히 1997년 IMF 외환위기 이후 한국사회에는 지구적 수준의 시장주의프레임이 광범하게 구축되었다. 지구적 사회변동을 동반한 최근의 이 같은 사회변동은 해방 이후 정부수립에서부터 1990년대 초까지의 약 40년의 기간을 규정짓던 분단·국가주의 역사국면을 '탈냉전·시장주의' 역사국면으로 전환시켰다고 말할 수 있다(조대엽, 2010a: 32).

탈냉전·시장주의 역사국면에서 국가, 시민사회, 시장의 질서는 각 영역의 자율성이 확대되는 가운데 특히 시민사회의 성장이 괄목할 만한 것이었다. 나아가 대북관계에서도 남북경협과 사회문화 교류와 같은 시민사회와 시장영역의 자율적 성장에 기반한 통일 지향적 활동이 확대되었다. 특히 김대중 정부와 노무현 정부의 두 정권 동안 남북관계에서 시민사회의 역할은 뚜렷한 진전을 보임으로써 국가주의 통일론과는 다른 시민사회통일론의 지평을 확장시키는 계기를 만들었다.

일반적으로 국가영역과 시민사회영역을 구분할 때, 국가와 시민사회는 사회통합의 질서를 구축하는 서로 다른 구심이라고 할 수 있다.

<표 7-1> 국가주의통일론과 시민사회통일론

	국가주의 통일론	시민사회통일론
역사국면	분단 · 국가주의 역사국면	탈냉전 · 시장주의 역사국면
운동주기	민족민주운동의 주기	시민사회운동의 주기
분단인식	불완전한 민족국가	불안정한 시민사회 (삶의 불안정성)
정체성	냉전적 민족정체성 (진보민족주의와 보수민족주의)	탈냉전적 시민정체성 (시민민족주의, 지구적 공공성)
제도수단	국가정책과 국가동원	시민사회단체, NGO의 자발적 참여
비제도수단	급진적 민족민주운동	급진적 평화운동
이념 및 가치	반공주의 (자유주의) / 사회주의	다원적 가치 (민족가치 + 지구적 가치) (평화, 인권, 환경, 여성)
정치과정	대결의 정치, 이념의 정치	화해의 정치, 차이의 정치
통일의 위상	목표 지향적 (국가통합)	과정 지향적 (국가통합의 과정)
통일의 조건	한계적 상황	일상적 상황

이 점에서 남북한의 통일을 사회통합의 한 형태라고 할 수 있다면 국가와 시민사회의 서로 다른 사회통합의 원리는 국가주의 통일론과 시민사회통일론의 일정한 준거가 될 수 있다. 현대사회에서 사회통합의 가장 강력한 구심은 국가 공공성이라고 할 수 있다. 국가 공공성은 국가수립의 정통성에 대한 헌법적 효과, 민족주의와 강력한 체제이념, 정치권력에 의한 동원의 장치, 군대와 경찰 등 공권력에 의한 강제, 국가복지에 의한 합의창출 등의 요소가 결합된 '강제적' 사회통합의 핵심적 요소이다. 시민사회는 이와 달리 다양한 영역에서 다양한 수준의 공공성을 구축함으로써 자율적 사회통합의 구심이 된다. 평화와 평등, 자율과 환경, 인권 등 시민사회의 공공성을 구축하는 가치, 다양한 결사체의 존재, 공익을 추구하는 사회운동, 자발적 시민참여, 공론장의 소통 등의 요소들은 한 사회를 자발적이고 실질적으로 통합하는 기제

라고 할 수 있다. 국가영역의 사회통합원리가 일원성, 공공성, 강제성, 헌법적 정통성 등을 특징으로 한다면 시민사회의 통합원리는 다원성, 자율성, 공론성 등이 강조될 수 있다.

사회통합에 관한 국가와 시민사회의 이 같은 기능을 준거로 할 때 국가주의 통일론과 비교할 수 있는 시민사회통일론의 주요 내용들은 〈표 7-1〉과 같이 조망할 수 있다.

우선, 국가주의통일론은 시기적으로 분단·국가주의 역사국면과 민족민주운동주기를 주도했으며, 시민사회통일론은 탈냉전·시장주의 역사국면과 시민사회운동주기에 확대되었다.

이를 보다 구체적으로 보면, 먼저 분단상황에 대한 인식에서 국가주의통일론은 분단이 근대 사회구성체의 일반적 특징이라고 할 수 있는 민족을 단위로 하는 국가체제, 즉 민족국가의 분열을 가져왔기 때문에 남한과 북한은 민족국가의 상호적 불완전성에 기초해 있다는 사실을 전제로 한다. 따라서 통일은 한반도에서 단일민족이 단일한 국가권력을 구축해야 한다는 당위적 인식에 기초한다. 이에 비해 시민사회통일론은 분단상황이 불안정한 시민적 삶을 재생산한다는 데에 초점을 두고 있다. 시민사회의 주요 가치라고 할 수 있는 평화, 인권, 환경, 여성 등의 가치는 시민사회의 공적 규범으로 작동하며 이러한 윤리는 시민의 자아실현적이고 자기확장적인 삶을 확대시킴으로써 보다 수준 높은 시민적 삶을 보장해준다. 분단상황은 이 같은 시민적 삶의 안정과 향상을 방해하는 요인이 되는 것이다.

둘째, 일반적으로 통일의 당위성은 민족이라는 귀속단위에 관한 정체성에서 출발한다.

일종의 혈통적 공동체로서의 동일민족이라는 '민족정체성'은 국가주의 통일론이 추구하는 핵심가치이다. 해방 이후 1990년대 이전까지의 분단·국가주의 역사국면에서 반공이데올로기가 오랫동안 국가이념으로 작동하면서 민족정체성은 좌우의 국가주의 이념과 중첩됨으로써 비대칭적이기는 하지만 보수적 민족주의와 진보적 민족주의로 분화되었다. 이러한 민족주의는 이념 지배적 양극분화라는 점에서 '냉전적 민족정체성'이라고 말할 수 있다. 탈냉전·시장주의 역사국면에서 시민사회통일론은 '혈통적' 민족주의를 넘어서 형성되는 시민적 정체성에 주목한다. 이 같은 시민적 정체성은 '시민민족주의'(civic nationalism)를 지향한다. 오늘날 대부분의 사회는 단일민족으로 구성되어 있지 않으며 단일민족의 경우에도 동일한 혈통적 민족성의 강조가 그들을 구획하는 또 다른 차이와 차별을 없애지 못한다(Ignatieff, 1994: 7). 따라서 혈통의 민족을 구분하지 않고 영토 내에서 동일한 정치체제를 수용하는 모든 구성원을 시민권에 바탕을 둔 '민족'으로 재규정한다는 의미에서 새로운 민족주의로서의 시민민족주의에 주목할 수 있다. 동일한 시민권의 기반을 갖지 못하는 현시점의 통일과정에서는 지구적 공공성의 가치를 공유하는 '가치의 시민민족주의'를 새로운 정체성으로 설정할 필요가 있다.

셋째, 통일에 다가가는 구체적 방법으로는 제도적 영역과 비제도적 영역을 구분해볼 수 있다.

국가주의통일론의 경우 제도적 영역에서는 기본적으로 국가권력수단을 이용하기 때문에 구체적 통일정책과 이에 대한 국민적 지지와 동원을 수단으로 한다. 비제도적 영역에서는 급진적 통일운동으로 분단·국가주의 역사국면에서 전개된 민중지향의 민족민주운동을 들 수 있다. 통일운동으로서의 급진적 민족민주운동은 통일된 새로운 국가권력의 창출을 목적으로 하고 이것의 장애가 되는 현존하는 국가권력에 대해 투쟁한다는 점에서 국가주의 통일론의 범주를 벗어나지 않는다.

시민사회통일론의 경우 시민사회의 제도적 영역에서는 시민사회단체를 포함하는 다양한 NGO의 적극적 참여활동이 있다. 일반적으로 비교적 안정적인 NGO의 경우는 대부분 법적 행정적 근거를 갖기 때문에 시민사회의 제도화된 영역이라고 할 수 있다. 이러한 NGO는 국가정책에 대한 비판과 저항의 구심이 되기도 하지만 다른 한편 국가정책의 추진에서 정부와 파트너십을 가짐으로써 참여적 협치(*governance*)의 주체가 되기도 한다. 대북지원 관련 NGO는 대부분 이러한 참여적 협치의 한 축이 되었다. 시민사회통일론은 종국의 목표가 남북한의 통합에 있다고 하더라도 국가주의 통일론에 비해 이러한 시민참여적 과정에 훨씬 더 중요한 의미를 부여한다. 비제도적 영역에서는 계급지향의 급진적 평화운동이 있을 수 있다. 평화운동도 온건한 운동의 경우 통일과정에 참여적으로 활동할 수 있다. 그러나 급진적 운동의 경우 정부나 기업과는 무관하거나 혹은 대립적으로 활동할 수 있다.

넷째, 이념 및 가치의 측면에서 국가주의 통일론은 우파 민족주의의 경우 반공주의와 자유주의 이념에 기반을 두며, 좌파 민족주의의 경우에는 사회주의 이념을 기초로 한다. 그러나 시민사회통일론에서는 시민사회의 다원적 가치가 강조된다. 물론 현실의 시민사회에도 냉전적 이념갈등이 상존하고 있다. 그러나 특히 한국의 경우 탈냉전의 시대에도 여전히 시민사회에 내재하는 좌우 이념의 갈등은 냉전적 국가이념의 시민사회적 잔재라고 말할 수 있다. 적어도 이상적 측면에서 시민사회는 다양한 가치로 구성되어 있다. 여기에는 시민민족주의에 포함된 민족의 가치와 함께 평화, 인권, 환경, 여성, 아동 등 지구적 공공성의 가치들이 내재되어 있다. 이 같은 공공성의 가치는 개인의 삶을 자아실현적이고 자기확장적으로 혁신하는 생활 공공성의 가치라고도 말할 수 있다.

다섯째, 국가주의 통일론과 결합된 정치과정은 무엇보다도 남북 간 대결의 정치과정을 드러낼 뿐만 아니라 국내의 정치과정 또한 이념의 대립을 통한 대결의 정치과정을 드러낸다. 이와 달리 시민사회통일론은 서로 다른 가치와 서로 다른 집단의 차이를 인정하는 가운데 갈등과 합의의 과정이 전개되는 차이의 정치과정을 강조할 수 있다. 아울러 시민사회는 무엇보다도 공론장의 소통이 의미를 갖는다. 개별적이거나 비정치적 이슈도 오늘날 공론장에서 공공적 이슈로 전환되는 현실을 볼 때 대북 및 통일관련 이슈들은 대단히 중요한 공적 이슈다. 나아가 공론장의 수많은 사적 관심과 개별적 이슈들은 통일의 이슈로 전환될 수 있는 가능성을 언제든지 내재하고 있다. 이러한 이슈가 공유되는 소통의 정치와 소통을 통한 화해의 정치는 시민사회통일론의 가장 의미 있는 정치과정이라고 할 수 있다.

여섯째, 국가통합이라는 통일의 목표와 그러한 목표를 추구하는 '과정'으로서의 통일을 구분할 때, 국가주의 통일론은 목표지향적인 반면 시민사회통일론은 과정지향적 특징을 강조할 수 있다.[2] 무엇보다도 시민사회통일론은 평화, 인권, 환경 등의 다원적 가치의 작동과 소통의 정치, 자발적 참여의 정치 등이 구현되는 '과정' 자체를 의미 있는 것으로 간주한다. 이러한 '과정'은 정치적 통일을 넘어 그 자체가 실질적인 사회통합을 누적적으로 실행하는 과정이라고 말할 수 있다.

마지막으로 통일을 가능하게 하는 현실적 조건을 보면 국가주의통일론은 북한의 정치경제적 위기에 따른, 예를 들면 국가재정 파탄에 따른 흡수통일이나 전쟁 및 혁명에 의한 통일 등 대체로 북한체제가 더 이상 견딜 수 없는 조건에서 급변적 상황을 전제로 한 '한계적 통일상황'이

---

2 시민사회통일론의 과정지향성은 백낙청 교수가 강조하는 '과정으로서의 통일'론(백낙청, 2006)과 유사성을 갖는다.

설정된다. 그러나 시민사회통일론은 '과정' 자체에 의미를 부여하는 연장에서 '일상적 통일상황'을 설정하는 것이다.

국가주의 통일론과 시민사회통일론의 이 같은 유형화는 당연히 이념형적 성격을 가질 수밖에 없다. 통일에 관한 실제의 시각이나 정책, 운동노선들은 이러한 이념형으로부터 일정한 거리를 갖거나 두 가지 유형의 중복성을 보일 수도 있다. 중요한 점은 두 가지 통일론이 대립적 측면과 함께 상보적 관계를 갖는다는 점이다. 국가주의 통일론과 시민사회통일론이 상호보완성을 갖는 것은 무엇보다도 민주주의의 문제와 연관되어 있다. 기본적으로 국가와 시민사회는 민주주의가 확장될수록 구조적 파트너십의 가능성이 높아진다. 시민사회통일론은 전적으로 시민사회의 자율성이 신장된 조건을 전제로 하기 때문에 민주주의의 수준이 높을수록 시민사회통일론은 확장될 수 있다.

요컨대, 시민사회통일론은 민족통일의 가치와 지구적 공공성의 가치를 동시적으로 수행하는 하나의 과정이다. 경우에 따라 국가와 구분되는 시민사회는 경제영역까지를 포괄하는 것으로 해석되기도 한다. 말하자면 시민사회를 거래 및 시장의 경제영역과 협력과 참여의 도덕-윤리적 영역의 두 가지 영역으로 구분할 수도 있다(박순성, 2008: 24). 그러나 이 글에서는 분석적으로 시장과 구분되는 시민사회의 영역을 강조한다. 따라서 대북 민간교류의 차원도 시장과 시민사회로 구분할 필요가 있다. 이러한 구분은 시장영역의 자율적 활동을 이론적으로 뒷받침할 뿐만 아니라 시민사회통일론의 자율성을 구축하는 데도 의의가 있다.

3. 탈냉전 시장주의 역사국면과 통일프레임의 변화

1) 남북한의 교류와 협력

하나의 역사적 국면에는 당대의 주요 사회구성 요소들이 결합되어 해당 역사국면에 독특한 '역사적 프레임'을 형성한다(조대엽, 2010a: 6). 프레임(frame)은 개인들이 삶의 공간과 세계에서 일어나는 일들을 지각하고 위치지으며 구별하고 이름 붙이는 것을 가능하게 해주는 해석의 틀을 의미한다(Goffman, 1974). 역사적 프레임은 특정의 역사적 국면에서 해당사회와 해당시대의 가장 주요한 모순구조를 반영하기 때문에 당대의 제도, 운동, 의식 등에 내재된 의미의 복합구조로 형성된다. 역사적 프레임으로서의 통일프레임 역시 당대의 제도영역과 운동의 영역, 의식의 영역 등에서 나타나는 주요한 특징들로 구성된 남북관계와 통일에 관련된 해석의 틀이라고 말할 수 있다. 일종의 역사적 통일프레임으로서의 국가주의 통일론은 탈냉전 시장주의 역사국면을 맞아 제도영역과 사회운동의 영역, 의식의 영역 각각에서 나타나는 변화에 따라 새로운 통일프레임이라고 할 수 있는 시민사회통일론으로 전환되었다.

우선, 제도영역에서는 1990년대 이후 탈냉전의 역사국면에서 지속적으로 확장되었던 남북한의 교류와 협력사업을 들 수 있다. 1990년대 이후 최근까지 남북한의 전체 교역량은 지속적으로 늘어났다. 1990년대는 지구적 수준에서 동구의 붕괴와 함께 국내적으로 정치민주화 과정이 전개됨으로써 시장영역과 시민사회영역의 괄목할 만한 성장이 있었다. 따라서 자율성이 확장된 시장영역의 대북교역이 크게 늘어났으며, 특히 2000년대 들어서는 남북정상회담과 6·15 선언의 효과로 큰 폭의 교역성장이 있었다.

〈그림 7-1〉은 시장영역에서 전반적인 대북교역량이 크게 늘어난 점을 잘 보여주고 있다. 실제로 남북정상회담 이후 경의선 철도와 개성-문산 간 도로 연결, 임진강 수해방지사업, 개성공단 건설 등의 사업을 추진함으로써 경제협력의 규모가 크게 확대되었다(안리라, 2010: 49). 경제적 교류와 함께 민간단체의 대북지원과 사회문화적 교류 또한 크게 확대되었다.

〈그림 7-2〉에서 알 수 있듯이 민간 차원의 대북지원이 1990년대 들어 꾸준히 증가하며 1990년대 말에서 2000년대 들어 지원의 규모가 가파르게 성장하고 있다. 정부는 1998년에서 1999년의 시기에 민간 차원의 대북지원 활성화조치를 시행했다. 1998년에는 대북지원 협의 및 분배 확인을 위한 민간단체 대표의 방북 허용, 남북적십자 간 지원물품의 인도과정에 민간단체 대표들의 참여 허용, 언론사와 기업체가 협찬하거나 후원하는 대북지원 모금을 위한 자선음악회, 바자 등 이벤트성 행사

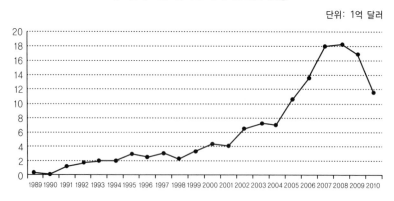

〈그림 7-1〉 남북교역의 연도별 현황

단위: 1억 달러

* 출처: 통일부, 2010, 《2010 통일백서》.

개최 허용, 민간단체가 추진하는 협력사업 방식의 대북지원 허용 등의 조치가 취해졌다. 이와 아울러 1999년에는 민간 차원의 대북지원 창구 다원화 조치가 있었다. 이에 따라 우리민족 서로돕기 운동본부, 겨레 사랑 북녘동포돕기 운동본부, 천주교 민족화해위원회, 기독교 북한동 포 후원연합회 등 지원 실적이 많은 민간지원단체들이 한국 적십자사 를 거치지 않고 독자적으로 북한 측과 지원협상, 전달, 분배, 감시 등 을 할 수 있었다(안리라, 2010: 49). 이러한 민간 차원의 교류 역시 2000년 남북 정상회담과 6·15 선언을 통해 남북한의 협력 범위를 경 제영역을 넘어 사회, 문화, 체육, 보건, 환경 등의 제반분야로 확대하 는 것에 합의함으로써 교류의 탄력을 받았다.

이와 같이 시장영역의 대북교역과 민간 차원의 대북지원, 나아가 사 회문화적 교류를 포함하는 남북교류협력의 증대는 1990년대 중반 이후 인적 교류의 규모를 크게 늘어나게 했다. 〈그림 7-3〉에서 보는 것처럼 남한에서 북한을 방문하는 왕래인원이 1990년대 말부터 큰 폭으로 늘 어나 2000년에 7,280명에서 2003년에는 15,280명으로 두 배 이상 증가

〈그림 7-2〉 민간 차원의 대북지원 추이

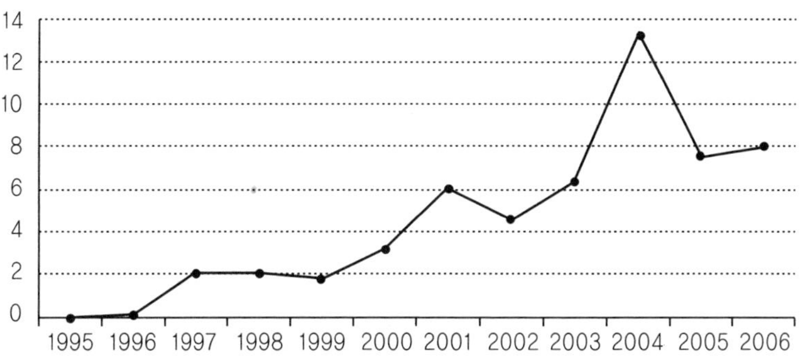

단위: 1억 달러

* 출처: 통일부, 2007, 《2007 통일백서》, p.140

<그림 7-3> 연도별 방북인원 변화추이

단위: 1만 명

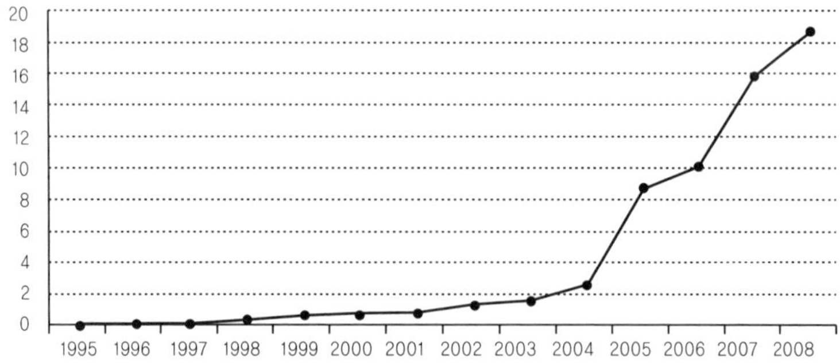

출처: 통일부, 2009, 《2009 통일백서》, p.236

했으며 2008년에는 186,443명으로 급속한 증가세를 보였다. 이 가운데는 사회문화 분야와 관련된 방북도 크게 늘어나 대규모 남북공동행사, 학술토론회 등과 관련해서 언론, 방송, 출판분야, 종교분야, 문화예술분야 등에서 왕래인원이 크게 늘어났다.

이처럼 정부, 시장, 시민사회의 제도영역에서의 대북관계 변화는 남북 교류와 협력의 확장으로 나타났다. 분단·국가주의 역사국면에서 대북관계는 정부독점의 상태에 있었다. 남북교류 협력의 확장은 이러한 정부의 대북창구 독점의 구조가 해체되는 과정을 잘 보여주는 것이라고 할 수 있다. 특히 남북 정상회담과 6·15 선언을 가능하게 한 김대중 정부의 햇볕정책은 현재의 한반도 조건에서 기본적으로는 정부주도의 대북교류라는 한계를 갖는다. 하지만 이른바 대북포용주의 정책이 갖는 시민사회지향성은 탈냉전·시장주의 역사국면에서 시민사회 통일론의 획기적 의의를 제공했다. 말하자면 대북포용주의 정책은 대북정책으로부터 발생하는 갈등을 시민사회와의 소통을 통해 관리했고, 남북한 주도의 민족문제 해결을 강조함으로써 경제협력과 정치군사영역을 분리시켰으며 이에 따라 사회문화 교류의 영역을 확대했다(조대엽, 2009: 53).

이러한 효과는 시민사회에 대북접촉의 기회를 확대시킴으로써 시민사회의 제도영역에서 통일운동을 확장시킬 수 있는 가능성을 마련한 것이다. 무엇보다도 대북포용주의 정책에 내재된 인도주의 혹은 도덕주의적 지향은 진보와 보수를 망라한 복합구조를 가진 대북교류 협력 관련 시민단체들과 친화력을 확보할 수 있는 중요한 요소였다.

2) 통일운동의 분화와 시민 · 평화프레임

해방 이후 1980년대까지 분단 · 국가주의 역사국면에서 전개된 사회운동의 흐름은 '민족민주운동의 주기'에 해당한다고 할 수 있다(조대엽, 2010a). 4 · 19 혁명과 1970년대의 반유신운동과 부마항쟁, 1980년의 5 · 18 민주화운동, 1987년의 6월 민주항쟁 등은 민족민주운동의 주기를 구성하는 순환적 운동들이라고 할 수 있다. 이 시기 통일운동은 민주화운동의 연장에서 나타났으며 민주화운동이 급진화되는 경향 속에서 통일운동 역시 진보적 민족주의에 바탕을 두고 급진화된 민중적 통일운동을 지향하는 흐름이 주류를 이루었다.

1960년대에는 4 · 19 혁명 직후의 개방적 공간에서 학생운동진영에서 '민족통일연맹'이 연속적으로 결성되고 시민사회에서도 민족혁명노선을 추구하는 진보적 청년단체들이 통일운동을 주도하는가 하면, 1961년에는 4 · 19 혁명 이후 활동한 사회단체들을 거의 망라한 최대의 연합체로 '민족자주통일협의회'가 조직되기도 했다. 1970년대에는 이른바 비합법 지하조직 형태의 통일운동단체들이 있었으나 표면화되지 못했고, 재야진영에서 공개적인 통일운동이 추진되기도 했으나 민주화운동의 큰 흐름에서 주도적인 이슈로 등장하지 못하는 한계를 보였다.

1980년대 들어 진보적 종교계를 중심으로 통일운동 관련조직들이 생겨나기 시작했고 보다 적극적인 통일운동은 재야와 학생운동진영에서 확산되었다. 1985년의 '민족통일민중운동연합', 1990년의 '전국민족민주운동연합', 같은 해 남한과 북한, 해외조직을 포괄하는 '범민족연합'이 출범함으로써 재야의 통일운동을 확장시켰고, 전대협과 한총련으로 이어지는 학생운동 진영 또한 1980년대 중반 이후 이른바 '민족해방' 계열이 학생운동의 주류로 등장함으로써 급진적 통일운동을 주도했다. 이 같은 재야와 학생운동의 급진적 통일프로젝트는 1980년대 말 문익환, 황석영, 임수경 등의 방북사건으로 이어지면서 통일에 관한 국민적 관심을 환기시키는 계기가 되었다(조대엽, 2010b: 167). 민족민주운동의 주기에서 전개된 이 같은 통일운동은 급진적 민중주의와 진보적 민족정체성에 기반을 두고 있었다.

1990년대 이후 탈냉전·시장주의 역사국면의 사회운동은 민족민주운동의 주기에서 시민사회운동의 주기로 전환되었다. 1989년 경실련, 1993년 환경운동연합, 1994년 참여연대 등의 시민사회단체가 설립되면서 이들이 주도하는 시민운동이 한국에서 새로운 사회운동으로 등장한 것이다. 시민사회운동의 주기에서 통일운동은 분화되는 경향을 보였다. 1980년대 민중지향의 급진적 민족주의를 잇는 단체들의 활동이 지속되는 한편, 시민운동의 영역에서 활동하는 통일관련 시민사회단체나 인도적 대북지원단체의 활동이 새로운 흐름을 이루었다.

이러한 새로운 통일운동의 경향은 무엇보다도 1990년대 후반부터 급속히 확대된 남북교류 협력에 따른 측면이 크다. 앞에서 보았듯이 1999년 민간 차원의 대북지원 창구 다원화 조치는 시민사회의 통일운동단체들을 활성화시켰고, 나아가 정부와 참여적 협치의 파트너십을 가짐으로써 통일과정에서의 시민사회의 역할이 크게 부각되었다.

1990년대 통일운동의 또 하나의 새로운 흐름으로는 평화운동이 있다. 평화운동은 다양한 형태를 띠지만 평화이슈 자체는 국가와 민족, 이념을 넘어 지구적인 보편성을 추구하는 운동이다. 따라서 평화운동은 자율적 소통의 영역으로서의 시민사회에서 전개되는 가장 전형적인 시민운동이라고 말할 수 있다. 그러나 평화운동이 광범한 영역에 결부되어 있는 만큼 각 사회의 특수성이 뚜렷이 반영되어 나타나는 점 또한 주목하지 않을 수 없다(조대엽, 2010b: 169).

따라서 시민사회운동의 주기에 나타나는 평화운동은 장단기적 목표의 보편성과 특수성에 따라 인류보편적 가치를 지향하는 평화운동과 한반도 특수적 평화운동을 구분할 수 있다. 반전·반핵·군축운동, 생태가치를 평화와 연계하는 생명평화운동, 사회적 소수자를 위한 인권운동으로서의 평화운동, 여성평화운동, 평화문화 및 교육운동, 지역에 기초한 풀뿌리평화운동 등이 비교적 '보편적 평화운동'을 추구한다면, 북한돕기운동이나 반미통일운동 등은 '한반도 특수적 평화운동'이라고 할 수 있다(구갑우, 2006: 10 ~11).[3]

---

3 구갑우는 2004년에 개최된 한국 평화활동가 워크숍에 참가한 평화운동단체들을 준거로 해서 다양한 방식으로 평화운동을 유형화한다. 이 가운데 주체를 기준으로 한 분류는 주목할 만하다. 우선 그는 평화운동의 주체에 따라 '시민적 평화운동'과 '민중적(계급적) 평화운동'으로 구분한다. 그에 따르면 시민적 평화운동이 폭력과 전쟁의 희생자로서의 보편적 인간을 상정한다면 민중적 평화운동은 자본주의가 야기하는 비평화에 주목한다. 이러한 구분에 있어서 구조적 폭력을 가하는 주체로 국가와 자본이 설정될 수 있는데 시민적 평화운동이 '반(半/反)국가평화운동'을 지향한다면, 민중적 평화운동은 '반(半/反)자본 평화운동'에 근접한다. 둘째, 한반도 특수적 분단체제로 인해 '민족주의적 평화운동'과 '반/비 민족주의적 평화운동'을 구분할 수 있다. 여기서는 주체의 문제뿐만 아니라 평화운동의 목표로 설정되고 있는 통일과 평화가 화학적 결합을 할 수 있는 가치들인지가 쟁점이다(구갑우, 2006: 12). 구갑우의 분류에서 민중적 평화운동을 제외한 세 가지 평화운동 – 시민적 평화운동, 민족주의적 평화운동, 반/비민족주의적 평화운동 – 은 모두 이 논문에서 강조하는 '시민사회통일론'에 포괄된다.

평화운동의 이 같은 유형 가운데 한반도 특수적 평화운동은 통일운동과 직접적 연관을 갖는다. 아울러 인류보편적 가치를 지향하는 평화운동 또한 한반도에서의 반전, 반핵을 주창함으로써 한반도의 평화상태를 추구할 때 한반도 통일운동과 연결되기 쉽다. 아무튼 시민사회운동의 주기에서 평화운동은 통일운동을 분화시키는 계기로 작용하고 있다. 따라서 1990년대 이후 통일운동은 다른 무엇보다도 시민사회적 지향이 확대됨으로써 국가독점성과 민중지향성을 크게 벗어나고 있다. 말하자면 통일운동에서 시민·평화 프레임이 확대됨으로써 국가주의 통일론의 패러다임에서 벗어나고 있는 것이다.

3) 탈냉전의 시민의식

분단·국가주의 역사국면에서 통일의식은 강력한 민족주의에 기반을 두고 있다. 이러한 민족주의는 국가이념과 중첩되어 냉전보수의 민족주의와 냉전진보의 민족주의가 분화와 대립의 구도를 형성했다. 탈냉전·시장주의 역사국면으로의 전환과 함께 이 같은 좌우 이념의 민족주의는 약화되는 경향을 보이고 있다. 말하자면 강력한 냉전적 민족정체성에 기초한 통일의식은 점차 약화되고 있는 것이다.

한국사회에서는 이른바 남남갈등으로 불리는 이념갈등이 여전히 가장 심각한 사회갈등의 요인으로 간주된다. 분단상황이 현실적으로 존재하는 조건에서 북한과의 크고 작은 문제가 생길 때마다 냉전 보수세력의 공세가 극대화되고 이에 대한 진보진영의 대응이 뒤따름으로써, 얼핏 보아 분단·국가주의의 역사적 프레임은 조금도 위축된 것 같지 않다.

그러나 저자는 거대한 역사적 프레임으로서의 분단·국가주의는 종료되었고, 그에 따른 이념의 민족주의 또한 마감된 것으로 본다. 탈냉전·시장주의 역사국면에서 나타나는 이념의 갈등현상은 냉전적 국가주의의 잔영이다. 소수의 냉전 보수세력들은 존재하기 마련이고 이 세력은 현 시점에서 이념의 외피를 쓴 이익으로 무장되어 있다. 여야의 정치지형에서 보수여권은 정치적 이익에 따라 냉전의 이념을 불러들이고 냉전 보수세력은 여기에 활용되거나 화답하는 구조인 것이다.

이 같이 냉전의 잔영을 보여주는 일면적 현실과 달리 우리는 탈냉전과 탈이념의 민족주의가 넘치는 시민사회의 현실과 직면해 있기도 하다. 2002년 월드컵과 2010년 월드컵 경기에서 한국사회의 거대한 응원의 물결은 그러한 현실을 보여주는 하나의 지표일 수 있다. 물론 8강과 4강 그리고 결승에 진출하는 나라의 경우 수십만의 응원군중이 길거리를 메우기 때문에 이 현상이 한국만의 것은 아니다. 그러나 한국사회의 특수한 조건을 고려한다면 월드컵 응원군중에게서 우리 사회의 의미 있는 변화를 관찰할 수 있다.

예컨대 2002년 월드컵 응원에서 나타나기 시작한 젊은 여성들의 태극기 패션은 20세기 국가주의의 쇠퇴를 읽을 수 있는 일종의 코드를 담고 있다. 국기는 민족과 국가를 상징하는 신성하고 엄숙한 숭배의 대상이었다. 특히 식민과 전쟁의 20세기에 국기는 침략과 지배에 대한 항거와 민족적 성취를 응축한 국가주의의 표식이었다. 그러한 태극기가 젊은이들의 몸을 감싼 패션으로 등장함으로써 일종의 '국가의 기호화' 현상을 드러낸 것이다.

인터넷을 비롯한 뉴미디어의 초고속 성장은 지구촌 전체를 네트워크화함으로써 월드컵이 어디에서 개최되더라도 현장성을 공유하게 한다. 여기에 스포츠 시장주의의 팽창은 예선을 통과한 나라의 국민들을 월드컵의 열광적 소비자로 둔갑시켜 점점 더 거대한 스포츠 군중을 양산하고 있다. 중요한 것은 서울광장과 영동대로, 한강변을 가득 메운 붉은 물결에서 우리는 이념의 적이 사라진 탈냉전의 민주주의에서 자란 '자유의 아이들'을 보고 있다는 점이다. 그들은 한국 팀을 응원하는 '민족성'을 비치지만 광장에서의 해방을 만끽하며 자신의 열정을 표출하는 데 오히려 충실하다. 또 북한 팀의 패배에 아쉬워하며 북한 선수 '정대세'의 매력에 흠뻑 빠지기도 한다(조대엽, 2010c).

2010년의 월드컵 응원에서 주목해야 할 또 하나의 지점은 외국인 노동자와 외국인 학생, 다문화 가족이 한국 팀의 경기에 함께 응원하며 함께 열광하고 있다는 사실이다. 이미 한국사회에는 외국인 노동자가 크게 증가하고, 이른바 다문화 가정도 확대되고 있다. 한 국가 내에 공존하는 다양한 민족들이 '국민적' 이슈에 함께 열광하고 함께 고민하는 현실은 민족주의에 대한 새로운 접근을 요청하는 것일 수 있다. 국가이념으로 규격화된 냉전적 민족주의가 아니라 민족적 가치가 시민적 자발성에 기반을 둔 다양한 다른 가치와 공존하는 현실은 탈냉전적 역사국면의 새로운 시민사회를 예고하는 것일 수 있다.

2000년대 중반 이후 통일의식의 변화에도 이 같은 탈냉전·시장주의의 역사적 프레임은 일정하게 반영되어 있다. 서울대 통일평화연구소의 2010년 통일의식조사에 따르면 통일의 필요성을 묻는 질문에 대해 응답자의 59%가 필요하다고 답했다. 통일이 필요하다는 응답은 2008년에는 51.8%, 2009년에 55.8%에 이어 최근 3년간 지속적으로 상승하는 추세를 보이고 있다(박명규·김병로 외, 2008; 2009; 2010). 그러나 2007년의 같은 조사에서 통일이 필요하다는 응답이 63.8%였고, 2005년 통일연구원의 통일문제국민여론조사(박종철·박영호 외, 2005)에서 통일의 당위성에 대해 83.9%가 찬성한 것과 비교하면 통일의 필요성에 대한 인식이 상당히 낮아진 것으로도 해석할 수 있다. 최근 3년간 통일의 필요성에 대한 인식이 상승세를 보인다고 하더라도 그것은 북핵문제나 천안함 사태와 같은 주요 사건의 영향에 따른 것일 수 있다. 적어도 2008년의 시점에서 본다고 하더라도 국민들의 약 절반이 통일이 필요하다고 생각하고 다른 절반이 통일에 대해 그저 그렇거나 필요하지 않다고 생각하는 것은 불완전한 민족국가라는 인식에 바탕을 둔 국가주의통일론의 시각에서 본다면 통일관의 엄청난 변화라고 말할 수 있다.

통일이 필요한 구체적인 이유에 대한 시민의식은 더욱 뚜렷한 변화의 경향을 보인다. 통일이 필요한 이유에 대해 같은 민족이기 때문에 통일해야 한다는 응답이 2010년 조사에서는 43%로 가장 많은 응답률을 보이지만, 2008년에 57.9%, 2009년 44%에 이어 지속적으로 감소하는 추세를 보이고 있다. 이와 달리 전쟁의 위협을 해소하기 위해 통일해야 한다는 응답자는 2008년 14.5%, 2009년 23.4%에서 2010년에는 24.1%로 늘어나는 추세를 보이고, 선진국이 되기 위해 통일해야 한다는 응답 또한 2008년 17.1%, 2009년 18.6%에서 2010년에는 20.7%로 늘어났다.

이처럼 통일이 필요한 이유에 대한 응답은 민족정체성에 바탕을 둔 당위적 통일의식이 점차 약해지고 있다는 점을 알 수 있다. 반면에 전쟁의 위협이나 선진화 등의 현실주의적 요인 때문에 통일해야 한다는 의식은 점점 더 늘어나고 있다. 이러한 결과는 다른 국민의식조사에서도 크게 다르지 않다. 2005년 통일연구원 조사에서도 통일의 이유에 대해 '단일민족의 재결합'이라는 항목에 대해 35%의 가장 높은 응답률을 보이기는 했으나, '경제발전' 항목에 27.9%, '전쟁발생 방지'라는 항목에 20.4%가 응답했다. 이산가족의 고통해소(11.4%), 북한주민 삶의 개선(3.2%) 등의 응답도 있었다. 단일민족의 재결합이라는 민족정체성에 기초한 통일관이 상대적으로 높은 응답이기는 하지만 다른 실용적인 이유를 합한 비율과 비교할 때 35%는 그리 높지 않은 응답이라고 할 수 있다.

통일에 관한 이 같은 시민의식의 변화는 국가주의통일론에서 강조되는 민족정체성과 냉전적 민족주의의 가치가 크게 약화되었다는 점을 알 수 있게 한다. 특히 2008년 서울대 통일평화연구소의 조사에서 통일보다는 '현재상태가 좋다'는 응답이 16.3%나 되고 이 응답률은 2007년의 11.8%에 비해 4.5% 증가한 것이며, '통일에 대한 관심이 없다'는 응답도 8.6%로 2007년의 4.8%에 비해 약 2배 증가한 사실은 통일에 대한 무관심의 수준도 무시할 수 없는 규모로 늘어나고 있다는 점을 보여준다. 탈냉전시장주의의 역사국면에서 나타나는 이 같은 통일의식의 변화는 무엇보다도 통일의 문제가 국가의 문제나 민족의 문제로 인식되는 거대한 과제로서의 관심은 약화되는 한편, 시민들의 직접적 관심이 현실적 삶의 문제에 몰입하는 경향을 반영하고 있다. 따라서 통일에 대한 관심은 현실적 생활의 문제와 결부된 관심으로 변화하고 있다는 점을 강조할 수도 있다.

4. 시민사회통일론과 시민민족주의

1) 시민민족주의의 논리와 한반도 정체성

분단·국가주의 역사국면에서 국가주의 통일론은 실질적 통일을 지향하는 진정한 통일정치를 추구하는 것이 아니라 권력운용을 위한 수단으로 통일을 추구하는 경향이 있다. 오랫동안 통일을 정치권력운용의 수단으로 활용하는 것이 가능했던 것은 남과 북이 단일민족의 정체성으로서의 민족주의를 당연한 것으로 받아들였기 때문이다. 여기에 냉전적 국가주의이념이 덧씌워지면서 냉전적 민족주의는 민족을 통합시키는 데 기여한 것이 아니라 오히려 분단을 더욱 고착화시키는 장치로 작동했다.

이제 냉전적 민족정체성과 통일의식이 점점 더 쇠퇴하는 탈냉전·시장주의 역사국면의 현실에서 시민사회통일론을 구성하는 새로운 민족주의 프레임으로 '시민민족주의'(civic nationalism)에 주목할 수 있다. 인종적 민족주의(ethnic nationalism)와 대비되는 시민민족주의는 탈근대의 지구적 사회변동에 따라 '민족' 개념을 재정의하는 시도와 결부되어 있다. 주지하듯이 근대 국가에서 민족주의는 사회통합의 동력이자 효과적인 정치적 동원의 기제로 사용되었다. 민족주의는 감정, 신화, 혈통을 공유한다는 공통의 인식과 공통의 문화를 통해 구성원들 사이에 유대감을 형성할 수 있게 했다. 따라서 민족은 근대 정치공동체에서 정체성의 주요한 원천이 되었고 타국민과 자국의 시민을 구분하는 기준이 되기도 했다. 근대사회구성체의 정치적 필요에 따라 '민족' 관념이 사회적으로 구성되었다는 입장에도 주목할 수 있다. 즉, 근대 정치에서 민족은 '상상의 공동체'(*imagined community*)의 근간이 되었으며 상상의 공동체로서의 민족은 가족, 친족보다는 광범하지만 코즈모폴리터니즘의 '인류'보다는 좁은 범위의 개념이 되었다는 점을 강조하기도 한다(Schwarzmantel, 2004: 389).[4]

오늘날 탈근대성의 변화된 조건에서 민족국가와 민족주의는 강력한 도전에 직면했다. 이러한 도전을 국가 내부의 도전과 외부의 도전으로 구분해볼 때, 내부의 도전은 국제이주에 따른 일국 내 다문화적 시민의 정체성을 구성하는 다양한 원천들과 관련된 것으로 이러한 다양성은 전통적 민족주의에 의해 통합될 가능성을 점점 더 낮아지게 하고 있다. 이와 아울러 외부의 도전은 민족국가에 필적할 만한 초국적 제도 및 국제적 충성심과 관련되어 있다(Schwarzmantel, 2004: 390).

이러한 탈근대 지구화 과정에서 전통적인 혈통적 민족주의는 점점 더 운신의 폭이 좁아지고 있다. 특히 한국에서의 냉전적 민족주의와 같은 배타적 특성이 강화된 민주주의의 형태는 민주주의를 약화시키고 시민권을 위축시킨다. 그럼에도 불구하고 1989년 이후 공산주의가 붕괴한 소비에트 연방 지역에서 민족주의는 새로운 부흥을 맞는 한편, 자유주의 국가에서는 지구화의 동질화 경향 속에서도 혈통적 민족의 의미가 여전히 지속되고 있다. 어쩌면 우리는 다시 민족주의에 있어서 반민주주의의 요소와 분열적 요소가 문제시되는 변화된 조건을 맞고 있

---

4 민족을 상상의 공동체로 규정하는 관점(Anderson, 1991)과 아울러 홉스봄이나 겔너 등의 고전적 근대주의자들은 민족주의의 중요성이 점차 감소하고 있다는 점을 강조한 다(Hobsbawm, 1990). 겔너는 민족주의가 농경사회에서 산업사회로 전환되는 시점에 중요성을 가졌으며 산업사회에 들어 점차 중요성이 약화되고 후기 산업사회에서 민족주의의 동원력은 사라졌다고 주장한다(Gellner,1983). 나아가 민족주의는 외부인을 공동체 내부구성원과 자문화를 위협하는 집단으로 인식하게 하여 민족구성원을 동원한다는 점에서 병리적 형태라는 설명도 있다(Greenfeld, 1992). 민족주의와 민족 개념이 과장되게 민족정체성과 민족특수성을 강화했다는 것이다.

는지도 모른다. 이러한 여건에서 민족주의를 부정하지 않으면서도 민주주의를 보장할 수 있는 대안으로 시민민족주의에 주목할 수 있다.[5]

시민민족주의는 '민족'을 시민들의 집합으로 규정한다. 말하자면 시민이 곧 민족인 것이다. 시민으로서의 민족은 정치적 권리를 공유하고 민주주의의 절차에 복종함으로써 결속되어 있다. 이 점에서 시민민족주의에서의 민족 개념은 민족을 혈통과 태생적으로 결정된 것으로 간주하는 인종적 민족주의와 달리 정치적인 것이다. 시민민족주의는 인종, 피부색, 종교, 성별, 언어, 민족성 등에 상관없이 정치공동체의 정치적 신념을 따르는 모든 사람들을 민족으로 포함한다. 적어도 시민민족주의에서 민족은 평등한 공동체, 시민이라면 갖게 되는 권리의 내용 등을 포함하며, 정치적 실천 및 가치의 공유를 통해 애국심으로 통합되어 있다. 따라서 시민민족주의는 필연적으로 민주적이다(Ignatieff, 1994: 6).

대부분의 사회들은 단일민족으로 구성되어 있지 않다. 그리고 단일민족의 경우에도 동일한 인종으로서의 민족성에 대한 강조가 그들 사이의 다른 구획이나 차별, 불평등을 없애거나 약화시키지 않는다. 인종적 민족성은 단지 개인들의 충성을 요구하는 여러 형태의 요구들 가운데 하나에 불과하기 때문이다. 시민민족주의에 따르면 '시민민족'을 결속시키는 것은 혈통적 뿌리가 아니라 법이다. 민주주의적 절차와 가치를 따름으로써 개인들은 공동체에 소속되어 삶을 구성할 수 있는 권리를 얻을 수 있다. 이런 점에서 민족적 귀속(*national belonging*)은 합리적 결속의 형태라고도 할 수 있다(Ignatieff, 1994: 7).

시민민족주의는 민족주의와 민족정체성이 민주주의의 절차와 제도

---

5 한국에서 시민민족주의에 대한 관심은 최장집에게서 찾아진다. 최장집은 민족주의를 하나의 실체로 인정하고 그 위에 가능한 보편적 인류공동체의 원리를 모색할 수 있는 대안의 원리로 민주주의와 평화의 결합을 가능하게 하는 '시민적 민족주의'를 제시한 바 있다(최장집, 1996: 200).

에 결합된 형태이다. 시민민족주의는 시민으로서의 민족에게 개방적 정체성을 제공할 수 있고 이러한 점은 민주주의 사회의 유지 혹은 민주적 전환에 기여할 수 있다. 그러나 시민민족주의는 그 자체에 분열의 요소를 내재하고 있고, 더 강력한 다른 형태의 정체성에 의해 위협받을 가능성을 가질 수 있다. 그럼에도 불구하고 시민민족주의는 더욱 협애하고 배타적인 전통적 민족주의의 확장을 막는 대안이 될 수 있다 (Schwarzmantel, 2004: 394~395).

시민민족주의는 정치공동체의 규모에 따라 다양하게 범주화될 수 있다. 한국사회와 같이 일국적 수준에서도 형성될 수 있고, 유럽공동체와 같이 광범한 지역적 수준에서 형성될 수도 있다. 지구적 수준과 일국적 수준의 중간 범주에서 다양한 지역적 정체성이 형성될 수도 있는 것이다. 남북한의 국가통합에 의해 법적 시민권으로 통합된 시민민족주의를 염두에 둔다면 한반도 공동체의 시민민족주의, 다시 말해 전통적 민족정체성을 넘어선 '한반도 정체성'을 가늠해볼 수도 있을 것이다. 통일의 과정이라고 할 수 있는 현시점에서 법적 시민권에 기초한 한반도 시민민족주의는 아니라고 할지라도 통일과 평화의 가치를 공유하는 한반도 통일주민의식을 지속적으로 확장시키는 것은 필요한 일이다. 이러한 점에서 시민민족주의는 한반도 통일 및 한반도 정체성에 관련된 몇 가지 중요한 함의를 갖는다.

첫째, 시민민족주의는 통일에 이르는 개방적 시민사회의 구조를 확보할 수 있다.

남한사회 내부에서 통일의 가장 심각한 장애는 냉전의 틀에 묶인 보수적 민족주의와 진보적 민족주의의 이념갈등이라고 할 수 있다. 이 같은 이념갈등은 편협한 민족주의를 낳고 그러한 민족주의는 통일을 위한 시민사회의 지평을 제약하고 있기도 하다. 새터민의 존재는 현실적으로 이러한 이념갈등의 희생물이 되고 있고, 다른 한편으로 새터민은 같은 민족으로서의 동일한 지위를 부여받기보다는 마이너리티로서의 균열을 반영하고 있다. 늘어나는 외국인 노동자와 함께 점점 더 늘어나는 다문화적 요소를 감안한다면 혈통의 민족주의를 넘어 시민적 민족주의를 확장하는 일이야말로 민주적 시민공동체를 가능하게 하고 그것은 곧 통일을 위한 개방적 시민사회를 구축하는 길이 될 수 있다.

둘째, 시민민족주의는 코스모폴리터니즘의 추상적 보편주의와 편협한 특수주의 사이에서 균형을 유지함으로써 더 많은 분열을 막을 수 있는 장치가 될 수 있다.

통일은 궁극적으로 사회통합의 문제이다. 한반도 통일의 문제는 냉전적 민족주의에 갇혀 진정한 통일정치가 유보되어 왔다는 점에서 민족적 특수주의는 통일에 도움이 되지 못했다. 나아가 국가통합 이후의 조건을 보더라도 서로 다른 국가형성의 역사를 가진 남한과 북한이 내부적으로 서로 다른 또 하나의 민족적 특수주의를 내재한 상태를 전망할 수 있다. 따라서 시민민족주의는 민족적 특수주의와 지나친 보편주의의 절충적 지점에서 통일 이후의 새로운 분열을 예방할 수 있는 전망을 가능하게 한다.

셋째, 시민적 민족주의는 한반도 통일에 대한 지구적 지지 혹은 주변국의 지지를 확보할 수 있는 개방적 질서를 구축한다.

냉전적 민족주의는 기본적으로 타민족에 대해 배타적이거나 주요 우방에 대해서만 긴밀한 관계를 가짐으로써 필연적으로 국가 간 긴장과 위협의 구조를 만들게 된다. 그러나 시민적 민족주의는 보편주의적 개방성 혹은 지구적 공공성의 구조를 가짐으로써 주변국이나 세계사회로부터의 통일에 대한 지지구조를 확대할 수 있다.

시민민족주의는 무엇보다도 혈통적 민족주의 혹은 인종적 민족주의가 왜 통일이 되어야 하는가라는 문제를 충족시킬 수 있는 답이 되지 못하는 현실을 반영하고 있다. 말하자면 근대 국민국가, 나아가 권위주의적 국가질서를 지탱하는 핵심적 축으로서의 반공이념과 민족주의는 실제로는 분단을 지향하는 이념으로 작동했지만 적어도 분단·국가주의 역사국면에서는 남북한이 통일되어야 하는 절대적 이유였다. 이제 탈냉전과 탈민족의 지구적 사회변동과정에서 냉전이념과 혈통의 민족주의로 포장된 국가주의의 외피가 벗겨진 후 혈통적 민족주의는 더 이상 통일의 절대적 이유가 될 수 없다. 이러한 점에서 통일은 오히려 시민적 삶의 영역을 훨씬 더 자아실현적이며 자아확장적으로 넓혀가는 새로운 삶의 기회로 인식될 필요가 있다.

시민민족주의는 시민의 권리와 책임이 작동하는 정치적 영역과 시민의 구체적인 생활이 추구되는 실존적 삶의 영역에서 기존의 민족주의가 시민권을 중심으로 재구성되는 새로운 질서다. 보다 구체적으로 이 같은 시민민족주의는 남북한 주민의 혈통적 민족에 기초하는 것이 아니라 남북한 주민의 '생활'을 시민적 공공성으로 재구성해낸다는 점에서 '생활민족주의'라고도 말할 수 있다. 시민민족주의에 기초한 생활민족주의는 냉전이념이나 민족이 아니라 '삶'을 공유하는 사회적 공간과 경계를 중심으로 민족개념을 재구성할 수 있다는 점에 주목한다.

탈냉전·시장주의 역사국면은 일종의 지구적 정치, 경제, 문화적 과정으로 구성되어 있다. 이러한 과정에서 국가주의 패러다임은 통일의 실효성을 갖기 어렵고, 설혹 북한의 급변사태에 따라 통일이 갑작스럽게 다가온다고 하더라도 국가주의 통일패러다임은 통일보다 더 어려운 장기적 사회통합의 과제에 직면하는 명백한 한계를 드러낼 수밖에 없다. 이런 점에서 시민민족주의와 생활민족주의의 전망은 시민사회통일론의 새로운 지향이 될 수 있다.

2) 시민민족주의와 민족화해의 통일프레임

분단·국가주의 역사국면의 냉전적 민족주의는 적대와 대결, 분열의 구조를 만든다. 그러나 시민민족주의는 기본적으로 다양한 배경을 가진 사회구성원들의 공존구조를 보장하기 위한 장치가 될 수 있다. 따라서 시민민족주의는 분열과 해체의 사회변동경향이 확장되는 탈냉전·시장주의 역사국면에서 민주적이고 이성적인 사회통합의 방식이라고 할 수 있다. 시민민족주의는 '시민민족' 내부의 차이를 인정하면서 수용과 공존의 구조에 참여한다는 점에서 평화주의를 기반으로 하고 있다. 이런 점에서 시민사회통일론이 주목하는 통일 프레임은 '민족 화해'의 프레임이다.

분단은 단순히 남과 북을 물리적으로 갈라놓는 데 그치지 않고 중층적이고 복합적인 분열과 대립의 구조를 이루고 있다. 말하자면 1945년의 해방은 지리적이고 인위적인 분단의 구조를 만들었고, 1948년의 정부수립은 두 개의 정권에 따른 분단구조를 중첩시켰다. 이어지는 한국전쟁은 민족 간의 적대와 증오를 누적시켰다. 이후 남과 북의 서로 다른 발전경로는 남한과 북한 주민의 문화적 삶의 양식에도 분단구조를 가중시켰다(이종석, 2010: 15~16). 이 같은 분단의 중층성은 분단의 상처가 구조적 수준에서 개인과 가족의 심리적 차원에 이르기까지 깊이 각인되어 있다는 점을 보여주는 것이다.

화해의 프레임은 분단의 중층적 구조 가운데 시민사회의 가장 미시적 수준의 상처를 치유하는 데에 겨냥되어 있다는 점에서 통일에 이르는 가장 근원적이고 과정적인 접근 방식이라고 말할 수 있다. 특히 시민사회는 분단의 흔적이 가장 실존적으로 남아있는 영역이면서 동시에 평화, 평등, 협동, 나눔, 도움 등의 가치가 가장 자발적으로 작동하는 영역이다. '민족화해'의 프레임은 이 같은 시민사회의 주요 가치를 기반으로 분단의 가장 실존적 영역에 접근한다는 점에서 가장 시민사회 지향적인 통일프레임이라고 할 수 있다. '화해'의 프레임은 상호 간에 평화로운 상태를 만드는 것을 지향한다는 의미에서 기본적으로 평화사상에 기초해 있다. 그것은 같음을 추구하나 다름을 인정하는 이른바 구동존이(求同存異)의 사상과 닿아 있고, 공생공화(共生共和)의 사상과도 결합되어 있다.[6]

현실적으로 화해의 프레임은 시민사회의 종교적 가치에 기원을 두고 있다. 교회 통일운동에서부터 시작되는 화해의 통일프레임은 시민사회통일론의 가장 주목되는 지점이다. 한국 기독교의 통일논의는 4월 혁명 직후 1961년에 강원용 목사의 통일논의 개방 요구 이후, 1981년 '회개'와 '화해'의 가치를 담은 한신대 주재용 교수의 '통일신학론'이 있었다. 통일신학은 평화, 기쁨, 상호의존, 공존공생적 사회조화, 사회정의 등의 뜻을 포함한 '샬롬'(shalom), 일치, 만남 등의 요소로 되어 있는데, 특히 샬롬은 화해, 자유, 희망의 요소로 집약된다. 비슷한 시기에 신학자들은 인간애와 화해로 남북통일의 가능성을 찾을 것을 강조했다(〈매일경제〉, 1983).

민족화해의 정신이 집단적이고 실천적 통일운동의 차원에서 최초로 제시된 것은 1989년 개신교, 천주교, 불교, 유교, 원불교, 천도교 등 6대 종교가 참여한 '민족화해 종교인 선언'이었다. 아시아 종교인평화회

---

6 화해의 가치를 남북한 역사학의 교류에 적용시킨 '상생의 사학론'은 화해사상의 근원을 불교사상과 조선유학에서도 발견하고 있다. 조광 교수는 남한과 북한의 역사학계는 서로 상이한 역사이론과 방법론을 구사함으로써 상호 이질적 방향에서 역사를 연구한바 민족화해의 사관에 대한 모색작업이 필수적이라고 강조한다. 이 같은 상생의 사학을 모색하는 과정에서 화해사상의 전통을 신라불교에서 원광과 원효의 화쟁의 논리, 조선 성리학에서는 장현광의 태극론 등에서 찾아내고 있다(조광, 2010).

의 한국위원회(KCRP)의 위원장이었던 강원용 목사의 주도로 '민족평화를 위한 종교인 회의'를 결성하고 남북화합을 추진하는 종교인 연합체를 태동시킴으로써 통일에 관한 종교계의 관점을 '민족화해'에 담았던 것이다(〈동아일보〉, 1989; 〈경향신문〉, 1989).[7] 1995년에는 '천주교 서울대교구 민족화해위원회'가 발족함으로써 화해의 통일프레임은 확장되었다. 광복 50주년을 맞아 분단 50주년을 강조하면서 "오늘의 교회는 민족공동체의 화해와 일치에 기여해야 할 책임을 지고 있다"고 선언했다(천주교 서울대교구 민족화해위원회 발족선언문). 여기서 교회는 화해와 일치의 성사임이 강조되었고 교회는 스스로 참회할 뿐만 아니라 민족 구성원 모두에게 참회와 용서의 용기를 북돋우는 역할을 할 것을 요청했다. 천주교 민족화해위원회는 '민족화해학교'를 운영하는가 하면 각 교구별로 민족화해 위원회를 출범시켜 화해의 통일프레임을 실천적으로 확장시켰다. 천주교계의 이러한 민족화해 프레임은 1998년 5월 북한에서 민족화해위원회가 발족하는 데 일정한 계기가 된 것으로 보인다.[8]

---

7 '민족화해'의 정신을 집약시킨 1989년의 종교인 선언은 분단시대의 불행이 종교인의 신앙적 성찰의 부족에도 원인이 있었음을 자성하고 민족 앞에 통일된 민족독립국가와 정의롭고 평화로운 민족의 재결합을 천명하고 있다. 나아가 남북분단을 고착화하려는 열강의 침탈을 배격하고 "우리 민족의 운명을 우리 스스로 짊어짐으로써 민족화해와 민족평화를 실현, 새로운 문화창조의 계기를 삼고자 한다"고 밝히고 있다. 이에 따라 '민족평화를 위한 종교인회의'는 남북종교인의 자유로운 방문교류와 순례추진, 남북종교인의 평화모임 추진, 남북종교인이 함께 기도하고 대화할 수 있는 평화회당 건립, 남북평화교계공동편찬과 평화교육전개, 남북종교인협의체 상설운영 등 5개 항의 실천강령을 채택했다(〈경향신문〉, 1989).

8 '민족화해'의 개념사를 추적하는 과정에서 나는 1989년 KCRP가 주도한 '민족화해종교인선언'의 초안을 작성했던 고려대 한국사학과의 조광 교수를 인터뷰했는데 북한 민족화해위원회의 발족에 대해 귀중한 언급이 있었다. 천주교 민족화해위원회가 1995년 출범한 후 그해 11월 조광 교수를 비롯한 천주교 민족화해위원회 관계자들은 미국 뉴저지에서 북한의 조선천주교협회관계자들과 회합을 갖고 '민족화해'에 관한 논의를 시작했다. 여기에서 조광 교수는 조선천주교협회 위원장이자 북한적십자 위원장이기도

시민사회단체 쪽에서는 경실련 통일협회가 운영하는 '민족화해 아카데미'가 천주교 민족화해학교를 모델로 1996년에 만들어졌다. 2010년 4월 22기를 맞은 경실련 민족화해 아카데미는 민족화해와 한반도 평화를 위한 논의의 장 확대, 남북경협 및 사회문화교류협력의 전문교육 강화, 실사구시적 대북관 확립으로 남남갈등 해법 모색, 대북관련 이슈에 대한 공론형성과 사회적 합의도출 등의 목적을 추구하며, 2006년 대전, 2007년 강릉, 2008년 광주전남, 2009년 부산, 2010년 춘천에 민족화해 아카데미를 개설함으로써 화해의 프레임을 확대하고 있다.

민족화해의 프레임은 1998년 200여 개의 정당, 종교, 시민사회단체로 구성된 통일운동의 상설협의체로 출범한 '민족화해협력범국민협의회'(민화협)의 구성에서 제도영역과 운동영역을 아우르는 성과를 얻었다. 민화협은 남북 화해 및 협력사업과 아울러 남남대화를 통한 합의의 도출을 핵심적인 사업방향으로 설정하고 있다. 이러한 방향은 민화협이 대북협력사업의 실질적 효율성을 높이는 데 기여하지만 보다 중요한 것은 보수적 단체와 진보적 단체를 포괄함으로써 남한 시민사회의 소통을 확대하는 데 있다(조대엽, 2009: 55). 분단의 현실적 조건에서 정부의 관여를 배제할 수는 없지만 민족화해의 정신과 전략에서 민화협은 시민사회지향성을 뚜렷이 보였다.

했던 장재철(나중에 장재언으로 개명한 것으로 조 교수는 추측)과 약 2시간에 걸쳐 토론했고 그 과정에서 "이승만과 김일성이 통일을 강조했지만 결과는 전쟁이었는데 통일로 가는 전단계로 '화해'가 필요하다"는 등의 논의가 있었다고 했다. 이어서 1996년에 천주교 민족화해위원회에서 북한 측을 북경으로 초청한 자리에서 북한의 장재철은 '민족화해' 개념에 대해 대단히 긍정적인 반응을 보였다고 한다. 이후 1998년 5월에 조광 교수 일행이 평양을 방문했을 때 같은 시기에 북한에서 '민족화해위원회'가 발족하게 되었는데 남한의 천주교 민족화해위원회가 직접적으로 관련되지는 않았지만 그간의 회합과정에서 영향을 받았을 수 있다고 조광 교수는 추측했다. 또 북한 민족화해위원회의 발족 이후 정부기관으로부터 북측의 발족과 천주교 민족화해위원회와의 관련성에 대한 문의가 있었다고 조광 교수는 회고했다(조광 교수와의 인터뷰 자료 중).

화해의 통일프레임은 시민사회통일론이 발굴할 수 있는 최적의 운동 지향이고 또 그간에 실제로 시민사회영역에서 괄목할 만한 통일운동의 성과를 만들기도 했다. 그러나 이명박 정부 이후 남북관계가 냉각되면서 화해의 프레임은 크게 위축되고 있으며 그것은 시민사회통일론 자체의 위축을 의미하는 것일 수 있다. 이러한 조건에서 시민사회통일론의 핵심지점으로서의 화해의 통일프레임은 다음과 같은 지향점을 가짐으로써 보다 확장될 필요가 있다.

첫째, 화해의 프레임은 '역사적 화해'를 지향해야 한다. 분단의 상처는 역사적으로 만들어졌기 때문에 분단의 과정에서 죽고 죽이는 경험과 갈라지고 흩어져버린 비극적 체험은 역사적 기억으로 남아 있다. 그러한 집단체험과 기억은 묻어버림으로써 잊히기를 기대하는 것이 아니라 역사의 상처를 공개적으로 확인하고 공론화함으로써 비극적 경험을 함께 아파하는 공유구조를 만들어야 새로운 역사로 나아갈 수 있다.

둘째, 화해의 통일프레임은 '교류적 화해'를 지향해야 한다. 다양한 형태의 남북 교류가 확대되어야 하겠지만 남한과 북한의 경제규모를 고려할 때 북한에 대한 지원적 교류의 폭을 늘려야 한다. 특히 최근 들어 북한은 김정은 체제 이후 경제사정이 호전되는 듯하지만 여전히 경제적 어려움을 겪고 있다. 북한에 대한 지원을 확장하는 방향의 교류는 화해의 가능성을 그만큼 높인다.

셋째, 화해의 프레임은 '참여적 화해'를 지향해야 한다. 화해의 프레임은 시민사회 지향적이다. 따라서 민화협과 같은 시민참여적 통일프로그램은 그만큼 근본적인 화해에 근접하게 된다. 정부의 화해정책은 구호적이거나 선언에 그칠 가능성이 높다. 정부가 실질적이고 진정한 통일정치를 추구한다면 최소한 민화협의 구성과 같은 시민참여적 방식을 강화할 필요가 있다.

1990년대 이후 탈냉전·시장주의 역사국면에서 그간에 구축된 시민
사회의 화해의 통일프레임은 이 같은 역사적 접근과 교류적 접근, 시민
참여적 접근을 꾸준히 추구했다고 볼 수 있다. 무엇보다도 화해의 통일
관은 시민민족주의를 축으로 하는 시민사회통일론의 의미 있는 모델이
라고 할 수 있다. 시민사회통일론이 어떤 시기보다 위축된 시점에서 이
러한 화해통일론의 접근방식은 훨씬 더 적극적으로 추구되어야 한다.

5. 결론: 시민정치의 위기와 시민사회통일론의 전망

시민사회통일론은 탈냉전·시장주의 역사국면의 지구적 사회변동과 한국의 정치민주화에 따른 시민사회의 변화를 반영하는 통일패러다임의 하나이다. 국가주의 통일패러다임은 역사적 국면의 전환과 함께 이제 실효적 통일담론으로서는 뚜렷한 한계를 가진다. 새로운 역사국면에서 확장된 비정치적 민간교류와 평화운동, 시민사회주도의 통일운동, 시민참여적 통일 거버넌스 운용 등의 흐름은 시민사회통일론의 지평을 넓히는 새로운 실천이다.

시민사회통일론의 구상은 현실적 존재양식으로서의 시민사회와 규범 공동체로서의 시민사회를 구분할 때 평화와 평등, 녹색과 자율, 공존의 가치를 지향하는 규범공동체로서의 시민사회에 초점을 둔다. 이같은 시민사회의 규범과 가치는 편협한 냉전적 민족주의를 넘어서는 '시민민족주의'를 통해 구현됨으로써 통일지향적 시민사회의 조건을 확장할 수 있다. 시민민족주의는 인종적, 혈통적 민족주의를 넘어 시민적 권리와 민주주의의 정치적 절차를 공유하는 시민적 존재 그 자체를 민족으로 보는 새로운 민족관이라고 할 수 있다. 시민민족주의는 적어도 지구적 공공성을 지향하는 시민사회의 다양한 가치들을 민족정체성과 결합함으로써 보편주의와 민족적 특수주의를 동시에 내재하고 있다. 무엇보다도 시민민족주의는 냉전적 민족정체성을 넘어 시민적 정체성에 기반을 두기 때문에 통일의 과정으로서의 개방적 시민사회를 구축하는 새로운 통일프레임이 될 수 있다.

이 장에서는 이 같은 '시민민족'의 정체성이 통일과정에서 생성될 수 있는 가능성으로서의 '한반도 정체성'을 전망하는 한편, 시민민족주의 이념의 실천적 형태로서의 '화해'의 통일프레임에 주목했다. 1989년 이래 한국의 종교계 통일운동에서 시민사회운동으로, 나아가 시민참여적 통일거버넌스로 확장된 화해의 프레임은 민족정체성에 기반을 둔 '민족화해운동'이라고 할 수 있다. 그러나 이 같은 화해의 통일프레임은 경직된 민족주의에 갇힌 것이 아니라 우리민족 간 화해를 넘어 서로 다른 민족과 계층, 모든 사회적 균열을 넘어설 수 있는 공존공생의 윤리를 내재하고 있다는 점에서 시민민족주의의 이념과 결합될 수 있는 지반을 제공하고 있다.

시민민족주의는 정치공동체 내에 존재하는 서로 다른 민족적 원천의 이질적 구성원들을 시민권과 민주주의의 절차로 통합시키는 질서다. 따라서 시민민족주의를 지향하는 시민사회통일론은 개방적 시민사회를 가능하게 하는 민주주의 정치질서를 필연적으로 요구한다. 분단·국가주의 역사국면에서 국가주의 통일론이 권위주의 정치질서와 친화력을 갖는다면 시민사회통일론은 민주주의 정치질서와 맞물려 있는 것이다.

이명박 정부 이후의 이른바 대북상호주의로 불리는 통일패러다임은 여러 측면에서 국가주의 통일론이 강화된 역행적 경향을 보이고 있다. 상호주의 패러다임은 김대중 정부와 노무현 정부의 대북포용주의 정책이 북한의 비타협적 태도와 약속불이행을 유발했다는 문제의식에서 남북관계를 균등하며 대칭적인 관계로 설정하는 한편, 상호 의무의 동시적 이행을 중시함으로써 매 단계마다 합의의 이행이 평가되는 방식을 추구했다. 이 같은 상호주의 패러다임은 천안함 사태와 같은 주요 사건이 있을 때마다 남북관계의 심각한 단절과 새로운 대결국면을 만들었다. 무엇보다도 대북상호주의에 내재된 시민사회 배제적 요소에 주목할 때 국가주의 통일론의 복고적 부활을 목격할 수 있다. 대북상호주정책은 정치군사문제와 경제 및 사회문화교류를 연계시킴으로써 정치안보중심의 국가주의 통일론을 지향하고 있다. 특히 북핵문제와 남북경협을 연계하는 것은 이른바 '비핵·개방·3000구상'에서 제시되듯이 '비핵화'라는 정치안보적 쟁점에 우선순위가 두어지기 마련인 것이다 (조대엽, 2009: 56~57).

이 같은 정치안보우위의 상호주의 정책에서 시민사회가 개입할 수 있는 여지는 극소화될 수밖에 없다. 또한 상호주의 패러다임은 국제관계지향성이 강조됨으로써 남북관계를 민족문제라는 차원보다는 국제정치적 맥락에서 해결하고자 하고 그것은 곧 한미동맹의 강화라는 편중된 축에 의존하는 결과를 낳았다. 국제관계 지향성은 남북관계를 국제정치적으로 해결하고자 하는 방식으로 여기서도 시민사회의 개입은 원천적으로 봉쇄되는 경향을 보인다.

이명박 정부 이후의 이 같은 대북정책은 남북관계를 냉전적 갈등구조로 회귀시킴으로써 시민사회의 자율적 기능을 고도로 마비시키는 효과를 가져왔다. 현대 한국의 사회변동은 거대한 지구적 질서를 반영하고 있다. 해방 이후 분단·국가주의 역사국면은 2차 세계대전 이후의 냉전과 국제분업구조의 재편에 따른 효과였으며, 1990년대 이후의 탈냉전·시장주의 역사국면은 사회주의붕괴 이후 전개된 지구적 시장화 경향의 새로운 효과였다. 이러한 거대한 변화는 이미 아래로부터의 지구시민사회적 경향을 동반하고 있다. 그럼에도 불구하고 이 같은 거대경향에 역행하는 국가주의 통일론을 회생시키는 것은 민주주의의 후퇴와도 결부될 수 있다. 국가주의 통일론의 귀환에 따른 한반도의 긴장이 확대되어서는 안 되고 한반도가 평화의 질서를 파괴하는 발원이 되어서는 더더욱 안 되는 일이다. 탈냉전의 역사국면에서 지구적 사회변동은 무엇보다도 시민사회통일론을 확장시킬 것을 요구하는 거대한 동력이다. 한국사회만 이러한 거대변동에 역행하는 섬으로 남는다는 것은 민족통일과 민주주의에서 역사적 과오가 될 수도 있다.

최근 우리 사회에서는 흡수통일론과 북한의 급변사태에 대한 관심이 높다. 그것이 '우려'가 아니라 '기대'로 비치는 것은 이명박 정부 이후 확산된 국가주의 통일론의 회귀와 연관되어 있다. 시민사회통일론은 일상적 상황의 통일을 지향한다. 화해와 소통의 극대화를 통해 한반도 분단의 무용론에 따른 통일이야말로 시민사회통일론의 지향점이다.

생활민주주의와
생활정당의 시대

08

1. 서론: 시민정치의 도전

2010년 지방선거 이후 2012년의 총선과 대선을 앞둔 시점에서 정치권은 다시 '시민정치'에 주목했다. 특히 이 시기에 시민운동영역의 정치가 다른 어떤 시기보다 제도정치권에 직접 개입함으로써 정치변동을 주도하는 경향을 보였다. 2011년 서울시장 보궐선거에서 이른바 시민후보 박원순의 당선과 더불어 2012년 총선과 대선 승리를 위한 범진보 민주진영의 통합정당을 추진하는 운동에 이르기까지 여론의 관심은 시민운동세력의 제도정치 진출가능성에 모아졌다. 무엇보다도 시민후보의 시장당선이나 시민운동권의 제도정치참여운동은 기존의 정당에 대한 강한 불신에 기반을 두고 있다는 점에서 시민정치세력이 새로운 정치적 대안이 될 수 있는가에 대한 관심이 크게 높아진 것이다.

시민사회에서 전개되는 다양한 운동정치를 포괄적으로 시민정치라고 한다면, 시민정치 영역의 제도정치 참여는 우선 시민운동가 개인의 정치권 진출에 주목할 수 있다. 오랫동안 한국 시민운동을 이끌었던 박원순 변호사가 2011년 보궐선거로 서울시장에 당선된 후 2014년 지방선거에서 다시 재선된 경우가 대표적인데, 국회의원이나 광역 및 기초단체장, 지방의원 등으로 진출하는 경우가 하나의 추세를 보이기도 한다. 시민사회는 제도정치의 뿌리요 원천이다. 시민사회의 다종다양한 직종 가운데 의사도 변호사도 배우도, 심지어는 문인도 정치하는데 환경운동가, 인권운동가 등 활동가들이 제도정치권에 진출하는 문제가 새삼 논란이 될 수는 없다. 특히 시민운동은 시민사회의 정치적 욕구가 가장 직접적으로 표출되는 '정치현상'이며 제도영역 밖에서 전개되는 '형식'이 다른 정치일 뿐이라는 점에서 오히려 제도정치로의 진출이 가장 수월한 영역일 수 있다.

우리 사회의 경우 1990년대 이후 새롭게 전개된 시민운동은 민주화운동의 연장에서 정치개혁과 경제개혁을 주도했다. 권위주의적 유제(遺制)가 온존하는 정당이 민주개혁의 과제를 수행하지 못하는 조건에서 정치경제개혁운동을 주도하는 시민단체들은 이른바 '유사 정당' 역할을 했다. 한국 시민운동의 역사에서 1990년대부터 시민운동을 주도했던 활동가들은 이런 점에서 어쩌면 가장 잘 준비된 예비 정치인이었는지도 모른다.

다른 한편으로, 개인 활동가의 차원이 아니라 시민운동 세력이 제도정치권에 진입하는 경우를 주목할 수 있다. 물론 활동가 개인의 정치권 진출도 비공식적으로는 주변의 활동가들이 동반해서 진출하는 경우가 많지만, 공식적이고 조직적인 수준에서 시민정치권의 제도정치 진입은 훨씬 더 큰 정치지형의 변화를 만드는 계기가 될 수 있다. 시민운동 세력의 제도정치권 진입은 시민운동이 나름의 역사 속에서 누적시킨

역량의 효과로 보아야 한다. 말하자면 시민운동의 제도화 현상 가운데 하나로 해석할 수 있다.

사회운동은 원론적으로 생명력이 다해 소멸해버리던지 아니면 다양한 방식으로 제도화 경로를 갖는다. 1987년 6월 민주항쟁 이후 직접 정치권력을 획득하지 못한 민주화운동 세력은 다양한 방식의 제도화 경로를 갖는데, 활동가들이 개별적으로 기존 정당에 참여하는 경로를 포함해서 민중정당 결성의 경로, 제도화된 노동운동의 경로, 제도화된 시민운동의 경로 등이 그것이다.

이 시기 민주화운동 세력의 정치참여 이후 약 20여 년에 걸친 시민운동 성장의 효과가 기존의 폐쇄적 정당정치에 대한 시민정치의 도전으로 드러나고 범진보 민주세력의 연대를 기반으로 야권통합이라는 기존 정당의 재편과정에 시민운동세력이 합류하는 방식으로 나타났다. 2010년 8월 출범해 이른바 '백만 민란'을 주도한 '국민의 명령'이나, 2011년 출범한 시민정치 행동 '내가 꿈꾸는 나라' 등은 당시 가장 뚜렷한 제도정치 참여운동이었으며 범진보 민주진영의 통합정당을 추진하는 '혁신과 통합'의 출범을 주도하기도 했다. 1990년대에 본격적으로 전개된 한국의 시민운동은 참여연대, 경실련, 환경운동연합 등의 주요단체들이 주도했다. 1990년대에는 이러한 단체들이 생활정치적 이슈보다는 민주화운동의 연장에서 주로 정치경제영역의 제도개혁운동을 추구했다.

2000년대 이후 시민운동은 새로운 분화 경향을 보이는데, 첫째는 생태환경, 여성, 평화, 인권, 반핵, 복지, 나아가 지역 공동체운동 등 '생활정치운동'이 주류화되었다. 둘째로는 '뉴라이트' 운동과 같은 '이념정치운동'을 구분해볼 수 있고, 셋째는 바로 '국민의 명령'이나 '내가 꿈꾸는 나라'와 같이 2010년 이후 활발하게 전개된 '제도정치 참여운동'을 구분해볼 수 있다. 제도정치 참여운동은 2000년 총선시민연대의 낙

천낙선운동을 출발로 2012년 정권교체를 위한 야권통합운동에 이르기까지 주로 선거 국면에서 다양한 방식의 제도정치에 대한 개입운동 혹은 진입운동으로 전개되었다.

2000년대 이후 한국 시민운동의 지형을 생활정치운동과 이념정치운동, 제도정치 참여운동의 분화로 설명한다면 시민정치 혹은 시민정치운동은 보다 구체적으로 이 같은 세 가지 분화영역을 포함한다고 말할 수 있다. 이 가운데 제도정치 참여운동은 생활정치와 이념정치 중 어디에 기반을 두느냐에 따라 지향하는 정치 패러다임이 달라질 수 있다. 예컨대 2008년 대선이나 2011 서울시장 보궐선거에서 보수진영은 뉴라이트와 같은 이념정치운동을 기반으로 제도정치 참여를 시도했으며, 진보진영은 생활정치운동을 기반으로 하는 정치참여를 시도했다.

시민운동은 시민사회의 다양한 정치지향들을 포괄하지만, 시민들의 삶의 문제를 직접적으로 반영하고 있다는 점에서 제도정치와 차이점이 있다. 나아가 탈냉전과 시장주의의 역사국면에서 이념정치운동은 주변화될 처지에 있고 비록 한반도의 특수성을 고려한다고 하더라도 적어도 새로운 정치의 대안은 될 수 없다. 따라서 시민정치가 대안의 가치와 대안의 제도로 기존의 대의적 질서를 변화시킬 수 있는 가능성은 무엇보다도 생활정치운동을 기반으로 하는 제도정치 참여운동에서 찾아질 수밖에 없다.

개인적 수준이나 조직적 수준에서 제도정치에 대한 개입과 진입은 기존의 정당정치에 대한 시민정치의 일종의 도전이다. 제도정치권에 대한 시민정치의 도전은 현실적으로는 활동가 개인의 자질이나 조직과 세력으로 나타나지만, 핵심가치와 지향의 측면에서는 시민정치에 내재된 '생활정치 패러다임'의 도전이라고 말할 수 있다. 이런 점에서 시민정치의 도전을 통해 기존의 정당질서 나아가 기존의 정치질서 변화를 보는 관점은 시민정치의 생활정치 패러다임을 정당정치체계가 얼마나 수용할 수 있는가의 문제로 좁혀질 수 있다.

2008년 미국산 쇠고기 수입반대 촛불집회는 제도영역의 정당정치가 미처 감지하지 못했고, 나아가 시민사회의 운동정치조차도 예상하기 어려웠던 거대한 시민행동이었다. 일반적으로 대중운동이나 시민들의 집합적 저항행동은 정당이나 노조, 시민단체 등의 조직이 주도하는 경향이 있었다. 그러나 2008년의 촛불집회는 인터넷을 기반으로 형성된 다양한 형태의 온라인 회원조직이라고 할 수 있는 '유연 자발집단'이 정당이나 노조, 시민단체 등 거대조직의 밖에서 자발적 시민동원을 만들어낸 것이다. 2011년 미국 월가의 시위는 세계 각국으로 확산되었는데 이른바 "월스트리트를 점령하라"는 '아큐파이 운동'의 동원력 또한 트위터나 페이스북으로 진화한 유연 자발집단에 의해 가능했다. 네트워크 정치가 만드는 자아실현과 자기확장의 과정이 집합적 시민행동으로 표현된 것이다.

부산 영도의 한진중공업 사태는 '희망버스 운동'이라고 부를 수 있는 새로운 시민참여와 동원의 양식을 출현시켰다. 청춘콘서트를 비롯한 '토크 콘서트'에 젊은 층이 열광적으로 호응하는 것은 자신들의 아픔이 콘서트의 형식을 통해 표출되고 공감을 경험할 수 있기 때문이다. 완전히 새로운 정치적 소통의 공간이 열린 셈이다. 토크 쇼의 내용을 인터넷 라디오방송이라는 새로운 형식으로 만들어 국민적 관심을 넘어 세계적 관심이 되었던 인터넷 팟캐스트 방송 '나는 꼼수다' 역시 새로운 정치양식이었다. 정당정치와 거대언론이 안아주지 못하는 시민들의 아픔과 욕망을 새로운 방식으로 거침없이 토해냄으로써 억압된 정치적 욕구가 표출되는 새로운 정치의 장을 열었던 것이다. 바로 여기에서 정부나 국회, 정당이나 언론이 해소해주지 못하는 시민의 불안과 불만

이 교호함으로써 소통과 공감의 정치가 구현된다는 사실을 알 수 있게
한다.

국회와 정당의 정치가 국가주의 패러다임에 갇혀 시민적 삶의 실존
을 외면하는 동안 시민의 불안과 불만, 울분과 절망은 온라인 네트워
크, 토크 콘서트의 현장, 인터넷 방송을 타고 그 어느 때보다 왕성한
참여와 소통, 공감의 욕구를 드러내고 있다. 제도정치보다 훨씬 더 낮
고, 조직이 주도하는 운동정치보다 더 낮은 곳에서, 그러나 제도정치
나 운동정치보다 훨씬 더 넓고 빠르고 깊게 마음과 행동이 움직이는
곳, 바로 개인들의 미시적 욕구가 소통하는 '미시정치'의 영역이 형성
되고 있다.

우리 시대의 미시정치의 역동성은 20대의 불안을 공론화하고, 30대
의 박탈을 정치화하며 40대의 번민을 재(再)정치화하고 있다. 미시정
치의 역동성은 생활의 모든 영역에서 그리고 모든 세대의 삶에서 작동
하고 있다. 생활정치 패러다임은 다른 무엇보다도 시민의 구체적인 삶
의 영역에서 살아 움직이는 미시정치를 본질로 한다. 생활의 시대이고
미시정치의 시대이다. 이 같은 시민사회의 넘치는 정치적 욕망의 흐름
을 가장 견고하게 차단하는 곳이 바로 메마른 껍질로 남은 정당이다.
정당이 새로운 생명력을 얻기 위한 보다 본질적 과제는 정치 패러다임
의 전환에 있다.

이런 점에서 생활정치 패러다임은 정당정치의 미시민주주의적 전환
을 요구하고 있다. 현재의 정당정치는 참여와 소통, 공감의 민주주의
를 실현할 수 있는 미시정치의 다양한 형태들, 즉 정당의 시스템을 시
민의 구체적인 삶과 결합하는 새로운 정치양식으로 전면적인 재구성이
필요하다. 거대정치 담론이나 기존의 거시정치 제도로는 증폭하는 시
민적 삶의 구체적 욕구를 수용하지 못하는 반면, 이른바 SNS를 수단으

로 한 미시적 소통의 네트워크는 새로운 정치적 동원과 정치적 표출 방식을 왕성하게 만들어내고 있다. 이제 정당정치의 획기적 전환이 더 이상 지체된다면 대의민주주의의 위기에 더해서 정당의 존재이유에 대한 근본적 문제제기에 직면하게 될 수도 있을 것이다. 정당정치의 대전환이 필요한 시점이 아닐 수 없다. 이 장에서는 이 같은 정당정치의 전환을 생활민주주의 패러다임과 생활정당의 새로운 모델을 통해 조망하고자 한다.

2. 국가주의 정치 패러다임과 정당정치의 위기

1) 국가주의 역사국면과 국가주의 정치 패러다임

한 사회 혹은 한 시대의 정치질서를 규정하는 포괄적 모델을 '정치 패러다임'이라고 할 수 있는데 여기에는 정치행위와 정치조직이 추구하는 주요 가치와 이슈, 행위자와 행위양식, 갈등 해결의 절차와 전술, 제도적 형태 등의 상호 관련된 문제들이 포함된다. 정치 패러다임을 구성하는 이러한 요소로 볼 때 정부, 의회, 정당, 노조, 이익단체들로 구성되는 근대 산업사회의 제도정치질서는 '국가주의' 정치 패러다임의 성격을 띤다고 말할 수 있다. 이 책의 제5장 제4절에서 설명한 근대 국가에 특징적인 국가 공공성의 시대에 조응하는 정치 패러다임이다. 제5장에서 강조한 바와 같이 근대국가는 폭력수단의 독점적 통제, 배타적인 영토권, 국민주권, 입헌성, 법에 의한 비인격적 권력, 정당성의 원천으로서의 법적 권위, 공공관료제, 시민권 등의 요소로 구성되어 있다. 무엇보다도 근대 국민국가 질서의 핵심은 헌법적 질서로서의 국가체계이다. 국가체계의 운영자들은 주권자인 국민의 위임을 받아 통치하기 때문에 공공적인 것이 국가행위에 집약되어 있다. 민주정치를 추구하는 대부분의 근대 국가체제에서 작동하는 위임권력구조에서 국민은 헌법적이고 형식적인 주권자에 머물고 실질적 주권자는 위임권력으로서의 국가다.

한국사회는 근대국가의 핵심요소들이 형성되는 시점에 일제 강점기를 경험했다. 2차 세계대전이 종결되면서 한국사회는 비로소 독립된 근대 국민국가 질서를 갖추었다. 말하자면 정치적으로는 의회민주주의에 바탕을 둔 대통령중심제, 경제적으로는 자본주의 생산체계, 이념적으로는 자유주의에 기초한 국민국가가 출범한 것이다. 역사를 중층적 구조로 보는 브로델(Fernand Braudel)의 논리를 차용하면 수백 년에 걸친 장기지속의 구조사와 단기적인 사건사의 중간에 수십 년의 역사시기를 특징짓는 '국면사'가 존재한다(페르낭 브로델, 1982). 적어도 2차 세계대전 이전의 역사국면을 식민주의와 군국주의 역사프레임이 지배한 국면이었다면, 2차 세계대전 이후 약 40~50년의 시기는 자유진영과 공산진영이 대결하는 냉전질서와 강력한 권위적 국가 공공성의 프레임이 지배하는 '냉전·국가주의 역사국면'이 전개된 것으로 볼 수 있다.

세계적인 냉전질서가 응축된 한반도에서 이 시기는 분단의 멍에가 씌워지고 냉전적 민족주의와 반공이데올로기에 의해 강력한 국가주의 프레임이 형성된 시점이다. 이 같은 국가주의 프레임은 정치질서에 있어서 독재 혹은 권위주의와 의회민주주의의 스펙트럼을 순환하기도 했다. 1948년에서 1960년까지의 이승만 정권, 1960년에서 1962년의 윤보선·장면정부, 1963년에서 1979년까지의 박정희 정권, 1980년에서 1987년의 전두환 정권, 1988년에서 1993년의 노태우 정권의 시기까지를 냉전·국가주의 역사국면의 시기로 볼 수 있고, 노태우 정권의 시기에 세계적으로 탈냉전의 새로운 역사국면이 시작되었다고 할 수 있다.

분단과 강력한 국가 공공성의 질서가 규정하는 냉전·국가주의 역사국면에서 정치 패러다임 또한 '국가주의 정치 패러다임'이 거의 모든 정치조직과 정치행위에 내면화되었다. 국가주의 정치 패러다임의 보다 원형적 형태는 이 책의 제2장에서 살펴 본 '체계정치 패러다임'이라고 할 수 있다. 우선 국가주의 패러다임이 추구하는 가치와 이념은 다른 무엇보다도 근대 국민국가의 핵심이념이라고 할 수 있는 민족주의다.

민족주의와 더불어 냉전적 세계질서가 규정하는 좌우의 계급이데올로기는 냉전이념으로 모든 가치에 대해 우월적인 지위를 가졌다. 민족주의는 대체로 제3세계에서 독재와 권위주의 통치의 수단으로 활용되는 경향이 뚜렷하다. 냉전이념과 결합되어 좌파와 우파의 민족주의가 대립하는가 하면 강력한 국가동원의 이데올로기로 작동하기도 한다. 한국의 경우 민족주의는 이른바 '민족적 민주주의'라는 이름으로 반공이데올로기와 함께 통제와 동원의 이데올로기로 기능하기도 했다. 이 같은 국가주의 이데올로기는 정치권력의 전략적 이데올로기로 구체화되기도 하는데, 경제성장주의와 지역주의가 가장 뚜렷한 국가주의 정치 패러다임의 전략적 이데올로기라고 말할 수 있다. 민족주의와 반공주의, 성장주의와 지역주의 등은 적어도 시민의 삶과는 분리된, 말하자면 시민의 삶 밖에서 시민의 삶을 통제하고 시민의 삶을 일방적으로 동원해내는 국가주의 이데올로기로 작동했다.

국가주의 정치 패러다임의 주요 행위자는 체계영역, 즉 정치행정영역과 경제영역을 구성하는 거시적이고 거대조직적 행위자들이다. 말하자면 정부, 의회, 정당, 기업, 거대노조, 거대이익단체 등이 국가주의 패러다임을 구성하고 있다. 근대 서구산업사회를 통합하는 국가주의는 주요 계급이익을 대변하는 행위자들의 대표체계로 구성되는 경향이 있다. 계급의 이익을 대변하는 정당과 계급이익을 중심으로 형성된 노동자와 자본가 단체들이 핵심적 축을 이루고 있다.

분단체제에서 오랫동안 반공민족주의의 편향된 이데올로기만이 팽창되었던 우리 사회에서 좌파이데올로기를 추구하는 계급적 주체들은 정당한 지위를 가질 수 없었다. 1990년대 이후 민주주의의 공고화 과정에서 진보적 정치세력들이 의회와 정당, 노조에 진출했지만 냉전·국가주의 역사국면 내내 국가주의 패러다임의 행위자들은 우파 보수주의의 지배적 경향을 보였다. 이 같은 거대조직적 행위자들은 특히 군부통치의 오랜 정치과정에서 국가권력에 순종함으로써 대체로 관변적 성격을 보였을 뿐만 아니라 지역주민조직에 이르기까지 일원적 동원의 체계를 갖추기도 했다.

국가주의 패러다임에서 주요한 정치적 이슈는 무엇보다도 경제성장과 분배의 문제였다. 특히 농업사회를 기반으로 하는 후발국가에서 경제성장의 문제는 절실한 것이었고 성장주의는 이데올로기화되기도 했다. 이 같은 경제성장은 특히 수출주도 성장을 지향하기 마련이었고 그 성과는 국가와 기업에 누적되었다. 분배의 문제는 언제나 강조되었지만 '파이를 키운 후 분배가 가능하다'는 논리 앞에 부차적이고 형식적인 것이 되었다.

우리 사회의 국가주의 정치 패러다임에서 경제성장의 이슈에 버금가는 것은 군사안보적 이슈였다. 분단냉전체제에서 군사안보의 이슈는 실제로도 남북의 군비경쟁과 잦은 군사분계선의 충돌로 전쟁을 떠올리는 뜨거운 이슈이지만 냉전체제에서 미국의 동아시아 전략에 따라 한반도를 억누르는 상존하는 이슈이기도 했다. 특히 군사안보 이슈는 정치과정의 만병통치약으로 작동하기도 했는데, 필요에 따라 이른바 용공조작사건을 만들어냄으로써 민주화운동 세력을 탄압하는 수단으로 사용되기도 했다.

이 같은 국가주의 정치 패러다임에서 정치과정은 자유주의와 대의민주적 절차를 표방하고 있으나 실제로는 권위주의적으로 운영되었다. 대의민주주의는 그 자체로 시민의 구체적인 삶과는 분리된 정치절차라고 할 수 있다. 여기에 권위주의 혹은 독재적 대의과정은 훨씬 더 시민의 삶과는 무관한 거시적 제도로 형상화되었다. 국가주의가 지배하는 근대성의 정치질서에서 사회운동의 정치는 시민권운동이 주도하는데 한국을 비롯한 제3세계에서는 민주화운동이나 정치경제개혁운동이 주류를 이루었다. 냉전·국가주의 역사국면에서 저항운동의 프레임이 민족민주운동으로 전개된 것은 국가주의 정치 패러다임의 효과라고 할 수 있다.

1990년대 이후 탈냉전의 세계사적 역사국면이 전개된 지 약 20년 이상이 지났지만 우리 시대의 정치영역은 '국가'라고 하는 거대한 제도의 틀에 갇혀 시민들의 실질적 삶의 양식에는 접근하지 못하는 뚜렷한 한계를 드러내고 있다. 국가주의 정치 패러다임의 효과가 아닐 수 없다. 말하자면 한국의 대의적 정치질서와 정당정치는 여전히 국가주의 정치 패러다임에 갇혀 시민사회의 생활정치 패러다임이 요구하는 사회변동과 갈등의 내용을 담아내지 못하는 심각한 정치 지체현상을 보이고 있다. 냉전 국가주의 역사국면에서 팽창된 국가주의 정치 패러다임이 만들어낸 우리 정당정치의 주요 특징은 다음과 같은 몇 가지로 유형화할 수 있다.

첫째, 한국의 정당질서는 '정당 보수주의'의 편향성이 뚜렷하다.

이명박 정권과 박근혜 정권에서 현재 야당의 위치에 있는 민주계열 정당의 뿌리는 해방 직후 창설된 한국민주당(한민당)이었다. 한민당은 해방 후 좌익의 진출에 대응해 만들어진 정치세력으로 최초로 보수주의를 표방하고 지주 및 자본가 층으로 구성되었으며, 미군정의 정책에 적극적으로 협력하고 미국의 대외정책도 지지했다. 한민당은 미군정기에는 여당의 위치에 있었으나 정부수립 이후 권력에서 소외되어 세력이 위축되었다가 민주국민당으로 재출발했으며, 이승만의 사사오입 개헌에 반대하면서 민주당으로 새롭게 결집했다(심지연 편, 2004: 78). 최초의 여당이라고 할 수 있는 자유당은 주지하듯이 이승만의 지지세력이 규합되어 만들어진 정당이기 때문에 반공이데올로기로 무장한 냉전보수주의의 선봉이었다. 1958년의 진보당 사건과 2014년 12월의 통진당 해산심판이 보여주듯이 한국정당의 정치이념은 대단히 편협한 스펙트럼에 갇혀 있다. 다당제를 채택하고 있지만 한국의 정치과정은 보수양당을 중심으로 이뤄졌는데 보수양당의 이념적 성향은 현 박근혜 정권을 기준으로 본다면 냉전보수주의를 지향하는 '새누리당'과 온건 혹은 중도보수주의를 지향하는 민주계열의 '새정치민주연합'이 광의의 보수적 지향을 유지하고 있다. 이 같은 한국 정당의 보수적 지향은 물론 분단체제의 영향과 국가주의 정치 패러다임의 효과이다.

그러나 실제 정당 내부 구성원과 소속 국회의원들의 이념적 성향은 혼합적이고 포괄적이다. 이 같은 내부이념의 다양성은 다른 무엇보다도 오로지 선거에서의 당선이나 권력의 분점을 위한 정치적 이익을 위해 보수정당의 테두리로 묶여 있다는 점에서 '정당 보수주의'라고 말할 수 있다. 이러한 정당 보수주의는 선거 국면에서 오로지 정치적 이익을 위해서는 상대를 '종북주의'로 거침없이 몰아붙이는 기형적 모습을 반복하기도 한다.

둘째, 국가주의 정치 패러다임에서 한국의 정당질서는 '정당 국가주의'의 특징을 갖는다.

정당은 원론적으로 국가와 시민사회의 중간에 위치하면서 시민사회의 정치적 욕구를 의회와 정부에 연결하는 가교적 역할을 해야 한다. 그러나 이승만 정권의 자유당 출범에서 알 수 있듯이 최초의 여당이 국가권력에 의해 정권을 수호하기 위한 수단으로 만들어진 이래 군부에 의한 비정상적 국가권력의 찬탈과정은 국가권력이 새로운 정당을 만들어내는 과정을 되풀이했다. 정당이 대중의 자발적인 정치적 결사체로 출범해서 정치권력을 창출하는 것이 아니라 거꾸로 국가권력이 권력유지의 수단으로 정당을 만들었기 때문에 정당의 자율성은 극소화되고 대통령과 청와대에 종속적으로 기능했다.

　나아가 한국의 정당은 국가와 정당의 상호침투나 정당 간의 공모를 특징으로 하는 '카르텔 정당'의 성격을 갖기도 한다. 카르텔 정당체제는 정치자금을 국고지원에 의존하는 독과점 정당체제를 지칭하는 것으로 소수 신생정당의 진입을 막고, 당원이 제공해야 할 자원을 국가가 제공하기 때문에 개별정당이 실질적 당원 기반을 확장할 동기를 잃게 된다. 따라서 당원과 비당원의 구분이 무의미하며, 정당지도부의 영향력이 극대화됨으로써 정당이 국가정책을 단순 전달하는 일종의 국가 대리인으로 기능하는 특징을 갖는다. 말하자면 정당이 국가권력으로부터 자율성을 갖기 어려운 '정당 국가주의'의 구조를 갖게 된 것이다. 정당질서에 내재된 이 같은 국가주의 성격을 강조한다면 우리 정당들은 '국가정당'이라고 할 수 있을지도 모른다.

　셋째, 국가주의 정치 패러다임은 한국의 정당질서를 '정당 지역주의'로 재편했다.

　한국사회에서 지역주의와 지역갈등의 원죄는 정당정치의 과정에 있다. 일상적 수준의 지역특성이나 지역정서, 지역민 간의 호불호의 감정이 언제나 선거와 정치과정을 통해 극단적으로 정치화되었기 때문이다. 정당이 지역균열을 주도한 셈인데, 말하자면 사회통합을 주도해야 할 정치의 기능이 오히려 사회를 분열과 갈등으로 몰아간 것이라고 할 수 있다. 무엇보다도 정당 지역주의의 원천인 '지역'은 냉전 국가주의 정치 패러다임에서 정당이 계급정당이나 여타의 이념정당으로 발전할 수 있는 기회가 원천적으로 폐쇄된 조건에서 정치인이 지지를 모아낼 수 있는 어쩌면 유일한 기반이었다. 특히 1971년 대선에서 공화당의 박정희 후보와 신민당의 김대중 후보의 대결은 영남과 호남을 이후 정당정치의 실질적 거점으로 만들었다. 민주화와 함께 대통령 직선제가 다시 실시된 1987년의 대선, 1992년의 대선에서 정당 지역주의는 맹위를 떨쳤다. 선거유세과정에서 대규모의 지역세를 동원하는 과정은 정당정치의 거대한 지역동원주의를 드러냈다. 이 같은 한국 정당정치의 지역기반성은 박근혜 정부에 이르기까지 영남지역에서 야당의 의석확보가, 그리고 호남지역에서 여당의 의석확보가 여전히 난공불락의 요새와 같이 어려울 정도로 지속되고 있다.

넷째, 국가주의 정치 패러다임은 '정당 권위주의'에 기반을 둔 정당 구조를 만들었다.

냉전 국가주의 역사국면에서 한국의 정당정치는 권위주의적 국가권력과 유사하게 정당민주주의를 실현하지 못했다. 국가주의 정치 패러다임에서 공적 질서는 국가권력을 정점으로 하는 고도로 중앙집중화된 국가 공공성의 구조를 구축하고 있다. 해방 이후 한국의 정치권력구조는 보편적인 국가주의 패러다임에서 나타나는 것보다 훨씬 더 강력한 중앙집중적 통제구조를 보였다. 이승만 독재 이후 박정희, 전두환의 군부독재, 그리고 민주화 이후의 정권들까지 여전히 대통령 1인에게 국가권력이 집중된 강력한 중앙집권적 지배질서를 유지하고 있다. 정당정치의 구조는 이러한 국가권력구조에 상응하듯 구조화된 측면이 있다. 말하자면 한국의 정당 구조 또한 중앙집권적 구조를 보이며, 김대중, 김영삼, 김종필과 같은 1인 보스의 리더십에 의존하고 정당의 모든 자원이 보스에게 집중된 구조를 가졌다. 특히 정당 지역주의를 기반으로 구축된 정당질서는 강력한 지역 지지기반을 가진 지역보스가 결국 정당권력을 장악하는 경향을 갖게 했다. 비록 3김의 시대는 갔지만 한국의 정당은 여전히 중앙집권적 '정당 권위주의'의 구조를 해체하지 못하고 있다.

다섯째, 국가주의 정치 패러다임은 정당 권위주의의 연장에서 '정당 파벌주의'를 만연시켰다.

정치의 본질은 파당에 있을 수 있다. 희소한 권력을 얻기 위해서는 비슷한 조건이나 입장을 가진 사람들끼리 세력을 만들어야 하고 그것이 파벌이 되기 마련이다. 이른바 계파정치다. 정당 자체가 하나의 큰 파벌이라고 보면 정당 내 계파 또한 자연스러운 일이라고 할 수도 있다. 그러나 정당 국가주의와 정당 지역주의, 정당 권위주의가 만든 가장 비정상적 정당효과가 당원을 실질적 기반으로 하지 않는 정당운영이며 시민적 삶의 욕구와 시민참여를 배제한 강력한 중앙집권적 정당구조이다. 바로 여기에서 풀뿌리 당원 및 시민과는 거리가 먼 중앙집중화된 권력을 담합적으로 나누기 위해 계파가 강화된다. 정당 파벌주의는 이런 점에서 아래로부터의 민주적 의사결정과정이나 공정하고 객관적인 시스템으로 정당을 운영하는 것이 아니라 계파담합의 정당운영을 의미한다. 특히 공직선거 후보의 공천과정에서 이러한 계파 담합은 우리 정당의 가장 고질적인 문제로 남아있다.

이상과 같은 국가주의 정치 패러다임과 결합된 우리 정당정치의 문제들은 정당을 점점 더 시민들로부터 고립시키고 있다. 정당 보수주의, 정당 국가주의, 정당 지역주의, 정당 권위주의, 그리고 정당 파벌주의는 다른 무엇보다도 실질적 당원기반이나 시민과 정당을 분리하는 구조적 원천이다. 당원이나 시민과 분리된 정당정치는 선거 시기에 지지자 동원을 위한 수단으로 정당을 이용했다가 권력을 잡고 나면 정당중심의 책임정치는 완벽히 잊고 마는 '한탕의 정치'를 반복하기 마련이다.

2) 역사국면의 전환과 정당정치의 3중 위기

국가주의 정치 패러다임에 경도되었던 한국의 정당정치는 그간에 전혀 변화가 없었던 것은 아니다. 예컨대 카르텔 정당이라고 불리던 '국가정당' 체제는 2002년 이후의 선거 및 정당관련 제도의 개선을 통해 새로운 변화를 가져온 것으로 평가되기도 한다. 정당명부식 비례대표제의 도입과 선거공영제의 확대, 국고보조금 배분제도의 개선 등을 통해 독과점 정당체제는 다소간의 개선을 보였다. 특히 국민참여 경선제도의 채택은 정당 국가주의나 정당 권위주의, 정당 파벌주의의 틀을 변화시킬 수 있는 긍정적 징후로 볼 수도 있다.

최근 들어 전통적 지지기반 지역의 반대쪽에서 극히 제한적이지만 의석을 만들고 전체 득표율도 반대지역에서 점점 더 높아지는 경향을 보이고 있다. 그러나 비록 이러한 변화가 있다고 하더라도 변화의 내용은 대의민주주의의 내부제도를 개선함으로써 정상성을 다소간 회복하는 수준이어서 우리 정당정치가 정치 패러다임의 전환에는 이르지 못하고 있다.

무엇보다도 민주화 이후 지난 20여 년 이상 전개된 지구적 수준의 사회변동은 시민적 삶의 내용을 엄청나게 빠른 속도로 변화시켰고, 이러한 변화는 기존 정당정치를 규정했던 국가주의 패러다임이 시민사회의 욕구에 더 이상 적응적이지 못하다는 사실을 알려주고 있다. 이 같은 변화가 단순한 사회변동이 아니라 거대전환의 사회변동을 추동하는 근원적 동력에서 기인한다고 할 때 우리 시대는 이미 새로운 역사국면이 전개되고 있다는 사실에 주목해야 한다. 말하자면 냉전·국가주의 역사국면이 종료되고 적어도 1990년대 이후 지구적 사회변동은 탈냉전·시장주의 역사국면으로 전환된 것으로 보아야 한다. 강력한 지구적 '시장화'와 전자정보통신망에 기반을 둔 '네트워크화'를 동력으로 하는 새로운 역사국면은 적어도 국가주의 정치 패러다임에 도전하는 새롭고도 거대한 사회변동을 이끌고 있다.

첫째로 강조할 수 있는 변화는 동구 사회주의의 붕괴와 함께 탈냉전, 탈이념의 시대를 열었다는 점이다.

탈냉전과 탈이념의 시대는 신자유주의 시장화의 지구적 경향 속에서 금융자본의 야만성과 가혹한 경쟁의 프레임으로 인한 기회박탈의 위기를 가중시키고 양극화로 인한 갈등을 증폭시켰다. 이러한 시장화의 경향은 2008년 월스트리트 발 세계금융위기 이후 새로운 자본주의의 길을 모색하는 일종의 성찰과 모색의 시기에 접어든 듯 보인다. 무엇보다 주목해야 할 지점은 냉전이념이 현재와 미래를 지향하는 가치가 아니라 오랜 과거의 가치로 시효가 만료되었다는 사실과 우리 시대에 새로운 대안의 질서, 대안의 가치가 절실하게 요구된다는 사실이다.

둘째로 주목되는 사회변동은 네트워크 시대의 도래다.

전자정보 네트워크와 커뮤니케이션 경로의 확대는 지구적 수준에서 정치와 경제와 문화를 네트워크로 연결할뿐더러 정치와 경제와 문화를 네트워크로 개방하기도 했다. 이미 국가영역에서 전자정부의 실험은 지속적으로 확대되고, 세계적으로 정당정치의 디지털화도 가속되고 있다. 경제영역에서 네트워크 경제는 기존의 시장경제를 빠르게 대체하고 있고, 시민사회와 문화영역은 훨씬 더 빠른 속도로 시민의 욕구를 소통시키는 새로운 공론장을 만들고 있다. 특히 놀랍게 발전하는 모바일 문화를 기반으로 광범하게 작동하는 SNS는 정치적 공론장을 더욱 직접적이고 더욱 광범하게 구축하고 있다.

셋째로 강조되는 변화는 탈영토주의와 탈국가주의의 거대경향이다.

탈냉전 시장주의 역사국면은 지구적 시장화의 확장에 따라 일국적 정치의 기반이라고 할 수 있는 영토주의를 넘어서는 정치, 경제, 문화적 영역을 확대시켰다. 초국적 기업의 확대는 말할 것도 없고, EU와 같은 대륙공동체, 국경을 넘어서는 네트워크 경제의 확대는 탈영토주의의 지표들이다. 나아가 이 같은 지구화 경향은 일국 내 국가주의를 크게 약화시키는 요인이기도 하다. 시장영역과 시민사회영역의 확대는 국가권력을 약화시켰으며 국가중심의 일원적 공공성의 질서를 다원적 공공성의 질서로 분산시켰다.

넷째로 주목할 수 있는 변화는 분권과 분산시대의 도래다.

탈이념, 네트워크, 탈국가의 현실적 효과는 분권과 분산이라고 할 수 있다. 냉전이념으로 뒷받침되는 강력한 중앙집권적 국가주의는 탈냉전 네트워크사회로의 변동으로 무엇보다도 기존의 권력과 제도를 분산시키는 경향을 갖는다. 특히 탈영토주의와 탈국가주의는 지구화 경향과 함께 지방화 효과를 동시에 갖는데 이러한 경향에 조응하기 위한 지방분권의 과제는 민주주의의 과제이기도 하다. 나아가 네트워크 경제와 커뮤니케이션 경로의 팽창은 정치권력과 시장권력, 문화권력의 거점을 다양한 시민의 삶의 영역으로 광범하게 분산시키는 경향을 촉진시키고 있다.

이 모든 새로운 변화의 핵심은 이념과 국가와 거대제도의 껍질을 벗은 후 드러나는 것이야말로 아주 구체적인 시민의 실존적 삶이라는 사실이다. 따라서 새로운 역사국면과 새로운 정치 패러다임에서 정치와 국가와 민주주의의 중심에 있어야 할 것은 다른 무엇보다도 시민의 실존적 삶이다. 시민의 해체된 삶은 기본적으로 물질적 욕구의 충족을 필요로 한다는 점에서 일자리와 복지의 문제야말로 직접적 현안이 되었다. 다른 한편 탈물질적 가치와 탈현대적 욕구의 확대는 정체성과 안전한 삶에 대한 욕구를 자극함으로써 환경, 건강과 보건의료, 반핵평화,

성, 평등, 인권의 가치를 보편화하고 있기도 하다.

　근대적 사회구성의 질서를 근본적으로 바꾸는 이같이 거대한 사회변동의 흐름은 무엇보다도 일상적 삶의 문제를 '정치화'하고 있다는 점에서 주목된다. 식품, 환경, 노동, 교육, 주택, 보건의료, 성, 노인 등 일상적 삶의 이슈들이 정치화하고 나아가 갈등정치의 양상으로 드러나고 있다. 국가주의 정치 패러다임은 이러한 광범한 시민적 욕구를 담아내지 못함으로써 정당정치에서도 성찰적 재구성이 요구될 수밖에 없다. 어쩌면 모든 제도영역 가운데 정당정치의 영역이 가장 더딘 변화를 보이고 있는 것인지도 모른다. 새로운 역사국면에서 정당 보수주의, 정당 국가주의, 정당 지역주의, 정당 권위주의, 정당 파벌주의는 더 이상 정당을 시민사회의 변화된 욕구와 결합시킬 수 없는 근대의 유물로 전락시킬 위기에 직면해 있다.

　이 같은 우리 정당의 위기는 단순히 리더십의 위기나 재정위기와 같은 조직능력의 위기를 의미하기보다는 새로운 사회변동에 적응하지 못함으로써 나타나는 총체적 전환의 위기라는 점에서 훨씬 더 근본적이라고 할 수 있다. 한국 정당정치의 전환의 위기는 정체성의 위기, 대중기반의 위기, 소통의 위기가 중첩된 3중의 위기구조를 드러내고 있다.

　첫째, 우리 정당은 심각하고 오랜 '정체성의 위기'에 놓여있다.

　우리 정당은 야당이든 여당이든 스스로를 어떤 정당이라고 분명하게 말할 수 없다. 그래서 어느 당이나 혼합정당이다. 근대 정당은 원론적으로 사회적 균열을 반영해서 비교적 뚜렷한 정체성을 가진다. 계급, 종교, 지역 등의 균열에 따라 정당은 자기정체성을 갖지만 탈근대, 탈냉전의 사회변동과정에서 이제 이러한 균열은 점점 더 의미를 잃어가고 있다. 한국의 정당정치에서 정체성 위기의 심각성은 탈냉전과 탈근대의 사회변동에도 불구하고 여전히 낡은 이념의 틀에 갇혀있다는 점이다. 끊임없이 정당 내부에서는 혁신을 주창하지만 새로운 가치와 방향, 비전은 제시하지 못하고 있다. 정당 보수주의의 틀 내에서 냉전적이념의 틀을 깨고 나오지 못하는 현실은 언제나 진보와 보수의 궤도에서 중도 진보냐 중도 보수냐를 묻는 데 그치고 마는 한계를 벗어나지 못한다는 데 잘 나타나 있다. 조금 더 왼쪽과 조금 더 오른쪽을 끊임없이 왕복하는 이념의 추를 이제 뗄 때가 되었고, 이념의 궤도 자체를 걷어낼 때가 되었다.

둘째, 우리 정당은 오랜 국가주의 정치 패러다임으로 인해 '대중기반의 위기' 나아가 시민참여의 위기를 겪고 있다.

한국 정당의 국가정당적 특징은 국가가 지원하는 정당보조금에 대한 의존도가 커서 당원기반은 대단히 취약했다. 대부분의 경우 정당은 국가권력이 만들거나 선거국면에서 정치지도자의 필요에 따라 만들어졌기 때문에 자발적인 대중기반이 지극히 취약하다. 군부집권의 오랜 기간 동안 대통령 직선제는 폐지되었기 때문에 직선제가 부활한 1987년 대선 이후 이른바 3김씨가 격돌하는 선거에서 각 정당의 당원구조는 선거에서의 세과시를 위한 동원구조 그 자체였다. 급조된 명부상의 당원들이 전국을 버스로 돌면서 동원되는 일종의 '동원정당의 시대'가 있었다. 노무현 대통령 시기에 정당의 거품을 빼기 위해 당비를 내는 당원을 늘리는 '진성당원의 시대'를 잠시 맞기도 했다. 그러나 정당 국가주의와 정당 지역주의, 정당 권위주의와 정당 파벌주의에서 벗어나지 못하는 한국의 정당은 당원기반의 취약성을 원천적으로 극복하기 어렵다. 게다가 새로운 사회변동과 함께 우리 시대의 정당은 당원중심 정당모델의 폐쇄성을 넘어 지지자 기반의 정당모델로 전환해야 할 요구에 직면해 있다. 그럼에도 불구하고 정당정치의 풀뿌리 기반은 점점 더 허약해지고 있는 실정이다.

정당에 시민과 지지자, 당원이 보이지 않는다. 유권자와 시민은 네트워크로 존재하는데 정당은 네트워크 밖의 섬으로 존재한다. 서구 주요 정당들은 이미 네트워크 위의 시민을 찾아 변신을 거듭하고 있다. 지지자 모델 정당이든 당원모델 정당이든 새로운 지지기반의 확충을 위한 혁신 없이는 존립이 어렵다. 시민 속으로 들어가고 시민의 삶을 정당의 네트워크에 결합시킬 때만 정당정치는 생명력을 가질 수 있다.

셋째, 한국의 정당정치는 '소통의 위기'가 심각하다.

국가주의 정치 패러다임 안에서 국가정당의 구조, 정당 지역주의, 특히 정당 권위주의와 정당 파벌주의는 소통의 위기를 누적시킴으로써 당내 민주주의를 지속적으로 위협하고 있다. 정당을 기득권과 이익의 담합으로 질식시키는 계파정치는 분열과 갈등의 진원이 된 지 오래다. 나아가 시민과 지지자, 당원이 배제된 정당시스템은 아래로부터의 소통을 봉쇄하고 있다. 중앙당과 지도부에 과도하게 위임된 의사결정구조와 국회의원 중심의 정당운영 방식도 민주적 소통과는 거리가 멀다. 계파 담합의 구조를 생산적 협력의 질서로 바꾸고, 시민과 지지자와 당원과 공감하는 합의적이고 숙의적인 소통, 중앙당과 지도부에 집중된 당권력을 분산시키는 분권적 소통을 강화하는 것이야말로 소통의 위기를 넘어설 수 있는 시급한 과제다.

정치성의 위기, 대중기반의 위기, 소통의 위기라는 3중의 위기를 넘어서기 위해 정당정치는 보다 근본적으로 혁신되어야 한다. 무엇보다도 '생활민주주의'를 지향하는 '생활정당'이야말로 우리 시대의 '새로운' 진보정당이 나아가야 할 길로 본다. 생활민주주의의 시대정신을 전폭적으로 수용함으로써 당의 뿌리와 체질과 정신의 근본을 바꾸지 않고서는 우리 정치의 후진성을 벗어날 수 없다. 시민과 지지자는 네트워크

위에 있고, 네트워크는 시민의 생활 속에 뻗어 있다. 정치의 모든 형식과 장식을 내려놓고 수많은 네트워크로 뻗어 있는 시민의 삶 속으로 오로지 돌진하지 않고서는 정당의 미래는 없고 정치의 미래 또한 없다.

3. 생활민주주의 정치 패러다임과 생활정당

1) 생활정당과 생활민주주의

우리 시대 정당정치는 단순히 대의민주주의 내부의 제도적 절차를 변화시키는 것만으로는 거대전환의 사회변동과 시민사회의 욕구에 적응적인 전환을 이룰 수 없다. 그것은 국가주의 패러다임의 거시제도 중심의 질서를 새로운 정치 패러다임으로 재구성함으로써 가능하고 그러한 정치 패러다임은 사회구성 방식과 삶의 양식을 새롭게 선택하는 문제와도 결부되어 있다. 이 같은 정당정치의 전환에서 주목할 수 있는 것이 '생활정치 패러다임'이다.

생활정치는 단순히 생활주변 혹은 생활환경에 관련된 관심으로 이해하는 경향이 있어서 사회과학적 개념으로서의 진지한 접근을 방해하는 경우가 많다. 이미 이 책의 제2장에서 자세히 설명했듯이 생활정치는 후기 근대성의 체계에서 작동하는 삶의 양식에 관련된 정치로, 성찰적으로 질서 지어지고 성찰적으로 동원된 환경 속에서 전개되는 자기실현과 자기정체성의 정치라고 할 수 있다. 후기 근대의 '성찰성'은 국가, 시장, 계급, 정당정치 등 근대사회가 만든 핵심제도들이 억압하는 도덕적이고 실존적인 문제들을 전면에 등장시킨다. 따라서 생활정치는 이러한 성찰성에 따라 삶의 결정에 관한 정치, 정체성과 관련된 선택의 정치가 된다.

이런 점에서 생활정치의 핵심요소는 존재의 '자아실현성'과, 이러한 자기실현성을 사회적 공간에서 얼마나 넓혀갈 것인가를 문제 삼는 '자아확장성'이라고 할 수 있다. 이 같은 자아실현과 자기확장의 정치야말로 근대적 제도를 성찰적으로 재구성하게 만드는 원천적 요소라고 할 수 있다. 생활정치의 핵심가치를 이렇게 본다면 생활정치는 단순히 생활주변의 문제가 아니라 이슈에 따라 확장의 범위가 달라질 수 있다. 말하자면 대학의 등록금투쟁과 같이 '현장적 수준'에서 국가정책적 이슈로 확대되는 경우가 있는가 하면, 로컬 푸드 운동이나 부안 방폐장 반대운동과 같이 '지역적 수준'의 생활정치, 미국산 쇠고기 수입반대와 같은 '국가적 수준'의 생활정치 나아가 원전반대, 습지보전운동과 같은 '지구적 수준'의 생활정치를 구분해볼 수도 있다.

국가주의 정치 패러다임과 비교할 때 생활정치 패러다임의 주요 행위자는 이슈에 따라 달리 형성되는데, 진보-보수의 구분이나 자유주의-사회주의의 구분과 같은 전통적 이념 및 사회경제적 계급으로는 포괄할 수 없는 새로운 사회범주들이라고 할 수 있다. 시민단체, 지역주민, 전자적 공론장을 매개로 형성되는 다양한 형태의 유연 자발집단, 다양한 생활영역에서 정치화된 생활시민 등이 생활정치의 이슈에 따라 주체화되는 것이다.

국가주의 패러다임의 냉전이념이나 성장주의 가치와는 달리 생활정치 패러다임은 생태, 평화, 여성, 인권 등의 가치를 지향함으로써 정체성지향의 자아실현과 자기확장을 추구한다. 이러한 가치는 식품, 환경, 노동, 교육, 주택, 보건의료, 여성, 노인 등의 이슈로 구체화되며 다양한 생활정치운동을 출현시킨다. 국가주의 정치 패러다임에서 사회통합을 가능하게 하는 공공성의 질서는 국가 공공성으로 일원화되었으나 생활정치 패러다임에서는 시민사회의 다원적 공공성이 작동하며 나아가 시장 공공성도 공적 질서를 분점하게 된다.

이 같은 생활정치 패러다임은 시민사회영역에 국한된 정치 패러다임이 아니다. 생활정치 패러다임은 시민사회의 새로운 운동정치를 규정하지만 여기에 머물지 않고 정당정치와 국가영역을 재구성하는 정치 패러다임이라고 할 수 있다. 특히 생활정치 패러다임으로 재구성된 정당과 국가를 생활정당과 생활국가라고 개념화할 수 있는데, 생활정당과 생활국가는 다른 무엇보다도 생활민주주의를 새로운 정치적 지향으로 삼고 있다.

앞에서 저자는 국가주의 정치 패러다임 내에서 정당 국가주의와 정당 보수주의, 정당 지역주의, 정당 권위주의와 정당 파벌주의에 기반을 둔 한국 정당정치의 위기를 정체성의 위기, 대중기반의 위기, 소통의 위기라는 3중의 위기로 규정했다. 이제 이 같은 위기를 극복할 수 있는 새로운 정당모델을 '생활정당'이라고 전망할 수 있다.

생활정당은 정치와 국가와 민주주의의 중심에 시민의 삶을 두는 정치를 지향하고, 삶의 현장을 지향하는 정당이다. 생활정당의 새로운 정체성과 새로운 지향은 '생활민주주의'에서 찾아져야 한다. 생활민주주의의 정치지향은 이른바 좌도 아니고 우도 아닌 가장 '앞'에서 나아가는 지향이라고 말할 수 있다.

생활정당이 추구하는 생활민주주의는 생활 주권주의, 생활책임주의, 생활협력주의라는 핵심적 지향에 주목할 수 있다. 제1장에서 살펴보았듯이 이념과 제도, 수많은 정치양식과 이슈로 겹겹이 쌓인 정치의 껍질을 벗기면 남게 되는 알맹이는 시민의 실존적 삶이다. 시민의 실존적 삶, 즉 생활을 민주주의적으로 재구성하는 핵심적 가치는 이미 앞에서 언급한 바와 같이 자율과 책임과 협력의 가치다. 생활 주권주의와 생활책임주의, 생활협력주의는 자율과 책임과 협력의 가치에 상응하는 제도적 지향이다.

첫째, 생활민주주의를 구성하는 제1의 윤리는 '생활 주권주의'다.

현대민주주의 국가는 예외 없이 주권이 국민(시민)에게 있다는 점을 표방한다. 말하자면 주권재민(主權在民)의 원칙이다. 그러나 실제로 대의민주주의 체제에서 실질적 주권은 위임권력으로서의 국가에 있다. 생활민주주의는 선거 시에 위임의 대상을 선택할 권리만을 갖는 형식적 주권으로서의 시민주권의 실질적 내용을 지향한다. 즉, 시민주권의 실질적 내용으로 시민이 스스로 자기 삶의 주인이 될 수 있는 '생활주권'을 강조한다. 주권재민의 원칙을 넘어서는 보다 실질적인 '주권재생'(主權在生)의 원칙이라고 말할 수 있다. 생활 주권주의는 정당이 추구하는 정치와 국가와 민주주의의 중심에 시민의 삶을 두고, 시민의 삶의 문제를 직접 해결하는 정치를 지향한다. 나아가 시민이 직접 생활영역과 결부된 정치과정에 참여하고 숙의하며 결정하는 민주주의를 지향함으로써 생활영역을 주권적으로 재구성한다.

둘째, 생활민주주의를 구성하는 제2의 윤리는 '생활책임주의'다.

생활책임주의는 두 가지 방향의 책임성을 의미하는데, 하나는 정치와 민주주의와 국가가 시민의 일상적 생활에 직접 책임지는 정당정치를 말한다. 시민생활을 직접 책임지는 정치는 우선 기본적 생활을 유지할 수 있는 조건을 만들어주는 것으로 안정된 일자리와 보편적 복지를 제공하는 정치이며, 나아가 시민의 안전하고 행복한 삶을 위해 사회와 생활영역을 새롭게 디자인하는 것이 포함된다. 생활책임주의의 다른 하나의 방향은 시민이 생활주권자로 생활 공공성의 질서를 구성하는 주체가 된 만큼 정치적 책임 또한 공유하는 구조를 의미한다. 말하자면 생활주권주의는 시민의 직접적인 참여와 숙의의 정치과정을 가급적 다차원적으로 갖춤으로써 직접 민주적 요소의 확대를 지향하는데 특히 지역적 생활주권은 생활민주주의의 가장 의미 있는 지점이라고 할 수 있다. 따라서 참여와 숙의의 정치과정을 공유하는 만큼 정치적 책임 또한 정부와 시민이 공유해야 하는 것이다. 이러한 점에서 생활책임주의는 사회적 갈등의 비용을 줄이는 생활민주주의의 효과를 만들기도 한다.

셋째, 생활민주주의를 구성하는 제3의 윤리는 '생활협력주의'다.

국가 공공성의 질서에 비해 생활 공공성의 질서는 훨씬 더 자율적이고 개별화된 공적 질서다. 이처럼 개별화된 공적 질서를 공공적으로 결합하기 위해 추구되는 핵심가치는 '협력'의 가치다. 따라서 생활협력주의는 자율적 연대를 기반으로 삶의 문제를 '함께' 해결하는 민주주의다. 생활협력주의는 생활민주주의를 구성하는 제3의 윤리이지만 생활 공공성의 질서를 가능하게 하는 핵심적 윤리라는 점에서 다른 민주주의의 유형과 차별화되는 지점이다. 시민사회의 자율적 생활협력은 다양한 형태의 생활 공공성 운동으로 나타나는데, 협동조합운동을 비롯한 사회적 가치를 추구하는 사회적 경제 혹은 공유경제가 여기에 해당한다. 다른 한편 시민사회와 기업, 정부(혹은 지방정부)의 협치의 방식 또한 생활협력주의의 한 흐름이라고 할 수 있다.

앞에서 언급한 바와 같이 오늘날의 정당정치는 정체성의 위기가 심각하다. 탈근대와 탈냉전의 사회변동 과정에서 기존의 지지기반과 이념적 지향은 더 이상 생명력을 갖기 어렵다. 생활민주주의는 민주진보진영 정당의 새로운 정체성을 구축하는 동시에 새로운 정치지향이 될수 있다. 나아가 생활민주주의를 구성하는 생활 주권주의와 생활 책임주의, 그리고 생활 협력주의는 정치의 모든 장식과 가식을 내려놓고 '생활'을 정치의 이유이자 가치로 삼는 새로운 정당정체성을 강화할 수있을 것이다.

2) 생활정당과 '스마트 정치'

정당 권위주의와 정당 파벌주의는 소통위기의 원천이다. 나아가 대중기반의 위기 또한 국가주의 패러다임의 효과라고 할 수 있다. 정당 권위주의와 계파주의, 정당 국가주의와 지역주의를 넘어서는 생활정당은 시민들의 가장 구체적인 삶의 영역에 일상적으로 접속된 민주주의를 지향한다. 따라서 생활정당은 정당의 외연을 극대화하면서 동시에 상시적인 소통구조를 가짐으로써 적어도 소통과 대중기반의 이중위기를 탈출할 수 있다. 생활정당은 분권적 소통, 합의적 소통, 참여적 소통의 3중 소통 혁신을 실현함으로써 이중의 위기를 벗어날 수 있는데, 이러한 혁신을 보다 근본적으로 실현하기 위해서는 다른 무엇보다도 디지털 통신망을 활용한 네트워크 정당으로의 혁신적 전환이 필요하다.

첫째, '분권적 생활정당'으로 소통의 위기를 넘어서야 한다.

분권적 소통의 핵심은 정당의 중앙집중화된 권력을 분산시키는 것으로 중앙당의 권한을 시·도당으로 과감하게 이전하는 데 있다. 당 재정을 포함한 중앙당의 실질적 권한을 원내와 원외 구분 없이 지역위원회에 나눔으로써 풀뿌리 지역을 강화해야 한다. 지역위원회의 강화는 당의 소통을 확장시키고 풀뿌리 기반을 튼튼하게 해서 당의 외연확장에도 기여할 수 있다. 당대표를 비롯한 지도부의 독점구조도 훨씬 더 분산시켜야 한다. 당내 주요 의결기구의 분권화를 모색해야 한다. 무엇보다도 분권적 생활정당은 지도부와 국회의원의 정당이 되어서는 안 된다. 국회의원은 의정활동에 전념하고 원외의 인재들이 당내 조직에 기여할 수 있는 기회를 주어야 한다. 당원과 지지자와 일반시민에게도 항상 열려있는 정당이어야 분권정당이라고 말할 수 있다.

둘째, '합의적 생활정당'으로 소통의 위기를 넘어서야 한다.

정당 권위주의와 정당 파벌주의에 물든 계파 담합의 정치를 혁파하기 위해서는 합의적 소통을 지향함으로써 개방되고 성숙한 연합과 합의의 생활정당을 만들어야 한다. 정치의 장에서 계파나 정파를 부인할 수 없다. 어쩌면 정치는 계파나 정파 그 자체일지도 모른다. 문제는 주요 당직과 공직후보의 선출과정이 계파 간 담합으로 결정됨으로써 정당정치의 공공성을 훼손할 뿐만 아니라 종국에는 갈등과 해체를 수반하는 관행으로 이어져 정당의 근본을 무너뜨린다는 데 있다. 계파 간의 정치를 생산적 협력정치로 이끄는 생활정당이 되기 위해서는 무엇보다도 숙의와 합의의 절차를 갖추는 것이 중요하다.

예컨대 주요 공직과 당직의 선출을 위한 룰의 결정과정, 지역위원장의 선출과 국회의원 공천과정에 숙의와 합의의 절차를 갖추어야 한다. 특히 공직과 당직 선출의 독립성과 객관성을 보장하는 방안으로 해당 지역의 당원, 지지자, 시민으로 구성된 배심원단을 운영함으로써 충분하고도 실질적인 숙의 과정을 거친 후 시민배심원단의 결정을 반영하는 방법도 있다.

셋째, '참여적 생활정당'으로 소통의 위기를 넘어서야 한다.

시민과 지지자와 당원의 참여를 확대하는 것은 소통의 위기와 당 기반의 위기를 동시에 해결하는 핵심적 과제다. 우리 시대의 정당은 당원 중심의 폐쇄적 구조를 탈피하고 일반시민과 지지자를 전폭적으로 수용하는 정당으로 완전히 바뀌어야 한다. 온라인과 오프라인을 결합하는 다양한 플랫폼을 구축하고 당원뿐만 아니라 시민과 지지자를 생활주권의 주체로 당에 참여시켜야 한다. 참여적 생활정당은 무엇보다도 직접민주주의를 확장하는 시민참여 정당이다. 이를 위해서는 온라인 투표, 온라인 청원, 온라인 소환이 가능한 시스템을 갖추고 이를 기반으로 정책결정, 청원, 정책발안, 당직 및 공직 소환 등의 제도가 운영될 수 있게 해야 한다. 시민참여의 핵심적 과제는 역시 공직과 당직의 후보선출이다. 주요 공직과 당직 후보 선출은 완전개방형 예비경선제를 도입할 뿐만 아니라 당의 주요 정책결정에 당원과 일반시민에게 동일한 권한을 부여하는 완전개방을 실현해야 한다.

분권적 소통, 합의적 소통, 참여적 소통이라는 3중 소통의 혁신을 통한 정당정치의 위기극복은 정당의 외연 확장의 과제와 중첩되어 있고 이러한 과제는 다른 무엇보다도 '스마트 정당'으로의 전면적 구조전환을 통해 수행될 수 있다. 스마트 정당(smart party)은 우리 시대의 발달된 정보통신기술을 바탕으로 디지털 시스템을 갖추고, 스마트폰이나 컴퓨터를 활용해서 정당과 시민사회를 연결하는 네트워크 정당을 의미한다. 스마트 정당은 국가주의 정치 패러다임의 경직되고 폐쇄적인 정당구조를 지지자와 시민에게 개방할 뿐만 아니라 네트워크로 연결함으로써 외연의 확장은 물론이고 정당정치를 유연하고 민첩하며 집단지성적으로 전환시키는 정당시스템이다.

스마트 정당은 디지털 네트워크를 통해 연결하고 다양한 온라인 플랫폼을 설치하여 시민들의 정치참여를 확장하는 구조를 갖기 때문에 '디지털 정당'이기도 하고, '네트워크 정당'이라 부를 수도 있다.

오늘날 온라인 기반의 다양한 유연 자발집단들은 시민사회의 정치적 공론장을 이미 주도하고 있다. 한국에서 2008년 광우병 소고기 수입을 반대하는 대규모 촛불시위, 2011년 전세계로 확산된 미국 월스트리트 점령운동, 중동지역의 튤립혁명 등은 이 같은 온라인 네트워크로 가능했다.

미국의 무브온(MoveOn.org)은 친민주당 성향의 진보 온라인 운동 조직이다. 무브온은 1998년 클린턴 탄핵 반대 온라인 청원운동을 계기로 출범해서 세간에 알려졌으나 2008년 대선에서 오바마 민주당 후보를 지원하면서 전국적인 주목을 받았다. 회원 약 5백만 명의 무브온은 전통적 유세방식과 별도로 인터넷을 활용한 디지털 유세의 시대를 개막했다. '액션포럼'과 같은 인터넷토론 광장을 주도했고, '미트업닷컴'(Meetup.com)과 같은 풀뿌리 시민조직과 연대해서 각 지역의 유권자들이 행동할 수 있는 각종 행사를 벌였다. 무브온은 다양한 온라인 청원운동을 주도했고, 성공적인 모금운동으로도 잘 알려져 있다. 공익적 활동을 위한 모금과 함께 민주당 정치인을 위한 모금활동도 자주 벌인다.

최근 세계 각국의 주요 정당들은 새로운 사회변동에 적응하기 위해 변화의 노력을 하고 있는데 그 핵심은 스마트 정당으로의 변신이다. 무부온의 활동과 함께 미국 민주당의 개방적 SNS기반의 네트워크 정당으로의 변화도 눈여겨볼 만하지만 영국 노동당의 변신은 놀랍다. 114년의 오랜 역사를 가진 영국노동당은 노동조합을 기반으로 만들어졌다. 2014년 영국노동당은 마침내 일반시민에게도 당원과 동등한 자격을 부여하는 획기적 개방을 관철했다. 대처와 메이저의 보수당 정권 18년을 종식시킨 것은 이른바 '제3의 길'을 채택한 노동당의 대변신으로 가능했다. 집권 13년 만인 2010년 캐머런의 보수당에게 다시 권력을 넘겨준 노동당은 2015년 총선에서의 승리를 위해 노동조합중심의 당원 구조를 완전히 개방하고 온라인 기반의 네트워크를 구축하는 또 한 번의 변신을 시도한 것이다.

2013년 7월 영국 노동당 대표 밀리밴드(Edward Samuel Miliband)는 정당혁신을 위한 4개의 플랫폼을 활용하여 영국노동당을 완전한 시민 참여정당으로 혁신함으로써 2015년 집권하겠다는 의지를 표명했다. 영국노동당을 스마트 정당으로 변화시킨 4개의 플랫폼은 당원활동지원 플랫폼인 '멤버스넷'(Membersnet), 시민참여 정책제안 플랫폼인 '유어브리튼'(Your Britain), 온라인 캠페인 지원 플랫폼인 '위듀포유'(With you, For you), 진보진영의 미디어 '래이버리스트'(LabourList) 등으로 구성되어 있다.

가장 앞서 가는 스마트 정당은 독일의 '해적당'(Die Piratenpartei) 사례에서 찾을 수 있다. 해적당은 2006년 스웨덴에서 시작된 정당으로 창당 3년 만에 유럽의회 선거에서 7.4%의 지지율을 얻으며 유럽정치의 주목을 끌었다. 2011년 9월 독일 베를린 의회 선거에서는 8.9%의 지지로 총 149석 가운데 15석을 차지하면서 의회에 진출했다. 2012년 3월 자를란트 주 의회선거에서는 7.4%, 5월의 슐레스비히-홀슈타인 (Schleswig-Holstein) 선거에서 8.2%를 얻는 등 독일 전역에서 점점 더 많은 지지를 얻고 있다. 해적당은 인터넷을 정치의 미래지향적 플랫폼으로 보는 정당이다. 해적당은 단지 자유로운 정치적 소통을 위해 트위터나 페이스북을 활용하는 수준이 아니라 인터넷을 정치적 혁신을 가능하게 하는 엄청난 잠재력을 가진 플랫폼으로 본다. 이들은 당원이 인터넷상에서 민주적으로 의사를 표현하고 결정할 수 있게 하는 소프트웨어를 개발하고 이를 활용한다. 특히 소통과 공유의 상징인 인터넷을 적극적으로 옹호하고 절대적 혹은 배타적 권리인 특허권 등의 지적 재산권에 과감하게 도전하고 거부하는 정치적 선택을 하고 있다(마르틴 호이즐러. 2012: 165).

해적당은 인터넷의 특성과 스스로의 정체성을 결합시키는데 그 핵심이 '흐르는 민주주의'(Liquid Democracy)다. 인터넷은 위계적으로 움직이는 것이 아니라 네트워크를 통해 모든 방향으로 흐른다. 해적당이 지향하는 흐르는 민주주의실현은 오늘날의 인터넷 기술이 고대의 직접민주주의를 가능하게 할 수준에 있기 때문에 가능성을 갖는다. 실제로 해적당은 '리퀴드 피드백'이라는 소프트웨어를 활용해 흐르는 민주주의를 실현하고 있다. 해적당의 핵심적 성격은 "정치 속으로 걸어 들어가 그곳에서 내용적으로 무언가를 바꾸려 하는 것이 아니라 정치 자체를 변화시키려는 노력이다. (우리가 원하는 것은) 정치가 수행되고 인식되고 결정되고 시민들이 참여하는 지금의 방식 자체를 바꾸는 일이다"(마르틴 호이즐러, 2012: 166)라는 데서 잘 나타난다. 해적당은 공통된 이념이 아닌 공통된 방법론으로 뭉친 최초의 정당이다. 그들의 방법은 함께 이야기하고, 인터넷에서 함께 행동하는 것이다(마르틴 호이즐러, 2012: 166~167).

해적당과 같이 정치의 방식 자체를 바꾸는 데 대해서는 또 다른 논의가 필요하지만 적어도 국가주의 정치 패러다임으로부터 벗어나 새로운 진보를 지향하는 정당이라면 스마트 정당으로의 전환은 필수적이라고 할 수 있다. 미국의 민주당이나 영국의 노동당의 변화를 보더라도 스마트 정당으로의 전환은 지체할 수 없다. 한국의 정당 보수주의, 정당 국가주의, 정당 지역주의, 정당 권위주의와 정당 파벌주의에 묶인 정당정치의 3중 위기를 넘어서 소통과 외연의 확장을 가능하게 하기 위해서는 무엇보다도 스마트 생활정당으로의 전환이 시급하다.

3) 생활정당과 '모든 이를 위한 정치'

생활정당의 지지기반은 '생활 민주진영' 혹은 '생활 진보진영'이라고 부를 수 있다. 그러나 오랜 국가정당의 시대와 동원정당의 시대, 진성당원의 시대를 거치면서 보수야당을 포함한 민주진보진영 정당의 실질적 당원 기반은 고도로 위축되었을 뿐만 아니라 당원의 고령화 현상 또한 심각하다. 지지기반의 위기가 아닐 수 없다. 스마트 정당은 네트워크 정치를 통해 시민과 접속하고 정당의 외연을 확장함으로써 소통의 문제뿐만 아니라 대중기반의 위기 또한 해소할 수 있는 가능성을 갖는다. 문제는 거대전환의 사회변동 속에서 생활민주주의와 생활정당의 지지기반을 어떻게 규정할 것인가 혹은 생활민주주의와 생활정당은 누구와 함께할 것인가에 있다. 탈냉전과 탈이념의 새로운 역사국면에서 구래의 민주진영과 진보진영을 넘어선 생활민주진영 혹은 생활진보진영은 어떻게 규정할 수 있나?

생활민주주의는 '모든 이를 위한 민주주의'이고, '모든 이를 위한 정치'다. 생활은 모든 이에게 부여된 실존이다. 서로 다른 삶을 가르는 계급과 계층, 지역 등은 더 이상 유용한 불평등의 잣대가 될 수 없다. 고도로 유연화된 노동시장과 훨씬 더 다양하고도 복잡한 생활상의 욕구와 가치들이 새로운 균열을 만들고 있다. 생활은 수많은 차이를 반영하고 있고, 이러한 차이는 모든 이의 삶을 구성하고 있다. 모든 이에게 부여된 실존으로서의 생활이 정치화되는 것이 생활민주주의다. 따라서 생활정당은 모든 이를 위한 민주주의를 지향하는 모든 이의 정당이다.

구래의 민주진보진영의 정치기획은 좌파와 우파, 진보와 보수, 민주와 반민주, 정의와 불의, 선과 악 등의 이분법에 기초해 있었다. 이러한 이분법의 정치는 자기진영의 대중적 기반을 고도로 제한하는 축소지향의 정치가 아닐 수 없다. 진보의 집권을 위태롭게 하는 곡예를 자초한 것이다. 생활민주주의의 시대는 모든 이의 생활을 혁신하는 진보와 민주주의의 시대가 되어야 한다. 모든 이의 정치는 우리 사회의 비주류층을 끌어안고 주류층으로 나아가는 정치이며, 민주진보진영이 취약했던 유권자층을 향해 외연을 확장하는 정치이고, 민주진영을 지지하지 않았던 유권자를 거침없이 포용하는 정치다.

이런 점에서 생활민주주의를 지향하는 '모든 이'는 두 가지 함의를 동시에 갖는다. 하나는 '비배제적 포괄성'이고, 다른 하나는 '다원적 진보성'이다. 우선 민주진보진영과 함께 하는 보수야당은 오랜 민주화 과정에서 진보적 민주화운동과 시민운동을 주도하던 인사들이 실질적으로 당을 주도하고 있다. 그러나 한국의 정당정치에서 선거와 집권구도에 맞물려 이른바 '중산층과 서민'을 대변하는 정당을 자임함으로써 정당 자체의 입장은 '정당 보수주의'의 틀을 넘어서지 못한다. 그리고 필요에 따라 진보성과 선명정당의 가치를 찾기도 한다. 새로운 역사국면에서 생활민주주의를 지향하는 생활정당은 이제 이 같은 모순적 정치지형을 과감하게 떨칠 필요가 있다.

그래서 모든 이를 위한 정치는 '모든 계층을 위한 정치'다. 심화되는 양극화 과정에서 분해된 계층 모두를 지지기반에서 이탈시키지 않는 정치가 생활민주주의이고 생활정당의 지향이다. 모든 이를 위한 정치는 '모든 세대를 위한 정치'다. 20~30대 유권자에 친화적인 민주진보진영의 세대경계를 넘어 50~60대 이후 세대를 위한 정치를 확장해야 한다. 특히 2010년 이후 연령대별 인구규모의 역전은 청년세대와 노년세대 인구의 격차를 점점 더 크게 하고 있다. 늘어나는 노년세대를 위한 정치는 우리 시대에 놓쳐서는 안 될 필수요건이다.

모든 이를 위한 정치는 '모든 지역을 위한 정치'다. 오랜 정당 지역주의의 제약 속에서 한국의 정당정치는 여전히 호남과 영남의 지역정치에 함몰되어 있다. 영남과 호남을 포함하는 모든 지역에서 생활주권 혹은 지역주권을 복원하는 일이야말로 생활민주주의를 구성하는 생활 주권주의의 핵심이며 모든 지역을 위한 정치로 진화하는 길이다.

모든 이를 위한 정치는 '모든 성을 위한 정치'다. 한국사회는 1997년 외환위기 이후 양극화의 심화와 가계빈곤으로 여성의 노동시장 참여를 급속하게 확대시켰다. 그러나 여성의 일자리는 임금수준뿐만 아니라 노동여건 또한 차별적이다. 열악한 자녀 양육의 조건은 여성들에게 과도하게 부과된 짐이다. 여성을 위한 정치가 모든 성을 위한 정치의 출발이다.

모든 이를 위한 정치는 이처럼 우리 정치공동체의 누구도 배제하지 않는 비배제적 포괄성을 특징으로 한다. 다른 한편 모든 이를 위한 정치의 또 다른 얼굴은 다원적 진보성이다. 탈냉전과 탈근대, 탈이념의 새로운 역사국면에서 사회의 구성방식을 자본과 노동, 좌와 우, 산업화와 민주화 등으로 나누는 이분적 구획은 더 이상 실효적이지 않다. 구래의 이분적 질서 내에서도 이미 다양한 구조적 분화와 가치의 다원화가 보편화된 것이 현실이다.

모든 이를 위한 정치는 말하자면 다원적으로 분화된 사회영역에서 가장 취약한 조건에 있는 사회적 약자를 우선적으로 품는 진보성을 내재하고 있다. 그래서 비정규직을 위한 정치, 노인층을 위한 정치, 여성을 위한 정치, 낙후된 지역을 위한 정치가 선결되어야 한다.

비배제적 포괄성과 다원적 진보성에 기초한 모든 이를 위한 생활정당의 실질적인 기반은 다음과 같은 세 가지로 구분해볼 수 있다.

첫째, 모든 이를 위한 생활정당은 '시민기반정당'이다.

1990년대 이후 한국의 시민사회에는 민주화운동을 기반으로 다양한 시민운동단체들이 등장했다. 정치권력 감시, 시장권력 감시, 환경, 복지, 평화, 인권, 여성, 청년 등 다양한 공공의 이슈를 추구하는 시민운동단체와 아울러 교육, 보건의료, 법률, 언론, 문화, 예술, 학술 등의 영역에서 활동하는 직능단체, 전국적으로 분포하는 지역운동단체 등이 시민사회를 주도하고 있다. 무엇보다도 모든 이를 위한 생활정당은 이처럼 광범한 영역에서 활동하는 시민단체와 직접적이거나 간접적인 연계를 가져야 한다. 네트워크로 연결된 '생활시민'은 생활정당이 시민기반성을 갖추는 데 핵심적 존재들이다. 2000년대 이후 인터넷이나 소셜미디어의 급속한 확산에 따라 시민들의 거대 조직적 결속은 약화된 반면 온라인 네트워크의 회원으로 개인들이 유연하게 결속되는 경향은 크게 늘어났다. 이른바 '촛불시민'이나 '앵그리 맘', '안녕하지 못한 시민' 등은 다양한 생활영역에서 탈조직적으로 공공적 가치를 표출하는 시민들이다. 이 같은 생활시민이야말로 생활정당의 핵심적 지지기반이라고 말할 수 있다.

둘째, 모든 이를 위한 생활정당은 '노동기반정당'이다.

노동은 인간 삶의 가치를 생산하는 가장 보편적이고 고유한 활동이다. 노동계의 정치적 자산은 거대한 규모와 결집된 투쟁력이었다. 민주화 이후 노동조합을 구심으로 뭉친 노동분야는 정치의 핵심 축이었다. 그러나 신자유주의 경제 질서 속에서 노동영역은 비정규직이 양산되면서 해체되고 약화되었다. 세력으로서의 규모는 나누어지고, 투쟁력은 약화되었지만 노동과 일이 모든 이의 삶을 지탱하는 근본이라는 점은 바뀌지 않았다. 생활민주주의의 근본은 노동과 일 속에서 실현되는 민주주의다. 양극화와 비정규직의 확대가 보편화된 조건에서 안정된 일자리의 문제는 이제 시대적 과제가 되었다. 안정된 일자리의 문제는 생활민주주의의 근본으로서의 노동과 일의 가치를 더욱 절실한 것으로 만들고 있다. 노동기반 정당으로서의 생활정당은 계급으로서의 노동을 넘어 이제 '노동하는 시민'으로 당과 결합되어야 한다. 생활정당은 각급 노동단체 및 농어민 단체와 연계해야 하며 그들의 이익을 위해 복무해야 한다. 동시에 수많은 비정규직 노동자를 결합하고 비정규직 문제의 해결을 위한 정책을 개발해야 한다. 노동시민은 생활정당의 또 하나의 핵심적 기반이다.

셋째, 모든 이를 위한 생활정당은 '생태기반정당'이다.

환경과 생태는 우리 시대의 불변의 화두다. 환경과 생태의 문제는 에너지체계와 직결되기 때문에 우리 삶의 근본적 문제가 아닐 수 없다. 지구적 생태의 파괴와 자연적 삶의 훼손은 인간 삶의 방식과 관련되어 있다. 따라서 환경과 생태의 문제는 사회적인 것이다. 특히 근대 산업사회의 억압적이고 착취적인 사회구성방식은 자연에 대해서도 동일하게 적용되거나 훨씬 더 난폭하게 적용됨으로써 자연자원에 대한 약탈적 인식을 자리 잡게 했다. 따라서 지구적 환경파괴는 생태의 문제이기 전에 생태적 존재 가운데 가장 고등한 존재로서의 인간의 사회적 삶의 방식에 결부되어 있다. 따라서 생태의 문제는 곧 생활의 문제이며, 사회생태주의와 생태민주주의의 지향은 우리 삶의 양식을 재구성하고자 하는 생활민주주의로 포괄될 수 있다.

이 점에서 생활민주주의는 새로운 삶의 방식에 관한 정치적 선택의 문제라고 할 수 있다. 우리 시대에 시민운동을 포함한 생활 공공성을 지향하는 운동들은 대부분 생태주의를 추구하지만 특히 생태지향적 공동체운동들이 다양한 방식으로 전개되고 있다. 환경생태주의 가치는 다양한 실천양식을 만들고 여기에 참여하는 시민들 또한 광범한 생태시민 영역을 구성하고 있다. 생활정당은 다른 무엇보다도 환경 생태주의를 지향함으로써 이 같은 생태시민을 또 하나의 핵심적 지지기반으로 구축해야 한다.

모든 이를 위한 생활정당은 시민기반 정당, 노동기반 정당, 생태기반 정당으로서의 정체성을 보다 뚜렷이 해야 한다. 생활시민과 노동시민과 생태시민이야말로 생활민주주의를 지향하는 생활정당의 핵심적 지지기반이다. 오랜 국가주의 정치 패러다임에 갇혀 보수주의, 지역주의, 권위주의, 파벌주의의 굴레를 벗어나지 못한 한국의 정당정치는 새로운 사회변동과 새로운 역사국면에서 이제 정체성의 위기, 대중기반의 위기, 소통의 위기라는 3중의 위기를 넘어서야 하는 시급한 과제에 직면해 있다.

생활 주권주의, 생활 책임주의, 생활 협력주의로 구성되는 생활민주주의를 새로운 이념으로 분권정당, 합의정당, 참여정당으로 소통의 위기를 넘어서며, 시민기반 정당, 노동기반 정당, 생태기반 정당으로서의 정체성을 강화하는 과제는 모든 이를 위한 새로운 정치의 개막을 앞당길 것이다.

4. 결론: 생활민주주의와 생활정당의 시대

시민정치의 확대와 다양화는 지구적 추세다. 일반적으로 시민의 정치적 욕구는 정당이라는 제도적 장치를 통해 모아지고 정치적으로 표현된다. 억압적 국가주의 정치 패러다임이 지배하는 시기에 정당이 시민의 정치적 의사를 반영해내지 못하고 정치권력이 시민사회를 억누를 때 시민사회의 정치적 열망은 민주화운동이나 시민운동으로 표출되었다. 우리 시대에 시민의 정치적 욕구는 거대한 저항적 운동으로 표출되는 경우가 있는가 하면 온라인 공론장을 통해 정치적 의견을 표현하고 결집하는 경우도 보편적 추세다. 무엇보다 주목할 지점은 운동의 정치나 여론의 정치나 디지털 네트워크에 기반을 두고 있다는 점이다. 디지털 기반의 네트워크 정치는 시민의 정치적 의견을 무한하게 다양한 방식으로 드러내고 있다.

2011년 세계적으로 전개된 월스트리트 점령운동이 그런가 하면, 유럽에서는 '해적당'이라는 디지털 네트워크 기반의 새로운 정당이 실험되고 있다. 미국정치에서 온라인 시민조직인 '무브온'이나 '티파티'가 엄청난 영향력을 갖게 된 것은 어제 오늘의 일이 아니다. 이 같은 시민정치의 새로운 욕구와 공론장은 제도정당의 모습을 획기적으로 바꾸기도 했다. 영국 노동당의 변신이나 미국 민주당의 디지털 정당으로의 전환은 시민정치의 도전에 대한 반응이다.

한국 또한 예외적이지 않다. 민주화 이후 한국의 시민사회에서 시민들의 정치적 욕구는 시민정치의 다양한 양식들로 확대되었다. 그 가운데 시민정치가 선거정치와 정당정치에 직접 개입하는 제도정치개입운동 또한 보다 적극적으로 전개되었다. 2010년과 2011년 제도정치 개입을 위한 시민정치운동을 활발하게 벌였던 '국민의 명령'이나 '내가 꿈꾸는 나라'의 경우는 그 대표적인 예다. 시민사회에서 출발하는 이 같은 시민정치는 무엇보다도 탈냉전의 시대조건에서 국가주의 정치 패러다임을 넘어서 있고, 생활정치운동을 운동의 원천으로 하고 있으며, 네트워크 기반의 영향력을 보이고 있다.

시민정치의 직접적인 정치개입은 다른 무엇보다도 정당정치 질서에 대한 강력한 도전이다. 냉전적이고 국가주의적인 정치 패러다임에 갇힌 기존의 정당정치는 시효가 만료되었음을 알리는 강력한 경고다. 탈냉전과 탈이념의 지구적 시간대가 경과한 지 이미 오래다. 탈냉전의 지구시간을 1990년대로 보더라도 20년 이상의 시간이 지났다. 이 거대한 지구적 사회변동에서 한국은 분단의 섬으로 남아있지만 모든 사회경제적 삶의 변화는 지구적 선두에 서 있다.

탈냉전과 탈이념의 시대를 압도한 것은 주지하듯이 신자유주의적 시장질서였다. 한국의 시간대로 말하자면 산업화의 시대와 민주화의 시대 이후 시장의 시대가 엄습한 것이다. 탈냉전과 탈이념, 그리고 탈국민주의는 다른 무엇보다도 국가주의 시대의 정치적 이념과 정치적 장식을 내려놓는다는 사실을 말한다. 모든 정치적 장식과 이념이 벗겨진 후 남는 것은 무엇인가? 가장 적나라한 형태로 우리에게 남겨진 것은 시장과 경쟁의 질서였다. 약 20~30년간의 시장의 시대가 세계적인 금융위기의 도래와 함께 제동이 걸린 후 우리는 다시 질문해야 한다. 모든 정치적 장식과 이념이 벗겨진 후 우리에게 남은 것은 무엇인가?

시민사회의 관점에서 우리가 주목해야 할 지점은 바로 시민의 구체적이고 실존적인 삶, 즉 '생활'이다. 산업화의 시대와 민주화의 시대를 잇는 우리 시대의 시대정신은 '생활의 시대'이다. 말하자면 시장의 시대에 해체된 '생활'을 공공적으로 복원해내는 것이 새로운 시대정신이다. 생활민주주의의 시대인 것이다. 모든 정치와 국가와 민주주의의 중심에 시민의 삶을 두고 삶의 공공성을 강화하는 것이 우리 당대의 절실한 시대정신일 수 있다.

이 시대정신에 충실하지 못하고 국제관계와 남북관계, 그리고 국내 정치의 대목마다 냉전의 유령을 불러들이는 것은 역사와 다음 세대에 대한 정치적 죄악이다. 이제 시민의 삶과는 너무도 멀리 떨어져 있는 종북과 반북의 논리, 친미와 반미의 논리, 냉전적 보수와 진보의 논리를 내려놓아야 한다. 선거 국면에서는 말할 것도 없고, 2014년 전 국민의 아픔으로 각인된 세월호의 참극조차 원인규명과 특별법 제정을 요구하는 과정에서 보수와 진보의 말할 수 없이 비참한 갈등구도를 만들기도 했다.

냉전의 유령이 여전히 우리 사회를 배회하고 있다. 정부와 국회와 정당과 광장을 오염시키고 있다. 이제 저 20세기의 전장에서 낡고 닳은 이념의 갑옷을 벗는 것을 주저해서는 안 된다. 오래전 박물관으로 보내졌어야 할 이 시대착오적이고 기형적인 장식이 더 이상 우리 시대의 발목을 잡아서는 안 된다.

생활의 시대, 생활민주주의의 시대로 나아가야 한다. 이 장은 생활민주주의를 지향하는 새로운 정당질서를 생활정당모델로 모색하고자 했다. 오랜 국가주의 정치 패러다임이 지배했던 한국의 현대정치에서 산업화 시대는 국가정당의 시대였다면, 민주화 시대는 동원정당의 시대로 규정할 수 있다. 이제 생활의 시대에 새로운 정당모델은 생활민주주의를 지향하는 생활정당이 강조될 수 있다. 여기서는 분단의 조건에서 국가주의 정치 패러다임에 갇힌 한국의 정당정치를 정당 국가주의, 정당 보수주의, 정당 지역주의, 정당 권위주의, 정당 파벌주의 등으로 규정하고 이러한 정당질서가 드러내는 위기의 유형을 정체성의 위기,

소통의 위기, 대중기반의 위기라는 3중 위기로 분석했다.

이 같은 3중 위기를 넘어서기 위한 생활정당은 우선, 생활 주권주의, 생활 책임주의, 생활 협력주의로 구성된 생활민주주의를 새로운 비전으로 강조했다. 소통의 위기는 분권정당, 합의정당, 참여정당으로의 구조전환을 통해 가능한 것으로 보았으며 이 같은 분권적 소통과 합의적 소통, 참여적 소통을 실현하기 위해서 무엇보다도 시급한 것이 디지털 네트워크를 기반으로 하는 스마트 정당으로의 전환이라는 점도 강조했다. 세계의 주요 정당들이 네트워크 기반의 정당으로 변신하는 것은 기존 정당의 근본구조를 바꾸는 획기적인 변화라고 할 수 있다. 정당의 모든 기득권구조를 내려놓아야만 가능한 변신인 것이다. 우리 정당의 국가주의 패러다임을 넘는 새로운 선택은 이 같은 스마트 정당으로의 시스템 전환이 가능해야만 가시화될 수 있다. 스마트 정당은 완전히 새로운 대중기반을 구축함으로써 정당의 외연을 전폭적으로 확장하는 데도 획기적일 수 있다.

네트워크를 기반으로 하는 생활민주주의와 생활정당은 구래의 정치이념과 관련된 거대하고도 허구적 정치수사를 털어낸 '모든 이를 위한 정치'를 지향한다. 모든 이를 위한 정치를 지향하는 생활정당은 '시민기반의 정당'이며 '노동기반의 정당'이고 '생태기반의 정당'이다. 말하자면 모든 이를 위한 생활정당의 실질적 지지기반은 '생활시민'과 '노동시민'과 '생태시민'이라고 할 수 있다.

정당은 주권자인 시민과 정부를 연결하는 통로이다. 정당은 생활하는 시민에 뿌리를 둔 결사체이기 때문에 시민의 생각과 시민의 삶에 민감해야 한다. 시민과 분리되고 시민의 변화된 삶을 외면하며 마침내 시민의 생명에도 무심한 정당정치는 존재의 이유가 없다. 우리 사회에서 현대 정당의 역사를 해방 이후로 보더라도 70년의 세월이다. 민주화 이후의 시간만 해도 약 30년이다. 우리 정당의 현실은 시민과 지지 대중으로부터 여전히 분리되어 있다. 정권이 바뀌고 수많은 선거가 있었고, 시대가 변하고 세상이 바뀌었다. 유권자도 바뀌고 유권자의 삶도 바뀌었다. 탈근대, 탈냉전, 탈영토의 지구적 거대전환의 과정에서 이념의 시대는 가치의 시대로 변했고, 공동체의 시대는 네트워크의 시대가 되었다. 기술의 발전은 아날로그 시대를 디지털 시대로 바꾸었고 정치지형 또한 지역의 정치에서 세대의 정치로 바뀌고 있기도 하다. 그러나 정당의 변화는 지체되었고 세상의 변화와 시대의 흐름을 거스르기도 한다. 정당의 문을 열고 시민정치의 열망과 도전을 끌어안아 모든 방향의 네트워크로 민주주의가 흐르는 생활민주주의의 시대, 생활정당의 시대를 열어야 한다.

1. 국문문헌

강문식 · 이현진. 2011. 《종묘와 사직-조선을 떠받친 두 기둥》. 책과함께.

구갑우. 2006. "한국의 평화운동, 평화 NGO: 발전을 위한 성찰". 〈제22회 정책포럼 자료집〉. 우리민족서로돕기운동 평화나눔센터.

_____. 2008. "한반도 시민사회 형성에 대한 비전과 과제". 〈남북관계와 시민사회 자료집〉. 우리민족서로돕기운동 평화나눔센터.

구인회 · 손병돈 · 안상훈. 2010. 《사회복지정책론》. 나남.

국가인권위원회. 2007. 〈장애인권리협약 해설집〉. 국가인권위원회.

김도현. 2007. 《당신은 장애를 아는가: 장애 · 장애문제 · 장애인운동의 사회적 이해》. 메이데이.

김동기. 2012. "장애인지예산 도입에 대한 논의". 〈2012 제3차 장애인정책토론회 자료집〉. 한국장애인개발원.

김병로. 2008. "남북관계와 시민사회의 역할". 〈남북관계와 시민사회 자료집〉. 우리민족서로돕기운동 평화나눔센터.

김상준. 2003. "시민사회 그리고 NGO, NPO의 개념: 공공성을 중심으로". 〈NGO연구〉 1권 1호.

_____. 2011. 《미지의 민주주의: 신자유주의 이후의 사회를 구상하다》. 아카넷.

김성균 · 구본영. 2009. 《에코뮤니티-생태학적 삶을 위한 모둠살이의 도전과 실천》. 이매진.

김연철. 2008. "한반도 평화통일과정에서 시민사회의 역할". 〈남북관계와 시민사회 자료집〉. 우리민족서로돕기운동 평화나눔센터.

김영배. 2013. 《동네 안에 국가 있다: '공공성의 정치, 마을정치, 생활정치'를 향하여》. 백산출판사.

김종엽 외. 2009. 《87년 체제론: 민주화 이후 한국사회의 인식과 새전망》.

창비.

김진우. 2007. "장애인복지 전달체계의 문제점과 개선방안". 김용득·김진우·유동철 편. 《한국장애인복지의 이해》. 인간과 복지.

김진홍. 1990. 《두레마을》. 두레마을.

나병현. 2001. "학교교육의 위기와 공교육 이념의 재검토". 〈아시아교육연구〉 2권 2호.

남용현·박자경·변민수. 2007. "장애인정책 전담기구 도입 방안". 〈2007 상반기 수시과제 자료〉. 한국장애인고용촉진공단.

남찬섭. 2009. "사회적 모델의 실현을 위한 장애정의 고찰: 현행 장애인차별금지법의 장애정의의 수정을 위하여". 〈한국사회복지학〉 61권 2호.

_____. 2012. "공공성과 인정의 정치, 그리고 돌봄의 윤리". 〈한국사회〉 13집 1호.

남찬섭·서정희. 2011. "대통령직속 장애인정책위원회 설립 방안". 국회의원 박은수 의원실 연구용역보고서.

데이비드 헬드(David Held). 2010. 《민주주의의 모델들》. 박찬표 역. 후마니타스.

마뉴엘 카스텔(Manuel Castells). 2003. 《네트워크 사회의 도래》. 김묵한 외 역. 한울아카데미.

_____. 2008. 《정체성 권력》. 정병순 역. 한울아카데미.

마르틴 호이즐러(Martin Hausler). 2012. 《해적당-정치의 새로운 혁명》. 장혜경 역. 로도스.

민주화운동기념사업회 한국민주주의연구소. 2008. 《한국 민주화운동사 1》. 돌베개.

_____. 2009. 《한국 민주화운동사 2》. 돌베개.

민주화운동기념사업회. 2013. 〈제5회 청소년 사회참여 발표대회 자료집〉. 민주화운동기념사업회.

박명규·김병로·강원택·이상신·박정란·정은미. 2010. 《2010 통일의식조사》. 서울대 통일평화연구소.

박명규·김병로·김병조·박영호·정은미. 2008. 《2008 통일의식조사》. 서울대 통일평화연구소.

박명규·김병로·김병조·박정란·정은미·이상신. 2009. 《2009 통일의식조사》. 서울대 통일평화연구소.

박순성. 2008. "남북관계의 변화와 시민사회". 〈창립기념 세미나 '정전 55돌,

한반도 평화체제와 남북관계' 자료집〉. 한겨레평화연구소.

박승희. 1999. "사서에 나타난 유교의 사회복지사상". 〈한국사회복지학〉 38호.

박은수 의원실. 2011. "최근 10년간 장애인정책 조정위원회 개최 현황". 내부 자료.

박종철·박영호·손기웅·전성훈·최수영. 2005. 《2005년도 통일문제 국민 여론조사》. 통일연구원.

박형중. 2008. "한국의 시민사회와 북한문제". 〈2008년 남북관계와 시민사회 자료집〉. 우리민족서로돕기운동 평화나눔센터.

백낙청. 2006. 《한반도식 통일 현재 진행형》. 창비.

백완기. 2008. "공공성 논의의 필요성". 윤수재·이민호·채종헌 편. 《새로운 시대의 공공성연구》. 법문사.

사이토 준이치(齋藤 純一). 2009. 《민주적 공공성: 하버마스와 아렌트를 넘어서》. 윤대석·류슈연·윤미란 역. 이음.

소영진. 2008. "공공성의 개념적 접근". 윤수재·이민호·채종헌 편. 《새로운 시대의 공공성연구》. 법문사.

스티븐 베스트·더글라스 켈너(Steven Best and Douglas Kellner). 1995. 《탈현대의 사회이론》. 정일준 역. 현대미학사.

신정완. 2007. "사회 공공성 강화를 위한 담론전략". 〈시민과 세계〉 11호.

신진욱. 2007. "공공성과 한국사회". 〈시민과 세계〉 11호.

심지연 외. 2004. 《현대 정당정치의 이해》. 백산서당.

악셀 호네트(Axel Honneth). 2011. 《인정투쟁-사회적 갈등의 도덕적 형식론》. 문성훈·이현재 역. 사월의 책.

안리라. 2010. "한국 통일운동의 프레임 분화에 관한 연구". 고려대 석사학위 논문.

안상훈. 2001. "스웨덴의 노인주택정책과 관련법". 〈노인복지정책연구〉 21호.

앤서니 기든스(Anthony Giddens). 1993. "해방의 정치와 삶의 정치의 출현". 《새로운 사회 운동과 참여민주주의》. 정수복 역. 문학과 지성사.

앤소니 기든스·울리히 벡·스콧 래쉬(Anthony Giddens·Ulrich Beck and Scott Lash). 1998. 《성찰적 근대화》. 임현진·정일준 역. 한울.

우주형. 2009. 〈장애인복지서비스 전달체계의 문제점과 개선방안〉. 국회의원 이정선 의원실 연구용역보고서.

울리히 벡(Ulrich Beck). 1998. 《정치의 재발견》. 문순홍 역. 거름.

_____. 2000. 《적이 사라진 민주주의》. 정일준 역. 새물결.

위르겐 하버마스(Jürgen Habermas). 2001. 《공론장의 구조변동: 부르주아 사회의 한 범주에 관한 연구》. 한승완 역. 나남.

_____. 2006. 《의사소통행위이론 2》. 장춘익 역. 나남.

이남곡. 2002. "야마기시: 또 다른 행복의 실험, 그리고 지역". 《인류의 또 다른 미래들》. 모심과 살림연구소.

이승환. 2008. "남한 시민사회와 남북관계". 〈남북관계와 시민사회 자료집〉. 우리민족서로돕기운동 평화나눔센터.

이어령. 2014. 《생명이 자본이다: 생명자본주의 생각의 시작》. 마로니에북스.

이우영. 2008a. "2000년 이후 남북관계 의제에 대한 시민사회의 활동평가". 〈남북관계와 시민사회 자료집〉. 우리민족서로돕기운동 평화나눔센터.

_____. 2008b. "평화통일을 위한 시민사회의 역할". 〈남북관계와 시민사회 자료집〉. 우리민족서로돕기운동 평화나눔센터.

이종석. 2010. "한국의 분단과 현실인식, 그리고 통일을 향한 우리의 역할". 〈민족화해아카데미 22기 강의 자료집〉. 경실련 통일협회.

임의영. 2003. "공공성의 개념, 위기, 활성화 조건". 〈정부학연구〉 9권 1호.

장애인총선연대. 2012. "4·11총선 정당별 장애인 공약 평가". 〈장애인정책 리포트〉. 장애인총선연대.

정영철. 2008. "민주화와 통일의 역동성과 시민사회의 발전". 〈남북관계와 시민사회 자료집〉. 우리민족서로돕기운동 평화나눔센터.

제러드 다이아몬드(Jared Diamond). 2005. 《문명의 붕괴》. 강주헌 역. 김영사.

제레미 리프킨(Jeremy Rifkin). 2005. 《유러피안 드림》. 이원기 역. 민음사.

_____. 2010. 《공감의 시대》. 이경남 역. 민음사.

_____. 2012. 《3차 산업혁명》. 안진환 역. 민음사.

조 광. 2010. "남북한 학술교류와 역사학: 상생의 사학을 위하여". 《한국 근현대 사학사의인식과 과제》. 경인문화사.

조나단 터너·레오나드 비글리·찰스 파워스(Jonathan H. Turner·Leonard Beeghley and Charles Powers). 1997. 《사회학이론의 형성》. 김문조 외 역. 일신사.

조대엽. 2007a. "공공성의 재구성과 기업의 시민성-기업 사회공헌 활동에 관한 거시구조변동의 시각". 〈한국사회학〉 41집 2호.

_____. 2007b. 《한국의 사회운동과 NGO-새로운 운동주기의 도래》. 아르케.

_____. 2008. '한반도 평화통일운동과 시민적 정체성', 〈남북관계와 시민사회 자료집〉. 우리민족서로돕기운동 평화나눔센터.

_____. 2009a. "공공성의 재구성과 시민사회의 공공성: 공공성의 범주화와 공공성 프로젝트의 전망". 〈한국사회학연구〉 1호.

_____. 2009b. "대북정책과 국가-시민사회의 새로운 질서: 신갈등사회와 미시민주주의의 시각". 〈대북정책에 대한 소통증진방안 연구사업보고서〉. 제주평화연구원.

_____. 2010a. "4월 혁명의 순환구조와 6·3항쟁-역사주기론의 시각". 〈한국과 국제정치〉 26권 2호.

_____. 2010b. "한반도 평화·통일운동과 시민적 정체성". 〈사회과학연구〉 49집 1호.

_____. 2010c. "스포츠군중과 자유의 아이들". 〈위클리경향〉. 884호.

_____. 2011. "생활정치 패러다임과 공공성의 재구성". 학술심포지엄 자료집 〈한국 복지정치의 대전환〉. 한국정치사회학회·고려대 한국사회연구소.

_____. 2012a. "정당정치의 전환과 미시정치의 시대". 〈계간 민주〉 2호.

_____. 2012b. "현대성의 전환과 사회구성적 공공성의 재구성: 사회구성적 공공성의 논리와 미시 공공성의 구조". 〈한국사회〉 13집 1호.

_____. 2012c. "시민사회와 시민운동". 박인휘·강원택·김호기·장훈 편. 《탈냉전사의 인식: 세계화시대 한국사회의 문제의식》. 한길사.

조대엽·김영배·이빈파. 2011. 《작은 민주주의 친환경 무상급식》. 너울북.

조대엽·홍성태. 2013. "공공성의 사회적 구성과 공공성 프레임의 역사적 유형". 〈아세아연구〉 56권 2호.

조한상. 2009. 《공공성이란 무엇인가》. 책세상.

존 조던·이자벨 프레모(John Jordan and Isabelle Fremeaux). 2013. 《나우토피아》. 이민주 역. 아름다운 사람들.

주성수·정상호. 2006. 《민주주의 대 민주주의》. 아르케.

지안니 바티모(Gianni Vattimo). 1997. 《미디어사회와 투명성》. 김승현 역. 한울.

최갑수. 2001. "서양에서의 공공성과 공공영역". 〈진보평론〉 9권.

_____. 2008. "서양사회의 공공성". 윤수재·이민호·채종헌 편. 《새로운 시대의 공공성연구》. 법문사.

최장집. 1996. 《한국 민주주의의 조건과 전망》. 나남.

칼 폴라니(Karl Polanyi). 2009. 《거대한 전환, 우리시대의 정치경제적 기원》. 홍기빈 역. 길.

크리스 마틴슨(Chris Martenson). 2011. 《크래시코스》. 이은주 역. 미래의 창.

크리스토퍼 피어슨(Christopher Pierson). 1998. 《근대국가의 이해》. 박형신
· 이택면 역. 일신사.

통일부. 2007. 《2007 통일백서》. 통일부.

_____. 2009. 《2009 통일백서》. 통일부.

_____. 2010. 《2010 통일백서》. 통일부.

페르낭 브로델(Fernand Braudel). 1982. "역사학과 사회학". 신용하 편. 《사
회사와 사회학》. 김영범 역. 창작과 비평사.

펠릭스 가타리 · 수에리 롤니크(Félix Guattari and Suely Rolnik). 2010. 《미
시정치》. 윤수종 역. 도서출판 b.

폴 호큰 · 에이머리 로빈스 · 헌터 로빈스(Paul G. Hawken · Amory B.
Lovins and Hunter L. Lovins). 2011. 《자연자본주의》. 김명남 역.
공존.

프란츠 브로스위머(Franz Broswimmer). 2006. 《문명과 대량멸종의 역사》.
김승욱 역. 에코리브르.

필립 맥마이클(Philip McMichael). 2013. 《거대한 역설: 왜 개발할수록 불평
등해지는가》. 조효제 역. 교양인.

하승창. 2008. "남한의 시민사회와 남북관계". 〈남북관계와 시민사회 자료
집〉. 우리민족서로돕기운동 평화나눔센터.

2. 영문문헌

Aburdene, Patricia. 2007. *Megatrends 2010: The Rise of Conscious Capitalism.*
Charlottesville, VA: Hampton Roads Publishing Company.

Ackerman, Bruce and James S. Fishkin. 2003. "Deliberation Day". In
James S. Fishkin and Peter Laslett (eds.). *Debating Deliberative
Democracy.* Oxford: Blackwell.

Adonis, Andrew and Mulgan Geoff. 1994. "Back to Greece: the Scope for
Direct Democracy". *Demos Quarterly.* 3.

Ahn, Sang-Hoon. 2000. *Pro-Welfare Politics: A Model for Changes in
European Welfare States.* Uppsala: Uppsala University Press.

Albrow, Martin. 1970. *Bureaucracy.* New York: Praeger.

Anderson, Benedict. 1991. *Imagined Communities: Reflections on the Origin and Spread of Nationalism*. London: Verso.

Barry, Brian. 1989. *Theory of Justice*. London: Harvester Wheatsheaf.

_____. 1995. *Justice as Impartiality*. Oxford: Oxford University Press.

Beckwith, Sandra L. 2006. *Publicity for Nonprofits: Generating Media Explosure that Leads to Awareness, Growth, and Contributions*. Chicago: Kaplan Publishing.

Beetham, David. 1985. *Max Weber and the Theory of Modern Politics* (2nd ed.). Cambridge: Polity Press.

_____. 2005. *Democracy*. Oxford: Oneworld.

Benhabib, Seyla. 1992. *Situating the Self*. Cambridge: Polity Press.

Benn, Stanley I. and Gerald F. Gaus. 1983. "The Public and the Private: Concepts and Actions". In Stanley I. Benn and Gerald F. Gaus (eds.). *Public and Private in Social Life*. London: Croom Helm.

Bessette, Joseph. 1980. "Deliberative Democracy: the Majority Principle in Republican Government". In Robert A. Goldwin and William A. Schambra (eds.). *How Democratic is the Constitution?*. Washington: American Enterprise Institute.

_____. 1994. *The Mild Voice of Reason: Deliberative Democracy and American National Government*. Chicago: University of Chicago Press.

Bobbio, Norberto. 1989. *Democracy and Dictatorship: The Nature and Limits of State Power*. Minneapolis: University of Minnesota Press.

Bohman, James. 1998. "The Coming of Age of Deliberative Democracy". *Journal of Political Philosophy*. 6(4).

Bohman, James and William Rehg (eds.). 2002. *Deliberative Democracy- Essays on Reason and Politics*. Cambridge, MA: The MIT Press.

Bookchin, Murray. 1982. *The Ecology of Freedom*. Palo Alto: Ceshire Books.

Botsman, Rachel and Roo Rogers. 2010. "From Generation Me to Generation We". In Rachel Botsman and Roo Rogers (eds.). *What's Mine Is Yours: The Rise of Collaborative Consumption*. New York: Harper Business.

Braddock, David L. and Susan L. Parish. 2001. "An institutional history of disability". In Gary L. Albrecht, Katherine D. Seelman and

Michael Bury (eds.). *Handbook of Disability Studies*. Thousand Oaks, CA: Sage Publications, Inc.

Bragg, Elizabeth A. 1996. "Towards Ecological Self: Deep Ecology Meets Constructionist Self-Theory". *Journal of Environmental Psychology.* 16(2).

Brown, A. L. · D. Ash · M. Rutherfold · K. Nakagawa · A. Gordon and J. C. Campione. 1993. "Distributed Expertise in the Classroom". In Gavriel Salomon (ed.). *Distributed Cognitions: Psychological and Educational Considerations.* Cambridge: Cambridge University Press.

Bruffee, Kenneth A. 1999. *Collaborative Learning: Interdependence and the Authority of Knowledge* (2nd ed.). Baltimore, MD: John Hopkins University Press.

Charlton, James I. 1998. *Nothing about Us without Us: Disability, Oppression and Empowerment.* Berkeley and Los Angeles, CA: University of California Press.

Cohen, Jean L. 1982. *Class and Civil Society: The Limits of Marxian Critical Theory.* Amherst: University of Massachusetts Press.

_____. 1984. "Strategy or Identity: New Theoretical Paradigm and Contemporary Social Movements". *Social Research.* 52(4).

Cohen, Jean L. and Andrew Arato. 1992. *Civil Society and Political Theory.* Cambridge, MA: The MIT Press.

Cohen, Joshua and Joel Rogers. 1995. *Secondary Associations and Democratic Governance: The Real Utopia Project.* London: Verso.

Crozier, Michel. 1964. *The Bureaucratic Phenomenon.* Chicago: University of Chicago Press.

Dalton, Russell J. · Susan E. Scarrow and Bruce E. Cain. 2004. "Advanced Democracies and New Politics". *Journal of Democracy.* 15(1).

Deleuze, Gilles and Claire Parnet. 1987. *Dialogues.* New york: Columbia University Press.

Deleuze, Gilles and Félix Guattari. 1983. *Anti-Oedipus.* Minneapolis: University of Minnesota Press.

Devall, Bill and George Sessions. 1985. *Deep Ecology.* Salt Lake City: Peregrine Smith Books.

Dryzek, John S. 1990. *Discursive Democracy: Politics, Polity, and Political Science.* Cambridge: Cambridge University Press.

_____. 2000. *Deliberative Democracy and Beyond-Liberals, Critics, Contestation.* New york: Oxford University Press.

Duncan, Graeme and Steven Lukes. 1963. "The New Democracy". *Political Studies.* 11(2).

Durkeim, Emile. 1938. *The Rules of Sociological Method.* New York: Free Press.

_____. 1947. *The Division of Labor in Society.* New York: Free Press.

Egeberg, O. 1996. "Setting Up an Ecovillage Where You Are". *Communities.* Summer 1996. The Fellowship for International Community.

Elster, Jon. 1998. "Deliberation and Constitution Making". In Jon Elster (ed.). *Deliberative Democracy.* Cambridge: Cambridge University Press.

_____. 1998. "Introduction". In Jon Elster (ed.). *Deliberative Democracy.* Cambridge: Cambridge University Press.

Esping-Anderson, Gosta. 1990. *The Three Worlds of Welfare Capitalism.* Cambridge: Polity Press.

_____. 1999. *Social Foundations of Post-industrial Economies.* Oxford: Oxford University Press.

Fay, Brian. 1977. *Social Theory and Political Practice.* London: Allen & Unwin.

Fishkin, James S. 1991. *Democracy and Deliberation: New Directions for Democratic Reform.* New Haven: Yale University Press.

Gellner, Ernest. 1983. *Nations and Nationalism.* Oxford: Blackwell.

Giddens, Anthony. 1979. *Central Problems in Social Theory: Action, Structure, and Contradiction in Social Analysis.* Berkeley: University of California Press.

Giddens, Anthony . 1991. *Modernity and Self-Identity: Self and Society in the Late Modern Age.* Oxford: Polity Press.

Gleeson, Brendan. 1999. *Geographies of Disability.* London: Routledge.

Goffman, Erving. 1974. *Frame Analysis: An Essay on the Organization of Experience.* Cambridge, MA: Harvard University Press.

Greenfeld, Liah. 1992. *Nationalism: Five Roads to Modernity*. Cambridge, MA and London: Harvard University Press.

Grindheim, Barbro and Declan Kennedy. 1998. *Directory of Eco-villages in Europe*. Steyerberg, Germany: Global Eco-village Network (GEN) - Europe.

Guattari, Félix. 1984. *Molecular Revolution*. New York: Penguin.

Gutmann, Amy and Dennis Thompson. 1996. *Democracy and Disagreement*. Cambridge: Belknap Press.

Habermas, Jürgen. 1987. *The Theory of Communication Action Vol. 2*. Boston: Beacon Press.

_____. 1990. "Discourse Ethics: Notes on a Program of Philosophical Justification". *Moral Consciousness and Communicative Action*. Cambridge, MA: MIT Press.

_____. 1993. "Remarks on Discourse Ethics". *Justification and Application: Remarks on Discourse Ethics*. Cambridge: Polity Press.

_____. 1996. *Between Facts and Norms: Contributions to a Discourse Theory of Law and Democracy*. Cambridge, MA: MIT Press.

Hacker, Kenneth and Jan Van Dijk. 2000. *Digital Democracy*. London: Sage.

Haque, M. Shamsul. 2001. "The Diminishing Publicness of Public Service under the Current Mode of Governance". *Public Administration Review*. 61(1).

Held, David and John Keane. 1984. "Socialism and the Limits of State Action". In James Curran (ed.). *The Future of the Left*. Cambridge: Polity Press.

Held, David. 1991. "Democracy, the Nation-state, and the Global System". *Economy and Society*. 20(2).

_____. 2006. *Models of Democracy* (3rd ed.). Cambridge: Polity Press.

Hirst, Paul. 1994. *Associative Democracy: New Forms of Economic and Social Governance*. Cambridge: Polity Press.

Hobsbaum, Eric J. 1990. *Nations and Nationalism since 1780: Programme, Myth, Reality*. Cambridge: Cambridge University Press.

Hoffman, Anne. 1998. "Two Sides of the Coin Corporate Giving is a

Business". *Fund Raising Management.* 29(1).

Howlett, Michael · Michael Ramesh and Anthony Perl. 2009. *Studying Public Policy: Policy Cycle & Policy Subsystems* (3rd ed.). Ontario: Oxford University Press.

Ignatieff, Michael. 1994. *Blood and Belonging: Journeys into the New Nationalism.* New York: Farrar, Straus and Giroux.

IPCC(Intergovernmental Panel On Climate Change). 2007. *Climate Change 2007: The Physical Science Basis.* IPCC.

_____. 2013. *Climate Change 2013: The Physical Science Basis.* IPCC.

Keane, John (ed.). 1988. *Civil Society and the State.* London: Verso.

Kozeny, G. 2000. "In Community, Intentional". *Communities Directory: A Guide to Intentional Communities and Cooperative Living.* The Fellowship for Intentional Community.

Kramer, Daniel. 1972. *Participarory Democracy.* Cambridge: Schenkman Publishing.

Kweit, Mar and Robert Kweit. 1981. *Implementing Citizen Participation in a Bureaucratic Society.* New York: Praeger.

Liachowitz, Claire. H. 1988. *Disability as a Social Construct: Legislative Roots.* Philadelphia: University of Pennsylvania Press.

Lipsky, Michael. 1980. *Street-Level Bureaucracy: Dilemmas of the Individual in Public Services.* New York: Russell Sage Foundation.

Macpherson, Crawford B. 1977. *The Life and Times of Liberal Democracy.* Oxford: Oxford University Press.

Manin, Bernard. 1987. "On Legitimacy and Political Deliberation". *Political Theory.* 15(3).

Mathew, David. 1984. "The Public in Practice and Theory". *Public Administration Review.* 44.

McAdam, Doug. 1982. *Political Process and the Development of Black Insurgency, 1930-1970.* Chicago: University of Chicago Press.

McAdam, Doug · John D. McCarthy and Mayer N. Zald. 1988. "Social Movements". In Neil J. Smelser (ed.). *Handbook of Sociology.* Beverly Hills: Sage.

McCament, Kathryn and Charles Durret. 1988. *Cohousing: A Contemporary*

Approach to Housing Ourselves. Berkeley, California: Ten Speed Press.

McLaughlin, Corinne and Gordon Davidson. 1985. *Builders of the Dawn.* Summertown, Tennessee: Book Publishing Company.

Meyer, David S. and Sidney Tarrow (eds.). 1998. *The Social Movement Society: Contentious Politics for a New Century.* Lanham, Maryland: Rowman & Littlefield Publishers.

Michailakis, Dimitris. 1997. *Government Action on Disability Policy: A Global Survey.* The United Nations (http://digitalcommons.ilr.cornell.edu/gladnetcollect/231/).

Michels, Robert. 1966. *Political Parties: A Sociological Study of the Oligarchical Tendencies of Modern Democracy.* New York: The Free Press.

Miller, David. 1983. "The Competitive Model of Democracy". In Graeme Campbell Duncan (ed.). *Democratic Theory and Practice.* Cambridge: Cambridge University Press.

Mollison, Bill. 1992. *Permaculture: A Designers' Manual.* Tyalgum: Tagari Publication.

Mommsen, Wolfgang J. 1974. *The Age of Bureaucracy: Perspectives on the Political Sociology of Max Weber.* Oxford: Basil Blackwell.

Naess, Arne. 1989. *Ecology, Community and Lifestyle.* Cambridge: Cambridge University Press.

Newman, Janet and John Clarke. 2009. *Publics, Politics & Power: Remaking the Public in Public Services.* London: Sage Publications.

North, Douglass. 1990. *Institutions, Institutional Change and Economic Performance.* New York: Cambridge University Press.

Nozick, Robert. 1974. *Anarchy, State, and Utopia.* New York: Basic.

Offe, Claus. 1984. *Contradictions of the Welfare State.* In John Keane (ed.). Cambridge, MA: MIT Press.

_____. 1985. "New Social Movements: Challenging the Boundaries of Institutional Politics". *Social Research.* 52(4).

Offe, Claus and Ulrich K. Preuss. 1991. "Democratic Institutions and Moral Resources". In David Held (ed.). *Political Theory Today.* Oxford: Polity Press.

Oliver, Michael. 1990. *The Politics of Disablement*. London: Macmillan.

_____. 1996. "A Sociology of Disability or a Disablist Sociology?". In Len Barton (ed.). *Disability and Society: Emerging Issues and Insights*. Harlow: Longman.

Parsons, Talcott and Neil J. Smelser. 1956. *Economy and Society*. New York: The Free Press.

Pateman, Carole. 1970. *Participation and Democratic Theory*. Cambridge: Cambridge University Press.

_____. 1985. *The Problem of Political Obligation: A Critique of Liberal Theory*. Cambridge: Polity.

Pesch, Udo. 2005. *The Predicaments of Publicness: An Inquiry into the Conceptual Ambiguity of Public Administration*. Delft: Eburon Academic Publishers.

Rawls, John. 1971. *A Theory of Justice*. Cambridge, MA: Harvard University Press.

Reid, C. 1999. "Eco-villages: Middle Class Fantasies?". *Diggers and Dreamers 2000/2001*. Diggers and Dreamers Publications.

Roderick, Rick. 1986. *Habermas and the Foundations of Critical Theory*. London: Macmillan.

Rosenthal, Alan. 1998. *The Decline of Representative Democracy*. Washington. D. C: CQ Press.

Roszak, Theodore. 1992. *The Voice of the Earth*. New York: Simon & Schuster.

_____. 1996. "The Nature of Sanity". *Psychology Today*. 29(1).

Rucht, Dieter. 1990. "The Strategies and Action Repertoires of New Movements". In Russell J. Dalton and Manfred Kuechler (eds.). *Challenging the Political Order: New Social and Political Movements in Western Democracies*. Cambridge: Polity Press.

Saward, Michael. 2000. "Democratic Innovation". In Michael Saward (ed.). *Democratic Innovation: Deliberation, Representation and Association*. London: Routledge.

_____. 2003. *Democracy*. Cambridge: Polity.

Schumpeter, Joseph A. 1976. *Capitalism, Socialism and Democracy*.

London: Allen and Unwin.

Schwarzmantel, John. 2004. "Nationalism and Fragmentation Since 1989". In Kate Nash and Alan Scott (eds.). *The Blackwell Companion to Political Sociology*. Malden, MA: Blackwell Publishing.

Scott, Alan. 1990. *Ideology and New Social Movements*. London: Unwin Hyman.

Sennett, Richard. 1998. *Corrosion of Character: The Culture of New Capitalism*. New York: W. W. Norton.

Sirna, T. 2000. "What is Ecovillage?". *Communities Directory: A Guide to Intentional Communities and Cooperative Living*. The Fellowship for Intentional Community

Thomas, Carol. 2007. *Sociologies of Disability and Illness: Contested Ideas in Disability Studies and Medical Sociology*. Basingstoke: Palgrave Macmillan.

United Nations. 2011. *Study on the Implementation of Article 33 of the UN Convention on the Rights of Persons with Disabilities in Europe*. The UN Office of High Commissioner for Human Rights.

Von Hayek, Friedrich A. 1976. *The Roads to Serfdom*. London: Routledge and Kegan Paul.

Weber, Max. 1972. "Politics as a Vocation". In Hans Heinrich Gerth and C. Wright Mills (eds.). *From Max Weber: Essays in Sociology*. London: Routledge and Kegan Paul.

_____. 1978a. *Economy and Society*, volume I. New York: Bedminster.

_____. 1978b. *Economy and Society: An Outline of Interpretive Sociology*. In Guenther Roth and Claus Wittich (eds.). Berkeley: University of California Press.

Weeks, Edward C. 2000. "The Practice of Deliberative Democracy: Results from Four Large Trials". *Public Administration Review*. 60(4).

Weintraub, Jeff. 1997. "The Theory and Politics of the Public/Private Distinction". In Jeff Weintraub and Krishan Kumar (eds.). *Public and Private in Thought and Practice: Perspectives on a Grand Dichotomy*. Chicago and London: University of Chicago Press.

3. 기타자료

〈경향신문〉. 1989. 2. 28.
〈동아일보〉. 1989. 2. 27.
〈매일경제〉. 1983. 6. 9.